시드 마이어

컴퓨터 게임과 함께한 인생!

시드 마이어, 제니퍼 리 누넌 **저** · 이미령 **역**

YoungJin.com Y.
영진닷컴

시드 마이어

Sid Meier's Memoir!: A Life in Computer Games

ISBN 978-89-314-6540-2

독자님의 의견을 받습니다.

이 책을 구입한 독자님은 영진닷컴의 가장 중요한 비평가이자 조언가입니다. 저희 책의 장점과 문제점이 무엇인지, 어떤
책이 출판되기를 바라는지, 책을 더욱 알차게 꾸밀 수 있는 아이디어가 있으면 팩스나 이메일, 또는 우편으로 연락주시기
바랍니다. 의견을 주실 때에는 책 제목 및 독자님의 성함과 연락처(전화번호나 이메일)를 꼭 남겨 주시기 바랍니다. 독자님
의 의견에 대해 바로 답변을 드리고, 또 독자님의 의견을 다음 책에 충분히 반영하도록 늘 노력하겠습니다.

이메일 : support@youngjin.com

주 소 : (우)08507 서울시 금천구 가산디지털1로 128 STX-V타워 4층 401호

파본이나 잘못된 도서는 구입하신 곳에서 교환해 드립니다.

STAFF

저자 시드 마이어, 제니퍼 리 누넌 | **역자** 이미령 | **총괄** 김태경 | **진행** 이민혁, 서민지
디자인 김효정 | **내지 편집** 김효정 | **영업** 박준용, 임용수, 김도현
마케팅 이승희, 김근주, 조민영, 김예진, 채승희, 김민지, 임해나 | **제작** 황장협 | **인쇄** 제이엠

전 세계 컴퓨터, 콘솔, 모바일 게이머들에게

(그리고 인고의 세월을 보내고 있을 그들의 배우자, 부모님, 연인들에게)

이 책을 바칩니다.

목차

10억 시간: 서문

10억 시간 전 석기시대의 네안데르탈인은 창날을 만들었다. 지금으로부터 10억 시간이 지나면 서기 116,174년이다. 서기 기년법이 그때까지 유지된다고 가정한다면 말이다. 10억 시간은 대략 빛의 속도로 알파 센타우리까지 13,000회 왕복하거나, 뉴욕에 있는 모든 사람이 지금껏 나온 모든 〈스타 트렉(Star Trek)〉 극장판을 개봉 순서대로 2번씩 시청할 수 있는 시간이다.

아니면 〈시드 마이어의 문명(Sid Meier's Civilization)〉을 플레이하는 데 써버릴 수도 있는 시간이다. 그렇다고 들었다.

10억 시간이라는 수치는 이해하기 어려울 정도로 영광스러운 숫자다. 하지만 사실 이마저도 매우 보수적으로 추산한 수치다. 게임 배포 서비스인 스팀(Steam)이 본격적으로 플레이어 데이터를 모으기 시작한 것은 2000년대 말부터였고, 정확히 말하자면 2010년 〈문명 V(Civilization V)〉를 출시한 이래 2016년까지 집계된 게임 플레이 시간이 10억 시간이다. 이 책의 출간 시점을 기준으로 29년간 12개의 에디션에 걸쳐 이어진 시리즈 중 한 편의 6년 치 기록일 뿐이다. 확장팩은 언급하지도 않았다.

도전 과제 달성

천 리 길도 한 걸음부터
첫 페이지를 읽으세요.

1991년 이후 〈문명〉 시리즈를 플레이한 전체 시간은, 글쎄, 상상해 봐야 이해하기조차 어려울 수준일 테니 굳이 상상하지 않겠다. 게다가 〈문명〉 시리즈의 성공을 공정하게 평가하려면 〈문명〉이 탄생하기 전까지 제작했던 다른 게임들도 고려해야 한다. 큰 인기를 끌었던 〈해적 (Pirates!)〉이나 〈레일로드 타이쿤(Railroad Tycoon)〉 같은 게임들, 그리고 큰 주목을 받지는 못했지만 나름의 매력이 있었던 〈C.P.U. 바흐(C.P.U. Bach)〉, 〈심골프(SimGolf)〉 등의 게임 말이다. 나는 용두사미로 그친 프로젝트의 존재도 인정하고 싶다. 때로는 실수를 통해 나아가야 할 방향을 배우기 때문이다. 이 모든 게임은 내게 교훈을 주는 동시에 나름의 방식으로 고통과 기쁨을 느끼게 했고, 이후 출시된 다른 게임의 밑거름이 되었다.

앞으로 이어질 내용은 내가 평생에 걸쳐 만든 게임을, 대성공을 거둔 게임부터 이름조차 들어 본 적 없는 게임까지 어느 하나 빠뜨리지 않고 연대순으로 짚어 보는 과정이 될 것이다. 여기에는 '돈 벌기', '다른 사람의 아이디어를 베끼고 고소 당하기' 같은 전통적인 경로를 따르지 않고 개발한 게임도 일부 포함된다. 거대한 제국도 거슬러 올라가면 한 명의 개척자로부터 시작되듯이 자애로운 게임 업계 원로로서의 내 명성도 하루아침에 만들어지지 않았다. 사실 나에게도 규칙의 존재조차 모르던 어린 시절이 있었다. 그다지 독창적이지 못한 아이디어로 재미는 있지만, 수익이 적은(때로는 아예 없기도 했던) 게임을 만들던 시절 말이다. 다행히 그 시절에 자행된 모든 불법 행위의 공소시효가 끝났다는 이야기를 들었다. 그래서 이제 다 털어놓을 생각이다.

코드가 10억 줄에 육박하든(〈문명〉 시리즈 전체를 합치면 충분히 가능한 수치다.) 100

줄도 안 되든 이 책에 실린 모든 게임은 한 가지 공통점이 있다. 다른 모든 게임이 그러하듯, 일련의 흥미로운 결정으로 이루어졌다는 것이다.

이렇게 포괄적인 정의에는 약간의 설명이 필요하기 마련인데 그 이야기는 16장에서 할 생각이다. 그러나 가장 중요한 점은 내부가 아니라 외부로 드러나는 사고방식이다. 우리가 하는 모든 행위에는 결정이 따른다. 고로 게임에서도 그렇다. "흥미롭다"라는 말은 어느 정도 개인의 취향에 따라 다르게 해석될 여지가 있으나 게임과 다른 미디어의 차이는 결정력이라는 특별한 능력에서 두드러진다. 결정력이란 플레이어가 주어진 서사를 고분고분 따르거나 환경에 굴하지 않고 자유 의지를 행사하는 능력을 가리킨다. 컴퓨터 키보드, 플라스틱 토큰, 물리적 움직임뿐 아니라 오로지 내적 의지로만 표현된다고 해도 마찬가지다. 플레이어의 입력이 없으면 게임도 없다. 바꿔 말하면 단 한 번의 상호 작용으로 관찰자는 참가자가 된다. 즉 플레이어가 되는 것이다.

물론 게임 디자이너는 그런 결정 과정을 즐겁게 만들 책임이 있다. 그렇게 하기가 늘 쉽진 않지만 말이다. 예컨대 점심으로 무엇을 먹을지 정하는 과정이 무조건 좋은 게임의 소재가 될 만하다는 말은 아니다. 다만 좋은 게임이 될 가능성, 아니면 적어도 좋은 게임의 일부라도 될 가능성이 있다고 본다. 보편적으로 지루한 주제는 없다. 어떤 대상이든 어딘가 매력을 감추고 있으므로 무언가를 재밌게 **만드는** 것이 아니라 재미를 **찾아내는 것**이 게임 디자이너의 주된 임무다. 나에게는 사물의 작동 방식을 분석하는 습관(강박이라고 할 사람도 있을 것이다.)이 있다. 그 사물이 사람에게 어떤 영향을 미치는지, 근본적으로 매력이 있는 요소와 겉치레에 불과한 요소는 무엇인지 분석한다. 어떠한 결정에서든 가장 흥미로운 부분을 구분하는 데 성공하면 플레이어에게 새로움이 주는 매력과 친숙함에서 오는 편안함을 동시에 제공할 수 있는 인터랙티브 경험을 만들 준비를 마친 것이다. 어쨌거나 나의 철학이 그렇다. 지금까지는 꽤 잘 맞아떨어졌던 것 같다.

인터뷰를 하다 보면 언제 처음으로 게임에 흥미를 느꼈냐는 질문을 종종 받는다. 보통 이런 질문을 할 때 인터뷰 진행자들은 내가 '아주 어릴 적 갑자기 게임 디자이너가 내 천직이라고 깨달은 순간'을 일러 주길 기대하는 눈치였다. 그러면서 특히 내 영감의 원천이 되어 준 부적 같은 물건을 매우 찾고 싶어 했다. 가령 초등학교에 다닐 때 아버지에게 받은 630페이지짜리 남북 전쟁 그림책이라거나, 스위스에 살던 시절 집 옆에 있던 기차역, 아니면 조그만 흑백텔레비전에서 보았던 에롤 플린(Errol Flynn) 주연의 모험극 같은 것 말이다. 그리고 그들은 어린 시드 마이어가 그것을 마주한 순간, 번쩍이는 운명 같은 것을 느꼈다고 말해 주기를 바랐다. 내가 걸어온 비교적 흔치 않은 인생 경로를 설명하려면 중대한 전환점이나 급작스러운 반전 정도는 있어야 했나 보다.

하지만 내가 보기에 전환점은 없었다. 게임을 받아들여야겠다고 의식적으로 정한 기억은 없다. 내가 기억하는 한 게임은 나의 삶에서 늘 고민의 여지가 없는 기본 경로였다. 게임은 10억 시간의 역사에 걸쳐 등장할 뿐 아니라(기원전 5,000년경 고대 수메르인들이 주사위를 던지고 놀았던 것으로 볼 때 네안데르탈인들도 그보다 조악한 게임을 즐겼을 것이 분명하다.) 인간의 본능에 깊이 뿌리박혀 있다. 신생아는 자신의 발을 가지고 줄다리기한다. 그 발이 누구 발인지 이해하기도 전에 하는 행동이다. 누구나 게이머로 태어나며 나도 다르지 않다. 까꿍 놀이에 웃었던 것을 시작으로, 장난감 병정을 줄 세우며 놀았으며, 보드게임을 즐겼다가, 재밌는 컴퓨터 프로그램을 만들었다. 나에게는 이것이 세상에서 가장 논리적인 진행 경로다. "언제 시작했는가?" 말고 "왜 멈췄는가?"를 물어야 한다고 생각한다. 하지만 그 질문에 대해서도 딱히 잘 대답할 자신은 없다. 게임에 전념하는 것이 규칙이 아니고 예외인 삶은 상상하기조차 어려워서다.

내 묘비에 '시드 마이어, 문명을 만든 사람'이라는 문구만 적힌다 해도 나는 만족할 것이다. 〈문명〉으로 이름을 알릴 수 있어서 좋았다. 문명이란 게임이 그토록 많은 플레이어의 삶에 긍정적인 영향을 미쳤다는 걸 자랑스럽게 생각한다. 하지만 이것이 전부일 리는 없다.

그 자초지종은 이러하다.

일러두기
- 원어 병기는 초출에 한합니다.
- 본문의 모든 주석은 옮긴이가 작성했습니다.
- 본문에 삽입된 별표(*)는 도전 과제와 연관된 단어임을 의미합니다.

01 라스베이거스에서 일어난 일

헬캣 에이스(Hellcat Ace, 1982)

초퍼 레스큐(Chopper Rescue, 1982)

플로이드 오브 더 정글(Floyd of the Jungle, 1982)

내가 처음 비디오 게임 회사를 시작한 이야기는 게임 커뮤니티에서 거의 전설처럼 회자된다. 대부분의 전설이 그렇듯이 여러분이 들은 버전은 아마 시간이 지나면서 과장된 부분이 있을 것이다. 시작은 여러분이 아는 바와 같이 라스베이거스에서 일어난 일이었다. 그래, 일종의 도전 같은 것이기도 했다. 술이 영향을 미친 것도 사실이다. 적어도 약간의 영향은 있었을 것이다. 하지만 실제 회사를 차린 것은 그로부터 몇 달 뒤였다. 그리고 어쨌든 나는 과거를 피치 못할 운명으로의 행군으로 보는 관점을 좋아하지 않는다. 당시에도 전혀 그렇게 느끼지 않았다.

　내 경력은 GI(General Instrument)에 시스템 애널리스트로 취직해서 고향과도 같은 미시간주 전역의 소매업체에 금전등록기 시스템(cash register systems)[1] 을 설치하는 것으로 시작되었다. 컴퓨터로 일을 한다는 점이 만족스러 웠고 이제 막 대학을 졸업한 사람에게는 감지덕지할 만한 꽤 괜찮은 자 리였다. 창의력을 발휘하고 싶어 안달이 난다거나 업계의 미래를 심각 하게 고민하는 일은 없었다. 좋게 표현하자면 무지에서 오는 행복을 누리는 상태였다. 그 당시에는 상용 컴퓨터 게임이라는 개념 같은 것은 존재하지도 않았고 취미 삼아 만든 코드를 공짜로 다른 사람들과 공유하는 정도였기 때문에 남몰래 전문적인 컴퓨터 게임 디자이너가 되겠다는 꿈을 꿀 만한 상황은 아니었다. 그렇다고 해서 게임 디자인이 멋진 일이라 는 것을 몰랐다는 말은 아니다. 대학에 입학한 지 몇 달 되지 않아서 첫 번째 게임을 프로그래밍한 일도 있었다. 하지만 멋진 것은 멋진 것이고, 일은 일이었다. 그리고 그 두 가지 영역이 겹쳐진 적은 한 번도 없었다.

솔직히 방금 한 말이 완전히 맞는 말은 아니다. GI에는 전자식 점수판 을 만드는, 엠토트(AmTote)라는 꽤 멋진 부서가 있었다. 〈더 프라이스 이 즈 라이트(The Price is Right)〉 퀴즈 쇼[2]의 오리지널 장비 디자인이 전부 이 팀 의 작품이라는 소문도 돌았다. 하지만 이 팀이 만든 핵심 제품은 〈마이 티 토털리제이터(Mighty Totalizator)〉라는 이름의 수직 도박 확률 추적기(vertical gambling odds tracker)[3]였다. 꼭 공상 과학 작품에 등장하는 강력한 무기 이름처 럼 들리지만, 1913년 호주의 조지 율리우스(George Julius) 경이 발명하고 이

---

1 매출금액 계산, 영수증 출력, 현금 보관 등의 기능을 지닌 기계. 오늘날 'POS 기기'라고 부르는 장비와 유사하며 종종 같은 의미로 쓰이기도 한다.
2 1970년대부터 지금까지 방영되고 있는 미국의 장수 TV 게임 쇼로 참가자가 제품의 가격을 맞히면 상금과 상품을 받 는다.
3 경마에서 'vertical bet'은 1위뿐 아니라 상위 3위나 4위 등 여러 순위를 예측하는 내기를 한다는 의미이다.

름까지 붙인 것으로 알려진 장치다. 사람들은 승률이 낮을 것 같은 곳에 베팅한 후에 돌아온 수익이 자신의 기대에 미치지 못하는 경우에 분노하며 폭동을 일으키기까지 했는데, 이러한 폭동은 그 당시 도박장의 큰 골칫거리였다. 경마장에 모인 군중에게 챔피언이 막판에 다쳤다는 비밀 정보가 돈다면 사람들은 언더독(underdog)[4]에 추가 베팅을 할 것이다. 그러면 언더독은 더 이상 언더독이 아니게 된다. 마권 업자가 이득을 볼 확률(bookie's odds)은 다른 모든 사람이 돈을 어디에 걸었는지에 따라 달라지므로 베팅 현황을 빠르게 파악해서 사람들에게 알려야 마권 판매소에 앉아 있는 사람이 안전할 수 있었다.

율리우스의 발명품은 초창기 기계식 컴퓨터 중 하나였다. 첫 설치 당시에는 경마장 트랙의 마구간 전체를 자전거 기어와 피아노 줄로 가득 채울 정도의 크기였다. 다행히 1970년대의 토털리제이터는 훨씬 작아졌지만, 그래도 여전히 발음하기 재미있는 이름이었다.

어쨌거나 도박 기계를 만드는 회사에 다니면 회사 행사가 라스베이거스에서 열린다는 부가적인 혜택을 누린다. 몇 년간 몇 번의 승진을 거친 후에 드디어 나에게도 대규모 콘퍼런스에 참석할 기회가 생겼다. 무작위 확률에 기대야 하는 게임은 취향에 맞지 않았고 3일 내내 회의 자리에 앉아 있는 것도 그리 유쾌하지 않았지만, 다른 많은 내성적인 성격의 동료들과 달리 나는 폭격하듯 감각을 자극하는 이 라스베이거스가 즐겁게 느껴졌다. 그리고 아마 너드(nerd)라는 내 평판에 잘 어울리는 발언일

---

4 스포츠에서 우승 확률이 적은 팀이나 선수.

듯한데, 블랙잭이 정말 마음에 들었다. 이 위험 부담이 적은 게임은 당시 카지노에서 한 판에 2달러만 내면 즐길 수 있었는데, 그 정도면 내 생물학적 토털리제이터에 기대어 운을 시험해 보기에 합리적인 위험이었다.

라스베이거스에 전 세계에서 가장 많은 비디오 게임 아케이드가 있다는 사실도 나쁘지 않았다.

하지만 그 전에 매일 컨벤션홀에서 여러 차례에 걸쳐 상사를 마주쳐야 한다는 역경부터 극복해야 했다. 첫날 오후인데 상황은 이미 암울했다. 폐회 세미나의 주제가 사업 전략이었는지 시장 성장이었는지, 아무튼 진부했는데 그때까지 버틸 수 있을지 확신이 없었다. 그래서 깨어 있기 위한 최후의 방책으로 내 옆에 앉아 있던 동료에게 조용히 말을 붙였다. 빌 스틸리(Bill Stealey)라는 이름의 사내였다.

다른 부서에서 일하는 사이였기에 제대로 인사를 나눈 적은 없어도 같은 큰 기업에 다니는 동료로서 오가다 본 기억은 있었다. 심지어 메릴랜드에서 같은 비행기를 타고 온 것 같았다. 다만 지금도 빌이 얌전히 좌석에 앉아 있는 모습은 상상하기 힘들다. 조종석 문을 두드리며 승무원들에게 이것저것 조언하는 모습이라면 모를까. 빌은 안경을 써야 할 정도의 시력인데도 조종사 프로그램 이수에 성공한 예비 공군 조종사였고 명함에 "최고의 전투기 조종사"라는 문구를 새겨 넣을 정도로 그런 훈련을 받았다는 사실을 무척 자랑스러워했다.

상황상 어쩔 수 없이 목소리를 낮추긴 했지만, 빌은 늘 그렇듯 하늘을 날던 시절의 이야기를 재미있게 들려주기 시작했다. 서로의 인생 경험엔

겹치는 부분이 거의 없어 보이지만 이 주제만큼은 나에게도 아주 낯설지는 않은 것이었다. 나는 내가 개인적으로 비행기 게임을 만들고 있다는 이야기를 넌지시 끼워 넣었다.

빌은 고개를 끄덕였다. 나의 이야기에 호응하는 것이기도 했지만, 스스로 생각하는 바도 있는 듯했다. 빌도 최근에 업무에 필요하다는 명목으로 아타리(Atari) 800 가정용 컴퓨터를 샀는데, 실은 〈스타 레이더스(Star Raiders)〉라는 새로운 게임을 할 생각에 산 것이라고 털어놨다. 그는 이렇게 말했다. "게임 파는 일을 진짜 하고 싶어요. 그게 미래거든요!"

그래서 그에게 에이콘 소프트웨어(Acorn Software)라는 작은 배급사에 내가 만든 첫 게임을 판 지 얼마 되지 않았다고 이야기했다.

빌이 급격히 관심을 보이며 말했다. "어? 우리 같이 사업을 해야겠는데요!"

"흥미로운 생각이네요." 나는 정중하게 거절했다. 나쁜 제안이라고 할 것까지야 없었지만, 빌은 워낙 사교적인 성향으로 정평이 난 사람이었다. 말할 때는 진심이었을지 모르나 그냥 뱉었을 뿐 실행에는 옮기지 않을 그런 종류의 말이라고 생각했다.

그날 콘퍼런스 일정이 끝난 뒤 나는 빌과 함께 아케이드 게임을 찾아 라스베이거스를 헤매던 끝에 MGM 그랜드 호텔에 이르렀다. 번쩍거리고 삑삑거리는 아케이드 게임기를 옮겨 다니며 대결을 펼치는 동안 굳이 승부를 가리진 않았는데 빌의 말을 빌자면 내가 사실상 모든 게임에서 이겼다. 그러던 중 빌은 자신의 구원자를 발견했다. 〈레드 배론(Red Baron)〉이라는 이름의 제1차 세계대전 비행 시뮬레이터였다.

그는 플라스틱 의자에 자리를 잡으며 이렇게 말했다. "좋아요. 이번에는 제대로 실력 발휘할 수 있겠네요."

빌이 10년간의 실제 조종 경험을 살려 산 사이로 비행하는 어설픈 복엽기 모형을 격추하는, 약간 덜 위험한 임무를 수행하는 동안 나는 그의 어깨너머로 그 모습을 지켜보았다. 그의 점수가 정확히 얼마였는지에 대해서는 우리 둘의 의견이 갈리지만, 꽤 좋은 점수였던 것은 사실이다. 나는 3,000점 정도로 기억하는데, 빌은 75,000점 정도라고 기억한다. 보통 내가 빌이 느낀 바의 1/25 정도로 기억하는 경향이 있으므로 그 정도면 적절한 비율이다. 〈레드 배론〉의 최신 에뮬레이터로 10분간 완벽하게 플레이하면 10,000점이 약간 넘는 점수가 나온다는 점으로 미루어 볼 때 이 경우에는 증거가 내 편이다. 대략 1분당 1,000점 정도를 낼 수 있으므로 그의 말이 사실이 되려면 내가 그의 조종을 지켜본 시간이 1시간 이상이어야 한다. 하지만 실제 수치가 얼마였든지 간에 훌륭한 실력이었다.

그리고 내 차례가 되었다.

"대체 어떻게 한 거예요?" 자기 점수의 2배 정도인(이 점은 둘 다 동의한다.) 내 최종점수를 보고 눈이 동그래진 빌이 식식거리며 물었다. "전 진짜 조종사라고요! 도대체 어떻게 절 이긴 거죠?"

나는 어깨를 으쓱하며 답했다. "당신이 플레이하는 동안 알고리즘을 외웠거든요."

"뭘 어쨌다고요?"

"저는 프로그래머니까요. 적기의 AI는 아주 예측하기 쉬워요. 적기한테 제 뒤를 내주지만 않으면 되는 거였어요. 2주면 이것보다 나은 게임을 디자인할 수 있을 거예요."

"그럼 한번 해 봐요. 당신이 만들 수 있으면 내가 팔 수 있어요." 자존심에 입은 상처는 이미 잊힌 듯했다.

그렇게 시작됐다. 재미있는 프로젝트라 느꼈을 뿐 인생을 바꿀 결정이라는 느낌은 전혀 없었다. 나는 인생의 중요한 순간이 대부분 그렇게 지나간다고 생각한다. 과거를 신화화하는 행위는 사람들이 주어진 모든 기회에 최선을 다하기보다 뭔가 극적인 일이 벌어지기를 기다리게 만든다는 점에서 위험하다. 사실 그 당시 나는 게임 프로그래밍을 만지작거리기 시작한 지 이미 수년이 지난 시점이었을 뿐 아니라, 빌에게 말했듯이 그와 대화를 나누기 전에 게임 한 편을 판매한 이력까지 있었다.(정확히 말하면 4편인데, 그 이야기는 뒤에서 다시 하겠다.) 모든 일의 첫 단계는 대개 일단 마음을 잡고 일을 시작하는 것이다. 세상의 어떤 일도 라스베이거스로 날아가서 공동 창업 제안을 받으며 시작되는 경우는 거의 없다.

집에 있는 컴퓨터에 만들고 있는 프로토타입이 몇 가지 있었고 그중에는 거의 완성된 헬리콥터 게임도 있었다. 하지만 내가 빌에게 약속한 것은 비행기였다. 그래서 그해 여름 나머지 시간은 제2차 세계대전 중 해군에서 쓰인 그러먼 F6F 헬캣(Grumman F6F Hellcat)의 이름을 따온 〈헬캣 에이스〉를 만드는 데 집중했다. 2주면 더 나은 AI를 만들 수 있다는 말은 과장이 아니었다. 하지만 더 나은 것과 가장 뛰어난 것에는 상당한 차이가 있으며 나는 늘 가장 뛰어난 수준에 이르기 원했다.

충분한 준비를 마쳤다고 판단되는 수준에 이르렀을 때 빌에게 게임을 넘겼고 그는 그다음 날 자신이 발견한 버그와 군사적 오류를 목록으로 작성해 왔다. 그와의 동업을 통해 진짜 무언가를 성취할 수도 있겠다고 깨달은 것이 바로 이때였다. 빌은 잘 알지도 못하는 일을 벌여서 쉽게 돈을 벌려는 게 아니었다. 그도 나만큼이나 게임의 품질을 신경 쓰고 있었다. 제안 당시 빌이 나에게 확신을 가진 상태였는지, 그리고 그 제안을 담담하게 받아들인 내가 게임을 업데이트하고 난 다음에 어떤 생각을 했는지는 잘 모르겠다. 하지만 빌은 내가 그의 도전에 한 번 응했다고 해서 물러설 사람이 아니었다. 더 나은 게임을 디자인할 수 있다는 것을 내가 증명했으니 이젠 그가 그 게임을 팔 수 있는지 증명할 차례였다.

그래서 우리는 저축해 두었던 1,500달러로 플로피 디스크 한 묶음, 라벨 스티커 한 봉, 그리고 디스크를 담을 비닐 팩 한 상자를 샀다. 당시에는 그게 규격 포장이었다. 정식으로 출시하는 제품도 마찬가지였다. 디스크 한 장과 반쪽짜리 설명서를 넣으려고 종이 상자를 낭비하는 사람은 없었다. 한편 프린터 기술은 점점 발전해서 싸구려 보급용 모델은 사라진 지 오래였다. 프린터들의 성능이 고만고만했기 때문에 빌의 집 지하실에 있는 도트 매트릭스 프린터로도 웬만한 회사들에서 만들 법한 수준의 라벨을 만들 수 있었다. 이제 필요한 건 로고뿐이었다.

빌은 우리가 만든 새 회사의 이름을 스머거스(Smuggers)라고 짓고 싶어 했다. 이 말은 내가 참여하고 있던 사용자 그룹에 그를 초대한 이후 그가 해 온 모든 농담의 정점이었다. 사용자 그룹이라는 말은 종종 초창기 인터넷 채팅방 이름에 사용되지만, 원래는 컴퓨터 사용자들이 현실 세계에서 만나는 것을 가리켰다. 이런 모임은 주로 동네 가게나 누군가의 집 거실에서 열렸고 진짜 P2P(Peer to Peer) 방식으로 소프트웨어를 교환할 수 있게 모두가 자신의 거대한 컴퓨터와 모니터를 이고 지고 오곤 했다. 내가 그 사용자 그룹을 만들었거나 이끄는 것도 아니었는데, 빌은 스머그(SMUG)[5]라고 줄여 부르는 장난을 치고 싶어서 항상 그 그룹을 시드 마이어 사용자 그룹(Sid Meier's Users' Group)이라고 칭하곤 했다. 다행히 다른 사람들도 이 말을 유머로 받아들였다. 하지만 우리 회사 이름의 첫 번째 후보로 꼽을 만하다고 보기는 어려웠다.

도전 과제 달성

책에는 체험판이 없다.
여러분, 이제 이 책을 구입할 시간입니다.

---

5 '우쭐댄다'라는 뜻이 있는 'smug'를 이용한 중의적인 말장난이다.

그 대신 내가 제안한 이름은 마이크로프로즈(MicroProse)였다. 내가 보기에는 컴퓨터 코드도 문학의 산문(prose) 못지않게 우아했고 '전문가들'이라는 뜻의 '프로즈(pros)'라는 단어로도 해석될 중의적인 표현이라는 점이 마음에 들었다. 빌은 발음이 조금 어렵다고 하면서도 기억에 남을 만큼 독특하다는 점에는 동의했다. 그런데 알고 보니 애초에 생각했던 것처럼 아주 독창적인 단어는 아니었다. 몇 년 후 이 이름 때문에 워드스타(Word-Star)라는 워드 프로세싱 프로그램을 만든 마이크로프로(MicroPro)라는 회사가 우리를 고소했다. 우리 회사가 조금 더 유명했던 것 같은데 그 회사가 우리보다 조금 더 일찍 시작했기 때문에 결국은 우리가 이름을 바꿀 수밖에 없는 상황이었다. 하지만 열정만큼 끈기도 대단한 빌이 수년간 싹싹한 태도로 협상을 질질 끈 덕에 결국 원고가 회사 이름을 워드스타 인터내셔널(WordStar International)이라고 바꾸고 소송을 취하하기에 이르렀다. 빌이 아니라면 도대체 누가 이런 일을 해낼까 싶었지만, 이런 능력은 그의 수많은 재능 중 하나에 불과했다. 빌에게는 어쩐지 그가 상대의 앞길을 막는데도 상대가 그 상황을 좋은 기회라고 여기게 하는 재주가 있었다.

초창기에는 빌의 형편에 맞춰서 방문 판매를 진행했다. 그가 다른 도시에 출장을 갈 때면 기차역에서 가장 가까운 컴퓨터 가게까지 걸어가서 게임을 팔았다. 주말이면 차 트렁크에 게임 디스크가 담긴 상자를 싣고 주간 고속도로 95호선을 따라 최대한 멀리 갔다가 GI의 월요일 아침 회의 시간에 맞춰서 돌아왔다.

그러던 어느 날 저녁, 전화가 울렸다.

"시드, 우리 뭔가 기회를 잡은 것 같아요."

"빌이에요? 지금 어디예요?"

"뉴저지예요. 지금 막 〈헬캣 에이스〉 50장을 팔았어요."

"와, 좋은 소식인데요!"

"그렇죠."라는 그의 대답은 '어서 더 찍어 내요.'라는 뜻이었다.

당시 게임을 하나 판다는 것은 내가 복사용 플로피 디스크 드라이브 앞에서 60초의 지루한 시간을 보내며 한 장 한 장 사본을 만들어야 한다는 의미였다. 책을 읽으려 해 볼 수도 있었지만, 그러면 일을 끝마칠 수가 없었다. 나에게 필요했던 멀티태스킹 기능은 그때로부터 10년이 지나서야 가정용 컴퓨터에 도입되었다. 그래도 때마침 아웃소싱이라는 개념이 막 등장하던 차라 나는 얼마 지나지 않아 디스크 한 장을 복사할 때마다 25센트를 지급하는 조건으로 사용자 그룹의 나이 어린 멤버 한 명을 고용할 수 있었다. 그는 아직 운전면허를 딸 수 없는 나이여서 내 차에 태워주다가 가까워진 멤버였는데, 지금으로 치면 비디오 게임 회사에서 시급 39달러를 받는 정도의 일과 비슷했으니 난생처음 가진 직업으로 나쁘지 않은 일자리였다.

그 사이 헬리콥터 게임 〈초퍼 레스큐〉, 그리고 작업 중이던 또 다른 게임 〈플로이드 오브 더 정글〉을 완성했다. 빌의 제안에 따라 마이크로프로즈 '카탈로그'에 있는 나머지 게임을 광고하는 오프닝 화면을 만들어서 이 3편의 게임에 전부 추가했고, 보유 중이던 모든 디스크에 완성된 새 버전을 복사해 넣었다. 빌이 가게 매니저들에게 받은 피드백을 바탕으로 추가 수정이 몇 차례 더 이루어졌기 때문에 지금까지 남아 있는 원본 디스크는 아마 전부 다른 버전일 것이다.

〈플로이드 오브 더 정글〉
박스 아트

© 1982 MicroProse,
www.microprose.com

빌은 의외로 항공기 게임이 아닌 〈플로이드 오브 더 정글〉로 가게 점원들의 관심을 끌었다. 이 게임에는 멀티플레이 기능이 있어서 가게 점원끼리 시합을 할 수 있었고(이런 유혹에 넘어가지 않는 사람은 거의 없었다.) 훗날 플랫폼 게임이라고 알려진 장르로 분류될 만한 요소도 포함되어 있었다. 〈스페이스 패닉(Space Panic, 1980)〉, 〈동키 콩(Donkey Kong, 1981)〉 같은 인기 아케이드 게임 타이틀과 비슷한 이런 스타일의 게임은 플레이어와 더 깊이 있게 직관적으로 교감하는 느낌이었다. 화면 아래쪽보다는 위쪽에 있어야 좋다거나 곤경에 처한 여자가 등장하면 구해야 한다는 것을 따로 설명해 주지 않아도 모두가 잘 알았다. 그러면 F6F 전투기는 조종하기까지 약간의 연습이 필요했지만, 플로이드의 조종법은 즉시 깨우쳤다. 특별히 조종을 잘할 필요도 없었다. 함께 할 상대와 비슷한 수준이라면 즐겁게 놀 수 있었다. 2~3명의 직원이 화면을 둘러싸고 있으면 가게에 온 손님들은 이내 궁금해하기 시작했고 일단 빌이 손님에게 조이스틱을 쥐여주고 나면 입점은 거의 보장된 것이나 다름없었다.

〈헬캣 에이스〉나 〈초퍼 레스큐〉 같은 게임에도 당연히 멀티플레이어 모드가 있었지만, 2인용밖에 되지 않았다. 이에 비해 〈플로이드 오브 더 정글〉은 4개의 조이스틱을 한꺼번에 쓸 수 있다는 점에서 특별했다. 1982년 당시 소규모 시장을 대상으로 하는 게임 중에 이런 기능을 자랑하는 게임은 몇 편 없었다. 4인용 플레이를 지원하는 유명한 게임으로는 〈아스테로이드(Asteroids)〉가 있었는데, 이것은 아타리가 게임기의 성능을 보여 주려고 개발한 게임이었다. 기술 제조업체들은 때로 이처럼 어떤 기술이 개발자들에게 인기를 끌기까지 수백만 달러를 투자해야 하는 운명임을 모른 채 그저 '만들어 두면 누군가 쓰겠지.'라는 생각으로 기술을 개발해야 했다. 안타깝게도 4인용 플레이 기능은 〈건틀릿(Gauntlet, 1985)〉이나 〈닌자 거북이(Teenage Mutant Ninja Turtles, 1989)〉 등 몇 편 안 되는 아케이드 게임 타이틀에 등장했을 뿐, 1993년에 〈둠(Doom)〉이 폭발적인 인기를 끌기 전까지 오랫동안 비주류에 머물며 주류 시장에 편입하지 못했다.

〈초퍼 레스큐〉의 멀티플레이어는 2인용이었지만 똑같이 생긴 캐릭터 두 개를 각각 조종하는 대신 하나의 헬리콥터에 조이스틱 2개를 연결해서 역할을 나눠 조종할 수 있게 했다는 점이 나름 독특했다. 실제 많은 전투기가 그랬듯이 한 플레이어는 운전을, 다른 플레이어는 무기 발사를 맡았는데 이런 방식으로 조종하려면 플레이어끼리 많이 협력하고 소통해야 했다. 이 같은 초창기 기술은 상당 부분 사라졌지만, 적어도 누군가가 내 말에 반대하기 전까지는 함께하는 플레이어에게 각기 다른 임무를 맡긴 첫 번째 비디오 게임이 〈초퍼 레스큐〉였다고 주장하고 싶다.

모든 방향으로 스크롤하는 방법도 〈초퍼 레스큐〉를 만드는 과정에서 깨달은 것인데, 내가 만든 초창기 게임 대부분은 새로운 프로그래밍 기술에서 영감을 받았다. 개중에는 배운 기술도 있고 내가 바닥부터 개발한 기술도 있었다. 새 기술을 익히면 그 기술을 바탕으로 게임을 만들 방법을 찾았다. 예컨대 〈헬캣 에이스〉는 다른 게임보다 더 효율적으로 정확하게 수평선을 기울이는 방법을 찾으면서 크게 발전했다. 요즘에는 선의 각도를 손쉽게 수정할 수 있지만, 전체 메모리 용량이 이 책 3개 장분량의 텍스트를 담을 정도밖에 되지 않는 컴퓨터에서는 똑같은 작업이 훨씬 어려울 수밖에 없었다.

한편 〈플로이드 오브 더 정글〉은 여러 가지 기술적 진보 덕에 탄생한 게임이다. 이 게임에는 화면 속 4명의 플레이어를 관리하는 기능뿐 아니라 조금씩 다른 자세를 취하고 있는 캐릭터 이미지를 번갈아 보여 주는 방식으로 움직임을 표현하는 새로운 애니메이션 기법도 적용되었다. 그해 시장에서 가장 큰 인기를 끈 게임인 〈스페이스 인베이더(Space Invaders)〉는 이러한 애니메이션 기법을 사용해서 6가지 유형의 외계인이 각기 다른 자세를 취한 단 두 가지 이미지를 번갈아 보여줌으로써 다리가 꿈틀 꿈틀 움직이는 것처럼 보이게 했다. 하지만 코드에 여유 공간이 꽤 있었으므로 최대한 많은 캐릭터를 최대한 다양한 방법으로 움직이면서 그 한계를 시험해 보고 싶었다. 외계인 게임은 이미 있으니 그 대신 열대우림을 배경으로 선택했다. 그리고 그제야 〈조지 오브 정글(George of the Jungle)〉 만화를 보며 보낸 수많은 토요일 아침이 떠올랐다. 경력을 어느 정도 쌓은 이후와 달리 당시에는 여전히 주제보다 기술을 우선시했다. 컴퓨터를 비롯한 여러 기기에서 할 게임이 아니라 컴퓨터 '전용' 게임을 만드는 중이었기 때문에 쓸 수 있는 모든 기능을 활용하고 싶었다.

나는 이 실험을 통해 게임 속도를 희생하지 않는 선에서 화면에 얼마나 채워 넣을 수 있는지 확인하고자 했다. 그때는 게임 디자이너가 온갖 분야를 다 섭렵해야 했던 시절이었기에 일러스트레이션 실력을 키우려는 목적도 있었다. 4단계로 이루어진 새, 코끼리, 악어, 뱀, 사자, 원숭이, 피그미족 이미지로 코드를 꽉 채웠다. (피그미족은 실제로 평화롭게 살아가는 부족이지만, 그 당시에는 그들이 탐험가를 위협하는 무시무시한 존재라는 편견이 존재했다. 하지만 그때는 이러한 사회적 통념에 의문을 제기할 생각을 하지 못했다.) 그리고 곤경에 처한 사랑스러운 여자 캐릭터 재니스(Janice)와 주인공 플로이드가 등장했다. 플로이드용으로는 달리기, 점프하기, 등반하기, 죽기 동작뿐 아니라 휴식을 취하는 동작 애니메이션까지 준비되어 있었다. 원숭이는 당최 어떤 동물인지 알아보기 어려운 동물 모양 크래커처럼 형태가 모호했다. 하지만 악어와 코끼리는 아주 예술적이었다. 앞으로 3년이 더 지나야 진짜 그래픽 디자이너를 고용할 여력이 생길 마이크로프로즈로서는 다행인 일이었다.

1982년 10월, 첫 광고를 낸 지 6개월 후였다. 아타리를 주제로 다루던 잡지 〈앤틱(Antic)〉에 마침내 첫 리뷰가 실렸는데, 〈플로이드 오브 더 정글〉이 '재미있고 매우 훌륭하다'는 내용이었다. 참고로 그 시절 리뷰는 형용사를 많이 쓰지 않는 편이었다. 그다음 달 호에서는 〈헬캣 에이스〉를 '인상적이지만, 개선할 여지가 있다'고 평했다.

그러나 빌은 미적지근한 평가에 개의치 않았다. 그럴 수 있었던 첫 번째 이유는 리뷰를 쓴 사람이 그가 가장 좋아하는 홍보 문구 중 하나인 "공군 주 방위군 소속 대원들이 플레이하며 테스트했다."라는 표현을 그대로 갖다 써 주어서였다. 이 말은 사실 빌과 그의 친구들을 일컫는 번지르르한 표현에 불과했다. 하지만 어차피 리뷰의 내용은 중요치 않았다. 그저 리뷰가 존재한다는 것이 중요했다.

이 기사가 실린 잡지가 출간되자마자 빌은 차로 가기에는 먼 지역의 여러 컴퓨터 가게에 전화를 돌리기 시작했다.

"여보세요. 〈헬캣 에이스〉를 사려고 전화했는데요."

"어, 저희 가게에는 없는 상품인데요."

그러면 그는 바로 씩씩대며 응수했다. "네? 컴퓨터 가게에 〈헬캣 에이스〉가 없다는 게 말이 돼요? 〈앤틱〉 리뷰도 안 봤어요?" 그렇게 화를 버럭 낸 후 다른 데서 사야겠다고 중얼거리며 바로 전화를 끊었다.

그리고 일주일 후 그는 다른 사람인 척하며 같은 가게에 전화했다. 그리고 그다음 주에 세 번째로 전화했다. 발신 번호 표시 서비스가 딕 트레이시의 애플 워치[6]처럼 상상 속 존재였던 시절이었기 때문에 번호를 바꿀 필요조차 없었다.

마침내 넷째 주가 되면 전문가스러운 목소리를 장착하고 이렇게 말했다. "안녕하세요, 저는 마이크로프로즈 소프트웨어의 대표입니다. 저희 최신 게임인 〈헬캣 에이스〉를 소개하려고 연락드렸습니다." 가공의 수요에 자극을 받은 상대는 빌을 기꺼이 초대했다.

마케팅 분야가 큰 발전을 이룬 오늘날의 관점으로는 속이 빤히 들여다보이는 수법이나, 가족끼리 운영하는 컴퓨터 가게가 주류이던 시대에는 이러한 전략이 통했다. 빌이라면 전국에 있는 모든 가게에 전화해서 자신의 에너지와 열정으로 상대를 유혹하고도 남았을 사람이다. 그와 내가 이룬 조합은 완벽했다. 나는 판매에 관심이 없었고 그는 창조적인 영역에 관심이 없었다. 나는 집에서 밤새 프로그램을 만들 수 있었고 그는 주말마다 영업하러 돌아다닐 수 있었다. 그리고 우리는 절대 서로를 방해하지 않았다.

---

6 1931년 출간된 미국 만화 〈딕 트레이시〉에 등장하는 형사 딕 트레이시는 일종의 스마트 워치 개념을 지닌 손목시계를 사용한다. 애플 워치가 처음 등장했을 당시 딕 트레이시의 시계와 비교하는 밈이 등장하기도 했다.

02 각색

틱택토(Tic-Tac-Toe, 1975)

스타 트렉 게임(The Star Trek Game, 1979)

호스티지 레스큐(Hostage Rescue, 1980)

은행 게임 I(Bank Game I, 1981)

은행 게임 II: 더 리벤지(Bank Game II: The Revenge, 1981)

가짜 스페이스 인베이더(Faux Space Invaders, 1981)

가짜 팩맨(Faux Pac-Man, 1981)

포뮬러 1 레이싱(Formula 1 Racing, 1982)

'각색'이라니, 이 얼마나 좋은 말인가. '저작권 침해'라는 말보다 훨씬 듣기 좋다. 방금 나열한 게임 타이틀 중 63%는 정말 정직하게 각색했다. 심지어 일부는 저작권 소유자의 요청을 받기도 했다. 나머지 37%는, 뭐, 기존 상표 저작권을 약간 침해했을 수 있다. 하지만 그걸로 얻은 거라곤 몇 달러 정도의 매출과 회의적인 시선뿐이었다. 그렇다. 범죄로는 득을 볼 수 없다.(지구상에서 가장 보람 있는 산업 중 하나로 꼽히는 업계에서 쌓을 평생의 경력에 관한 영감을 얻는다거나 연습할 기회가 된다면 모를까. 하지만 그렇다 해도 금전적으로나 정신적으로 대가를 치러야 한다.) 아직 공식적으로 '게임 디자이너'라는 직함을 달지 못했던 GI 재직 시절에는 악의 없이 표절해 만든 게임 때문에 가벼운 질책을 받기도 했다. 하지만 게임 제작 문제로 직장에서 물의를 빚기 훨씬 전인 대학 시절에도 똑같은 이유로 말썽을 일으킨 기억이 있다.

1971년 미시간대학교에 입학할 때까지 컴퓨터를 직접 본 적은 한 번도 없었으나 컴퓨터의 극도로 논리적인 특성이 내 호기심을 자극했다. 그래서 물리학과 수학을 복수 전공 하던 중 충동적으로 프로그래밍 수업도 수강 신청했고, 그해 말 내 전공은 컴퓨터 공학으로 바뀌었다. 돌이켜 생각하면 그 결정 덕분에 취업 가능성이 크게 높아졌으나 당시에는 그런 부분을 중요하게 생각하지 않았다. 전과를 결정한 주요한 이유는 컴퓨터가 내 능력을 신장시킨다고 느껴서였다. 나는 파이(π)를 만 자리까지 계산할 수 없고 혹시 한다 해도 아주 오랜 시간이 들 터였지만, 그 계산을 순식간에 해줄 프로그램은 작성할 수 있었다. 단어 몇 개를 입력해서 "뭔가 멋진 것을 해 봐."라고 명령하면 다른 쪽에서 정말 멋진 결과가 튀어나오는 것이 엄청나게 기분 좋았다. 마법 같았다는 표현은 쓰고 싶지 않다. 기술 덕분에 가능한 일이었고 기술이 마법보다 더 좋았다.

대학 때는 프로그래밍 수업 하나를 이수한 후에 교수님을 도와 컴퓨터 작업을 할 일자리에 용감하게 지원한 덕에 학비를 면제해 주는 실무 경험 프로그램 장학금을 받기도 했다. 해당 업무를 맡을 자격이 된다고 하기에는 무리인 실력이었는데 그 시절에는 컴퓨터 공학을 전공하는 학생이 그렇게 많지 않았고 해야 할 일이 다행히 꽤 간단했다. 응답자의 답변에 따라 다음 질문이 달라지는 객관식 시험 같은 교육용 소프트웨어의 초기 버전을 다루는 것이 주된 일이었다. 노아 셔먼(Noah Sherman) 박사님 연구실에 있던 기기는 나 같은 2학년생에게 지급되는 기기보다 훨씬 더 고급이었다. 드디어 천공 카드라는 매개체 없이 시스템에 바로 프로그램을 입력할 수 있는 진짜 텔레타이프 터미널(teletype terminal)에 접근할 권한이 생긴 것이다. 이 말인즉 출력 오류를 검토하고 코드를 수정하고 오류가 개선된 것을 확인하는 주기가 훨씬 더 짧아진다는 뜻이었다. 내 열의를 감지한 셔먼 박사님은 그날그날 해야 할 일을 마친 후에 연구실에 있는 기기로 내가 원하는 작업을 해 봐도 좋다고 격려하셨고, 심지어 박사님은 여름방학에 이탈리아로 떠나며 내게 연구실 열쇠를 맡기셨다.

컴퓨터와 관련 있는 주제라면 무엇이든 몰두했는데 특히 AI(artificial intelligence, 인공지능)라고 불리는 새로운 주제에 한창 흥미를 느꼈다. 컴퓨터에 정확한 명령을 내리려 해도 계획을 세워야 할 정도로 복잡한 과정을 거쳐야 하는데 스스로 의사 결정할 방법을 컴퓨터에 가르치는 것, 더 나아가 발생한 오류로부터 교훈을 얻어서 발전하게 하는 것은 그야말로 차원이 다른 일이었다. 앨런 튜링(Alan Turing)이 스스로 사고하는 컴퓨터라면 궁극적으로 사회적 행동을 모방하는 수준에 이르러야 한다는 명언을 남겼다지만, 난 인간의 지능을 뛰어넘는 컴퓨터가 나타날 가능성에 더 큰 흥미를 느꼈다. 단순한 계산 기계가 아닌, 내 행동을 예측하고 그 정보를 똑똑하게 활용할 수 있는 기계 말이다. 나는 복잡한 미래상을 모델로 구현하고 이상적인 행동 방침을 찾아낼 때까지 원치 않는 결과를 제거해 나갈 수 있는 컴퓨터를 원했다. 간단히 말해 게임을 할 수 있는 컴퓨터를 원했다.

틱택토(tic-tac-toe) 게임[7]이 고전적인 출발점으로 제격이라고 생각했다. 당시에는 몰랐으나 이런 선택을 뒷받침하는 역사적 근거도 존재했다. 튜링이 프로그램 내장식 컴퓨터를 발명한 지 2년 만인 1950년, 요제프 케이츠(Josef Kates)라는 사람이 만든 '버티 더 브레인(Bertie the Brain)'이라는 3.6m 높이의 거대한 물체가 캐나다 국가 박람회장에서 틱택토 게임으로 승부를 겨룬 모든 도전자를 이기는 사건이 발생했다. (역사학자들은 이 게임과 최초의 비디오 게임 〈테니스 포 투(Tennis for Two)〉를 구분 지어 이야기한다. 〈테니스 포 투〉에는 단순한 전구가 아닌 비디오 화면 디스플레이가 적용되었기 때문이다.) 1950년대 내내 여러 엔지니어가 각자만의 틱택토 게임을 제작했고 그 뒤로 체커, 블랙잭, 체스 게임의 제작도 잇따랐다. 내가 게임 AI의 원리를 스스로 터득하려고 노력 중이던 1975년, MIT 학생들이 조립식 장난감을 개조해서 만든 기계식 틱택토 머신이 가장 가까운 사례인데 이 기계는 기어와 피아노 줄로 만들었던 토털리제이터와 놀라울 정도로 비슷했다. 이러한 일들이 일어나고 있다는 사실을 알았다면 내게 엄청난 도움이 되었겠으나 인터넷이 출현하기 전이라서 내 학습은 대체로 고립된 상태에서 이루어졌다. 그래서 다른 이들의 지혜를 빌리지 못하고 나 혼자 헤쳐 나가야 했다.

셔먼 박사님이 이탈리아 산맥을 누비는 동안 연구실은 내 차지였기에 그 시간을 잘 활용하려고 매일 개인 프로젝트 작업을 했다. 우선 한 번에 하나의 동작을 입력할 수 있는 간단한 텍스트 입력 체계를 만들었다. 다음 동작을 컴퓨터 화면에 표시하는 방법을 아직 익히지 못한 때여서 그 대신 가장 가까운 프린터에 격자 형태의 데이터를 보내게 했다. 프린터

---

7 오목과 비슷한 보드게임.

는 모두가 함께 사용할 수 있도록 건물 내 별도의 공간에 놓여 있었기 때문에 가장 가까이에 있는 프린터라고 해 봤자 어쨌든 그 방으로 가서 출력물을 수거해 와야 했다. 수거하러 갔다가 내 책상으로 돌아와서 다음 동작을 입력하다 보니 진행이 더디긴 했으나 조금이나마 운동할 기회가 된다는 것이 장점이었다. (40년 후에 사람들을 억지로 걸어 다니게 하는 게임[8]이 어마어마한 인기를 끌 줄 알았다면 얼마나 좋았을까.)

X와 O만 그려진 문서만 서너 개째 출력하자 프린터 데스크 담당 여직원이 뭔가 이상하다는 걸 알아차렸다.

"잠깐만요!" 방금 내게 건네준 종이를 다시 낚아채며 그녀가 말했다. "아니, 지금 뭐 하시는 거예요? 컴퓨터는 게임하라고 있는 게 아니라고요!"

게임을 하느라 출력했다는 것이 뻔히 보이는 상황이어서 변명의 여지가 없었다.

"보고할 수밖에 없겠군요." 그렇게 으름장을 놓는 동안 이미 그녀의 눈은 단말기에 표시된 내 계정 정보를 찾아냈고 이내 내 지도교수의 이름과 연락처 정보도 알아냈다. 그사이 나는 게임용 컴퓨터라는 내 꿈이 틱택토 한 판조차 마치지 못한 채 꺾일까 두려워하고 있었다. 엄밀히 말해 셔면 박사님에게 내가 무슨 작업을 하는지 구체적으로 이야기하고 허락을 받은 것이 아닌 데다 박사님도 그녀처럼 게임이 하찮다고 생각할

---

8 포켓몬 고(Pokémon GO)를 의미한다.

수 있었다. 까딱하다가는 다시 천공 카드의 세계로 추방될 위기였다.

다행히 대서양 너머에 계신 셔먼 박사님과 전화 연결이 되었고, 감사하게도 셔먼 박사님은 여름방학 동안 하고 싶은 일은 뭐든 해도 좋다고 전면적인 허가를 받은 학생이라며 내 신원을 보증해 주셨다. 어떤 일이 벌어지기 시작한 건지 정확히 모르셨겠지만, 어쨌든 감사했다.

그리고 졸업 후 GI에서 일하기 시작하면서 다시 한번 내 돈으로는 절대 살 수 없는 기기에 접근할 권한이 생겼다. 프로세서가 하나의 인쇄 회로 기판에 들어 있고 전선이 스파게티처럼 엉켜서 뒷면으로 삐져나오지 않는다는 이유로 최신 기기로 평가받던 16bit 노바 미니컴퓨터였다.('미니'라는 말은 상대적인 개념으로 이해하라.) 이 기기는 중학생의 키 정도 되는 높이의 캐비닛에 들어 있었고 새 차 한 대의 가격보다 비쌌는데, 나만 개인용으로 받은 것이 아니고 대부분의 동료가 각자 한 대씩 쓸 수 있었다. 게다가 사무실에 있는 모든 미니컴퓨터는 중앙 메인프레임에 매이지 않고도 서로 직접 통신할 수 있었다. 네트워크 덕분이었다.

GI의 사무기기도 대학에 있던 텔레타이프처럼 그래픽 없이 플레인 텍스트만 지원했다. 그러나 내가 이러한 딜레마를 처음 접한 인물은 아니었다. 타자기가 발명되기도 전인 1865년, 루이스 캐럴(Lewis Carroll)은 《이상한 나라의 앨리스》의 출판사에 이야기만으로도 그림처럼 보일 수 있게 활자를 배치하는 방법을 알려 주었다고 한다. 타자기가 널리 보급된 이후 소위 '아타이핑(artyping)'⁹이라는 취미가 큰 인기를 끌면서 전국의 신

9 활자로 그리는 그림을 가리킨다.

문사들은 활자를 한 자 한 자 찍는 방식으로 그린 복잡한 인물화나 풍경화를 출판하기 위해 돈을 들였다. 1963년 아스키(ASCII, American Standard Code for Information Interchange, 미국 정보 교환 표준 부호)라고 알려진 텍스트용 공식 바이너리 코드가 발표된 후 이 활동은 디지털 세계로 옮겨 왔다. 그 이후에도 타자기는 20년 정도 더 사용되었지만, 아스키 코드가 대세로 떠오른 이후 텍스트 부호로 만든 그림은 대개 아스키 아트(ASCII art)라고 불렸다.

나는 복잡한 그림을 그릴 수 있다는 부분보다 컴퓨터가 플레인 텍스트라고 생각하는 것을 빠르게 표시한다는 부분에 이 기술의 잠재력이 있다고 보았다. 숫자로 이루어진 열이 있다고 가정해 보자. 이 숫자들은 단순히 동부 해안 지역에서 바나나가 팔려 나갈 때마다 새로고침 되는 식료품점의 매출 기록이 될 수도 있고, 숫자 3으로 만든 석조요새 사이로 하이픈(-) 모양의 총구가 화면 반대편을 겨누고 있는 모습이 될 수도 있다. 컴퓨터는 그 차이를 구분하지 못했다. 텍스트 레이아웃만 제대로 잡는다면 아스키 아트를 아스키 애니메이션으로 변신시킬 수도 있겠다는 생각이 들었다.

검은 컴퓨터 화면에 하얀 글자가 점점이 찍혀 있는 모습에 무의식적으로 영감을 받은 것인지, 못 말리는 팬심 때문인지 모르겠지만, 어쨌든 〈스타 트렉〉을 기반으로 하는 게임을 만들기로 했다. 사실 동시대인 1971년 마이크 메이필드(Mike Mayfield)가 만든 꽤 유명한 〈스타 트렉〉 아스키 게임이 있었다. 클링온과 소행성을 상단 그리드에 배치한 턴제 게임이었는데, 코드가 여러 책에 실리고 향수에 젖은 팬들이 지금껏 출시된 모든 컴퓨터 시스템마다 플레이할 수 있게 코드를 수정할 정도로 인기가 대단했다. 심지어 안드로이드 스마트폰에서 플레이할 수 있는 최신 버전도 있다. 내 게임은 널리 알려지고 많은 기록을 남긴 이 게임과 상관이 없고 그 공을 가로챌 마음도 전혀 없다. 내가 만든 〈스타 트렉〉 아스키 게임은 내가 아는 한 GI 네트워크를 벗어난 적 없다.

내 프로그램은 메이필드의 턴제 프로그램과 달리 아케이드 게임처럼 실시간으로 실행됐다. 우선 엔터프라이즈호 뷰 스크린의 윤곽을 밑줄(_), 슬래시(/), 파이프(|) 문자로 그렸다. 이 부분은 게임이 진행되는 동안 고정되어 있고, 그 안에 있는 모든 요소가 1초에 몇 번씩 움직이며 사용자를 향해 날아오는 적 함선과 우주 잔해를 마치 가짜 3D처럼 그려냈다. 미사일과 페이저로 타이밍을 잘 맞춰서 적을 저격하면 텍스트로 만든 폭발 그래픽이 보상으로 제공되었다. '삐―' 하는 음향 효과도 작게 추가했는데 알고 보니 이 소리가 게임의 몰락을 알리는 신호탄이었다.

처음에는 관심을 보이는 몇몇 동료에게만 공유했는데 며칠 지나지 않아 모두에게 소문이 난 것 같았다. 회사 네트워크가 느려지기 시작했고 업무 태만을 알리는 부끄러운 경고음 같은 작은 '삐―' 소리가 복도 여기저기에 울려 퍼졌다. 그런데도 자기만 그런 것이 아니라는 사실을 복도에 울리는 소리로 쉽게 알 수 있었기 때문인지 누구도 딱히 민망한 기색을 보이지 않았다.

결국, 간과할 수 없을 정도로 생산성이 저하되었고 게임을 삭제하라는 지시를 받았다. 지시라고 했지만 사실 업무 시간에 딴짓하는 행위는 경영진이라고 해도 앞장서서 비난하기는 어려운 문제였기 때문에 다 이해

한다는 듯이 어깨를 으쓱하며 이야기하는 정도였다. 동료들은 당연히 실망했지만, 나는 이러한 금지령을 자랑스럽게 여겼다. 게임이 훌륭했다는 것을 증명하는 객관적인 지표였기 때문이다.

하지만 그 이후 한 가지 문제가 남았다. 게임을 만들고 싶다는 욕구가 점점 강해지고 있었다. 사무실에서 프로그램을 만들지 못한다면 어디에서 할 수 있단 말인가? 안타깝게도 1970년대 후반의 가정용 컴퓨터 시장은 대부분의 신생 산업들과 마찬가지로 표준화가 이루어지지 않은 혼잡한 상황이었다. 애플 II(Apple II), TRS-80 같은 인기 제품도 몇몇 존재했지만, 그보다 덜 알려진 코모도어 PET(Commodore PET), 텍사스 인스트루먼츠 99/4(Texas Instruments 99/4), 히스키트(Heathkit)처럼 부품을 받아서 직접 납땜으로 조립해서 사용해야 하는 제품들도 있었다. 이 모두가 프로그래머보다 엔지니어에게 초점을 맞춘 제품이었고 게임 개발에 필요한 사항까지 고려한 제품은 아예 찾아볼 수 없었다. TRS-80은 컬러 화면이 없었고 나머지 제품 중 일부는 조이스틱을 연결할 자리가 없었다. 마그나복스 오디세이(Magnavox Odyssey), 아타리 2600(Atari 2600) 같은 게임 전용 시스템이 있었으나 실행 전용기기였다. TV로 TV 프로그램을 제작할 수 없듯 그런 제품으로 게임을 만드는 것도 불가능했다. 아케이드 게임기에서는 바로 프로그래밍할 수 있었지만, 이러한 하드웨어의 가격은 내 주머니 사정을 훌쩍 넘어섰다. 그래서 그저 기다리는 수밖에 없었다.

1979년 후반, 마침내 아타리에서 아타리 400과 800으로 알려진 한 쌍의 시스템을 출시했다. 제작 당시 이 두 제품의 코드명은 아타리 사무실의 두 비서를 기념하여 붙였다고 추정되는 캔디(Candy)와 콜린(Colleen)이었는데, 그 이름들은 오늘날 인터넷에서 구할 수 있는 에뮬레이터 프로그램에도 여전히 남아 있다. 게임 플레이 전용기기라고 광고했던 캔디, 즉 아타리 400은 일반적인 키보드를 연결할 수 없었고 TV가 아닌 모니터를 연결할 플러그도 포함되어 있지 않았다. 한마디로 아타리 2600의 업그레이드에 지나지 않았다. 하지만 콜린은 진짜 컴퓨터였다. 더 크고 무거웠으며 최신 그래픽 및 음향 성능, 키보드, 추가 메모리용 확장 슬롯뿐 아니라 자그마치 4개의 조이스틱 포트도 갖췄다.

게다가 데이터 출력이 구멍이 숭숭 뚫린 긴 종이 테이프가 아닌 자기 테이프에 저장됐다. 자기 테이프는 폭이 몇 밀리미터에 지나지 않았고 오늘날 사람들 대부분이 오디오 카세트라고 알고 있는 물건에 깔끔하게 감겨 있었다. 자기 테이프에는 훨씬 편리하다는 장점 외에도, 숨겨 둔 아타리 테이프를 발견한 다른 누군가가 테이프의 주인을 컴퓨터 관련 물품을 가지고 다니는 너드가 아닌 빌리 조엘의 최신 앨범을 듣는 사람으로 생각하게끔 여지를 줄 수 있다는 이점이 있었다.

이론상으로는 시중에 출시된 다른 컴퓨터로도 게임을 만들 수 있었지만, 이 기기는 누구보다 게임을 잘 아는 회사가 게임 제작용으로 만든 제품이었다. 우편 주문 양식을 오려 내어 내가 저축한 전액에 가까운 금액이 적힌 수표를 동봉했다. 몇 주 후 우리 집 앞에 시선을 확 사로잡는 은색 아타리 상자가 도착했고 몇 시간 지나지 않아 나는 프로그래밍을 하고 있었다.

사실 처음부터 대단한 것을 만들진 못했다. 아타리 800은 별다른 설명서 없이 베이직(BASIC)이라는 컴퓨터 언어가 담긴 카트리지와 함께 배송되었다. 하지만 사용자 그룹, 잡지 구독, 꾸준한 실험에 힘입어 진짜 내 힘으로 만든 첫 작품이 곧 완성되었다. 물론 내 최고의 작품이라고 보기는 어려웠다. 나는 이 작품에 〈호스티지 레스큐〉라는 이름을 붙였다. 화면 왼쪽에 소형 녹색 헬리콥터가 떠 있었다. 훗날 〈초퍼 레스큐〉에 등장한 것과 크게 다르지 않았다. 오른쪽에는 얼굴처럼 보이는 물체가 늘어서 있었다. 악당은 파란색으로 표시했고 제목이 암시하듯 구조를 기다리는 인질은 하얀색으로 표시했다.[10] 이들 뒤로는 내가 아주 교묘하게 '아야톨라'라고 이름 붙인 하나의 거대한 얼굴이 있었다. 시의성 있는 게임이었다.[11]

플레이어는 아야톨라와 미사일을 주고받는 와중에 여력이 될 때마다 노출된 인질을 화면 왼쪽의 안전한 지역으로 옮겨야 했다. 악당과 접촉하면 헬리콥터에 실린 모든 인질이 희생되었고 이런 실수를 비난하듯 희생된 인원수가 계속해서 게임 화면 아래에 표시되었다. 그래픽이 간단하다고 해서 최선을 다하지 말란 법은 없다는 생각으로 성의껏 만들었다.

그 후 디트로이트에 있는 부모님 집에 들를 때도 새로 마련한 이 창의력 분출구를 가지고 갔다. 아버지는 스위스, 어머니는 네덜란드 출신의 유럽 이민자였고 두 분 다 미국에서 누리는 현대적이고 세계주의적인 삶을 좇아 신대륙으로 이주한 분들이었다. 특히 기기나 기계에 일가견이

---

10 '호스티지 레스큐(Hostage Rescue)'는 인질 구출이라는 뜻이다.
11 1979년부터 1981년까지 미국인 50여 명이 주이란 미국대사관에 인질로 잡혀 있던 사건이 발생했는데 이란 시아파 최고 성직자인 아야톨라를 주축으로 이란 혁명을 성공시켰던 이슬람 근본주의 세력이 그 배경이었다.

있는 아버지라면 나만큼 프로그래밍에 흥미를 느끼지 않을까 생각했다. 하지만 내 착각이었다. 아버지는 활자 조판을 전문적으로 해 온 자신의 경력이 내가 거실에 막 들여놓은 신문물의 존재로 인해 점차 자취를 감추고 있다는 사실을 간결하게 상기시켰다. 별 감흥은 없는 듯했다. 하지만 그래도 아버지는 자리를 지키며 느슨한 경계심을 품은 채 내가 아타리를 텔레비전에 연결하고 조이스틱이라는 낯선 물건을 어머니에게 건네는 모습을 지켜보았다.

자녀의 성취를 기뻐하는 모든 어머니들처럼 우리 어머니도 내가 이룬 성취에 대해 크게 기뻐했고 마치 냉장고에 붙여 둘 방법이라도 찾을 기세로 타이틀 화면 그래픽을 감탄하며 바라봤다. 하지만 이란 인질 사건을 표현한 4색 그래픽 화면이 등장하자 어머니는 미간을 찌푸리기 시작했고 새로운 위협이 등장할 때마다 어머니의 입에서는 "아, 안 돼!"라는 작은 비명이 새어 나왔다. 게임이 진행될수록 어머니는 더욱더 열중하면서 이를 악물고 날아오는 미사일을 온몸을 써서 피했다. 그러다 갑자기 컨트롤러를 떨어뜨리고 고개를 돌렸다.

어머니는 심장이 쿵쿵대서 도저히 더는 못 하겠다고 했다.

그래서 게임을 접고 남은 오후 시간에는 다른 일을 하며 즐겁게 보냈으나 그 장면이 뇌리에서 지워지지 않았다. 어머니는 이 별 볼 일 없는 게임에 감정적으로 너무 깊이 몰입한 나머지 아예 포기해야 했다. 화면에 울퉁불퉁하게 그려진 점 몇 개 때문에 심장이 너무 빨리 뛰었고 인질이 한 명 죽을 때마다 통렬한 죄책감을 느꼈다. 아마 게임을 끝까지 했다면 승리에 열렬히 기뻐했을 게 틀림없다.

이 경험을 통해 게임이 단순한 기분 전환 거리가 아니라는 것을 깨달았다. 게임은 플레이어에게 무언가 느끼게 한다. 위대한 문학은 페이지 위에 그려진 구불구불한 검은 선만으로도 영향력을 행사하는데 움직임, 소리, 색상이 발휘할 영향력은 어느 정도일까? 불현듯 이러한 매체를 통해 이루어질 감정적 상호작용의 잠재력이 대단히 흥미롭고 매력적이라는 생각이 들었다.

그로부터 얼마 후 내게 게임과의 관계에 변화를 가져올 두 번째 전환점이 찾아왔다. '아직 정확히 별명을 붙이지 않은 사용자 그룹(Not Yet Inac-curately Nicknamed Users' Group, NYINUG)'을 통해서였다. 어느 날 NYINUG 사람들끼리 한 가게 뒤쪽에 모여 팁, 이야기, 소프트웨어 해적판 등에 관해 담소를 나누고 있는 사이 새로운 인물이 다가왔다. 본인은 컴퓨터를 엄청나게 좋아하지 않지만, 그런 사람을 찾고 있다고 했다. 한 지역 은행의 청소년 봉사활동 조력자로 취직했는데, 알고 보니 십 대들에게 재정적 책임감을 심어 주는 활동을 해야 하는 자리였다고 했다. 그리고 그런 활동의 일환으로 돈에 관한 비디오 게임을 제작해서 은행 로비에 설치할 계획이라고 했다.

내가 그 일을 맡았다. 하지만 '일'이라는 말을 속으로 계속 되새길 수밖에 없었다. '게임을 만들어서 돈을 버는 사람이 있다고? 나도 그렇게 될 수 있을까?' 지금은 내가 평생 게임을 만들 사람이라는 것을 알지만, 당시에는 게임 제작이 수입원이 될 수 있으리란 생각을 한 번도 해 보지 못했다. 가능하기만 하다면 게임 디자이너는 이상적인 직업이라고 느껴졌다.

나는 평소처럼 어쩌다 이런 결과에 이르렀는지 조목조목 퍼즐을 맞춰 보기 시작했다. 내게 찾아온 이 기회를 분석하면 할수록 우리에게 말을 건 광고 컨설턴트가 더욱더 고맙다는 생각이 들었다. 대부분의 사람처럼 컴퓨터 프로그래밍을 할 줄 모르지만, 그 잠재력을 알아볼 정도의 이해는 갖춘 사람이었다. 나는 원기 왕성하게 영업할 줄도, 자신을 홍보할 줄도 모르는 사람이었다. 이런 태도가 내 목표 달성에 하등 도움이 되지 않는다는 것을 알면서도 기계가 얼마나 멋진지 알아보지 못하는 이들을 상대하는 것이 본능적으로 꺼려졌다. 내가 다른 사람이 갖추지 못한 유용한 지식을 갖춘 것은 사실이나, 내 지식에 대한 **지식**이 있는 사람에게 의존할 수밖에 없는 신세였다. 프로그래밍 바깥 세계와 나를 이어 주는 사람, 다시 말해 내 미래의 파트너 빌 스틸리 같은 사람 말이다.

이 금융 게임은 '극한의 은행 업무' 홍보대사라는 임무 수행에 실패할 운명이었지만, 만드는 과정은 재밌었다. 작은 돼지 저금통을 앞뒤로 움직이며 위에서 떨어지는 동전을 받는 게임과 돈을 든 사람이 차에 치이지 않고 길을 건너서 은행에 도달하는 게임, 두 편을 설계했다. 두 번째 게임은 〈프로거(Frogger)〉라는 아케이드 신작의 대항마로 구상한 게임이었다. 어쩌면 자동차가 충동구매의 상징이었을까? 내가 내린 디자인 결정을 정당화하기 위해 얼마나 애썼는지 모른다. 특이한 게임이었다.

그와 동시에 게임 디자이너라는 직업이 현실적인 목표가 될 수 있을지 확인하기 위해 내가 직접 판매할 새 게임도 본격적으로 만들기 시작했다. 당분간 시장성에 집중하기 위해 이미 성공한 공식, 즉 타이토(Taito)에서 나온 대성공작, 〈스페이스 인베이더〉 기반의 게임을 만들어 보기로 했다. 잘 기억나진 않지만, 내가 만든 복제품의 제목은 〈에일리언 인베이전(Alien Invasion)〉이나 〈플래닛 디펜더(Planet Defenders)〉처럼 뭔가 뻔한 이름이었다. 당시에는 아직 해커 문화에 빠져 있을 때라(그래 봐야 당시 내 모습은 폴로 셔츠를 바지춤에 넣어 입고 두 가지 회로 기판 중에 뭘 살까 고민하는 사내를 상상하면 된다. 비밀 아지트에서 노트북을 두드리며 "내가 해 보도록 하지."라는 말을 중얼거리는 어슴푸레한 형상과는 거리가 멀었다.) 그렇게 대놓고 복제한 제품을 팔다가 곤란해질 수 있다는 생각은 전혀 하지 못했다. 공정을 기하기 위해 덧붙이자면 아타리 800용 〈스페이스 인베이더〉가 아직 한 편도 출시되지 않은 시점이어서 바닥부터 만들어야 했다. 게다가 타이토 측에서 그러한 작업을 한 사람에게 돈을 줄 생각이 있다는 사실도 몰랐다. 내가 만약 타이토 직원이었다면 그 게임을 '훔친' 것이 아니라 '포팅(porting)'했다고 했을 것이다.

손수 제작한 〈인베이더〉 게임에 만족한 나는 이 게임을 담은 카세트 몇 개를 비닐봉지에 담아서 동네 전자제품 매장으로 갔다. 매장 관리자는 내 이야기를 너그럽게 들어 주고 자기 가게에서 팔겠다며 6개 정도 사줬다. 단골을 놓치지 않으려 사주는 것 같긴 했지만 말이다. 그 카세트가 실제 팔렸는지 모르겠으나 추가 구매는 없었다. 저작권 문제를 생각하면 상업적으로 실패한 것이 그나마 다행이었다. 그리고 드디어 독창적인 아이디어가 필요하다는 생각이 슬슬 들기 시작했다. 그런 생각이 들자마자 만든 게임은 〈팩맨(Pac Man)〉의 복제품이었는데, 이건 오로지 연습이 목적이었다. 내 창의력 근육을 과시할 기회는 기본기를 익힌 후에 찾아오리라 생각했다.

사용자 그룹 멤버들은 내가 나눠준 〈팩맨〉 무료 복제본을 즐겁게 플레이했고 그중 한 명이 이에 대한 보답으로 아이템이 화면에서 자유롭게 움직이는 것처럼 보이도록 아이템을 빠르게 다시 그려 주는 플레이어-미사일 그래픽(Player-Missile Graphics)이라는 신기술을 귀띔해 주었다. 이름이 암시하듯 보통 우주선이나 미사일을 표현할 때 쓰는 기술이었으나 탑다운 레이싱 게임[12] 제작에도 잘 활용할 수 있을 것 같았다. 그때부터 〈포뮬러 1 레이싱(Formula 1 Racing)〉 게임을 만들기 시작했다. 라스베이거스로 떠나기 직전에 에이콘에 판매한 게임이 바로 이 게임이었다.

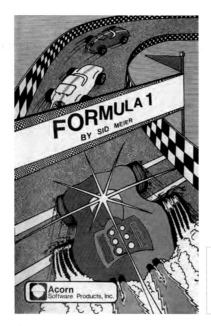

〈포뮬러 1 레이싱〉
박스 아트

ⓒ 1982 Mike Tiemann,
Infinity Graphix.

---

12 수직 상공에서 아래로 내려다보는 방식으로 표현된 레이싱 게임.

'포뮬러 1'이라는 상표도 사용료를 내지 않고 썼다. 하지만 적어도 게임 자체는 기존의 어떤 레이싱 게임과도 유사하지 않았다. 사실 누구라도 '원 모양으로 빠르게 이동한다.'라는 개념에 소유권을 주장하기는 어렵다. 〈포뮬러 1 레이싱〉도 그 이후 내가 만든 다른 많은 게임처럼 기본적으로 현실을 기반으로 하는데 적어도 아직까지는 현실에 저작권을 주장하는 것이 불가능하다. 레이싱 게임을 만들 때는 배경 이야기가 있는 가상의 드라이버를 내세우지 않아도 된다. 그저 잠시나마 자신이 주인공 드라이버라고 믿게 할 감정적, 정서적 미끼만 있으면 된다.

결국, 게임이라는 낚싯바늘이 내게 단단히 박혔다. 그제야 게임 디자이너가 될 수 있겠다는 믿음이 생겼다. 일시적인 감정이 아니었다. 〈포뮬러 1 레이싱〉 매뉴얼 마지막에 실린 내 짧은 자서전에 따르면 직함이 딱 하나뿐인 이 진취적인 28살의 젊은이가 품은 일생의 꿈은 두 가지였다.

하나는 '작곡 시스템 개발하기'였다. 결국은 성취한 목표다. 나머지 하나는 '궁극적인 전략 게임 만들기'였다.

03 비행 고도

스핏파이어 에이스(Spitfire Ace, 1982)

윙맨(Wingman, 1983)

플로이드 오브 더 정글 II(Floyd of the Jungle II, 1983)

솔로 플라이트(Solo Flight, 1983)

에어 레스큐 I(Air Rescue I, 1984)

빌과 함께 맞이한 첫 번째 크리스마스까지 게임의 월간 판매량은 거의 500장이었다. 요즘 말로는 확장팩이라고 부를 만한, 내 네 번째 게임 타이틀 〈스핏파이어 에이스〉의 대량 제작이 막 마무리된 시점이었다. 〈헬캣 에이스〉와 동일한 코드 베이스를 사용한 대신 전투 시나리오의 전장을 태평양에서 유럽 전역으로 옮겼다. 빌이 보기에 다음으로 할 일은 우리의 모든 게임을 다른 시스템으로 포팅해서 고객층을 넓히는 것이었다. 그리고 그의 위시리스트 맨 꼭대기를 차지한 기기는 미국 전역 집집마다 자리 잡기 시작한 인기 신제품 컴퓨터, 코모도어 64(Commodore 64)였다.

난 이 계획이 딱히 달갑지 않았다. 우선 게임을 코모도어용으로 수정하는 것은 순전히 회사 재정을 위한 조처이므로 내 문제가 아니라 빌의 문제라고 느꼈다. 그 작업은 게임을 더 팔기 위한 수단에 불과했고, 거기에 새롭거나 흥미로운 구석이 있을 리 만무했다. 그때 나는 아타리용 시간 절약 도구를 많이 만들어 놓았고 문제없이 진행되었으면 하는 새 게임 아이디어도 넘쳐났다. 내가 보기에 디지털 게임은 이미 정점에 다다른 상태였다. 아니, 인간의 눈이 128가지 이상의 색을 본다는 것이 가능하냐는 말이다. 그리고 충분히 성장한 것이 분명한 이 산업에서 자리를 잡길 바라는 나로서는 오래된 코드를 재탕해서 내놓을 시간이 없었다.

한 회사의 능력은 그 회사의 최신 제품으로 가늠할 수 있다는 말에는 빌도 공감했고 그 또한 내가 계속 제품을 생산하길 원했다. 그래서 대신 그랜트 이라니(Grant Irani)와 앤디 홀리스(Andy Hollis)라는 두 친구를 고용했다. 두 사람 다 GI의 프로그래머이자 우리 아타리 사용자 그룹의 멤버였는데 우리의 주요 친목 도모 수단은 컴퓨터가 아니었다. 빌리 조엘은 우리를 호락호락하게 놓아주지 않았을 뿐 아니라 우리처럼 젊은 남자들에게는 게임 디자인보다 로큰롤 연주가 훨씬 더 멋져 보였다. 그래서 함께하는 저녁 시간은 대부분 지하실 밴드를 이뤄서 즉흥 연주를 했다.(지하실 밴드란 차고에 모이는 개러지밴드(garage band)와 비슷한 개념인데 미시간에서는 차고의 기온이 1년에 9개월은 추워서 그럴 수밖에 없었다.) 앤디는 드럼을, 그랜트는 보컬과 기타, 나는 키보드를 맡았다.

엄밀히 따지면 인력이 2배로 늘었으나 마이크로프로즈는 여전히 각자 집에서 야간이나 주말에만 일하는 조직이었기 때문에 큰 차이는 없었다. 그랜트는 〈플로이드 오브 더 정글〉을 코모도어 64용으로 포팅하느라 바빴고 앤디는 〈에이스〉의 갈등 시나리오를 한국전쟁 버전으로 만들기 시작했다. 그사이 나는 독립적인 3인칭 멀티플레이어를 표방한 새로운 스타일의 비행 게임, 〈윙맨〉에 관한 의견을 빌과 조율했다.

일반적으로 멀티플레이어 게임은 〈플로이드〉처럼 전체 고도를 화면에 한꺼번에 보여 주거나 〈초퍼 레스큐〉처럼 플레이어들을 강제로 한 화면에 함께 남아 있게 했다. 하지만 빌은 두 명의 조종사가 자유롭게 날아다니며 팀을 이루거나 어느 고도에서나 플레이할 수 있는 게임을 원했고 꼭 동시에 똑같은 장면을 볼 필요는 없다고 했다. 아케이드 게임에서 접한 적 있는 방식일지 모르나 가정용 컴퓨터용으로는 구현된 적 없었다. 그래서 화면을 수평으로 나눌 방법을 찾아냈다. 각 플레이어를 그에게 할당된 절반짜리 화면 중앙에 배치하는 대신 경로가 겹칠 때 다른 플레이어의 화면에도 표시했다. 게다가 코드가 일찍 마무리되어 앤디가 자신의 게임인 〈미그 앨리 에이스(MiG Alley Ace)〉에 1인칭 버전을 추가할 정도의 여유 시간이 생겼다. 덕분에 3부작 게임의 이 세 번째 타이틀이 전작들과 차이가 나는 독특한 게임으로 변신할 수 있어서 더 좋았다.

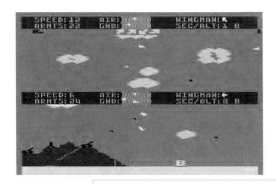

〈윙맨〉 스크린샷
© 1983 MicroProse, www.microprose.com

카탈로그에 2편의 게임이 더 추가되고 두 번째 플랫폼에 발을 들여놓자 빌은 이제 자신이 GI를 떠나서 마이크로프로즈 일에 전념할 때가 되었다고 보았다. 이것 말고는 빌이 마이크로프로즈에 쏟는 노력을 더 늘릴 다른 현실적인 방법이 없었다. 하지만 나는 고정 수입 포기 문제에 더 조심스러운 입장이었고 이런 꿈 같은 상황이 지속되리라는 것에 대한 확신이 없었다. 판매 부진이 2개월 정도만 이어져도 우리의 발목을 잡을 수 있는 대출이나 벤처 캐피털을 피하자는 것이 우리의 철학이었기에, 주중에 내가 마이크로프로즈의 새 사무실에서 2일, GI에서 3일, 이렇게 절반으로 나눠서 일하는 것이 더 신중한 처사이리라 생각했다.

다행히 GI의 관리자는 일하는 시간과 관계없이 계속 GI에 근무해도 좋다고 허락해 주었다. 나는 게임을 만들며 꾸준히 새로운 것을 배웠고 이러한 학습의 직접적인 수혜자가 바로 그들이었기 때문이다. 일례로 그 사이 매우 익숙해진 아타리 800 아키텍처를 기반으로 GI의 새 운영 시스템에 관한 제안을 하기도 했다. 아타리 직원 중에 자신의 아이디어가 북동지역의 금전 등록기에 영향을 미치리라 예측한 이는 없겠으나 목적에 잘 부합하는 디자인이었기에 승인을 받았다. 동료들 대부분은 내가 결국에는 회사를 떠나리란 것을 알고 있었고 그들 중 다수가 마이크로프로즈에서 일하고 싶어 했으므로 내가 GI에서 시간을 나눠서 일하기 시작할 때 별다른 반감은 없었다. 동료들은 빌과 나를 동네 영웅 정도로 대우하며 우리의 성공을 우리만큼이나 응원했다.

앞으로 게임 판매와 홍보에 전념하기로 한 빌은 자신의 조종 경력을 어느 때보다 강조하며 보도 자료에서 자신을 '와일드 빌(Wild Bill)'이라 칭하기 시작했다. 이 별명이 공군 시절 그의 호출 신호였는지, 아니면 그냥 그가 지은 별명인지는 모르겠다. 마침내 지역 TV 방송국의 관심을 끄는 데 성공해서 회사에 리포터가 오기로 한 날, 전신 비행복을 입고 나타난 빌은 마치 평소에도 그 옷을 입고 출근했던 것처럼 대수롭지 않다는 표정으로 사무실을 누볐다. 취재진이 떠나자 그는 농담이지만 그래도 완전히 농담은 아니라는 어조로 앞으로 언론사에서 취재를 오는 날에는 모두가 자신에게 경례하는 것이 좋겠다고 했다.

알고 보니 그는 직원들이 입을 비행복도 준비해 두었다. 모든 비행복에는 '액션은 시뮬레이션이지만, 재미는 진짜예요!'라는 회사의 새 구호가 적힌 맞춤 패치가 어깨에 붙어 있었다. 처음에는 그저 코스튬이라고 생각했다. 하지만 빌은 나를 마틴 스테이트 공항에 데리고 가 비행 경험을 시켜주면서 이 의상이 진짜 비행복이라는 것을 증명했다. 비행복과 마찬가지로 이 또한 취미에 드는 비용을 업무 경비로 영리하게 충당한 것인데, 그래도 그가 오로지 자기 잇속을 차리기 위해 그렇게 한 것은 아니었다. 〈윙맨〉을 출시하고 나서 빌의 다음 계획은 이미 상당한 인기를 끌고 있는 마이크로소프트(Microsoft)의 〈플라이트 시뮬레이터(Flight Simulator)〉와 정면승부를 겨룰 만한 우리의 차기작을 내놓는 것이었다. 그래서 빌은 내가 영감을 얻을 수 있도록 최대한 구체적인 경험을 할 수 있게 해 주고 싶어 했다.

조종사 면허가 있는 빌도 2인승 소형 세스나(Cessna) 비행기를 빌리려면 기본적인 기술 시험을 통과해야 했어서 나는 관제탑에서 기다렸다. 관제탑이라고는 했지만 주정부 수준의 건물이라 활주로를 마주하고 있는 평범한 건물이었고 직원인 조종사는 빌을 데리고 비행하며 연달아 몇 번의 이착륙 연습을 했다. 이륙해서 부드럽게 원을 그리며 비행하다가 다시 착륙하고 바로 다음 이륙을 위해 가속했다. 비행에서 가장 중요한 이 두 부분을 몇 차례 실연해 보이자 함께 탄 직원은 내 쪽으로 부조종석을 돌리며 이제 우리가 원하는 어디든 가도 좋다고 했다.

세스나 비행과 전투기 비행에 극적인 차이가 있어서인지, 아니면 빌이 실력을 과시하기 위해 최대한 곡예비행을 해서 그런지는 잘 모르겠지만, 내 옆에 앉아 있던 직원은 빌의 비행 방식이 마음에 들었는지 기분 좋은 듯 이렇게 중얼거렸다. "와, 이 사람 실력이 대단한데?"

전에는 긴장한 적이 없었지만, 이번에는 분명 생각이 달라지고 있었다. '10분 후면 내가 저 비행기 안에 있을 것'이라는 사실을 되새겼다. 도망칠 수 있을까? 아마 안 될 것이다. 빌은 어떻게든 나를 다시 데려올 것이 분명했다.

다행히 잘 해냈다. 막상 해 보니 아주 끔찍하게 무섭지는 않았다. 비행 중간에 조종 장치를 맡겠냐는 제안을 거절하긴 했지만 말이다. 빌은 펜실베이니아의 주방위군 기지에서 젊은 조종사들을 교육한 경험이 있다. 일부러 비행기를 땅으로 곤두박질치게 한다거나 한 엔진의 시동을 꺼뜨리는 등의 문제를 일으킨 후에 이를 극복하게 하는 것은 그가 진행한 표준 훈련의 일부였다. 그래서 이성적으로는 그가 해결할 수 없을 정도의 심각한 문제를 일으킬 수 없다는 것을 알았지만 그때는 어쩐지 겁이 났던 것 같다. 나중에 해 봤다고 말할 수 있게 조종 장치를 한 번이라도 손에 쥐어 볼 걸 그랬나 싶기는 하다.

세스나 비행기도 괜찮은 대체품이었으나 빌이 진짜 원한 것은 F-15 전투기가 나오는 게임이었다. 구식 항공기를 고수한 가장 큰 이유는 그런 비행기가 구식 기술을 쓰기 때문이었다. 비행기의 계기 장비가 간단하고 최대 시속이 190km밖에 되지 않는다면 배경을 얼마나 빠르게 그릴지, 비행 데이터는 얼마나 저장할지 걱정할 필요가 없었다. 압축 알고리즘도 신경 쓸 것 없었다. 측정기로 가득 찬 F-15 패널을 표현하기에는 화면 하반부 공간이 부족했다. 적어도 당시 해상도로는 그랬다. 수평선을 정확한 각도로 기울일 수 있는 세상이 오면 더 나은 그래픽, 더 높은 처리 속도에 대한 약속이 이루어질지 모르나, 현재로서는 빌의 꿈이 이루어지기까지 더 기다려야 했다.

비현실적인 기동성, 무제한 연료를 제공하는 아케이드 장르와 차별화되는 우리의 비행 시뮬레이션 장르 공식 데뷔작은 〈솔로 플라이트(Solo Flight)〉라고 불릴 예정이었다. 나는 비행기를 다른 관점에서 볼 수 있게 움직이는 카메라를 도입하자는 아이디어를 냈다. 플레이어가 비행 중 조종석에서 보는 뷰, 비행기 후방에서 보는 뷰를 전환하며 볼 수 있게 하기 위해서였다. 그리고 땅에 비치는 비행기 그림자를 표시해서 고도를 추정할 수 있게 하는 사소하지만, 효과적인 디테일도 고안했다. 내가 아는 한 〈솔로 플라이트〉는 이런 기능을 갖춘 최초의 비행 시뮬레이션 게임이었다. 그리고 그로부터 수년간 아주 조금씩 정복해 나갈 주제인 3D 그래픽에 주목하기 시작한 것도 이즈음이었다.

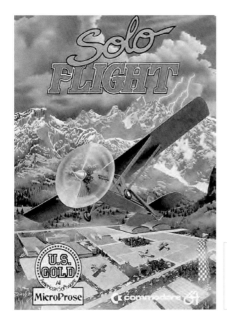

〈솔로 플라이트〉
박스 아트

© 1983 MicroProse,
www.microprose.com

　지금은 당연하게 여겨지는 3D에는 사실 엄청난 양의 삼각법이 쓰이는데, 당시 컴퓨터의 성능이 상대적으로 얼마나 뒤떨어졌는지 말로 설명하기 어려울 정도다. 지금 아이를 키우고 있는 집에는 아마 그 시절 우리가 썼던 컴퓨터보다 처리 속도가 훨씬 빠른 장난감이 잔뜩 쌓여 있을 것이다. 어쨌든 나는 라인드로우(linedraw) 알고리즘이라고 불리는 기술을 활용해서 산과 활주로를 당시 어떤 게임보다도 3D에 가깝게 표현했다. 그때 그 시절에 보았다면 진짜 멋있어서 누구나 크게 감동했을 수준이었다는 내 말을 믿어 주면 좋겠다.

　하지만 이러한 코드 개선보다 더 중요한 한 가지 핵심적인 디자인 결정이 있었다. 플레라는 개념을 남긴 것이다. 〈에이스〉라는 이름을 붙인 '게임'과 이번 작품 같은 '시뮬레이터' 장르는 원래 별개의 시장으로 여겨졌으나 우리는 항공기 너드라고 해서 게임 너드처럼 재미있게 놀지 못할 이유가 없다고 보았다. 사실주의라는 신성한 선을 넘지 않는 한 왕실 간 결혼 서약을 통해 두 나라에 평화를 가져올 수 있으리라 생각했다. 그래서 우리는 간단한 우편 배달 과제를 추가했다. 기한과 목적지만 제안했기 때문에 원하는 사람만 부담 없이 도전하면 되는 과제였다.

그 기능이 큰 인기를 끈 덕에 우리 타이틀은 마이크로소프트의 〈플라이트 시뮬레이터〉와 성공적으로 차별화되었다. 심지어 왕관을 빼앗아 왔다는 의견을 낸 리뷰어도 꽤 있었다. 하지만 이런 리뷰는 그리 널리 알려지지 않았고 소매시장에는 중간이 없었다. 바닥에는 가족끼리 운영하는 작은 가게가 있으면 그 바로 위에 당시 월마트보다도 더 큰 수익을 올리던 시어스(Sears) 같은 전국적인 체인점이 있었다. 단번에 올라가거나 아니면 아예 못하거나 둘 중 하나였다.

빌은 내게 그런 전국적인 체인점은 입고할 제품을 직접 정하지 않는다는 비밀을 알려 주었다. 대신 이들은 가게 선반 공간을 게임 전문 유통업체에 임대했다. 이러한 유통업체는 마치 새로운 스타를 찾아다니는 음반사처럼 게임 회사를 선별해서 직접 계약을 맺었다. 유통업체가 동네 가게에서 우리 게임을 우연히 발견할 확률은 유명한 음반 제작자가 허름한 바의 가라오케에서 노래하는 사람을 스카우트할 확률과 비슷하다고 했다. 빌은 이들의 눈에 띄려면 시카고에서 열리는 CES에 가야 한다고 했다.

1984년 국제전자제품박람회(Consumer Electronics Show, CES)의 규모는 오늘날의 절반 정도였다. 그 말인즉 시카고 시내의 가장 큰 컨벤션홀 중 한 곳에 있는 3층 규모의 거대한 행사장에 단 9만 명 정도의 참가자가 모인다는 뜻이었다. 행사에서는 둘이 한 팀이 되어서 내가 게임을 시연하고 기술적인 문제에 답하는 동안 빌이 지나가는 사람들을 붙잡고 우리 게임으로 그들이 얼마나 큰 돈을 벌 수 있을지 설득할 계획이었다. 그리고 우리의 의욕이 너무 앞선다 싶을 때 도와줄 사무실의 다재다능한 지원군 조지 기어리(George Geary)도 데리고 가기로 했다.

매코믹 콘퍼런스 센터 내에 있는 객실은 우리의 예산을 초과했기 때문에 몇 블록 떨어진 곳에 숙소를 잡았다. 3m² 크기의 기본 부스 확보에만 11,000달러 이상 들었는데, 요즘에는 그 정도에 150,000달러 가까이 지불해야 한다는 사실을 생각하면 무척 저렴한 가격이었다. 당시 나는 이 행사에 드는 비용이 얼마인지 몰랐으나 얼마였든지 간에 따라갔을 것이다. 나는 돈에 관한 결정을 항상 빌에게 맡겼고, 그는 우리가 적절한 사람들을 잘 만나서 〈솔로 플라이트〉를 잘 선보이기만 한다면 콘퍼런스가 끝나기 전에 유통업체의 선택을 받을 것이라 자신했다.

판매업체가 모인 홀은 준비가 절반밖에 되지 않았는데도 활기찬 분위기였다. 게임 산업이 이렇게 넓은 면적을 채울 규모가 된다거나 이토록 다양한 업체로 이루어져 있을 것이라고는 상상도 못 했다. 각 부스는 게임 산업의 고유한 구성 요소를 나타냈고 부스를 어지럽게 둘러싼 종이상자와 검은 천은 이들의 잠재력을 숨기지 못 했다. 한쪽에서는 새로운 스타일의 조이스틱을 판매하고 있었고 다른 한쪽에서는 타사보다 빠른 하드 드라이브 디자인을 선보였다. 양측 다 협업을 위해 상대의 전문 분야에 관여하기는커녕 서로를 이해할 필요조차 없었다. 모두가 그저 게임이 가치가 있다는 사실에 동의하기만 하면 됐다. 나는 우리 게임이 나머지 업체에 견주어도 부끄럽지 않을 수준이길 바랄 뿐이었다.

하지만 안타깝게도 우리 부스는 그리 훌륭하지 못했다. CES는 그런 면에서 유익한 경험이었다. 다른 회사들이 풀어 놓는 짐을 보고서야 우리가 얼마나 적게 가져왔는지 깨달았다. 다른 회사들은 전자식 광고판을 여러 개 가져온 데 반해 우리는 비닐 소재 현수막을 하나 챙겨 왔다. 루카스필름(Lucasfilm)과 일렉트로닉 아츠(Electronic Arts) 부스에는 시연 장치가 줄지어 놓여 있었으나 우리 부스에는 아무 책상에서나(아마 내 책상이었던 것 같다.) 슬쩍해 온 모니터에 아타리 한 대를 연결해 둔 것이 고작이었다.

빌은 우리가 가져온 기기가 잘 작동되고 있는지에 대해 이상할 정도로 신경 썼다. 준비가 부족할 **뿐 아니라** 느리기까지 한 것처럼 보이는 것보다는 원래 이럴 계획이었다는 듯 행동하는 편이 낫다고 생각하는 것 같았다. 하지만 우리가 도착했을 때 예약해 둔 테이블이 우리 부스에 없었고 언제 배달될지도 장담할 수 없었다. 빌은 하여간 노동조합 때문에 되는 일이 없다고 투덜거리면서 문제를 해결하려 자리를 떴다가 얼마 지나지 않아 테이블 3개를 가져왔다.(원래 다른 누군가의 테이블일지 모르지만 어쨌든 가져왔다.) 색도 크기도 모두 달랐고 우리 부스의 전문성을 높이는 데에도 딱히 도움이 되지 않았다. 하지만 어디서 가져왔는지 묻지 않는 것이 나았다. 물어봐야 "지금 우리한테 테이블이 있어요, 없어요?"라고 답할 게 뻔해서 우리는 그냥 그 테이블을 설치했다.

잠시 후 직원 몇 명이 짝이 잘 맞는 깨끗한 테이블 3개를 가지고 왔다가 우리에게 이미 테이블이 있는 것을 보고 어깨를 으쓱하며 돌아섰다. 빌은 돌아가는 그들의 뒷모습을 의기양양하게 팔짱을 낀 채 지켜보았다. 그는 물 만난 물고기였다. 그에게는 다섯 사람분의 에너지가 있었다. 이제 그는 지금껏 그 자리에 부스를 세웠던 그 어느 영업사원보다도 더 강력하게 그 자리를 지배할 생각이었다.

그리고 실제로 그렇게 했다. 콘퍼런스가 끝날 무렵 우리는 게임에 관한 여러 제안을 받았다.

대부분은 표준 판매권 계약이었고 이에 응하기로 하기만 하면 빌은 향후 몇 달간 계약 조건 협상에 공격적으로 임할 준비를 마친 상태였다. 그런데 헤스웨어(HESware)라는 경쟁 소프트웨어 개발사가 우리에게 독특한 제안을 했다. 헤스웨어는 우리가 꾸준히 거절해 온 일종의 벤처 캐피털 자금을 받은 업체였다. 보유한 돈이 보유한 게임보다 많다고 해서 꼭 나쁘다고 볼 수는 없지만(결국, 이 콘퍼런스를 통해 파트너십을 맺고자 하는 유통업체에도 똑같은 원칙이 적용될 것이다.) 파트너십은 오너십과 같지 않으므로 빌과 나는 오너십을 유지하자는 생각을 분명히 해 왔다. 하지만 헤스웨어가 원하는 것은 회사 지분 소유나 꾸준한 저작권 수익이 아니었다. 그들은 우리 게임을 25만 달러에 통째로 사서 헤스웨어의 게임으로 판매하길 원했다. 빌이나도 함께 고민해 볼 필요가 있다고 생각할 정도로 중요한 사안이었다.

판매권 계약 관련 제안을 이미 여러 건 받은 상황을 고려하면 〈솔로 플라이트〉의 장기간 매출이 헤스웨어가 제안한 액수보다 더 높을 가능성이 있었다. 하지만 다른 한편으로, 우리 회사는 여전히 빡빡한 예산으로 운영되고 있었고 심지어 나는 아직까지도 마이크로프로즈에 전념할 수 없었다. 거액의 현금이 유입되면 우리에게 큰 도움이 될 것이고 이 게임이 실패작으로 판명이 나더라도 빚더미에 올라앉지 않을 것이다.

내가 빌에게 해야 할 조언은 딱 하나였다. 자신이 소유한 것이 특별하다고 믿는다면 그에 걸맞은 대우를 해 주어야 한다. 그래서 이렇게 말했다. "가보는 팔지 말라던데요."

알고 보니 옳은 결정이었다. 헤스웨어는 우리 모르게 심각한 재정난을 겪고 있었고 몇 달 지나지 않아 결국 파산을 선언했다. 만약 이들에게 우리 게임을 팔았다면 게임에 대한 모든 권리를 잃고 돈도 받지 못했을 것이다.

대신 〈솔로 플라이트〉는 매대에 진열된 그 순간부터 꾸준히 매출을 올렸고 유통망이 생긴 덕에 기존 게임 몇 편도 국내 출시를 위해 업데이트할 수 있었다. 우선 나는 〈플로이드 오브 더 정글〉의 새 버전을 만들며 AI 기술을 연마했다. 새로운 버전에서는 사람이 직접 조종하지 않는 캐릭터들을 컴퓨터가 플레이할 수 있었다. 아케이드 게임처럼 감질나는 데모 모드를 만드는 것이 논리적 귀결이었다. 그 작업을 하는 동안 〈초퍼 레스큐〉의 적 AI를 수정했고 두 게임의 모든 코드를 시드트랜(SidTran)으로 변환했다. 시드트랜은 내가 만든 효율성 높은 프로그래밍 언어인데, 이 언어가 다른 언어보다 나은 이유는 셔먼 박사님의 텔레타이프가 천공 카드 시스템보다 뛰어난 이유와 똑같았다. 다시 말해 즉시 만족할 수 있었다. 코드 수정 결과를 더 빨리 확인할 수 있으므로 절반의 시간을 들여서 2배를 수정할 수 있었다.

유통업체로부터 〈초퍼 레스큐〉의 제목을 수정하자는 중대한 요청이 들어왔다. 설정이 다소 비슷한 〈초프리프터(Choplifter)〉라는 게임이 있었는 데 이제 우리도 그런 문제를 신경 써야 할 수준이 되었기 때문에 전국 재 출시 때는 〈에어 레스큐 I(Air Rescue I)〉이라는 제목으로 바꾸기로 했다.(유통 업체는 우리 회사 이름의 법적 문제에 관해서는 걱정하지 않았던 모양이다. 법원의 명령이 도착하는 날까 지 그 이야기를 꺼낸 사람이 한 명도 없었으니 말이다.)

〈솔로 플라이트〉 계약에 서명하고 수개월이 지난 어느 날, 4년 전 한 광고 컨설턴트가 내가 속해 있던 사용자 그룹에 말을 붙인 이후로 내가 줄곧 듣고 싶어 했던 말이 빌의 입에서 나왔다.

"시드, 우리 수익이 충분해요. 이제 본업을 그만둬도 돼요."

빌에게 그 말을 들은 사람은 나만이 아니었다. 거의 하룻밤 새 우리 회 사는 누군가의 가정집 주방이 아닌 사무실용 정수기나 회의실 테이블 앞 에서 대화를 나누는 진짜 직장으로 변신했다. 하지만 여전히 회사보다 가족에 가까웠다. 직원 대부분은 오래된 친구였고 맨 처음부터 빌의 아 내가 행정 업무를 맡아 왔으며, 나는 모든 시간을 보내던 사무실에서 만 난 지지(Gigi)라는 젊은 여자에게 얼마 지나지 않아 청혼했다. 좋아서 시 작한 일이 어쩌다 우리 모두 사랑에 빠져 버린 합법적인 노동으로 마침 내 인정받게 된 것이다.

이러한 확장은 역효과를 낼 소지가 있는, 재정 면에서 공격적인 움직임이었던 것은 사실이나 이 모든 것을 이끌어 나가는 원동력이 우수한 콘텐츠라는 사실을 빌이 절대 잊지 않았다는 점은 칭찬할 만하다. 개발 중인 게임 종수가 판매 중인 게임 종수와 같을 정도는 되어야 꾸준히 여러 편의 게임을 동시에 판매할 수 있다고 판단한 빌은 바로 채용공고부터 냈다.

빌은 업계에서 가장 똑똑하고 창의적인 인재를 유혹하려면 디자이너가 마땅히 받아야 할 존경과 경의를 그들에게 표하는 회사라는 점을 알려야 한다고 했다. 그는 제복을 입고 사무실을 누비는 모습으로 미국 공군에 마치 우리 대신 게임을 테스트하는 사단이 있다는 듯한 뉘앙스를 풍기면서 플레이어나 언론을 상대로 자신을 아이콘화하는 데 성공했다. 하지만 그런 과시적인 행위는 프로그래머의 관심을 끌지 못한다. 빌은 프로그래머는 자기들과 비슷한 민중의 영웅만 받아들일 것이라고 했고, 그래서 새로운 광고의 주인공은 나와 산더미 같은 돈, 이 둘로 정해졌다.

사진이 잡지에 실렸는지 정확히 기억나지는 않지만, 콘셉트가 너무 특이하고 웃겨서 사본을 보관해 두었다. 사진 속 나는 화면에 〈솔로 플라이트〉를 자랑스럽게 띄운 내 책상 앞에 앉아 있다. 내 옆에는 만화책에서 튀어나온 듯한 자루 2개가 있다. 자루 앞에는 달러 기호가 새겨져 있고 자루 입구에는 돈다발이 삐져나와 있다. 나는 시키는 대로 지폐를 펼쳐 들고 뜻밖에 기쁜 일이 일어났다는 듯한 표정을 짓고 있다. 하지만 빌은 이 정도로는 의도가 명확히 나타나지 않는다며 사진을 찍기 직전에 내 책상 위에 올라가서 반짝이는 금색 달러 기호를 천장에 매달았다. 무슨 자막을 넣을 생각이었는지 들은 적은 없지만, '최근에야 전업 게임 디자이너가 되었다.'라는 말은 쓰지 않았을 것이 분명하다.

"돈 자루" 사진
© 1984 MicroProse,
www.microprose.com.
Photo credit : George Geary

　우리가 아무리 돈을 쓸어 담고 있다 한들 그 사실을 과시하는 것은 최
대한 점잖게 표현하건대 내 스타일이 아니었다. 빌은 회계 팀이 조사 차
전화할 때까지 내가 급여 수표 입금을 깜빡했던 일화를 이야기하길 좋아
한다. 나는 부주의해서가 아니라 바빠서 그랬다고 확신하지만, 1980년
대의 '화려함'이 무엇이었든 거기에 내 수표를 써 본 적 없는 것도 사실이
긴 하다. 나는 보통 돈을 절약하는 편이고 항상 계획적으로 쓴다. 하지만
빌이 회사에 도움이 된다고 판단한 일이라면 기이한 사진 촬영을 포함해
무엇이든 기꺼이 따를 마음이었다. 내게는 게임 제작으로 생계를 유지하
는 것이 가장 중요했다.

당시 기술이 꾸준히 발전하면서 두각을 나타낸 다른 산업도 존재했다. 1975년 섹스탕 아비오니크(Sextant Avionique)라는 프랑스 회사가 다쏘 메르퀴르(Dassault Mercure) 항공기를 위해 최초의 'HUD(heads up display, 전방 시현기)'를 개발했다. 조종사가 아래쪽에 있는 계기판을 확인하고 나서 다시 수평선으로 시선을 올리는 번거로운 과정을 거치지 않도록 조종사 시야에 바로 들어오는 투명한 화면에 정보를 투영하는 기술이었다. 공상 과학 소설가들이 안구에 정보를 표시하는 방법에 대한 환상을 키우는 동안〈터미네이터〉의 아널드 슈워제네거(Arnold Schwarzenegger)를 떠올려보라.) 이 기술은 대성공을 거뒀고 항공기 제조사들은 이 아이디어를 군사용, 상업용으로 빠르게 적용했다.

1984년 2월 미국 공군은 어느 때보다 더 크고 정교한 HUD를 적용한 새로운 F-15E 전투기 부대의 출범을 알렸다. 정밀하게 조종할 수 있도록 빛나는 텍스트, 조준 가이드, 지형 하이라이트가 조종사 시야를 끝에서 한쪽 끝까지 꽉 채웠다. 활주로는 더 이상 활주로가 아니고 2개의 디지털 선이었다. 적기는 선명하게 빛나는 십자 표시로 덮어씌워졌다.

늘 비디오 게임이 항공 기술을 따라가는 형국이었는데 처음으로 항공 기술이 비디오 게임 플레이에 가까워졌다. 컴퓨터 화면 하반부에 계기 데이터를 더는 쑤셔 넣을 수 없었는데 군이 나를 위해 이를 상반부로 옮겨 준 것이다. 호박이 넝쿨째 굴러왔다.

이번엔 내가 빌에게 수년간 기다려 온 소식을 전해 줄 차례였다. 이제 F-15 비행 시뮬레이터를 만들 준비가 되었다고. 그는 마치 크리스마스 아침을 맞이한 아이처럼 활짝 웃었다.

04 디데이

나토 커맨더(NATO Commander, 1983)

F-15 스트라이크 이글(F-15 Strike Eagle, 1985)

사일런트 서비스(Silent Service, 1985)

크루세이드 인 유럽(Crusade in Europe, 1985)

디시전 인 데저트(Decision in the Desert, 1985)

컨플릭트 인 베트남(Conflict in Vietnam, 1986)

시간이 지날수록 점점 방대해져 교과서만한 분량으로 많은 정보를 전달하게 된 게임 매뉴얼은 마이크로프로즈를 유명하게 만든 요소 중 하나였다. 초창기에 이는 무시해서는 안 될 중요한 사안이었다. 초보 컴퓨터 주인들(사실 당시에는 모두가 초보였다.)에게 컴퓨터가 문제없이 작동하고 있다는 것을 알려 주어야 했기 때문이다. 예를 들어 〈스핏파이어 에이스〉에서는 게임 로딩이 '약 4분 이내에' 완료될 것이라고 안심시키는 메시지를 띄웠다. 이렇게 만든 장치가 오늘날에는 누구나 당연히 여기는 게임 플레이 관례로 자리 잡기도 했다. '적의 공격이 명중하면 화면이 빨갛게 번쩍이는' 〈헬캣 에이스〉나 '더 어려운 레벨에서는 더 많은 점수를 받는' 〈초퍼 레스큐〉의 예가 여기에 해당한다.

사실 그저 플레이어를 도와주고 싶었다. 어쩌다 한 번이라도 이기지 못하는 게임을 좋아할 사람은 없기 때문이다. 〈포뮬러 1〉에서는 플레이어들에게 '5단 기어로 코너를 돌 때 주의하는 것이 좋고 4단 기어를 추천'한다고 알려 주었고 〈헬캣 에이스〉에서는 '다음 발사를 바로 준비하고 지체하지 말 것'을 권했다. 〈스핏파이어 에이스〉 매뉴얼에서는 '하늘은 연한 파란색, 땅은 녹색'이라고도 알려 주기도 했는데 그건 내가 생각해도 조금 과했던 것 같다.

특히 비행 게임 매뉴얼에는 특별한 곡예비행 동작을 상세히 알려 주는 페이지를 넣었다. 빌에게 그런 지식이 있고 그가 이를 나누길 좋아해서이기도 했지만, 그렇게 콕 짚어 언급하지 않았다가 혹여나 플레이어가 그 멋진 장치를 놓치게 되지 않을까 걱정되어서이기도 했다. 게임마다 디테일이 더 추가되면서 매뉴얼은 점점 길어졌다. 〈솔로 플라이트〉를 출시할 때는 게임 속 비행 시뮬레이션과 상관없는 비행 경험을 들려주기도 했다.

"계기 비행[13] 중 자세계[14] 고장은 실제 비행에서 일어날 수 있는 가장 무서운 사고 중 하나입니다. 이런 비상사태 와중에 엔진이 고장 나고 조종석에 연기까지 나기 시작했다면 조종사가 실크 엘리베이터(낙하산)를 타고 안전하게 땅에 착륙할 수 있는 것만으로도 다행입니다!"

〈솔로 플라이트〉에서 16쪽을 채웠던 내용이 〈F-15 스트라이크 이글〉

---

13 앞이 보이지 않는 상황에서 모든 정보를 계기장치에 의존해 비행하는 방법.
14 항공기의 자세를 지시해 주는 계기장치. 비행기의 수평 방향 자세를 감지한다.

에서는 36쪽으로 늘어났다. 우리는 플레이어에게 마하 0.9의 속도가 실제 '해수면 기준 661노트'에 상응하는 가변 임곗값이지만, 고도가 높아지면 크게 낮아진다는 사실을 알려 주었다. 또한, 70도, 78도, 82도 회전 시 달라지는 관성력의 차이를 보여 주는 복잡한 그래프를 제공했다. 한 치의 오차 없이 정확한 각 적기의 실속 속도, 실용 상승 한도, 무기뿐 아니라 지대공 미사일의 경사 거리까지 나열했다. 매뉴얼의 중앙에 넣은 도해 면에는 조종석 화면에 나오는 모든 계기 장치 29개를 구분해 설명했고, 이어서 조이스틱으로 할 수 있는 10가지 동작을 알려 준 뒤로 에일러론(aileron)과 러더(rudder)의 차이점을 알려 주는 긴 섹션이 이어졌다. 심지어 시뮬레이터가 '정확한 양의 엘리베이터(elevator)를 적용하기 위해 이러한 조종면 움직임을 자동으로 상호 연결'하는데도 그런 설명을 넣었다. 즉 모든 것을 고려했다.

뭐, '거의' 모든 것을 고려했다고 해야 할 것 같다. 36쪽짜리 매뉴얼 어디에도 비행기를 착륙시키는 방법은 언급되지 않았다.

착륙에 관한 정보는 무척 중요했다. 혼자서는 비행기를 착륙시킬 수 없기 때문이다. 우리는 사실과 재미 사이에서 적절한 균형을 찾지 못했다. 실제 항공기 조종에서 가장 어려운 부분이 착륙인데 미션에 성공한 플레이어를 마지막 순간에 죽인다면 팬이 생길 리 만무했다. 그래서 찾아낸 타협점은 플레이어가 본거지에 적절한 거리와 고도로 접근하면 컴퓨터가 배턴을 물려받아서 자동으로 비행기를 착륙시키는 것이었다. 우리가 비행기 게임 제작을 생계 수단으로 삼지 않는 플레이어들이 그 상황에 맞는 적절한 수치를 당연히 알 것으로 간주했다는 점은 안타깝다. 하지만 큰 상관은 없었다. 게임은 여전히 꽤 잘 팔렸으니까.

〈F-15 스트라이크 이글〉 스크린샷
© 1985 MicroProse, www.microprose.com

필수적인 게임 역학을 생략했다는 부분을 제외하면 〈F-15 스트라이크 이글〉 매뉴얼에는 특별한 점이 있었다. 매뉴얼 기반 복제 방지 시스템을 적용한 우리의 첫 번째 게임이었기 때문이다. 모두가 알고 있듯 디지털 저작권 관리(Digital Rights Management, DRM)는 창작자와 사용자 간의 영원한 대결로 남았다. 우리가 게임을 보호할 방법을 생각해 내면 누군가 침입할 방법을 알아낸다. 그리고 그 과정이 반복된다. 물론 빌은 우리 주머니에서 돈을 빼내 가는 어떤 행위든 단호하게 반대했지만, 어린 시절 내가 만든 해적판 소프트웨어의 양을 생각할 때 나로서는 별 생각 없이 하는 공유를 반대할 근거가 빈약했다. 해적판을 통해 접해 본 적 없다면 게임을 구매하지 않을 사람에게 해적판 게임이 일종의 광고 역할을 한다는 주장은 약간이긴 하지만, 일리가 있다. 초기에 나도 무료 버전을 접한 후에 게임을 구매한 경험이 몇 번 있었고, 컴파일되지 않은 진짜 코드를 가지고 놀아 볼 기회가 없었다면 프로그래밍을 그렇게 많이, 그리고 빨리 배우지 못했을 것이다. (당시 컴퓨터는 게임을 로딩하면서 컴파일했기 때문에 디스크에 있는 데이터를 볼 수 있었을 뿐 아니라 적절한 도구만 있다면 완전히 편집하는 것도 가능했다.)

그렇지만 호기심 이상의 의도를 가지고 상습적으로 불법 복제를 하는 사람도 많다. 나는 부당하게 이득을 취하는 이들을 용납할 생각이 없다. 유혹적인 불법 복제 소프트웨어에 악성 코드를 심어 퍼뜨리는 적극적인 악행을 일삼는 사용자를 누가 반기겠는가. 〈F-15 스트라이크 이글〉을 출시하고 1년 이상 지난 후에야 컴퓨터 바이러스라는 개념이 등장했기 때문에 당시에는 다행히 악성 코드를 걱정할 필요가 없었다. 역설적이게도 바이러스는 원래 복제를 방지하는 적극적인 방법의 하나였다. 이 당시 바이러스 프로그램은 해적판 소프트웨어가 감지되었을 때 이에 대한 보복으로 해당 사용자 하드 드라이브의 중요한 부분을 삭제하는 역할을 했다. 간혹 무고한 사용자를 겨냥하기도 했다. '브레인(Brain)'이라는 별명이 붙은, 의도는 좋지만 실행이 아쉬웠던 이 바이러스 프로그램에는 이 프로그램을 만든 제작자들의 이름과 연락처도 들어 있었다. 자신들이 겨냥하는 해적들로부터 숨을 필요가 없다고 느껴서였다.

1984년, 우리가 악성 코드라는 아이디어를 떠올리지 못하고 바른길로만 가는 사이 무단 공유는 걷잡을 수 없이 횡행했다. 공상 과학 소설가인 오슨 스콧 카드(Orson Scott Card)는 마이크로프로즈의 특정 게임을 지목하며 너무 재미있어서 '운전을 시속 55마일로 하는 사람[15]이라도 훔치고 싶을 만한 게임'이라고 하기도 했다. 때로 중간 정도 인기 있는 게임의 정식 매출이 큰 인기를 끈 게임의 매출보다 높을 때도 있었는데, 인기가 적은 게임은 소장하고 있는 사람도 적어서 복제가 그만큼 적게 이루어지기 때문이었다. 널리 알려진 게임은 지역 게시판에서 쉽게 찾을 수 있었고 일각의 추산에 따르면 해적판으로 플레이한 비율이 최대 80%에 달했다고 했다.[16]

1982년 스턴 일렉트로닉스 주식회사(Stern Electronics Inc.) 대 코프먼(Kaufman) 판례가 나오면서 비디오 게임이 저작권법상 예술 작품으로 분류되기 시작했으나 현실에서는 강제력이 없었다. 오로지 소프트웨어 보호 위반에 열중하는 회사들도 있었는데, 보복을 두려워하기는커녕 공개적으로 이런 일을 자행했다. 예컨대 소프트키 퍼블리싱(Softkey Publishing)은 오로지 애플 II 컴퓨터용 소프트웨어 암호 해독 설명서로 채운 월간지 2종을 별도로 출판할 정도였다.

데이터 저장공간에 제한이 있어서 해적이 작정하고 달려들면 코드를 한 줄 한 줄 이 잡듯이 뒤져 볼 수 있을 정도로 프로그램의 크기가 작다는 현실이 우리의 발목을 잡았다. '오픈 소스(open-source)'라는 용어는 기업들이 프로그램을 '클로즈드 소스(closed-source)'로 만들 방법을 깨우친 이후에야 등장했고 진정한 암호화는 군대에나 존재했다. 우리가 쓸 수 있는 데이터 레이아웃 트릭은 정보를 디스크에 직선이 아닌 비스듬한 나선형

---

15 당시 미국의 운전 제한속도는 시속 55마일(시속 88km)이었다.
16 정품을 소장하고 있는 사람을 직접 만나야 복제가 가능했던 시절이었다.

으로 저장하는 방법 등 몇 가지 없었는데, 이러한 방법은 알아내기가 그리 어렵지 않고 때로 합법적인 게임 사본의 실행을 방해하기도 했다.

반면 데이터 전송 속도에도 제한이 있다는 사실은 우리에게 도움이 되었다. 당시 시중에 유통되던 가장 빠른 모뎀의 가격은 약 600달러였고 (오늘날 달러 가치로 환산하면 2배 이상의 가격이다.) 데이터를 초당 1,200bit의 극도로 느린 속도로 전송할 수 있었다. 이는 전형적인 48K 게임(킬로바이트를 설명하는 위키피디아 페이지 사이즈의 약 ⅓ 크기)을 다운로드하는 데 5~6분 정도 걸린다는 뜻이고 이 정도는 잠재적 게임 도둑들이 참을 만했다. 하지만 울퉁불퉁한 픽셀 아트 말고 제대로 된 그림으로 만든 디지털 이미지라면 파일 하나만으로도 게임 한 편보다 용량이 클 때가 있어서 그림으로 가득 채운 우리 매뉴얼은 전화선으로 전송하는 것이 사실상 불가능했다.

매뉴얼에 플레이 방법에 대한 설명만 넣기엔 좀 아까웠다. 게임은 모두가 직관적으로 플레이할 수 있으리라 기대하는 게 일반적이었고 대부분의 플레이어는 게임을 진행하면서 자연스레 플레이 방법을 깨우쳤다. 하지만 게임을 진행하려면 꼭 알아야 하는 중요한 정보가 매뉴얼에 실려 있는 경우, 매뉴얼이 없는 플레이어는 아예 게임을 못 하게 할 수 있다. 데이터를 단 1bit도 수정하지 않고 말이다. 정확히 누구의 아이디어인지는 모르나 1984년부터 복제 방지를 위해 '매뉴얼 찾아보기' 방법을 활용한 사례가 몇몇 등장한다. 1983년에는 그런 사례가 한 건도 없으니 빠르게 인기를 끈 방법임이 분명하다.

초창기에는 보통 "매뉴얼 17쪽의 열두 번째 단어는 무엇인가요?"처럼 뻔한 질문을 했다. 이런 정보를 게임 속 마법 주문이나 교활한 악당이 낸 수수께끼에 대한 답으로 제시하는, 조금 더 나은 사례도 있었다. 〈F-15 스트라이크 이글〉의 설정에는 판타지적인 요소가 전혀 없어서 최고 비밀 무기 인증 코드로 제시했다. 쉽게 복사하지 못하게 답을 매뉴얼 여러 곳에 나눠 넣긴 했으나 한 글자짜리 코드 15개를 선택하라고 요청하는 수준에 불과해서 이 방법도 지나치게 단순했다. 무작위로 추측하긴 어려웠겠지만, 복사해서 해적판 데이터에 텍스트 파일로 쉽게 넣을 수 있는 적은 용량이었다.

다음 게임에서는 더 똑똑한 방법을 썼다. 〈사일런트 서비스〉의 매뉴얼은 코드 대신 가상 잠수함의 실루엣을 시각적으로 일치시키게 했다. 사각형 안에 넣은 흑백 이미지는 게임 메모리에 저장하기 부담이 없을 정도로 단순하지만, 말로 설명하거나 텍스트로 변환해서 넣기는 어려울 정도로 복잡했다.

1980년대 후반 시중에 가정용 스캐너가 보급되고 이미지를 쉽게 공유할 수 있을 정도로 데이터 전송 속도가 빨라진 후에도 별 생각 없이 하는 복제는 이 정도 수준의 장치로 충분히 막을 수 있었다. 부정직한 선택을 하기가 터무니없을 정도로 쉽지 않은 한 사람들은 보통 정직하게 산다는 것이 내 생각이다. 뛰어난 해커는 아무리 강력한 장치를 써도 막을 수 없을 테니 그들을 막으려 애쓰는 것은 의미가 없다. 이런 현실이 그다지 달갑지는 않으나 지금껏 등장한 모든 복제 방지책이 결국에 무너져 내리는 와중에도 게임 창작자들은 어떻게든 살아남았다.

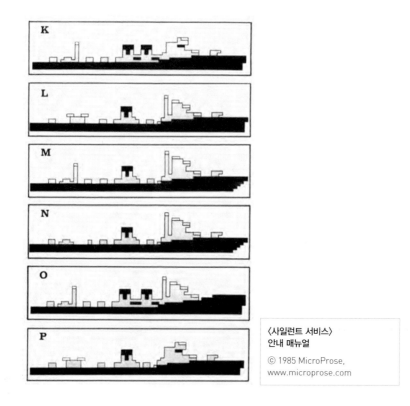

잠수함 실루엣은 무기 코드보다 고작 몇 인치의 공간을 더 차지할 뿐이었는데 〈사일런트 서비스〉 매뉴얼의 분량은 더 늘어났고 이는 우리의 강박적인 글쓰기에 단순한 복제 방지, 그 이상의 목적이 있다는 뜻이었다. 설명서에서는 대체로 실제 잠수함이 구사하는 전술을 다뤘다. 속도나 화력 말고 스텔스를 기반으로 하는 첫 번째 게임이었을 뿐 아니라 어뢰를 조준하는 데 많은 삼각법이 관여한다는 사실에 더욱 신이 났다. 하지만 빌은 대잠수함전(Anti-Submarine Warfare)의 이니셜 'ASW'가 '지독히 느린 전쟁(awfully slow warfare)'을 의미한다는 오래된 군대 농담을 좋아하는 사람이었고 게임 시계의 속도를 높이는 옵션, 자동 조준 옵션을 추가한 후에도 만족하지 못했다. 빌은 마하 0.9의 속도로 이루어지는 전투를 선호했고 〈사일런트 서비스〉처럼 신중한 전략을 구사해야 이길 수 있는 게임은 그에게 몹시 지루하게 느껴질 뿐이었다.

"그냥 수면 위로 올라와서 총포전을 벌이면 안 됩니까?" 빌은 투덜거렸다.

"이 게임의 핵심은 그게 아니니까요." 난 그에게 몇 번이고 다시 상기시켰다. 하지만 그는 포기하지 않았고 결국 오로지 그를 달래기 위한 목적으로 주력 잠수함 모델 갑판에 덱 건(deck gun)를 추가했다.

얼마 후 중요한 고객 앞에서 게임을 시연하던 빌이 AI에게 밀리기 시작했다. 게임을 판매하려는 사람으로서는 난처한 상황이었다. 사업가들은 프로그램이 얼마나 영리하고 복잡한지에 관심을 두지 않는다. 이들 대부분은 아예 게임을 해 본 적이 없고 그 대신 타인의 감정을 읽는 능력이 뛰어나다. 데모 게임에서 졌을 때 플레이어가 느끼는 허탈감은 한 공간에 있던 모두에게 전달되며 이런 실망스러운 첫인상을 지우는 것은 거의 불가능하다. 물론 게임이 늘 쉬워서는 안 되지만, 패배는 보상을 확실히 한 후에나 오는 게 좋다. 플레이어가 혼자 플레이를 즐기는 어린아이든 회의실 테이블에 시끌벅적하게 모인 영업사원들이든 결정적인 초반 몇 분 동안은 꼭 이기게 해 주어야 한다.

빌은 태생적으로 쇼맨십이 있는 데다 느린 속도도 좋아하지 않으므로 한꺼번에 여러 적함과 싸우려고 덤볐는데 모든 적함이 잠수함치고는 무시무시하게 빠른 속도로 동시에 반격해 왔다. 빌은 최선을 다해 싸우고 피했지만, 결국 마지막 한 척이 빌의 잠수함을 수면 위로 날리고 어뢰를 발사했다. 최후를 몇 초 남긴 상황에서 그는 덱 건으로 전환했다. 그리고 적함이 회색과 백색 사각형으로 표현된 바닷물을 뒤집어쓴 채 흔적도 없이 사라지게 했다. 그 순간 방 안의 모든 사람들이 환호했고 빌의 말에 따르면 빌을 어깨에 들쳐 올리고 즉석에서 퍼레이드라도 벌일 분위기였다고 했다. 무엇보다 중요한 건 그들이 그 게임을 샀다는 것이다.

그 후 빌은 디자이너라고 자처하며 게임에 플레이어가 흥분하거나 긴장할 만한 요소가 부족하다고 느낄 때마다 자신의 주장을 관철하려고 "덱 건!"을 외쳤다. 그리고 이 말은 몇 년 동안 회사의 유행어가 되었다.

빌이 〈사일런트 서비스〉를 개선하겠다며 내 본능에 반대되는 아이디어를 낸 분야는 총포뿐이 아니었다. 그는 마이크로프로즈가 그래픽 디자이너를 영입할 때가 되었다고 했다.

솔직히 나는 약간 언짢았다. 물론 내가 반 고흐라는 것은 아니지만, 그래도 몇 년간 게임 그래픽을 담당하며 꽤 잘해 왔다고 생각했다. 적어도 스프라이트 그리드에 16색으로 그리는 그래픽치고는 아주 괜찮았다고 생각했다. 에잇, 그냥 솔직히 말하겠다. 모눈 종이에 그림 도면을 미리 그리는 디자이너들도 있었는데 내 실력은 그런 과정이 필요 없을 정도로 훌륭했다. 나는 그냥 내가 원하는 것을 상상하고 컴퓨터에 바로 입력할 수 있었다! 〈사일런트 서비스〉를 위해 디자인한 그래픽 메뉴는 특별히 자랑스러웠다. 레이더, 잠망경, 피해 보고서 등 함장이 인터랙션할 수 있는 항목을 목록으로 나열하고 잠수함 코닝 타워 인테리어를 전체 화면 그래픽으로 만들었다. 그리고 '인간같이' 보이는 작은 함장이 방의 여러 영역을 앞뒤로 움직일 수 있게까지 해냈다. 젠장, **꽤 괜찮았다.**

그러던 중 새 그래픽 디자이너 마이클 하이러(Michael Haire)가 만든 코닝 타워 화면을 보았다. 그가 완성한 3D 원근법은 더 사실적이었고 색채 대비는 더 선명했으며 함장은 '-같이'라는 표현을 붙일 필요 없이 그냥 인간으로 보였다. 어떤 면에서 보더라도 더 나은 예술 작품이었다.

'아, 진짜 그래픽 디자이너가 필요했구나.'라는 생각이 들었다.

〈사일런트 서비스〉 스크린샷
© 1985 MicroProse, www.microprose.com

내 그래픽 디자인 실력에 대한 고통스러운 자각을 차치한다면 게임이 개선되어서 기뻤고 프로그래밍의 다른 측면을 다룰 시간이 더 많아진다는 생각에 마음이 편해졌다. 어느 순간 나는 〈사일런트 서비스〉에 태평양 전 지역이 담긴 사실적인 지도가 필요하다는 생각이 들었다. 이름도 모르는 아주 작은 섬과 정확한 수심 정보가 포함된 지도 말이다. 마침 게임 그래픽 작업이 내 손을 떠났으니 특별한 지도를 만들어야겠다는 생각이 더욱 확고해졌고, 얼마 지나지 않아 전 세계가 한눈에 들어오는 뷰에서 12km 너비 직사각형 크기의 바다 일부를 보는 뷰까지 거의 무한대 줌이 가능한 프랙털 기반의 프로그래밍 기술을 고안했다. 돌아다니며 할 수 있는 일이 하나밖에 없었기 때문에 〈마인크래프트(Minecraft)〉나 〈폴아웃(Fallout)〉 시리즈 같은 현대적인 기준의 '오픈 월드'라고 보긴 어렵지만, 그래도 플레이어는 바퀴를 달고 마른 땅을 달리지는 않는 잠수함 게임에서 현실적으로 누릴 수 있는 최대의 자유를 누렸다.

그 사이 〈F-15 스트라이크 이글〉은 모든 예측을 뒤엎고 수십만 장의 판매고를 올리며 〈컴퓨터 게이밍 월드(Computer Gaming World)〉라는 잡지의 독자 투표에서 '올해의 액션 게임'으로 선정되었다. 이는 항공기 게임에 대한 빌의 갈망에 불을 붙였지만 나는 다음 단계로 나아가려던 참이었다. 에너지가 소진되지는 않았으나 아이디어가 고갈되었다. 〈F-15 스트라이크 이글〉에는 미국 무기고에 있는 모든 미사일과 폭탄이 등장했고 게임 메커니즘도 군사 기밀 사용 허가 없이 다룰 수 있는 한도 내에서 최대한 사실에 가깝게 만들었다. 레이더와 레이더를 속이는 데 쓰이는 채프(chaff)도 최고 수준으로 갖췄다. 배경부터 발사체와 적기에 이르기까지 화면에 모든 아이템이 3D로 렌더링되었다. 더 개선할 여지가 없다고 느꼈다.

다행히 회사의 다른 사람들은 〈케네디* 어프로치(Kennedy Approach)〉, 〈아크로젯(Acrojet)〉 같은 탄탄한 장르 게임으로 꾸준한 속도를 유지하고 있었다. 이런 동료들 덕분에 성공의 공식을 벗어날까 빌이 전전긍긍할 상황을 만들지 않는 선에서 이것저것 시도해 볼 수 있는 약간의 자유가 주어졌다.

도전 과제 달성

We Didn't Start the Fire[17]
빌리 조엘, 아야톨라, 케네디 모으기.

"시드가 답을 찾을 거예요." 그는 늘 그렇게 말했다. 새로운 영감을 찾는다는 뜻인지 정신을 차린다는 뜻인지 잘은 모르겠다.

빌이 다양화를 꺼리는 것을 아주 부당하다고 보긴 어려웠다. 〈솔로 플라이트〉 전에 〈나토 커맨더〉라는 게임으로 잠시 새로운 분야에 진출한 적이 있었는데 점잖게 말해 내 최고의 작품은 아니었다. 그로부터 몇 년 후 내가 한 기자에게 이 게임에 대해 한 말에 내 솔직한 평가가 담겨 있다. "재미조차 없었다. 한마디로 형편없었다."

전통적인 보드게임의 모든 단점을 제거한 컴퓨터용 워게임(wargame)을 만들겠다는 아이디어로 시작한 게임이었다. 워게임은 실제 장군들이 전선을 묘사한 거대한 지도 위에서 미니어처 소대를 이리저리 움직이며 전략 계획을 수립하는 과정에서 탄생했다. 실전에 투입할 장교들을 위해 개발한 훈련 시나리오 속 가상의 설정이 훗날 일반인도 할 수 있는 게임으로 진화한 것이다. 워게임은 보통 해당 시대의 군사 기술을 절대 벗어

---

17 1992년 발표한 빌리 조엘 11집 'Storm Front'에 실린 수록곡으로 1940년대부터 1980년대까지 현대사의 사건, 인물 등 주요 키워드를 나열한 가사가 인상적인 곡이다. 아야톨라와 케네디도 등장한다.

나지 않도록 만든 설정 내에서 특정 전투를 역사적으로 정확하게 재현하는 방식으로 진행된다. 이를 통해 플레이어는 커스터 장군의 마지막 항전[18] 같은 전투를 역사와 다르게 플레이해 볼 수 있다. 플레이어용 말 하나만 있는 것이 아니라 잃어버리기 쉬운 수십 개의 미니어처가 있다는 점, 시간을 들여 테이블을 가득 채울 정도로 큰 지도를 설치해야 한다는 점, 복잡한 게임 규칙서 때문에 게임 하는 내내 친구들끼리 언쟁을 벌여야 한다는 점 등도 워게임의 주요한 특징으로 손꼽힌다.

이러한 단점들 때문에 컴퓨터로 이보다 나은 버전을 만들 수 있다고 생각했다. 보드가 순식간에 설치되고, 게임 규칙서가 절대 예외를 놓치지 않는다는 점, 그리고 컴퓨터가 플레이어에게 정보를 감출 수 있다는 점도 중요했다. 현대에는 인공위성이 전장의 안개를 거의 걷어냈지만, 역사 속 군사령관들은 적군의 이동을 어림짐작해 왔다. 우연히 마주쳐서 일어난 전투가 많았는데, 심지어 적이 아닌데 마주쳤다는 이유만으로 전투를 벌이기도 했다. 예컨대 제1차 세계대전 당시 영국의 HMS G9 잠수함과 HMS 패슬리 구축함이 우연히 마주쳤을 때 양측은 G9이 반으로 쪼개져 가라앉을 때까지 교전을 벌였다. 고작 한 명의 생존자만이 살아남아 패슬리의 함장에게 실수로 일어난 전투였다는 걸 알릴 수 있었다.

하지만 상대의 말이 테이블 위에 올려져 있다면 위치를 쉽게 알 수 있다. 보드게임 디자이너는 더미 카운터(dummy counter)라고 부르는 가짜 말을 쓰는 복잡한 시스템으로 이러한 문제를 해결하려고 하지만, 그래 봐야 부자연

---

18 아메리카 대륙의 원주민 연합군이 미국에 맞서 대승리를 거둔 리틀 빅혼 전투를 가리킨다.

스러울 수밖에 없다. 반면 컴퓨터 프로그래머에게는 식은 죽 먹기다. 해당 항목을 화면에 렌더링하지만 않으면 끝이다. 숨길 필요도 없다. 애초에 그리지 않으면 그만이다. 두꺼운 종이밖에 없던 시절에는 종이가 제 역할을 훌륭히 잘했지만, 트랜지스터가 확실히 더 뛰어났다.

문제는 〈나토 커맨더〉가 지루하다는 점이었다. 우선 첫째로 지도의 범위가 제한적이라는 점이 재미를 크게 반감시켰다. 정복하기 딱 좋은 세계가 자신의 눈 앞에 펼쳐진 것을 바라보는 행위에는 뭐라 정의할 수 없는 매력이 있는데 여러 화면을 천천히 왔다 갔다 스크롤 하다 보면 그러한 경험의 에너지가 뚝 떨어졌다. 알고 보니 게임으로 테이블을 꽉 채우는 데에는 이유가 있었다. 기억이 정확하진 않지만, 이 때문에 내가 〈사일런트 서비스〉 지도의 줌 기능에 집착하게 된 것일지 모른다. 하지만 솔직히 지도가 가장 큰 문제는 아니었다.

어릴 적 친구들과 〈리스크(Risk)〉 같은 게임을 하면 모두가 게임판 앞에서 승리를 자랑하고 서로 악의없는 도발을 주고 받았다. 한 나라가 침략을 당하면 모두가 속상해하며 침략자 저지를 도왔고 도움을 받은 사람은 그러한 호의를 기억했다. 한 명이 승리에 너무 가까워지면 나머지가 힘을 합쳐 그를 견제했다. 상대가 컴퓨터였다면 자기가 호주(Australia)를 하겠다며 내게 엄지 싸움을 하자고 드는 일은 없었을 것이다. 친구들과 나눈 상호작용에는 각자의 개성과 그날의 기분이 묻어났다. 테이블에 둘러앉은 친구들끼리 서로 장난치고 서로의 전략으로부터 배우며 키워 나간 우정은 알고리즘으로 도저히 복제할 수 없다. 사실 나는 요즘도 동료들과 회사 휴게실에서 정기적으로 보드게임을 한다. 이는 컴퓨터 게임 제작을 업으로 삼고 있는 사람들조차 실제 얼굴을 맞대고 하는 게임의 가치를 이해한다는 뜻이다. 내게 편견이 있다는 것은 인정하나 그래도 게임으로 팀워크 구축하는 회사가 다른 활동을 선택한 회사에 비해 생산성과 직업 만족도 면에서 더 좋은 성과를 낸다는 것을 누군가 수치로 증명해 준다면 좋겠다.

좋은 AI는 반드시 사회성을 갖춰야 한다고 믿었던 튜링이 옳다고 믿는다. 커뮤니티가 워게임의 재미를 좌우하는 그토록 중요한 부분이라는 사실을 그때는커녕 아직까지도 제대로 깨우치지 못했다. 그래서 〈사일런트 서비스〉 게임을 끝낸 후에도 다시 워게임 장르를 택해서 3개 프로젝트 연속으로 똑같은 헛수고를 이어 갔다.

〈크루세이드 인 유럽〉, 〈디시전 인 데저트〉, 〈컨플릭트 인 베트남〉은 기존 〈에이스〉 시리즈처럼 훗날 게임 한 편과 확장팩 두 편이라고 불릴 만한 시리즈였다. 3편 모두 〈크루세이드 인 유럽〉을 위해 기존 〈나토 커맨더〉 코드를 고쳐서 개발한 엔진을 기반으로 만들었다. 후속편을 출시할 때마다 역사적인 깊이를 더하려고 노력했는데 당시에는 이런 선택이 실수가 아닐까 착각도 했었다. 게임 플레이 문제 해결에 도움이 되진 않았으나 덕분에 감동적인 서사가 탄생했다.

도움을 받으려 고용한 역사학자 겸 전직 프린스턴대학의 교수인 에드 베버(Ed Bever)는 알고 보니 시간 여유가 있을 때 〈앤틱〉에 전략 게임 리뷰도 기고하고 있었다. 그는 과거와 현재의 군사적 시나리오에 관한 깊은 이해를 갖춘 인물이었는데 〈나토 커맨더〉를 '재미있고 정확하다.'라고 평한 것으로 볼 때 게임 취향 또한 훌륭한 것이 분명했다.

재능이 많은 에드에게는 재미와 진지의 양단 사이에서 능수능란하게 줄타기를 하는 재주도 있었다. 실제로 일어난 적 있는 전투는 민감하게 받아들여질 소지가 있는 주제여서 역사 속 전쟁을 배경으로 하지 않는 다른 게임처럼 파괴적인 즐거움을 마구 제공하는 것이 적절치 않았다. 〈컨플릭트 인 베트남〉에서는 이 점을 특히 주의해야 했고 예상보다 훨씬 많은 부분에서 문제가 발생했다.

에드의 디자이너 노트에는 이런 문단이 등장한다. "상태 표시 화면에 표시할 사망자 항목의 명칭은 감정을 강하게 자극할 여지가 있었다. 우리가 인명 피해라는 표현으로 되돌아간 데에는 두 가지 이유가 있었다. 첫째, 베트남에서 가족을 잃은 이들은 설사 시뮬레이션 내에서라 할지라도 전사자 수를 집계하는 행위를 모욕적이라고 느낄 수 있었기에 이들을 불쾌하게 하고 싶지 않았다. 둘째, 베트남인을 죽음으로 내몬 전투에서 많은 미국인이 살아남았기 때문에 전사자 수 집계는 인명 피해 비율에 대한 그릇된 인상을 심어줄 수 있었다."

매뉴얼에 역사적 정보와 함께 면책 조항을 넣은 건 이때가 처음이었는데 나는 그 상황이 잘 납득되지 않았다. 과하게 조심한다고 생각해서가 아니라 애초에 면책 조항이 필요 없게 만드는 것이 낫다고 생각해서였다. 워게임 3부작으로 알려진 〈커맨더〉 시리즈 3편 모두 탄탄한 시뮬레이션 경험과 깊은 역사적 교훈을 제공하지만, 나는 이 3편을 꼭 게임으로 간주할 필요는 없다고 생각한다.

게임을 규정짓는 가장 기본적인 특징은 상호작용성이다. 플레이어의 모든 선택에 보상을 주지는 못하더라도 플레이어가 기본적으로 결과를 통제할 수 있어야 한다. 그렇지 않으면 중간중간 버튼을 누르라고 요구하는 영화나 다름없다. 이 게임의 경우 이미 역사적으로 결정된 변수가 너무 많았을 뿐 아니라 유닛에 적용한 AI도 너무 과했다. 귀찮게 일일이 관리할 부분을 줄여 주려 했던 것인데, 결국에는 플레이어가 선택할 부분이 거의 남지 않는 지경에 이르렀다. 심지어 플레이어는 아무것도 하지 않으면서 게임이 스스로를 상대하며 전체 플레이를 시뮬레이션하는 것을 감상할 수도 있었다. 많은 리뷰어가 이런 기능에 감동했다. 아니면 적어도 그들은 자신이 그렇게 느꼈다고 생각했다. 하지만 실제로는 두어 번 보면 흥미가 뚝 떨어졌다. 끝없이 파이 값을 계산하는 컴퓨터처럼 개념적으로는 멋있어도 장기적으로 큰 흥미를 끌지 못했다.

심지어 최근에 일어난 전쟁이라는 사실이 더해지자 어떤 결말도 딱히 행복하게 느껴지지 않았다. 빠르게 결정적인 승리를 거두었을 때조차 플레이어에게는 '하지만 이 승리의 대가가 무엇이지?'라는 의문이 남았다. 나는 늘 게임 디자이너의 역할이 도덕적 딜레마에 따르는 고통을 살펴보는 것이 아니라 현실을 잠시 멈추는 것이라고 생각해 왔다. 예술에는 분명 그런 고민을 위한 자리가 마련되어 있으며 비디오 게임도 예술의 한 분야이지만, 사무실에서 긴 하루를 보내고 온 사람들이 일반적으로 그런 자리에 머물고 싶어 하지는 않는다. 수동적 관찰에서 1인칭 참여로 전환하면 경험하는 감정의 강도가 더 세진다는 점은 둘째 치고, 그 어떤 유형의 예술보다 사용자를 더 오래 붙잡아 두는 것이 게임이다. 박물관 방문이나 비극적인 영화 관람에서 이루어지는 불편한 자아 성찰은 길어야 3시간 정도이나 게임 디자이너가 플레이어에게 쓰라고 요구하는 시간은 20시간에서 10억 시간에 이른다. 버거운 경험을 그토록 오래 하고 싶어 하는 사람은 많지 않고, 적어도 나는 개발하는 1년 내내 그런 감정에 젖어 있고 싶지 않았다. 이러한 교훈을 얻기까지 평소보다 오랜 시간이 걸렸지만, 결국 워게임에 대한 집착을 떨쳐내고 하늘로 돌아왔다.

05 집단적 노력

건십(Gunship, 1986)

내가 다음 프로젝트의 소재를 찾을 무렵 컴퓨터 하드웨어계에서는 아타리와 코모도어가 전쟁에 돌입하면서 몇 년동안 지속되었던 드라마가 막 절정으로 치닫고 있었다. 사업적인 만큼이나 사적인 감정도 상당히 개입된 전쟁이었다. 적대적 매수가 이루어지고 양사에서 퇴직한 직원이 새로운 벤처로 떠나고 금융 계약서가 사라졌다가 다시 발견되는 등 분쟁의 양상은 복잡했다. 그 결과 최종적으로 두 회사는 양사 어느 쪽도 개발하지 않은 기술의 소유권을 주장하며 상대 회사를 연거푸 고소하기에 이르렀다. 이 모든 일의 중심에는 프로세서 기술계의 최신 성배, 로레인(Lorraine)이라는 코드명으로 불린 68K 칩셋이 있었다.

사실 프로젝트에 코드명을 붙이는 게 허세로 느껴져서 마이크로프로즈에서는 코드명을 한 번도 쓰지 않았다. 내가 만든 게임은 출시가 임박해서 진짜 제목을 붙이기 전까지 늘 그냥 '잠수함 게임', '디데이 게임'이라고 불렀다. 하지만 사실 '게임'이라는 단어만 들어도 뭔가 재미있는 게 준비되어 있을 것이라는 기대감이 든다. 그러니 하드웨어에 '더 빠른 회색 상자'라는 코드명을 붙이는 것이 적절하다고 보긴 어렵다. 요즘은 프로젝트 팀의 규모가 커진 데다 산업 스파이가 업계의 골칫거리라서 배급사가 코드명을 쓰게 한다. 이메일이 너무 쉽게 유출되므로 비밀 엄수(보안)의 필요성에 대해서는 나도 이해한다. 하지만 어떤 프로젝트에 어떤 엉뚱한 코드명을 붙였는지 깜빡하면 누구도 이해하지 못하는 답답한 대화가 이어지기 쉽다. 나는 무슨 프로젝트를 하는지 사람들에게 말하고 싶지 않으면 진행 중인 프로젝트에 대해 아예 입을 다물고 만다.

어쨌든 로레인의 소유권이 아타리나 코모도어 중 어느 쪽에 귀속될지 최종 결정이 나기까지는 몇 년이 걸릴 것이고 단기적으로는 양쪽 다 상대 회사가 차세대 하드웨어에 로레인을 사용하는 것을 막을 수 없었다. 기업 간의 정치적 다툼 문제는 내 알 바가 아니었다. 우리는 기술 군비 경쟁에서 엄청난 혜택을 보았고 아타리 ST, 코모도어 아미가(Amiga) 둘 다 68K 프로세서를 쓴다는 말이 우리에게는 더 좋은 게임을 사람들에게 제공할 수 있는 기회가 2배 더 늘어난다는 의미일 뿐이었다.

특별한 목적 없이 아미가용 새 3D 엔진을 만들었는데 이 프로젝트가 아미가가 사라지기 전 아미가로 작업한 유일한 프로젝트가 되었다. 아미가 컴퓨터의 품질에는 아무 이상이 없었으나 애초에 약속한 판매량을 달성하지 못했고 우리처럼 작은 회사에는 그 부분이 문제가 되었다. 최초로 출시할 컴퓨터에 맞춰서 게임을 미세 조정하는 데 1년이 걸린다. 해당 컴퓨터의 화면 해상도에 맞게 게임의 시각적 레이아웃을 조정하고,

탑재된 오디오 칩에 맞게 음향 효과를 최적화하는 등의 작업이 이때 이루어진다. 그 후 나머지 주요 시스템에 맞춰서 코드를 조정하는 기간은 몇 달 정도밖에 되지 않는다. 최초 출시 버전이 가장 훌륭할 수밖에 없으므로 최대한 많은 고객이 가장 좋은 경험을 할 수 있게 당대에 가장 인기 있는 시스템에 맞춰 게임을 개발하는 것이 합리적이다. 아미가를 헌신적으로 따르는 팬들이 있긴 했지만, 가정용으로든 사무용으로든 1위에 오른 적은 한 번도 없었다.

하지만 개발자는 일반인에게 판매되기 훨씬 전에 새로운 하드웨어의 프로토타입을 받아보기 때문에 판매량이 어떨지는 최소한 1년이 지나야 알 수 있었다. 그래서 나는 앞으로 만들 게임을 상상하며 새로운 3D 엔진을 조금씩 손보았고 그사이 회사의 나머지 동료는 기존 플랫폼에서 작업을 이어갔다.

작업하던 타이틀 중에는 앤디 홀리스(Andy Hollis)와 새 디자이너 아널드 헨드릭스(Arnold Hendrick)가 코모도어 64용으로 만든 헬리콥터 게임 〈건십〉이 있었다. 펜과 종이로 하는 롤플레잉 게임으로 게임 디자인을 시작한 아널드의 경력이 엿보이는 이 게임에는 영원한 죽음이라는 다소 급진적인 개념이 등장했다. 미션을 계속 성공하는 한 하던 게임을 저장해 두고 나중에 불러와서 할 수 있었지만, 단 한 번이라도 미션을 실패하면 저장한 게임을 불러오는 옵션이 없었다. 죽으면 끝인 것이다. 물론 데이터가 저장되기 전에 플로피 디스크를 잽싸게 꺼내서 죽음을 모면하는 데우스 엑스 마키나적인 방법을 쓰는 플레이어도 있었다. 캐릭터에 이름 붙이기, 전통적인 롤플레잉 게임에서의 스킬 포인트 할당처럼 최대 중량을 넘기지 않는 선에서 헬리콥터에 장착할 무기 선택하기 등 독특한 특징도 있었다. 〈던전 앤 드래곤(Dungeons & Dragons)〉의 20레벨 마법사가 스탯을 다시 채우기 위해 전투에서 도망치거나 여관에서 하룻밤을 보내는 것처럼 〈건십〉의 헬리콥터 조종사는 병가(sick leave)로 가장하여 숨어서 미션이 끝나기를 기다리거나 기지 밖에서 휴가를 보낼 수 있었다. 〈건십〉은 보드게임 베테랑의 테스트를 10년 이상 거친 이런 캐릭터 메커니즘을 디지털 세계로 성공적으로 옮겨 온 초기작 중 하나였다.

특히 헬리콥터 착륙 방식을 자동과 수동 중 고를 수 있었는데 이번에는 매뉴얼에서 이 과정을 빠뜨리지 않고 제대로 설명했다.

하지만 디자인 메커니즘의 경계가 허물어지는 동안 비행 메커니즘은 망가지고 있었다. 〈건십〉이 시장에 출시된 초기 헬리콥터 시뮬레이터 타이틀 중 하나여서 플레이어들이 낯설게 느낄 수 있다는 점을 고려해 조작법을 쉽게 익힐 수 있도록 조작 방법을 상기시키는 색색의 키보드 오버레이를 쓸 계획이었다.(키보드 오버레이란 오늘날 인체공학적 주변기기 세계에서는 찾아볼 수 없는 판지보다 살짝 두꺼운 유물이다.) 하지만 테스트 플레이어들은 헬리콥터의 조종간(control stick)에 대해서는 아는 사람이 많으므로 콜렉티브 피치 조종 방식은 직관적으로 알 수 있다고 했다. 이들이 지적한 가장 큰 문제는 속도였다.

헬리콥터는 다른 항공기보다 비행 속도는 느리나 좌우 반응이 더 빠른데, 게임 프로그래머에게는 배경의 수평 확대/축소보다 회전이 더 어려운 일이었다. 비행기는 선회하는 데 몇 초가 걸리지만, 헬리콥터는 급커

브나 제자리 회전이 가능하므로 전에 없이 빠른 속도로 360도의 배경을 3차원의 활 모양으로 렌더링해야 했다.

내가 만든 새로운 3D 엔진을 사용하려면 〈건십〉 기저에 있는 프로그램을 완전히 재정비해야 하는데도 팀은 이 엔진을 꼭 쓰고 싶어 했다. 코모도어 64의 성능은 애초에 염두에 두었던 아미가에 비해 부족했으나 새 엔진은 지금껏 우리가 사용한 어떤 엔진보다도 효율적이었다. 나는 오래된 컴퓨터가 새 컴퓨터처럼 작동할 수 있게 앤디 홀리스와 함께 몇 달에 걸쳐 코드를 개선했다.

모든 것은 컴퓨터가 화면에 그릴 수 있는 초당 프레임의 개수인 프레임 레이트(frame rate)로 설명된다. 고도계 바늘처럼 전경에 있는 작은 요소를 수정하면 컴퓨터가 빠르게 다시 그린다. 반면 전체 배경을 수정하면 화면 연결이 뚝뚝 끊어질 수 있다.

우리의 목표는 초당 4프레임이었고 아주 높은 목표는 아니었다. 내가 GI 서버에서 만들었던 〈스타 트렉〉 아스키 게임도 그보다는 빨랐다. 물론 움직이는 텍스트와 구불구불한 산등성이 애니메이션을 비교하는 것은 공정치 못하다. 마이크로프로즈에서 만든 다른 게임도 그보다 빠르게 작동했고 4프레임은 최소한의 목표였다. 그보다 느리다면 플레이할 만하다고 보기 어려웠다.

그때까지 달성한 수치는 3프레임이었다.

"최적화를 한 번 더 해야겠어요." 앤디는 속상한 마음에 저녁 늦게까지 남아서, 군이 하지 않아도 되는 계산이나 꼭 그 시점에 저장하지 않아도 되는 정보를 찾아 달라고 내게 부탁했다. "당신이라면 뭔가 뾰족한 수를 찾을 수 있을 거예요."

엔진 교체로 인해 일정이 이미 크게 지연된 상황이었다. 속도를 올릴 방법을 빨리 찾지 못한다면 어떻게든 공중에 띄울 수 있게 필요 없는 짐을 버리기 시작해야 할 시점이었다.

다행히 게임을 출시하는 데 성공했고 25만 부 이상 판매량을 기록하며 〈컴퓨터 게이밍 월드〉의 '올해의 액션 게임' 상까지 거머쥐었다. 어떻게 고쳤는지 요약해서 말할 능력이 있다면 좋겠지만, 여기에 쓰인 수학은 길고 복잡하고 (장담컨대) 지루하다. 중요한 점은 한 가지 번뜩이는 해결책이 아니라 수십 번에 걸쳐 이루어진 점진적인 변화를 통해 이러한 문제를 해결했고 그중 많은 부분은 우리의 공이라 보기 어렵다는 것이다. 우리는 맡은 일을 더 잘할 방법을 찾는 동시에 자신이 맡은 일을 더 잘하기 위해 노력하는 다른 이들의 도움도 받아야 했다. 그들이 만든 새로운 기술, 새로운 압축 알고리즘, 표준 서브루틴을 구현하는 새로운 방법을 활용했다는 뜻이다. 게임은 많은 이들의 집단적 노력을 통해 탄생하므로 모든 영광을 어느 한 사람이 독차지하리라 생각하는 것은 어리석다. 판매업체들이 모인 CES 홀에서의 내 첫 경험이 보여 주듯이 우리 업계는 독보적으로 뛰어난 하나의 부스가 아니라 소형 부스 수천수만 개로 이루어진다. 아마 개중에는 테이블의 짝이 맞지 않는 부스도 있겠지만, 그런 모두가 나름대로 이바지하는 바가 있다.

CES보다 더 따뜻하고 포근하며 협력적인 분위기를 느낀 곳은 컴퓨터 게임 개발자 콘퍼런스(Computer Game Developers Conference, CGDC)뿐이었다. 첫 번째 CGDC는 〈밸런스 오브 파워(Balance of Power)〉라는 게임과 《컴퓨터 게임 디자인의 기술(The Art of Computer Game Design)》이라는 책으로 이름을 알린 게임 디자이너 크리스 크로포드(Chris Crawford)가 27명의 참석자가 모인 자신의 집 거실에서 개최했는데, 여기에는 참석하지 않았다. 하지만 6개월 후 1988년 9월 새너제이 외곽의 홀리데이 인에서 열린 두 번째 모임에는 참석했다. 그때는 참석자가 5배로 늘었고 점심 식사도 제공되었다. 그래 봐야 음식을 흘리지 않기 위해 종이 접시를 두 겹으로 들고 서서 먹어야 하는 수준이었다. 입장료는 그저 명목상 아주 조금 받았는데, 주최자들은 호텔에 제출한 수표가 부도나지 않도록 현장에서 받은 입장료를 들고 은행으로 질주해야 했다. 크리스가 의상을 갖춰 입고 기조연설을 하기 시작한 것도 그 해부터였다. 어느 해에는 잠재의식에서 일어나는 창조적 충동의 힘을 표현하겠다고 채찍을 휘둘렀고 다른 해에는 자신을 돈키호테에 비교하는 열정적인 연극을 하며 무거운 금속 검을 들고 관중 사이를 질주하기도 했다.

그는 우리를 향해 고함쳤다. "진리를 위하여! 아름다움을 위하여! 예술을 위하여! 돌격!"

내가 처음 참석한 콘퍼런스가 끝날 무렵 주최자들은 커다란 플라스틱 전구 트로피가 그려진 '엉망인 세계에서 가장 엉망으로 위대한 게임 디자이너[19]라는 상으로 크리스를 놀라게 했다. 그전에 다른 수상도 있었는데 경쟁이 커뮤니티에 균열과 불화를 일으킬 수 있다는 생각에 대체로 디자이너 개인이 아닌 배급사에 상을 주었다. 마이크로프로즈는 테스트 플레이 부서가 상을 탔다. 우리가 출시한 제품에는 당시 다른 회사들에 비해 버그가 적었을 것이다. 시대에 앞서서 QA 팀을 꾸린 점이 주효했다고 본다. 콘퍼런스에서는 재미 대신 돈으로 급여를 받는 전문 테스터가 편견 없이 피드백을 제공하는 것이 가능할지를 두고 토론이 벌어지기도 했다. 다행히 이 토론은 빠르게 사그라들었는데 아마 이러한 논리를 자신이 받는 월급에도 적용할 수 있다는 것을 모두가 깨달아서였을 것이다.

두 번째 혹은 세 번째 해에는 발표를 했고, 열 번째 해에는 론 길버트(Ron Gilbert) 같은 업계 거물과 함께 '게임 디자인의 전설' 패널로 참석했다. 론은 헤스웨어가 도산하기 전까지 거기서 프로그래머로 있다가 루카스아츠(LucasArts)의 혁명적인 새 엔진, SCUMM을 디자인한 인물이다. 뛰어난 효율성으로 많은 개발자를 기쁘게 한 엔진이지만, 아마 주제를 나타내는 이니셜로 만든 이름 때문에 눈살을 찌푸린 사람도 있었을 것이다. (뒤이어 나온 프로그램 도구 이름은 SPUTM, SPIT, FLEM, MMUCAS, BYLE, CYST였다.)[20] 수백 명 앞에 놓인 연단에 앉아 있을 때조차 다른 참석자들과 떨어져 있다고 느낀 적이 한 번도 없다. CGDC에서는 모두가 친구이고 평등했다. 단상에 오르든 안 오르든 모두가 함께 어울려 이야기를 나누었다. 1980년대에는 대개 디자인을 독립적으로 하는 활동으로 간주했으므로 출세를 위

---

19 크리스 크로퍼드가 자신을 소개할 때 자조적인 농담으로 자주 쓰던 표현.
20 이는 모두 scum(거품), sputum(가래), spit(침), phlegm(가래), mucus(점액) 등 체액을 연상시키는 이름이다.

해 명함을 돌리거나 인맥을 쌓는 사람은 없었다. 자신의 지위를 방어하려는 사람도 없었다. 우리는 커뮤니티가 생겨서*, 그리고 친구나 가족도 때로 이해하지 못하는 게임에 대한 애정을 이해해 주는 사람들을 만나서 기쁠 따름이었다. 세상의 나머지 사람이 늘 게임을 경시한 것은 아니나 때로 혼란스럽다는 듯 곁눈질했던 것은 사실이었다. 이후 수십 년에 걸쳐 주류에 있는 이들이 게이머와 이들의 집착을 두려워하는 경향이 생겼으나 당시 이들이 게이머에게 던지는 최악의 비난은 게임은 책만큼 오래 즐기지 못하고 TV 프로그램만큼 매력적이지 않으며 스포츠만큼 건강하지 않으므로 득 될 것이 별로 없는 시시한 취미라고 하는 정도였다. 하지만 그런 면에서는 소수가 즐기는 다른 취미와 게임이 크게 다르지 않다고 생각한다. 재즈 뮤지션은 피아노에서 몇 시간이고 계속 리프 연주를 하는 것이 자신에게 왜 그토록 특별한 일인지 설명하기 어려워하고, 건축가는 프랭크 게리(Frank Gehry)의 기하학적 특이성에 관해 대화할 수 있는 상대를 마침내 만날 기회가 생겼을 때 열광한다.

도전 과제 달성

My Country, 'Tis of Thee(나의 조국, 그대들의 나라)[21]
국가의 탄생을 목격하세요.

---

21 1931년 '성조기(The Star-Spangled Banner)'가 미국의 국가로 지정되기 전 사실상 국가로 불렸던 곡.

세상에는 특이한 사람이 많은데 CGDC는 나와 비슷한 특이한 이들이 모이는 곳이다. 당시에는 우리 중 누구도 게임이 장차 문화적 지배력을 얻으리라고는 상상조차 하지 못했다. 우리는 아이디어를 공유하고 상대가 알지 못하는 게임을 알려 주며 기뻐하고 아주 많은 쿠키를 먹었다.

하지만 게임 산업이 전체적으로 성장하면서 CGDC도 유년기를 벗어났다. 1999년에는 콘솔 게임을 포함시키기 위해 콘퍼런스 이름에서 '컴퓨터'라는 단어를 뺐고, 2002년에는 모바일 게임을 정식으로 추가했다. 그리고 참가 수준을 다양화하기 위해 입장료에 차등을 두기 시작했으며, '예술', '디자인' 등으로 굵직하게 나누었던 주요 발표 트랙을 '현지화', '커뮤니티 관리' 등 조금 더 구체적인 주제로 세분화했다. 2000년대 초에는 걸어서 둘러보기 어려울 정도로 넓은 장소로 행사장을 옮겼고 2018년에는 28,000명이 참석하는 기록을 세웠다. 그래도 재미는 그대로였다. 이 모든 일의 심장부에는 게임이 굳건히 자리 잡고 있으며 그러한 사실만 변하지 않는다면 CGDC는 영원히 지속될 수 있으리라 생각한다.

마이크로프로즈는 그 후로도 여러 해에 걸쳐 더 많은 상을 받았는데 그중에는 CGDC도 줄 수 없는 특이한 상도 있었다. 〈건십〉 출시 직후 '판매 금지'라는 희소하지만, 절대 바람직하지 않은 영예를 얻은 것이다. 옛날 옛적 GI에서 아스키 우주선 금지령을 받고 우쭐했던 기억이 있다. 그러나 이번 금지령의 적용 범위는 한 국가 전체였고 혐의도 생산성 저하보다 약간 더 심각했다. 서독 정부에 따르면 〈건십〉은 '군국주의 조장'이라는 죄를 저지른 작품이므로 '청소년에게 사회적으로나 윤리적으로 혼란을 일으킬 가능성'이 농후했다.

독일은 지난 100년간 복잡한 역사를 경험했다. 1986년경 독일 인구의 상당수는 제2차 세계대전의 공포를 생생히 기억했다. 전쟁으로 이어질 만한 문화적 상황을 절대 용인하면 안 된다는 깊은 자각이 존재했고(지금 도 여전히 존재하며) 전후 내부적으로나 외부적으로나 많은 시정 조치가 시행 됐다. 그중 가장 오래 존속해 온 장치 중에는 'BPjM(Bundesprüfstelle für jugend-gefährdende Medien, 청소년 유해 미디어 국가 검열소)'이라 불리는 미디어 감독 위원회가 있었다.

BPjM은 '청소년 유해 출판물 목록(매년 한 번 이상은 이름이 새롭게 번역되는 통에 보 통 간단히 '인덱스'라고 불렀다.)'을 만들고 '청소년 사용자가 보기에 비도덕적이고 저속하다'라고 여겨지는 모든 출판물을 검열했다. 반유대주의나 극도로 폭력적인 주제를 다룬 작품은 당연히 이 목록에 포함되었고 알코올 남용 이나 자살처럼 덜 당연한 주제를 다룬 작품도 포함되었다. 무엇보다 군 사적 행동을 미화한다고 생각되는 모든 주제는 불합격이었다.

마지막 항목을 제외하면 오늘날 미국에서 게임에 17세 이용가인 M등 급을 매길 만한 꽤 표준적인 목록이었다. 하지만 독일에서는 미국에서처 럼 미성년자 판매 금지에서 끝나지 않았다. 인덱스에 포함된 미디어는 어린이가 볼 수 있는 가능성이 조금이라도 있는 어느 곳에서도 판매하거 나 광고할 수 없었다. 독일에서 우리 게임을 판매하려면 가게에 별도의 '성인 전용' 구역을 만들고 가게 주 출입구에서 보이지 않는 별도의 입구 를 설치해야 했다. 일반적으로 볼 때 그런 방식으로 판매되는 출판물은 오직 한 종류밖에 없고 그런 제품을 구매하는 고객은 우리 게임의 주요 고객층으로 보기 어려웠다.

BPjM은 〈건십〉을 검토한 후 우리가 만든 다른 게임까지 살펴보기 시작했고 그 결과 그때까지 수년간 별문제 없이 판매되던 〈사일런트 서비스〉, 〈F-15 스트라이크 이글〉 또한 소급하여 블랙리스트에 올렸다. 우리는 독일에서 150만 달러의 매출을 올리고 있었을 뿐 아니라 독일을 나머지 유럽 지역으로 유통을 확대하기 위한 교두보로 삼을 계획까지 세워둔 상황이어서 재정적으로나 감정적으로나 타격이 컸다.

〈가토(Gato)〉, 〈서브 배틀 시뮬레이터(Sub Battle Simulator)〉, 〈업 페리스코프(Up Periscope)〉 등 경쟁업체의 유명 밀리터리 게임은 인덱스에 이름을 올리지 않고 검열을 통과했으므로 빌은 이미 잘 자리 잡은 유럽 유통업체들이 사업적 목적으로 우리 게임을 트집 잡는 것은 아닐까 의심했다. 대중적 반발을 불러일으키려고 강력히 항소하고 기자회견을 열었지만, 청문회는 뚜렷한 이유 없이 여러 차례 연기되었고 우리 게임이 인덱스에서 삭제되기까지 수년이 걸렸다. 그때쯤에는 어차피 기술적으로 시대에 너무 뒤처져서 전처럼 많이 팔릴 리가 없었다.

그래도 한 가지 위안이 되는 부분은 컴퓨터 게임 검열에 대한 논의가 국제적인 수준까지 올라왔다는 점이다.

빌이 BPjM과 싸우는 동안 〈던전 앤 드래곤〉은 미국 내 많은 종교 단체의 비난을 받았고 매사추세츠의 한 여성은 지역 학교 도서관이 금지한 〈조크(Zork)〉 게임을 소설화하는 데 성공했다. 그사이 미국의 한 우체부는 〈인첸터(Enchanter)〉 게임 3부작의 광고가 실려있다는 이유로 〈보이즈 라이프(Boy's Life)〉 잡지 배달을 거부했다. 영국 신문 〈인디펜던트(The Independent)〉

는 우리 회사를 콕 집어 언급한, 게임 검열에 관한 기사를 1면에 실었으며, 우리 사건이 세간의 이목을 끈 것이 궁극적으로 미국의 자율 규제 단체인 엔터테인먼트 소프트웨어 등급 위원회(Entertainment Software Rating Board, ESRB) 탄생에 어느 정도 도움이 되었다고 보는 사람도 있었다.

요즘에는 독일의 강경한 태도가 조금 누그러져서 '사회적 책임감과 독립적인 성격의 발전을 저해하는 경향'이 있는 미디어만 미성년자에게 해로운 것으로 간주한다. 제2차 세계대전 콘텐츠의 예술적 가치와 반전사상 선언으로서의 가치는 작품별로 평가된다. 예컨대 플레이어가 연합군이 되어 나치와 싸우는 것은 괜찮았다. 하지만, 노래 가사 속 주인공이 연합군 반대편에 가담했다는 것을 암시하는 구절이 등장하는 롤링 스톤스(Rolling Stones)의 'Sympathy for the Devil'은 〈콜 오브 듀티: 블랙 옵스(Call of Duty: Black Ops)〉의 독일판 사운드트랙에서 삭제되었다. 군국주의에 대한 제재는 전반적으로 해제되었는데도 폭력에 대한 기준은 여전히 상대적으로 보수적이어서, 금지될 위험을 감수하기보다 독일 시장 전용 버전을 별도로 제작하는 배급사가 많다. 예를 들어 인간보다 외계인이나 로봇을 죽이는 것이 덜 자극적이라 여겨지므로 악당의 피를 빨간색이 아닌 녹색으로, 피부색을 회색으로 바꾸고 약간의 전기 스파크를 추가하는 식이다.

개조해야 할 만한 게임을 만들 생각은 한 번도 해 본 적 없어서 내가 만든 게임 3편이 금지되었을 때 충격이 더 컸던 것 같다. 하지만 이 사건은 문화가 다르면 게임을 보는 방식이 달라진다는 것, 미국적인 게임이라는 개념도 분명 존재한다는 것을 깨닫는 계기가 되었다. 문화적 편견이 개입되지 않은 보편적인 매력을 지닌 진짜 국제적인 게임이란 어떤 게임일까? 곰곰이 생각해 볼 만한 흥미로운 주제였다.

빌은 내가 〈건십〉과 비슷한 주제로 돌아오는 것을 기쁘게 바라보며 비행 시뮬레이터 장르로 화려하게 복귀할 때라고 생각했다. 이치에 맞는 생각이었다. 시드와 와일드 빌, 최고의 게임 개발자와 최고의 비행기 게임 제작자가 막 헬리콥터에서 내려서 모두의 마음을 다시 한번 사로잡을 준비를 마쳤다.

"자, 그럼 다음 비행 시뮬레이터는 언제 준비되는 거예요?" 그가 물었다.

나는 그런 게임에 그다지 흥미가 생기지 않는다고 말했다. 내가 만들고 싶은 게임은 달랐다.

그는 얼굴을 찡그리며 말했다. "또 다른 워게임이요?"

절대 아니라고 그를 안심시켰다.

"해적에 관한 게임 아이디어가 하나 떠올랐어요."

06 여보게, 뱃사람!

시드 마이어의 해적!(Sid Meier's Pirates!, 1987)

사실 해적 게임은 꾸준히 출시하고 있는 전투 타이틀을 더 다채롭게 할 몇 가지 배경 중 하나로 아널드 헨드릭스가 몇 달 전 회의에서 제안했던 아이디어였다. 전반적으로 마음에 드는 아이디어였고 덱 건과 레이더 대신에 검은 깃발과 대포를 단 함선 전투는 프로그래밍하기도 쉬울 터였다. 하지만 그 정도로는 더 이상 흥미가 일지 않았다. 4년 전 마이크로프로즈를 공동으로 창업할 당시에는 절대 상상도 못 할 일이지만, 점점 지루해졌다.

가장 큰 이유는 극사실주의가 지겨워서였다. 애초에 현실이 그렇게 흥미진진하다면 누가 비디오 게임을 찾겠는가? 특히 비행 시뮬레이터 장르에서는 다이얼을 더 많이 달아 달라, 더 많은 날개를 제어할 수 있게 해 달라, 풍속이나 바퀴의 마찰을 더 정확하게 구현해 달라는 아우성이 끊이지 않았다. 아무도 눈치채지 못하는 것 같았지만, 일이 되어버린 지 오래였다. 게임은 플레이어를 진짜 파일럿으로 훈련시키는 장치가 아니다. 그저 원하는 사람에게 1시간 정도 파일럿인 척해 볼 기회를 줄 뿐이다. 사실주의에 갇혀 어디도 가지 못한다면 현실 도피라고 볼 수 없었다.

마찬가지로 평범한 보트 시뮬레이터에 17세기식 합판을 덧씌운다고 해적 게임이 되는 것이 아니다. 해적을 상상할 때 내게 떠오르는 모습은 고된 선박 조종이 아니었다. 칼싸움을 하거나 밧줄을 타는 모습, 그리고 네크라인에 용도를 알 수 없는 얇은 끈이 달린 하얀 셔츠가 바람에 부풀어 오르는 모습이었다. 그리고 콧수염을 기른 스페인 출신 악당이 아가씨를 납치하는 모습, 나무 의족을 한 사내들이 럼주를 찬양하는 모습이었다. 스워시버클러(Swashbuckler, 모험극)라는 말도 떠올랐다. 사실 스워시버클러가 무슨 뜻인지 정확히 알지도 못했지만 말이다.

나는 빌에게 해적이라고 온종일 싸움박질만 하는 건 아니라고 했다. 해적에게는 어드벤처가 있었다.

하지만 안타깝게도 '어드벤처'라는 이름은 전통적으로 텍스트를 기반으로 하는 특정 유형의 게임이 이미 선점했다. 사실 이런 부류의 게임에는 눈 씻고 찾아봐도 어드벤처가 없었다. 그냥 컴퓨터와 옥신각신하다 보면 게임이 끝났다. 보통 다음과 같이 진행되었다.

당신은 통나무집 안에 서 있다. 창은 북쪽에, 문은 동쪽에 있다.

방을 본다.

무슨 말인지 모르겠다.

집을 본다.

침대와 책상이 보인다.

책상을 본다.

책상이다.

책상을 연다.

책상은 잠겨 있다.

창문을 본다.

창문이다.

창문을 연다.

창문을 열 수 없다.

침대를 본다.

침대다.

침대 아래를 본다.

침대 아래에는 흥미로운 것이 없어 보인다.

실제로도 흥미로운 것이 없다는 점이 문제였다. 이른바 텍스트 어드벤처 게임은 플레이어가 기지를 발휘해 풀어 나가는 것이 아니라 그저 디자이너가 뻔히 보이는 데 둔 무언가를 플레이어가 직접 물어보기까지 시간이 얼마나 걸리는지 시험할 뿐이었다. 우리 사무실에서는 이런 게임을 '아이템 집어 들기' 게임이라고 불렀는데 이런 게임을 만들고 싶어 하는 사람은 한 명도 없었다.

나는 어드벤처라는 말이 이런 게임의 전유물일 이유가 없다고 생각했다. 어드벤처가 잘 보이지 않는 정해진 경로를 더듬더듬 찾아간다는 의미일 필요는 없다. 어드벤처는 자신의 이야기를 스스로 만들어 간다는 의미, 해적처럼 자신의 운명을 자신이 책임진다는 의미일 수 있다. 내가 원하는 것은 플레이어에게 흥미로운 장면만 보여 주고 중요한 부분만 경험하게 하는 게임이었다. 돌아다니고, 보고, 아이템을 집어 드는 부분은 전부 지우고 싶었다.

빌은 나를 말렸다. "미친 짓이에요. 그런 건 만들어 본 적 없잖아요."

"알아요."라고 나는 답했다. 바로 그 점이 이 아이디어에서 아주 마음에 드는 부분이었다.

"아무도 안 살 거예요."

난 어깨를 으쓱했다. 사실 팔릴 만한 게임이라고 생각했지만, 그것이 내 주된 동기는 결코 아니었다. 해적 게임을 하며 놀고 싶은데 아직 아무도 만든 사람이 없으니 내가 만드는 수밖에 없었다.

빌은 설득을 포기하고 항복의 의미로 한 손을 내밀며 투덜거리듯 이렇게 말했다. "그럼 적어도 당신의 이름을 붙입시다. '시드 마이어의 해적

어쩌고'라고 해요. 그러면 〈F-15〉를 좋아했던 사람들은 당신이 만들었다는 걸 알아보고 어쨌든 사겠죠."

이 이야기를 빌이 하면 훨씬 더 화려하게 살이 붙는다는 점을 짚고 넘어가는 게 좋겠다. 그 시작은 나와 이러한 대화를 나누기 한참 전으로 거슬러 올라간다. 그의 말에 따르면 게임 상자 위에 내 이름을 새기겠다는 아이디어는 몇 년 전에 열린 소프트웨어 배급사 협회(Software Publishers Association, SPA)의 저녁 행사에서 나왔다고 한다. 이들이 강연자 섭외, 시상 등 일반적인 업계 모임이 으레 하는 일을 소홀히 한 것은 아니나 모임의 취지는 어디까지나 소프트웨어 불법 복제 퇴치에 있었다. SPA가 이것이 심각한 문제라는 사실을 국회의원들에게 납득시키기까지 그 후로도 몇 해가 걸렸지만, 1986년에 이르러 이들은 전화 접속 전자 게시판에서 불법 복제한 게임이 배포되고 있다는 확실한 증거를 가져온 사람에게 100달러를 지급했다. 심지어 몇몇 사건은 성공적으로 기소하기도 했다. 마이크로프로즈는 시에라(Sierra), 마이크로소프트(Microsoft), 브로더번드(Broderbund), 로빈 윌리엄스(Robin Williams)를 비롯해 이 정기 모임에 참석하는 약 150개의 회사 중 하나였다.

좀 이상하게 보일지 모르나 배우 로빈 윌리엄스는 SPA와 인연이 있었다. 내가 알기로 그는 게임을 디자인한 적은 없어도 모든 창작활동이 공정한 보상을 받아야 한다고 굳게 믿는 사람이었고 딸의 이름을 젤다(Zelda)라고 지을 정도로 비디오 게임을 무척 좋아했다. 전해지는 이야기에 따르면 SPA 행사에서 빌과 한 테이블에 앉았던 로빈이 다른 모든 엔터테인먼트 업계는 스타의 유명세를 빌어 홍보하는데 게임 업계라고 예외일 필요가 있냐는 말을 했다고 한다.

그냥 지나가는 말이었는지 진짜 내 이름을 강력히 추천하려고 한 말이었는지는 모르지만, 빌은 원래 인물 우상화에 도가 튼 사람이다. 스스로를 "최고의 전투기 조종사"라 일컫는 사내에게 자신의 본능이 옳다고 설득하기란 그리 어렵지 않았을 것이다. 커다란 돈 자루와 함께 찍은 내 사진은 오히려 **충분치** 못해서 효과가 없었을지 모른다. 진실이 둘 중 어느 쪽이든 "로빈 윌리엄스가 그렇게 하라고 했다니까요." 한 마디면 어지간한 공격을 방어할 수 있기 때문에 그가 이러한 주장의 근거를 로빈 윌리엄스에게서 찾는 것도 무리는 아니었다. 어쨌든 빌은 경영자로서 게임에 〈시드 마이어의 해적 어쩌고〉라는 이름을 붙이기로 결정했고 나는 어드벤처 게임 역학에 대해 고민하느라 이런 결정에 의문을 제기할 여력이 없었다.

당시에는 게임은 어때야 한다는 선입견이 거의 없다는 장점과 검증된 공식도 없다는 단점이 공존했다. 원하는 요소를 무엇이든 넣을 수 있는 대신 제외한 부분에 대해 책임을 져야 했다. 그리고 실패로 이어지는 방법이 훨씬 더 많았다. 마치 어떤 음식 재료가 서로 어울리는지 전혀 모르는 상태에서 조리법을 개발하는 느낌이었다. 따라야 할 표준적인 요구 사항이 없으므로 시리얼에 양파를 곁들인 아침 식사 같은 게임이 탄생할 수도 있었다.

　'나라면 이 게임을 하고 싶을까?'라고 계속 자문하는 수밖에 없었다. 대답이 '그렇다.'인 아이디어는 살렸다. 예컨대 나는 하나의 이야기 경로에 갇히는 것을 선호하지 않는다. 가상의 통나무집에 별 흥미를 느끼지 못한다면 거기에서 나오고 싶어 할 것이다. 러그 아래 남몰래 숨겨 둔 열쇠를 찾고 그 열쇠가 일반적인 열쇠로서의 역할을 할 수 있게 되기까지 '책상을 연다.', '열쇠를 사용한다.', '책상에 열쇠를 사용한다.' 등의 명령어를 입력하며 컴퓨터와 10분이나 실랑이하기 싫다. 하지만 반대로 너무 많은 자유를 허용하면 플레이어의 눈을 가리는 것이나 다름없다. 사람들은 주관식보다 객관식을 좋아한다. 비정형 명령을 해석하는 어드벤처 게임의 진짜 문제는 여기에 있다는 것을 깨달았다. 정답이 하나밖에 없다는 것도 문제지만 오답이 무한대로 많다는 것은 아주 심각한 문제였다.

최근 심리학 연구 중에는 선택 제한 이론이 옳다는 것을 입증한 사례가 많다. 의사결정 능력이라고도 부르는 우리 뇌의 집행 기능은 시간이 지남에 따라 저하된다. 체육관에서 근력 운동을 하든, 집을 지키기 위해 모래주머니를 쌓든 근육이 과로하는 것은 마찬가지다. 즉 작업의 중요도와 상관없이 기력은 늘 소진되는 것이다. 사소한 결정을 할 때도 흥미로운 결정을 할 때와 비슷한 지적 능력이 소모되는데 만족감은 거의 따르지 않는다. 한 연구에 따르면 점심 메뉴 선택지를 다양하게 받은 참가자가 적은 선택지를 받은 참가자보다 수학 시험에서 더 낮은 점수를 받았다고 한다. 점심 메뉴 고르기 같은 별 의미가 없는 행위조차 피해를 준다는 뜻이다. 행인을 대상으로 무료 잼 시식을 진행할 때도 선택지가 적을수록 구매 확률이 높아진다는 것을 밝힌 연구도 있다. 잼의 종류가 많을수록 사람들은 더 부담을 느끼고 더 빨리 자리를 떴다. 심지어 차후에 진행한 설문에서 더 많은 잼이 있는 테이블이 더 좋았다고 이야기한 사람도 마찬가지였다.

선택의 폭이 좁을 때 더 행복하다는 사실을 보여 주는 통계가 많은데도 사람들이 본능적으로 선택의 폭이 넓은 쪽으로 몰리는 이유를 설명하는 이론은 많다. 하지만 나는 이러한 현상이 인간의 타고난 호기심과 관련이 있다고 생각한다. 우리는 모든 것을 해 보고 싶어 하고 그렇게 하지 못할 때 불만을 느낀다. 뭔가 좋은 것을 놓치고 싶어 하는 사람은 없다. 사실 비디오 게임계에는 최대한 모든 아이템을 다 모으고 그 어떤 점

수도 놓치지 않으려 하는, 소위 '완성주의자(completionist)'라 불리는 플레이어 유형이 존재한다. 대부분의 플레이어는 그렇게 극단적이지 않으나 평범한 플레이어에게도 똑같은 원칙이 적용된다. 플레이어에게 더 많은 선택지를 줄수록 더 빨리 싫증 내고 최종적인 만족도는 더 낮다. 처음에는 선택지가 많으면 더 행복할 것이라 생각하겠지만 결국에는 더 많은 잼을 시식한 사람들처럼 더 빨리 자리를 뜰 것이다. 그래서 플레이어의 선택권을 줄이고 가장 좋은 선택지만 보여 주는 것이 내가 해야 할 일이라고 생각했다.

그렇다면 오답을 없애고 정답은 하나 이상으로 하되, 너무 많지는 않아야 했다. 나는 아이디어를 적기 시작했다. 해적이라면 젊고 아름다운 여자에게 구애하는 것이 당연하므로 이런 내용은 넣어야 했다. 해적이라면 낡은 보물 지도 조각을 맞추는 것이 당연하므로 이 또한 넣어야 했다. 해적이라면 때로 칼싸움을 하는 것이 당연하므로 이것도 빼놓을 수 없었다.

물론 진짜 해적은 그런 일을 하지 않았다. 진짜 해적은 무고한 사람을 학살하고 괴혈병을 앓았다. 재미가 없다. 하지만 이것은 시뮬레이션이 아니라 게임이고 적어도 문화적인 분야에서만큼은 낭만적인 버전의 해적이 활약했다. 고전 흑백영화 스타인 에롤 플린이 찍은 영화 4편에 용감하고 잘생긴 모험가는 있지만, 탐욕스러운 소시오패스는 없다.

사실 이러한 기존의 서사가 플레이어를 〈해적!〉에 몰입하게 하는 열쇠였다. 게임에 임하는 플레이어의 머릿속에는 흰 셔츠에 화려한 허리띠를 두른 사람이 주인공이고 검은색 롱코트에 안대를 한 사람은 악당이라는 관념이 이미 자리 잡고 있다. 배배 꼬인 콧수염이 있는 악당이 등장하면 그때까지 본 콧수염을 한 모든 악당이 지녔던 온갖 특징이 그에게 덧입혀진다. '여보게, 뱃사람!'이라는 인사만으로도 설정, 캐릭터, 그럴듯한 구성까지 갖춘 게임의 전체 느낌이 전달된다. 이런 문화적 지름길을 잘 활용하면 플레이어의 머릿속에 게임의 배경이 부지불식간에 만들어지므로 개발 시간, 그리고 그보다 더 중요하고 소중한 컴퓨터 메모리가 절약된다.

〈해적!〉은 메모리 면에서 색다른 도전이었다. 연산을 최소로 줄이기 위해 선박 운항과 칼싸움을 2D로 유지했는데도 게임의 많은 부분이 여전히 텍스트로 남았다. 애니메이션을 더 추가할 여유가 없었다. 주변적인 부분은 어차피 전부 생략할 예정이었는데 그렇다 해도 너무 적었다. 그래서 플레이어가 직접 그림책을 완성할 수 있게 삽화를 활용하기로 했다. 그래픽 카드는 악어를 블록처럼, 원숭이는 뭉쳐놓은 덩어리 같이 보여주던 시절에 비해 크게 발전했고 게임 한 편을 마칠 때마다 마이클 하이러의 실력도 꾸준히 성장했다. 우리는 기술과 재능 사이에서 줄타기하며 그 시절 컴퓨터치고는 꽤 인상적인 작품을 몇 가지 탄생시킬 수 있었다. 여기서 가장 중요한 말은 '몇 가지'다. 원하는 것은 많았지만, 전부 넣는 것은 여전히 불가능했다. 다행히 랜들 마스텔러(Randall Masteller)라는 프로그래머가 오래된 아이디어를 새롭게 해석할 방법을 제시하며 우리의 구원자로 떠올랐다.

모든 컴퓨터 운영체제는 글꼴을 매우 효율적으로 저장하고 표시할 수 있게 최적화되어 있다. 화면에 텍스트가 표시되지 않으면 아무것도 할 수 없어서 그렇다. 글꼴은 메모리에 맨 처음 로딩되고 가장 쉽게 삭제되고 대체된다. 그래서 프로그래머들은 어떤 정보든 글꼴의 형태로 표시하면 컴퓨터가 빠르게 실행할 수 있다는 사실을 잘 알고 있었다.

이런 기법은 보통 작은 이미지에 적용됐다. 예컨대 표준 텍스트 문자밖에 쓸 수 없던 내 아스키 게임에서는 소행성을 별표로 표시했다. 하지만 글꼴을 꼭 문자와 숫자만으로 구성할 필요는 없었다. 내가 쓰던 노바 컴퓨터에 시대착오적인 기적이 일어나서 마이크로소프트의 장난기 넘치는 윙딩(Wingdings) 글꼴이 설치되어 있었다면 별표가 있어야 할 자리에 작은 봉투가 표시되었을 것이다. 대문자 M을 입력하면 옛날 만화에서 보던 폭탄이, 숫자 8을 입력하면 작고 귀여운 다이얼식 전화기가 표시되었을 것이다.[22] 물론 이렇게 되면 컴퓨터의 다른 기능도 알아볼 수 없게 렌더링된다. 하지만 작은 이미지로 구성된 맞춤 글꼴을 제작할 수 있다는 이 아이디어를 활용하면 컴퓨터에 내장된 그래픽 칩을 사용하여 그림을 그리는 방식보다 쉽고 빠르게 그림 '문자'를 화면에 표시할 수 있다.

그다음에는 〈플로이드 오브 더 정글〉에서 했던 것처럼 폰트를 사용해서 간단한 애니메이션을 만든다. 각 동물마다 한 글자를 배정하고, 뒤에 이어지는 글자로 그 동물이 약간 다른 동작을 취한 모습을 넣는다. 소문자 c가 차지하는 자리가 입을 다문 악어처럼 보이고 대문자 C는 입을 벌린 악어처럼 보인다고 생각하면 이해하기 쉽다. 화면에서 c와 C를 빠르게 반복 전환하면 악어가 입을 움직이는 것처럼 보인다. 그 사이에 악어

---

22 Wingdings 폰트로 8을 입력하면 실제로는 마우스 그림이 나온다. 다이얼 전화기 그림을 보기 위해서는 (를 입력해야 한다.

를 나타내는 문자를 두 개 더 추가하면 걷고 씹는 동작을 동시에 보여 줄 수 있다. 일단 글꼴이 메모리에 로딩되고 나면 화면에 악어 한 마리가 아니라 백 마리도 표시할 수 있다. 새롭게 만든 글자가 글꼴에 포함될 수 있는 최대 개수인 256자 아래로 유지되는 한 컴퓨터 프로세서는 텍스트 페이지 스크롤만큼이나 쉽게 문자를 교체할 수 있다.

랜들이 제안한 방식을 사용하려면 큰 그림을 분해해서 8x8픽셀 크기의 작은 덩어리로 나누고 각 덩어리를 글꼴 문자로 변환할 가장 효율적인 방법을 알아내야 했다. 마치 칸칸이 매겨진 숫자에 따라 색을 채우는 컬러링북 같았다. 예를 들어 그림 좌상단에 파란색 하늘이 있다면 '숫자 1' 문자를 파란색 블록으로 지정하고 하늘을 포함한 파란색 부분을 전부 숫자 1로 채운다. 그러다 그림에 구름이 등장하면 사선으로 나뉘어 파란색과 흰색으로 반씩 채워진 블록을 숫자 2 문자에 배정하여 나열하고, 그다음 하얀색으로 채운 블록을 표현하는 숫자 3을 나열한다. 그림이 단순할수록 제한된 개수의 문자로 그릴 수 있는 영역이 더 커진다. 그러다가 플레이어가 해당 페이지의 메뉴 항목을 선택하면 화면에 있는 다른 모든 것과 함께 글꼴을 삭제하고 다음으로 표시할 화면의 그림을 담고 있는 새 글꼴을 로딩한다.

이 방식의 유일한 문제는 그림용 블록이 아닌 진짜 텍스트도 함께 표시할 방법을 강구해야 한다는 것이었다. 게임 디스크에는 글꼴 수백 개를 저장할 여유가 있었다. 그 정도면 각기 다른 화면에 들어갈 각각의 그림을 모두 표시할 수 있다. 그러나 메모리에 불러올 수 있는 글꼴의 개수는 한 번에 하나뿐이었다. 그래서 모든 글꼴의 맨 처음 슬롯 70개는 소문자, 대문자, 숫자, 그리고 쉼표, 물음표 등 몇 가지 특수문자로 똑같이 채웠다. 나머지 186개의 슬롯에는 괄호나 앰퍼샌드 대신 색으로 채운 픽셀을 넣었다. 이러한 픽셀은 정확한 순서로 정렬하지 않으면 무엇을 표현하려는 것인지 알아볼 수 없다. 하지만 제대로 조합하면 단숨에 아름다운 해변 마을이나 식민지 총독의 풍만한 딸로 변신했다.

마이크로프로즈 게임에 두툼한 매뉴얼이 빠질 수 없으므로 개발 막바지에 아널드 헨드릭스가 팀에 합류하여 세피아 색상의 88쪽짜리 텍스트 작업을 시작했다. 이번에는 복제 방지를 위해 추가한 분량이 없었다. 별도로 제공한 접이식 카리브해 지도 덕분에 공유하기 훨씬 더 어려워졌기 때문이다. 수집가의 수집욕을 불러일으키는 역할도 이중으로 수행하는 이 새로운 아이템은 흔히 '필리(feelie)'라고 불렸다. 필리라는 이름은 올더스 헉슬리(Aldous Huxley)의 디스토피아적인 소설 〈멋진 신세계〉에 등장한 촉각적 엔터테인먼트 장치의 이름에서 왔다. 필리가 함께 제공된 첫 번째 게임은 1982년 인포컴(Infocom)이 출시한 살인 미스터리 게임 〈데드라인(Deadline)〉이었다. 이 게임에는 범죄 현장 사진, 경찰 인터뷰, 검시관 보고서, 고문 변호사의 편지, 범죄 현장에서 '발견된'(실제로는 사탕으로 만든) 알약 3알 등이 들어 있었는데, 이는 향후 몇 년간 이런 게임을 만드는 기준이 되었다. 원래는 모든 정보를 게임 안에 넣을 수 없어서 이 게임의 디자이너인 마크 블랭크(Marc Blank)가 고안한 장치였다. 불법 복제가 현저히 줄어든 후에야 모두가 이 게임의 잠재력을 깨닫게 되었다.

아널드는 매뉴얼 제작에 참여했을 뿐만 아니라 영화적 허세로 치우친 〈해적!〉에 적정량의 사실주의를 주입해서 균형을 잡는 역할도 했다. 그는 역사적 스토리 모드를 훨씬 더 정확하게 고증하라고 요구했고 '블랙비어드(Blackbeard)'나 '장 라피트(Jean Lafitte)'처럼 내가 선택한 시대와는 맞지 않는 다른 시대의 유명 해적의 등장에 반대했다. 그런데 이러한 사실주의라는 토대는 게임 전반을 아우르는 낭만적인 모험이라는 테마를 오히려 더 튼튼히 떠받치는 강력한 기반이 되었다. 아널드는 디자이너 노트에 이런 말을 남겼다. "블랙비어드 같은 해적은 위대한 시대의 정신병적인 잔재이자 포기를 모르는 범죄자들이었다… 이들의 삶에 존재한 것은 정치적 음모나 황금빛 미래가 아니라 총알과 교수대뿐이었다. 이들보다 앞서 존재했던 유명한 시호크[23]나 버커니어 해적[24]에 비해 매력이나 흥미가 떨어진다고 생각했다."

하지만 바로 그런 점이 시호크나 버커니어 해적의 치명적인 단점이었다. 이들은 절대 죽지 않았다. 에롤 플린은 전투에서 죽거나 교수형을 선고받을 수 없었다. 그러면 그가 태어난 세계관에 관한 모든 것이 산산이 조각나기 때문이다. 그렇지만 패배할 수 없는 게임은 게임이라 부를 수 없다. 어떤 형태로든 실패의 위험이 있어야 한다. 그런데 설상가상으로 게임을 끝낼 분명한 승리의 순간을 실수로 없애 버리고 말았다. 밀리터리 게임에는 정해진 수의 미션이 있었고 각 미션은 폭발과 함께 만족스럽게 마무리되었다. 하지만 해적은 항상 다음 모험을 떠날 준비가 되어 있다. 이 게임을 통해 직접 경험하는 것은 '해적의 삶'이어야 했다. '해적의 한 가지 목표'일 수는 없었다. 나는 플레이어에게 어떤 모험을 떠날지 선택할

---

23 16세기 말 바르바리 해적의 일원이 되어 스페인 보물선을 습격하며 복수전을 벌인 한 해적의 이야기를 담은 소설 〈The Sea Hawk〉의 주인공. 영화에서는 에롤 플린이 연기한다.

24 17세기 카리브해 인근에서 스페인 배를 습격에 주력한 유럽 출신 해적을 가리키며 다양한 예술 작품의 주인공으로 등장한다.

자유를 주고 싶었고 이를 위해 나는 미션의 난이도를 설정하는 권리를 포기했다. 특정 전투나 보물찾기 퀘스트에서 승리를 거둘 수는 있었다. 하지만, 이 게임에는 전체적으로 승리할 방법도 없고 패배할 방법도 없었다.

다행히 두 문제를 하나로 합치면 깔끔하게 해결되는 문제였다.

사실 패배의 문제는 우리가 창조한 판타지에 관한 믿음을 잃지 않는 선에서 플레이어가 처벌을 어디까지 감내할 것이냐의 문제일 뿐이다. 아무것도 남지 않으면 아무것도 다시 시작할 수 없으므로 죽음은 선택지가 될 수 없었다. 에롤 플린이라면 보물이나 선박, 선원은 잠시 잃을지언정 명성만큼은 잃지 않았다. 그는 난파선에서 사라지더라도 곧 해안가에 비틀거리며 나타나 늘 다시 한번 사람들을 결집시켰다. 그래서 우리도 이를 그대로 따랐다. 해상 전투에서 패배하고 여분의 배와 금을 빼앗긴 채 잠시 섬에 발이 묶여 있던 해적을 그의 충직한 선원이 기적적으로 구하게 했다.

하지만 실제로는 섬에 묶여 있는 시간이 순식간에 지나가기 때문에 사실 처벌이 없는 것이나 마찬가지였다. 이 게임에서 시간은 실질적으로는 아무런 가치가 없었다. 시간이 다 떨어지지 않는 한 말이다. 거기에 생각이 미치자 갑자기 게임 종료 방법이 명확해졌다.

이 게임은 사느냐 죽느냐에 관한 게임이 아니라는 것을 깨달았다. 이 게임은 일생에 관한 게임이었다. 해적 생활은 유년기부터 노년기까지 약 40년 정도 지속된다. 해적의 목표는 그사이에 최대한 많은 업적을 이루며 후회 없이 모험하는 삶을 사는 것이다. 금을 모으고 승리를 거두고 술집에서 자랑할 모험담을 쌓아간다. 현실과 마찬가지로 성공은 자신이 달성한 업적의 총합, 그리고 그러한 업적에 스스로 얼마의 가치를 매기느냐에 따라서만 측정할 수 있다.

은퇴 시점을 플레이어의 선택에 맡기고 숫자 점수 대신에 성공을 기록하고 적절한 항해 등급을 표시하기로 했다. 심지어 캐릭터의 나이까지 고려해서 나이가 들수록 반응 속도를 늦추고 실수할 확률을 높여서 펜싱 실력과 선박 조종 능력을 떨어뜨렸다. 위험을 어느 수준까지 감당할지도 플레이어 스스로 결정할 수 있었다. 정상에서 은퇴하는 것을 목표로 할 수도 있고 아니면 은퇴를 고집스럽게 거부하며 금화를 다 빼앗기는 순간까지 꼬부랑 늙은이 해적으로 계속해서 전투를 이어 나갈 수도 있었다. 게임의 나머지 부분과 마찬가지로 게임을 끝내는 결정도 오롯이 플레이어의 몫이었다.

역설적이게도, 사실주의를 피하려다가 오히려 지금껏 존재한 그 어떤 게임보다도 더 현실적인 게임이 탄생했다. 인생은 가치가 객관적으로 증가하는 꾸준한 진보가 아니며 실패한 임무를 다시 불러올 수도 없다. 바지에 묻은 젖은 모래를 털어내고 새로운 모험을 위해 성난 파도로 돌아간다. 어쩌다 무인도에 발이 묶이는 경험을 몇 번 하게 된다면 글쎄, 그 또한 술집에서 써먹을 괜찮은 이야기가 되겠지.

07 그리고 빌은 비행기를 샀다

레드 스톰 라이징(Red Storm Rising, 1988)

F-19 스텔스 파이터(F-19 Stealth Fighter, 1988)

〈해적!〉이 나중에는 꽤 인기 있는 타이틀로 자리 잡지만, 이 '액션 어드 벤처 시뮬레이션'은 느린 속도로 꾸준하게 인기를 얻었기 때문에 그동안 우리 회사의 매출을 견인한 것은 초기에 우리의 이름을 알렸던 비행 시뮬레이터 게임들이었다. 피드백이 입소문을 타고 주변으로 전파되어 다시 우리에게 돌아오기까지는 시간이 걸렸다. 게임 구매자가 우리에게 피드백을 전하는 방식은 주로 우편이었다. 가끔 회사 전화번호로 전화하는 사람도 있었다. 초창기에는 이런 전화가 빌의 집 주방으로 바로 연결되었다. 하지만 이제는 그렇지 않은데도 빌은 종종 직접 전화를 받았다. 누군가 시차를 생각지 못하고 전화하더라도 그는 절대 화내지 않았고 팬과 대화할 수 있다는 사실에 그저 행복해했다. 의견이 대체로 긍정적이었기에 가능한 일이 아니었을까 싶다. 싫어하는 게임에 관해 불평하려고 우푯값이나 전화 요금을 낭비하는 이는 거의 없었다. 가끔은 작게나마 소통 비용이 들었던 시절로 돌아갔으면 좋겠다는 생각이 들 때도 있다.

어쨌든 내가 창조한 프랑켄슈타인 같은 장르를 세상에 내보낸 후 다른 이들도 나처럼 똑같이 재미를 느끼는지 확인하려면 몇 달씩 기다리는 수밖에 없었다. 매출 실적과 리뷰가 어느 정도 나오길 기다리는 동안에는 조금 더 전통적인 주제로 다음 게임을 만드는 것이 좋겠다고 판단했다. 빌은 딱 맞는 프로젝트가 있다고 했다. 톰 클랜시(Tom Clancy)의 인기 소설 《붉은 폭풍(Red Storm Rising)》을 기반으로 하는 새로운 잠수함 시뮬레이션이었다.

라이선스를 받은 지적 재산을 다루는 것이 썩 내키지는 않았다. 물론 누군가 이미 닦아 둔 지름길을 잘 활용하면 플레이어가 더 깊게 몰입할 수 있는 것은 사실이다. 예컨대 해적 세계의 악당은 콧수염을 길러서 배배 꼬고 다닌다. 하지만 호그와트에서는 콧수염*이 있으나 없으나 별 상관없었다. 콧수염이 있다는 건 그냥 코가 있다는 뜻이긴 하니까.

도전 과제 달성

**Sergeant Pepper's
Lonely Hearts Club Band**[25]
콧수염 4개 모으기.

---

25 비틀즈가 1967년 발매한 앨범명. 앨범 표지에 네 명의 멤버 모두 콧수염을 기르고 등장한다.

그런 세계관에 익숙한 플레이어는 게임에서 펼쳐질 드라마에 몰입할 정서적 준비를 마친 상태에서 게임을 시작한다. 하지만 다른 한편으로 생각해 보면 창작물을 공유한 원작자가 디자이너의 해석을 좋아하지 않을 수도 있다. 계약 때문에 앞으로 1년 동안 내키지 않는 게임을 만들어야 하는데 저작권자가 설정한 제약 때문에 게임의 완성도를 최고로 끌어올릴 수 없는 상황까지 치닫는다면 최악이었다.

빌은 어떤 조건에든 동의하기에 앞서 그쪽도 우리와 생각이 같은지 확실히 해 두겠다고 장담했다. 어쨌든 우리 또한 아무것도 망치지 않겠노라고 톰 클랜시를 설득해야 할 입장이었다. 이것이 1987년 여름 내가 빌과 한 차를 타고 체사피크만 서쪽 해안에 있는 톰 클랜시의 집으로 향하고 있는 이유였다.

어떤 일이 펼쳐질지 예상하기 어려웠는데 직접 만나보니 톰은 매우 소탈한 사람이었다. 그의 《붉은 10월(The Hunt for Red October)》은 큰 성공을 거두었지만 데뷔작이었기 때문에 출판사와 아주 훌륭한 조건으로 계약을 하지는 못했다. 그에 이어 《붉은 폭풍》이 날개 돋친 듯 팔리는 상황에서도 여전히 본업인 보험 판매를 계속하는 중이었다. 우리는 톰의 집 거실에서 대화를 나누었다. 정확히 말하자면 이야기는 빌이 했고 나는 상황에 맞춰 정중하게 고개를 끄덕였다. 빌은 무릎에 팔을 괸 채 몸을 앞으로 기대고 박람회에서 그랬던 것처럼 열정적인 제스처를 취해가며 전력을 다해 대화에 임했다. 실제로는 정장을 입고 있었는데도 내 눈에는 비행복의 오라가 마치 그를 감싸고 있는 것처럼 보였다.

육군 ROTC에 복무했던 톰은 빌과 오후 내내 행복하게 군대 에피소드를 주고받았다. 드디어 톰의 승인이 분명해질 무렵 우리는 머뭇거리며 가장 중요한 질문을 던졌다. "최종 제품에 대한 통제권은 어느 정도 드려야 할까요?"

"필요 없어요. 래리와 상의하시면 돼요."라고 그는 활기차게 대답했다.

《붉은 폭풍》의 공동 저자였던 래리 본드(Larry Bond)는 톰의 플롯이 멜로드라마로 치달으려 할 때 세부 사항에 정확성을 기하는 역할을 담당했다고 알려진 인물이었다. 사실주의만큼 재미를 반감시키는 것도 없기 때문에 상대하기 더욱 부담스럽게 느껴졌다. 아주 잠시 위기를 벗어났다고 생각했는데, 우리의 상대가 톰이 아닌 래리라면 결국 프로젝트가 좌초할 수도 있었다.

래리와의 통화가 처음에는 잘 진행되는 듯했으나 래리는 우리더러 자신이 친구들과 하는 게임 모임에 와 달라고 고집을 피웠다. 내 걱정은 더욱 커졌다. 고압적인 저작권자보다 더 나쁜 것은 자신을 게임 전문가로 착각하는 저작권자이다. 빌은 요령껏 잘 빠져나갔으나 나 때문에 만든 자리라는 것이 너무 명백해서 나는 빠질 수가 없었다.

래리 집 앞에서 노크하자 래리의 아내가 문을 열어 주었는데 거실에는 아무도 없었다. 손님은커녕 카드도 주사위도 보이지 않았다. 어딘가에서 희미하게 목소리가 들리는 것 같기는 했다. 그때 바로 눈치를 챘어야 했는데, 나는 래리의 아내가 지하실로 향하는 계단으로 안내해 준 다음에야 어떤 상황인지 알아챘다. 그리고 마음이 가벼워졌다.

지하에 놓인 접이식 테이블에는 위층의 어떤 테이블도 감당할 수 없을 만큼 많은 종이와 연필, 플라스틱 피규어가 엉망으로 흩어져 있었다. 래리와 그의 친구들은 나를 진심으로 환영해 주고 나서 다시 설치 작업을 이어갔다. 나 때문에 벌이는 보여 주기식 쇼가 아니었다. 진짜 너드 모임에 초대받았다는 것을 깨닫자마자 마음이 편해졌다.

나는 테이블 한쪽 끝에 자리를 잡고 내 앞에 펼쳐진 전략 게임을 살펴보았다. 래리와 내가 곧 같이 작업하게 될 프로젝트처럼 바다를 배경으로 한 밀리터리 테마의 게임이었는데, 알고 보니 이 게임이 그날 밤의 게임으로 선택된 이유는 그뿐만이 아니었다. 〈하푼(Harpoon)〉이라는 제목의 이 게임은 래리의 게임이었다. 단순히 그가 소유하고 있다는 의미가 아니라 그가 개발했다는 뜻이었다. 래리 본드는 밀리터리 스릴러 베스트셀러 작품을 썼을 뿐 아니라 플레이어가 데이터를 기반으로 자신의 이야기를 자유롭게 펼치거나 다양한 군사 작전을 구사할 수 있는 게임 시스템도 발매했다.

래리는 자신이 게임 디자이너라고 착각하는 사람이 아니었다. 진짜 게임 디자이너였다.

그 집에 들어서기 전에 〈하푼〉에 대해 미리 알았더라면 좋았겠으나 그와 통화를 한 이후에 찾아볼 시간이 없었다. 어쩌면 무엇을 알게 될지 두려워서 찾아보지 못했을지 모른다. 게다가 게임 매뉴얼을 읽는 것과 실제 게임이 진행되는 장면을 보는 것은 전혀 다른 경험이다. 시연이 너무 성공적이어서 나는 내가 포섭되고 있다는 사실을 금세 완전히 잊은 채

빠져들었다. 래리는 자신의 시나리오를 자신 있게 창의적으로 펼쳐 보였고 그의 게임 플레이 메커니즘은 정교했다. 군함 조종은 현실적이었고 무기는 정확한 수준의 피해를 줬으며 대응하는 해군 전술도 적절했다. 열성적인 브랜드 홍보 담당자 한 명, 꾸준히 제품을 만드는 성실한 장인 한 명으로 구성된다는 점을 볼 때 톰과 래리의 관계는 여러 면에서 빌과 나의 관계와 비슷해 보였다. 래리와 나는 잘 지낼 것이 분명했다.

그래도 대부분의 초기 프로토타입에 문제가 있듯이 우리의 프로토타입에도 약간의 문제가 있었다. 우리가 가장 최근에 발매한 잠수함 게임 〈사일런트 서비스〉는 리처드 오케인(Richard O'Kane)의 《Clear the Bridge!》의 영향을 많이 받았다. 제2차 세계대전 당시 미 해군 잠수함 탱(Tang)이 일본을 상대로 한 순찰 임무에서 맞이한 영웅적이지만, 불운한 결말을 조명한 책이었다. 오케인은 서론에 이런 말을 썼다. "우리 선원들과 잠수함을 기다리고 있는 실제 운명을 전부 아는 상태에서 이 연대기를 작성하고 항로를 재구성하노라니, 되돌아와서 맑은 눈으로 이어 갈 수 있도록 다시 한번 사슴 가죽 안장을 올리고 언덕을 올라야 할 때가 되었다고 느꼈다."

톰 클랜시를 비롯해서 잠수함전의 긴장감과 심리적 고립을 성공적으로 묘사한 작가는 많지만, 나를 처음으로 진정 사로잡은 것은 오케인의 용감하고 용맹스러운 감각이었다. 내가 〈레드 스톰 라이징〉 초기 버전에 절실하게 부족하다고 느낀 점도 바로 그런 부분이었다. 현대 잠수함의 컴퓨터 제어 시스템은 그 어느 때보다 강력해졌고 이 책의 미래적인 제3차 세계대전 설정을 고려할 때 이러한 발전상을 게임 플레이를 위해 그럴듯하게 과거로 후퇴시킬 방법은 없었다. 게임 시작 장면에 자세한 스토리를, 각 미션의 마지막에 파괴적인 폭발 장면을 애니메이션을 넣는 것은 가능했다. 하지만 그 외 장면에서는 잠수함 레이더에 플레이어를 나타내는 점과 적군을 나타내는 점이 등장하는 것이 고작이었다. 이보다 화려한 장면을 가짜로 만들어 넣을 수는 없었다. 그렇게 완성된 프로토타입은 차갑고 거리가 느껴졌다. 나는 다시 한번 사실주의의 덫에 걸려드는 것은 아닐까 걱정하기 시작했다.

다행히 현실은 우리에게 다른 경로로 다가왔다. 래리는 물속 어딘가에 뭔가 있다는 것을 탐지하는 기술은 크게 발전했으나 그것이 정확히 **무엇**인지 알아내는 능력은 여전히 크게 떨어진다고 설명했다. 그 임무는 언제나처럼 음향탐지사의 몫이었다. 동료 선원들의 증언에 따르면 훌륭한 음향탐지사는 수백만 리터의 바닷물을 통해 전해지는 프로펠러 소음만으로도 상대 잠수함의 속도, 위치, 국적을 맞출 수 있었다. 적은 단순한 점이 아니었다. 적함은 어둠 속에서 복잡하고 불길한 엔진 소리를 내는 존재였고 그 노랫소리를 구분하는 자만이 살아남을 수 있었다.

옛날 옛적에는 게임 오디오(조금 더 적절한 표현은 사운드 디자인이다.)를 프로그래밍 작업의 일부로 치부했다. 픽셀 몇 개로 아야톨라의 초상화를 그렸던 것처럼 음 몇 개로 비교적 음악처럼 들리는 소리를 낼 수 있었다. 둘 다 인상적이긴 했는데 기계로 만든 결과물이라서 그런 것뿐이었다. 마치 대수학을 하는 신동을 보는 것과 비슷했다. 장래가 매우 촉망되는 것은 사실이나 객관적으로 볼 때 현재의 결과가 그렇게 특별하진 않았다. 내가 원래 쓰던 아타리 컴퓨터에는 오디오 전용 칩이 없었다. 오디오 기능은 조이스틱이라고도 부르는 포텐셔미터(potentiometer), 그리고 키보드(keyboard) 기능과 한 공간을 썼기 때문에 이 하드웨어의 이름은 그 유명한 포키(POKEY) 칩[26]이 됐다.

단 두 가지 기능에서 유래한 별명으로 불리긴 했어도 포키 칩은 그 외에도 많은 것을 할 수 있었다. 포키 칩은 88개의 건반을 가진 표준 피아노가 내는 소리보다 훨씬 더 많은 256개의 주파수를 낼 수 있었다. 다만 추가된 음은 대부분 표준 음표 중간에 끼어 있어서 음향 효과에만 사용됐다. 게다가 각 주파수를 6개 유형으로 왜곡할 수 있었는데, 프로그래밍 서적 《도 레 아타리(Do Re Atari)》는 독자를 위해 (작은 소망을 담아) 이를 '가이거 계수기', '폭포', '전기면도기' 같은 카테고리로도 참조해 두었다. 예를 들어 화면 속 캐릭터가 나이아가라 폭포의 방사능 수치를 시험하는 동시에 오후 5시쯤이면 다시 거뭇거뭇하게 올라오는 수염을 면도해야 하는 상황이라면, 포키 칩이 제공하는 4개의 독립적인 8bit 채널로 해결할 수 있었다. 배경음악이 조금 더 복잡할 때 음높이 문제를 방지할 수 있게 이 4개의 채널을 2개의 16bit 채널로 재결합하는 것도 가능했다. (가능했다기보다 재결합해야만 했다는 표현이 더 정확할 수도 있다.)

손에 넣기 어려워서 멋지게 느껴지는 모든 것이 그렇듯 사운드 디자인도 기술의 진보 때문에 프로그래머의 손을 떠날 운명이었다. 〈해적!〉을 만들던 1년 전, 나는 마지못해 오디오에 작별 인사를 하게 되었다. 물론 이번에도 내 후임이었던 켄 라가체(Ken Lagace)가 이 일로 내 기분이 상

---

26 포텐셔미터와 키보드의 앞 글자를 딴 약자.

할 이유가 없다는 것을 증명했다. 켄은 수십 년간 음악을 가르친 클라리넷 연주자로, 어느 날 빌에게 연락해서 우리 게임에 전문적인 사운드 디자인이 필요하다고 설득해서 우리 회사에 들어왔다. 그는 이제 삑삑거리는 단음 대신 진짜 음악을 녹음하고 재생할 수 있는 소프트웨어를 포함한 사운드 카드가 흔해졌다고 주장했다. 나도 음악적 재능이 없진 않으나 본업으로 삼을 정도는 아니었고 우리가 시류를 따르지 않더라도 경쟁업체들은 따를 것이었다. 그래픽 디자인이 그랬던 것처럼 사운드 디자인도 공식적으로 기술에서 예술로 변신했기에 나는 슬프지만 홀가분한 마음으로 그 업무를 내어 주었다.

하지만 잠수함 음파탐지기는 어떤 면에서 보면 해적의 뱃노래보다 퇴보했다. 프로펠러의 비동기적인 삐걱거림은 감성보다 수학에 가까웠고 실제 잠수함 소리를 녹음할 수 없어서 그러한 효과를 내기 위해 코모도어 64 사운드 인터페이스 디바이스, 즉 SID 칩에 직접 명령을 넣어야 했다. 내가 해야 하는 일이라는 뜻이었다. 그래서 현대의 음향탐지사가 하는 역할에 관한 래리의 설명을 듣던 중 갑자기 레이더의 심심한 인터페이스를 쇄신할 방법이 떠올랐다. 잠수함마다 베이스 톤과 필터가 겹겹이 겹쳐진 고유의 시그니처 사운드를 적용해서 플레이어가 이러한 소리를 진짜 전문가들처럼 귀*로 식별하게 하자는 아이디어였다. 그 결과 〈레드 스톰 라이징〉은 오디오를 인터랙티브 요소로 활용한 최초의 게임 중 하나로 남았다. 사실상 오디오 작업 일부를 내 영역으로 슬그머니 다시 가져온 셈이어서 어두운 선율로 마음을 움직이는 켄의 훌륭한 사운드트랙을 더는 질투할 필요가 없었다.

보철 장치
블랙비어드와 나무 의족 한 개,
반 고흐와 귀 한 개 모으기.

톰은 자신이 한 말을 지켰다. 톰의 집에서의 첫 만남 이후 〈레드 스톰 라이징〉을 출시하고 홍보 차 연례 CES에 참석한 그를 보기까지 그와 만날 일이 거의 없었다. 그는 처음부터 게임에 별 관심이 없어 보였다. 애초에 게임 저작권을 고려해 보라고 설득한 것도 아마 래리였을 것이다. 하지만 CES의 규모와 행사장 곳곳에서 드러나는 서사적 비전에 감동한 눈치였다.

솔직히 나도 그랬다. 물론 지난 4년간 자신감이 점점 더 붙은 것은 사실이나 여행 가방에 〈솔로 플라이트〉 디스크 한 장 들고 처음 참석했던 CES에서 느꼈던 벅찬 흥분의 순간을 절대 잊지 못했다. 다만 요즘은 유능한 마케팅 팀이 부스 디자인을 맡는다는 것을 알기에 안심할 수 있다. 콘퍼런스 소프트웨어 동의 중심은 게임 쪽으로 꾸준히 이동했고 1988년에는 거의 게임 산업 전용 공간처럼 느껴졌다. 그해 닌텐도 부스는 $1800m^2$ 규모일 것이라는 소문이 돌았고 아타리는 처음으로 컴퓨터 하드웨어 신제품 없이 게임만 출품했다. 업계 전체의 연간 매출은 10억 달러에 육박했고 그 결과 일반적인 경로를 살짝 벗어난 타이틀도 일부 등장했다. 한 게임은 '아이스하키와 축구가 만나 일대 혼란을 벌이는 미래적인 게임'이라는 광고를 내걸었고 또 다른 게임은 곤돌라에서 베개 싸움하기, 베로나에서 기름 바른 장대 오르기를 포함한 이탈리아 테마의 미니 게임 컬렉션을 선보였다. 하지만 이들의 열정에 대해서만큼은 뭐라고 할 수 없었다. 모인 인파의 규모로 볼 때 어떤 것을 주제로 내세워도 수요가 있을 법했다.

컨벤션홀의 시끌벅적한 분위기가 잦아들자 톰의 말투는 조금 더 편안해졌다. 처음으로 사업적 관계에서 벗어나 인간적으로 소통하는 느낌이었다. 그날 밤늦게까지 우리는 예술의 본질, 영감의 원천, 창작자와 창작물 사이에 형성되는 필연적인 관계에 관해 대화를 나눴다. 그는 그 몇 달간 재정적으로는 여유가 생겼지만, 명성과 그에 따르는 합병증에 시달리느라 심적으로는 그다지 여유가 없었다는 이야기를 털어놓았다. 데뷔작 계약에 관한 문제, 그리고 자신이 만든 캐릭터의 소유권을 빼앗길지 모른다는 두려움이 그를 괴롭히는 주범이었다. 그와 나눈 대화는 나에게 깜짝 놀랄 만한 경험이었다. 우두머리 수컷 기질의 인물에게서 나와 비슷한 창조적 정신을 발견했다는 점에서, 그리고 그처럼 높은 인지도를 지닌 사람조차 형편없는 사업적 합의 때문에 이용당할 수 있다는 것을 알게 되었다는 점에서 말이다. 나는 늘 사업상의 거래를 싫어했다. 그냥 그런 일에 내 시간을 쏟고 싶지 않아서였다. 하지만 거기에 잠재적인 위험 요소도 있다는 사실을 깨닫기 시작했다.

1988년 말 어느 아침 나는 빌과 함께 회사의 현재 상태를 점검하는 한편 앞으로 어떤 방향으로 나아갈지 살펴보았다. 〈해적!〉을 비롯한 최근 출시작의 성공이 점점 더 뚜렷이 보이기 시작하면서 재정적으로 조금이나마 숨통이 트였고 이를 가지고 무엇을 할지 결정해야 할 시점이었다.

나는 지금까지 회사를 위해 열심히 일한 사람들에게 감사를 표하고 미래에 올 새로운 인재를 유치할 수 있게 직원 혜택에 투자하는 것이 좋겠다고 생각했다.

난 "낵스 헤드에 회사 콘도를 만드는 건 어떨까요?"라고 제안했다. 노스캐롤라이나의 아우터 뱅크스 지역은 인근 주민에게 인기가 많은 휴양지였고 낵스 헤드 해변은 그중에서도 내가 좋아하는 장소였다. "머리 식히고 싶어 하는 팀이나 아이디어가 고갈되어서 휴가가 필요한 디자이너를 보낼 수 있을 거예요. 아무도 쓰지 않을 때는 가족을 데리고 가라고 해도 될 거고요."

빌은 생각에 잠긴 채 고개를 끄덕였다. 그는 협상할 때 짓는 특유의 미소를 지으며 입을 열었다. "음…."

나는 그가 무슨 말을 할지 알았다. 몇 개월 전부터 들은 얘기였다. 픽 웃음이 터졌다. "비행기를 원하는군요."

"홍보 목적이에요."라고 그는 우겼다.

"알았어요. 비행기를 사요. 전 콘도를 살게요."

그 외 유통에 관해서도 조금 더 철저히 살펴보았던 것 같은데 대화의 골자는 그것이었다. 거래라고 부르기는 좀 망설여진다. 우리 두 사람의 개인적 이익 균형점이 우연히 회사의 이익과도 일치한 상황이었던 것 같다.

그런데 생각하면 할수록 회사 콘도는 썩 좋은 아이디어가 아닌 듯했다.

아마도 내가 기대했던 만큼 사용되지 않을 것이고 거기서 한 일은 기껏해야 '일을 하긴 했지!' 정도의 기억으로 남을 것 같았다. 콘도 관리인도 고용해야 할 텐데 여기에 드는 비용을 벌충하기 위해 부동산 임대 시장에 뛰어드는 것은 명백히 원치 않는 일이었다. 게다가 팀워크는 휴게실에서 하는 보드게임으로 이미 충분히 다지고 있었고 일광욕은 컴퓨터 프로그래머들에게 딱히 인기 있는 여가 활동도 아니었다.

나는 이런 의구심을 빌에게 털어놓았다.

"맞는 말이에요. 아주 합리적인 의견은 아니었거든요." 빌은 이렇게 말하곤 내가 제안한 거래의 절반과 그가 제안한 절반은 아무 관련이 없다는 것을 보여 주듯 어깨를 으쓱하며 한마디 덧붙였다. "근데 비행기는 살 거예요."

그리고 빌은 비행기를 샀다.

그가 선택한 모델은 퇴역한 노스 아메리칸 T−28B 트로젠(North American T−28B Trojan)이었다. 빌이 즐겨 언급한 바에 따르면 이 비행기는 베트남 전쟁에서 대게릴라전용으로 사용된 기종이었다. 사실 훈련용으로 더 많이 쓰이는 비행기였는데 이 부분은 앞의 얘기만큼 자주 언급하지 않았다. 해외로 날아갔던 경험이 있든 없든 진짜 군용기이긴 했고 빌은 비행기 재도색 작업을 할 때 커다란 공군 심볼을 그대로 남겨두게 했다. 널찍한 하늘색 줄무늬가 상단의 짙은 남색 부분과 하단의 크림색 부분을 반으로 가로질렀고 조종석 바로 아래 측면에 회사의 휘장과 슬로건을 스텐실로 정성껏 새겼다. 빌은 이 비행기에 '미스 마이크로프로즈(Miss MicroProse)'라는 이름을 붙인 후 나와 함께 첫 비행을 했던 마틴 스테이트 공항 격납고에 보관했다.

빌은 비행기가 홍보 수단 겸 세금 감면 수단이 될 수 있도록 발 빠르게 움직였다. 그는 자신과 함께 비행할 용기가 있는 게임 기자라면 누구나 태워 주겠다고 했고 이 제안에 응한 이들은 빌의 의도대로 그 경험에 관해 극찬하는 기사를 썼다. 물론 파생 상품도 존재했다. 〈레드 스톰 라이징〉이 출시된 지 불과 몇 달 만에 〈F-19 스텔스 파이터〉라는 게임으로 비행 시뮬레이터 장르로 복귀할 기회가 생겼다. 〈프로젝트 스텔스 파이터(Project Stealth Fighter)〉라는 기존 게임을 절반 정도 업그레이드한 반쪽짜리 속편이었는데 IBM PC에서 개발한다는 것이 이 버전의 가장 큰 차별점이었다. 이 새로운 시스템으로 직접 포팅된 옛날 게임도 몇 편 있었으나 그런 게임은 새로운 기술을 제대로 활용하지 못했다. 그저 더 큰 기계에서 실행되는 코모도어 64용 게임에 불과했다. 〈F-19 스텔스 파이터〉는 마이크로프로즈가 가장 뛰어난 최신 기술로 무엇을 성취할 수 있을지 보여 줄 첫 번째 기회였다. 완전히 새로운 코드 베이스에서 할 수 있는 실험이라는 점이 내 흥미를 끌었다. 게다가 F-19는 조종 능력보다 스텔스 기능에 의존하는 기종이어서 게임 플레이 측면에서도 새로운 시도를 해 볼 만한 흥미로운 부분이 있었다.

역설적이지만 F-19 전투기는 실존하지 않았다. 공군은 1960년대부터 제트기 기종에 차례대로 번호를 매겼다. 불길한 숫자라는 미신 때문에 F-13만 건너뛰었다. 1978년 F/A-18 공개 후 발표된 다음 전투기는 1982년 F-20 타이거샤크였다. 당국은 숫자를 건너뛴 이유에 관해 별다른 설명을 하지 않았고, F-19라는 스텔스 전투기가 극비리에 개발되었다는 의혹이 널리 퍼진 와중에도 아무런 해명을 내놓지 않았다. 그래서 이를 주제로 한 밀리터리 스릴러 작품과 플라스틱으로 만든 가상의 장난감이 줄지어 출시되었으며, 이런 허구가 너무 유명해진 나머지 우리가 다음 게임을 발표했을 때 일부 팬들은 우리가 빌을 통해 기밀 정보에 접근했으리라 추측했다.

그리고 우리 게임이 출시되던 날, 펜타곤에서 비밀 스텔스 전투기의 존재에 관한 **실제** 발표가 있었다. 완벽한 우연의 일치였다. 다만 이 전투기의 이름은 항공업계의 모든 사람이 생각하던 그 이름이 아닌 F-117A였다. F-19의 존재를 여전히 믿는 사람도 있었고 널리 퍼진 의혹과의 연결고리를 끊기 위해 무작위로 보이는 숫자로 바꿔 넣었다고 추측하는 사람도 있었다. 그 후 몇 년간 새로운 공군 제트기는 원래 번호 체계를 충실히 지켰고 다른 어떤 비행기도 100이 넘는 범위의 숫자를 이름으로 사용하지 않았다. 사실 해당 기종의 모습이 사람들이 상상해 온 F-19와 너무 달라서 스텔스 폭격기 고유의 숫자 체계를 만들 만도 했다.

빌은 무척 기뻐했다. 우선 마케팅 면에서 아무리 열심히 계획했어도 달성하지 못했을 정도의 엄청난 효과가 있었기 때문이다. 그런데 심지어 관련된 모든 이들이 실제 전투기보다 우리 전투기가 더 낫다고 여기는 것 같았다. 적군의 레이더를 피하는 능력은 부족할지 모르지만, 뭐든 다 날려 버리는 전통적인 능력 면에서는 확실히 더 뛰어났다. 드디어 스텔스 기종이 등장했으니 내가 비행 시뮬레이션 장르에 새롭게 이바지할 거리가 생기지 않을까 생각했는데 실제 전투기의 스텔스 기능이 너무 뛰어나서 할 게 별로 없었다. F-117A는 야간 임무만 수행했고 비행기 표면에 곡선이 없어서 실제로는 조종사가 비행기 컴퓨터에 거의 전적으로 의존해야만 조종이 가능할 정도로 러더와 플랩(flap) 조절이 기계적으로 어려웠다. 표적 위치는 사전에 계산되었고 폭탄은 조종사의 의지와 상관없이 계산에 따라 발사되었다. 조종사는 그길로 그냥 유턴해서 집으로 돌아왔다. 게임에서 투명 치트키를 쓴 뒤 몰래 돌아다니는 것이나 마찬가지여서 스릴이 없었다.

공군은 이 전투기의 적군 회피 능력을 너무 확신한 나머지 기관포도 설치하지 않았다. 잠수함에도 굳이 포를 달았던 우리가 스텔스 전투기에 많은 기관포를 설치하는 것은 어찌 보면 당연했다. 심지어 우리 미사일에는 카메라도 있어서 마치 미사일을 타고 간 것처럼 표적이 폭파되는 모습을 가까이에서 볼 수 있었다. 실제로 군에서 이 기능을 채택하리라 생각하는 사람은 아무도 없었지만, 빌도 이번만큼은 기꺼이 사실주의를 저 멀리 던져 버렸다. 이번 한 번만은 군이 놓친 부분을 우리가 바로잡았다는 점에 그는 큰 자부심을 느꼈다.

다른 사람들도 똑같이 느꼈던 것 같다. 〈F-19 스텔스 파이터〉는 상업적 성공을 거두었을 뿐 아니라 스미스소니언 협회로부터 국립 항공우주박물관의 새 전시관 '한계를 넘어서: 비행, 컴퓨터 시대에 진입하다'의 소장품으로 낙점되었다. 직접 플레이해 볼 수 있는 버전이 전시되었는데 이런 유형의 전시물은 관람객 대부분이 접해 본 적 없었다. '개인용'과 '컴퓨터'라는 단어가 붙어 있어도 이상하게 들리지 않기 시작한 건 얼마 되지 않았는데 그나마도 회사 업무에서나 사용하는 수준이었다. 〈F-

19〉는 컴퓨터 게임이라는 개념을 전체 인구의 다수가 머무는 주류 세계로 가져왔다.

〈F-19 스텔스 파이터〉 스크린샷
© 1988 MicroProse, www.microprose.com

빌은 자신의 제안에 기꺼이 응한 기자를 마지막 한 명까지 모두 비행기에 태워 주었다. 다음으로는 '빌 소령과 죽을 고비를 넘기다'라는 주제로 백일장을 주최하고 팬들에게 각자가 좋아하는 마이크로프로즈 게임에 대해 200자 분량의 에세이를 제출하게 했다. 대상을 받은 3명에게는 '미스 마이크로프로즈'를 타고 곡예비행으로 가득 찬 비행 수업을 받을 기회를 주고 나머지 백 명 정도의 지원자에게는 모형 비행기 세트와 회사 티셔츠를 주기로 했다. 이 대회의 광고는 여러 컴퓨터 관련 인기 잡지뿐 아니라 〈보이즈 라이프〉 잡지에도 실렸는데, 법적 책임 문제가 있으니 빌이 설마, 어린이에게 대상을 주진 않으리라 확신했다.(알겠다. '거의' 확신했다고 해 두자.)

다행히 성인 지원자도 많았다. 이 기회를 위해 멀고 먼 캘리포니아에서 온 방위산업체 소속의 40대 지원자도 있었고 필라델피아 경찰서장 지원자도 있었다. 하지만 빌의 마음을 가장 크게 움직인 것은 스태튼섬 출신 28살의 공학도 조(Joe)가 쓴 에세이였다. 그는 진짜 전투기 조종사가 되려던 꿈이 근시 때문에 한순간에 좌절되었는데 〈F-19 스텔스 파이터〉 덕분에 그 꿈과 가장 가까운 경험을 할 수 있었다고 썼다. 빌 자신에게도 공군 시력 규정을 겨우 통과한 경험이 있으니 봉투를 연 순간 이미 속으로 그 친구의 이름을 수상자 목록에 올렸을 것이라 확신한다.

역설적이지만 난 '미스 마이크로프로즈'를 한 번도 탄 적이 없다. 수년간 빌은 다른 많은 직원을 태우고 하이 요요(high yo-yo), 더블 배럴 롤(double barrel roll), 이멜만 턴(Immelmann turn) 등 우리 초기 게임에서 섬세하게 구현했던 온갖 조종법을 선보였다. 하지만 나는 빌과 함께 정상 속도에서 바로 앉아서 비행기를 타는 것만으로도 무척 불안했고 아슬아슬한 곡예비행은 확실히 내 취향이 아니었다. 신선하다는 느낌이 사라질 때쯤 결국 되팔긴 했어도 꽤 튼튼한 소형 비행기였다. 연방 항공 등록소의 기록에 따르면 이 비행기는 신시내티에 있는 한 비행학교에서 오늘날까지도 사용되고 있다고 한다. 그러므로 내가 진짜 원한다면 지금이라도 '미스 마이크로프로즈'를 타고 죽을 고비를 넘겨 볼 수 있겠으나 굳이 그럴 필요는 없을 것 같다.

그로부터 얼마 후 나는 휴게실에서 열린 회의에 불려 갔다. 직원이 꾸준히 늘어난 덕에 모든 직원을 한자리에 모을 수 있는 장소는 휴게실뿐이어서 생일 축하나 다른 발표가 있을 때도 거기서 모이곤 했기 때문에 특별하다는 생각은 전혀 하지 못했다. 천이 드리워진 1.5m 높이의 직사각형 물체를 보기 전까지는 말이다.

누군가 짧은 연설을 한 후에 덮여 있던 천을 홱 벗기자 1982년 빌과 내가 친해진 계기가 된 〈레드 배론〉 아케이드 게임기가 드러났다. 우리 사무실 관리자 중 한 명이 라스베이거스의 MGM 그랜드 호텔에 연락했고 그쪽 직원이 카지노 지하 창고에 있던 바로 그 기계를 찾아냈다고 했다. 사실인지 모르지만, 적어도 그렇게 들었다고 했다. 우리가 그 기계에 이름을 새겼던 것도 아니니 어차피 확인할 길은 없었다. 어쨌거나 같은 기계로 보일 정도로 비슷했다.

사진을 몇 장 찍느라 둘이 함께 자세를 취하는 동안 빌은 자부심에 찬 표정으로 활짝 웃었다. 좋은 추억이 많이 담겨 있는 멋진 기념품임에 틀림없었다. 하지만 그 게임기는 가슴 아프게도 그와 내가 바라보는 미래가 점점 더 멀어지고 있다는 사실을 상기시켰다. 빌은 이 오래된 비행 게임을 한 회사를 이룬 우리를 지켜 주는 방어벽이자 우리가 항상 되돌아올 시금석으로 보았다. 〈F-19〉는 그에게 추억의 게임도 구식 장르 시리즈의 성공적인 마무리를 기념하는 작품도 아니었다. 빌에게 이 게임은 더 원대한 무언가를 향한 시작이었다. 비행 시뮬레이터에 대한 그의 열정은 절대 식지 않을 것이 분명했다.

플라스틱 조종석에 앉아 다양한 카메라 각도에 맞춰 미소를 짓는 동안 추억이 아무리 아름다웠다 한들 나에게는 과거에 속한 것일 뿐이라는 사실이 분명해졌다. 내가 다시 비행 시뮬레이터를 만들 일은 없을 것이다.

08 명시적 연장

시드 마이어의 코버트 액션
(Sid Meier's Covert Action, 1990)

1989년은 복잡한 해였다. 10년 만에 처음으로 내가 만든 게임이 한 편도 출시하지 않은 해이자, 생애 처음으로 아빠가 될 준비를 한 해였다. 이 두 가지 일은 서로 아무 연관이 없으나 둘 다 내 직업 안정성이 더욱 높아지고 있다는 조짐이었을 수는 있다.

이제 우리 회사는 해마다 3~4편의 게임을 출시하며 약 1,500만 달러의 연 매출을 올렸다. 얼마 전에는 런던에 직원 30명 규모의 사무실을 열었고 경영진은 기존 개발 팀에 지장을 주지 않는 선에서 회사의 규모를 확장할 방법을 찾느라 바빴다. 빌의 공식 직함은 사장, 내 직함은 수석 부사장이었지만 실제로는 독립된 영역에서 동등한 지위를 지녔다. 가끔 내가 빌의 의견에 따라 별 흥미를 느끼지 못하는 밀리터리 게임 작업에 참여할 때도 있고 가끔 빌이 내 의견에 따라 왜 재미있는지 이해가 안되는 해적 게임을 판매할 때도 있었지만, 회사 확장 문제를 포함한 기업의 전반적인 정책적 결정은 모두 그에게 맡겼다. 빌과 다른 이사들은 서드파티 스튜디오의 게임을 출시할 때 사용할 마이크로플레이(Microplay)라는 자체 상표를 만들기로 했다. 회사의 성장에도 도움이 되고 연달아 히트작을 내야 한다는 사내 개발 팀의 부담도 덜어줄 합리적인 생각이었다. 그리고 이 결정이 더 많은 밀리터리 콘텐츠를 만들어야 한다는 내 개인적인 부담을 덜어준 덕에 액션-어드벤처-시뮬레이션이라는 명칭이 정확히 어떤 게임을 의미하는지는 모르겠으나, 아무튼 이 장르에 영구적으로 정착할 수 있었다. 어쩌면 그냥 시드 장르라 부르는 것이 좋을지 모르겠다.

안타깝게도 빠른 서드파티 확장이 품질에 꼭 도움이 된 것은 아니었다. 그해가 가기 전 마이크로플레이 부서는 다양한 플랫폼에서 10편의 새 게임을 출시했다. 하지만 마이크로플레이가 기준을 조금 더 높이는 것이 좋지 않을까 생각하는 사람이 많던 개발 부서에서는 핵심 팀의 이름을 MPS 연구소(MPS Labs)라 지칭하며 반감을 표시했다. 당시 컴퓨터와 과학적 진보는 점점 더 깊은 관계를 형성하는 중이었고, 특히 벨 연구소의 연구가 여러 차례 노벨상을 받으면서 '연구소'라는 용어가 남용되던 시기여서 그런 이름을 쓰면 마이크로플레이보다 조금 더 격이 높아지는 것 같았다. 우리는 게임 오프닝 화면에 표시할 새 로고를 디자인했을 뿐 아니라 연구실 가운을 입은 내 사진에 '당신은 지금 MPS 연구실에 입장하고 있습니다.'라는 엄중한 경고 문구를 적어 개발 팀 주 출입구에 테이프로 붙여 두기까지 했다. 적어도 자긍심은 부족하지 않았던 것 같다.

그렇다고 해서 서드파티 게임이 전부 이상했다는 말은 아니다. 다른 많은 업계에서도 그렇듯이 게임 업계의 독립적인 집단도 두 부류로 나뉘었다. 자리를 잡기 위해 배급사의 문을 두드리는 자, 자신의 재능을 이미 철저히 증명했기 때문에 배급사가 자신의 문을 두드리길 기다릴 수 있는 자. 댄 번텐(Dan Bunten)은 후자였다.

내가 댄을 처음 만난 것은 1년 전 처음 참석한 CGDC였지만, 이름은 그보다 훨씬 전부터 익히 들어 알고 있었다. 그는 1978년에 게임을 만들기 시작해 1983년에 많은 이들이 역대 최고의 컴퓨터 게임 중 하나로 꼽는 〈M.U.L.E.〉을 만들었다. 로버트 하인라인(Robert Heinlein)의 저서 《Time Enough for Love》에서 어느 정도 영감을 받은 이 게임의 상자 겉면에는 '최대 4명의 플레이어가 누구나 싫어하는 노새 같은 기계의 도움을 받아서 머나먼 행성에 정착하는 데 도전하는 게임.'이라고 적혀 있다.

〈플로이드 오브 더 정글〉은 〈M.U.L.E.〉이 출시된 1982년보다 1년 전에 출시되었으므로 적어도 4인용 게임이라는 점에서는 내가 댄보다 한발 앞섰다고 말하고 싶다. 하지만 댄이 만든 최초의 게임인 〈휠러 딜러(Wheeler Dealer)〉에는 그가 직접 설계한 4인용 컨트롤러가 포함되어 있었다. 하고 싶은 게임이 있는데 그런 게임이 아직 세상에 존재하지 않는다는 사실은 그를 저지하지 못했다. 하드웨어도 마찬가지였다. 나 또한 공감하는 감정이었다.

한편 그가 우리를 위해 만들기로 계약한 게임, 〈커맨드 HQ(Command HQ)〉는 모뎀을 통해 온라인 멀티플레이를 지원한 초기작 중 하나였다. 댄은 멀티플레이어의 열렬한 전도사였기에 아예 싱글플레이 옵션이 없는 게임도 많이 만들었다. 배급사가 넣어 달라고 아무리 부탁해도 들어 주지 않았다. 그는 컴퓨터가 해야 할 가장 중요한 역할은 사람들을 서로 이어 주는 것이므로 그 역할을 하지 못한다면 본질적으로 아무 가치가 없다고 보았다.

댄이 시대를 훨씬 앞서갔던 또 다른 분야는 젠더 문제였다. 그는 더 많은 디자이너가 여성이어야 하고, 그렇게 하기가 어렵다면 더 많은 디자이너가 여성의 의견을 들어야 한다고 했다. **그런 의견 수렴조차** 어렵다면 더 많은 디자이너가 적어도 삶의 일부분에서라도 여성의 영향을 받아야 한다고 생각했다. 그는 초창기 CGDC에서 디자이너들에게 결혼하고 아이를 낳고 '컴퓨터 앞에 종일 혼자 붙어 있지 말 것'을 촉구하는 강연을 했다. 1992년 그는 성전환 수술을 받고 대니엘 번텐 베리(Danielle Bunten Berry)가 되었다. 내 동료 디자이너들이 그 사실에 관해 매우 진보적인 태도를 보였다고 말할 수 있어서 자랑스럽다. 특히 시대를 고려한다면 말이다. 처음에는 조금 어색했으나 너드로 가득 찬 공간에 여성이 있다는 사실만으로 그 정도는 어색해했을 것이다. 그리고 내가 아는 한 적어도 우리 중에는 그녀를 직접적으로 따돌린 사람이 없었다. 우리 커뮤니티에는 따돌림을 꽤 경험해 본 사람들이 모여 있었으므로, 그로 인해 남을 상처에 조금 더 민감했을지 모른다.

요즘은 그 누구의 화도 돋우지 않고 이 친구 얘기를 하는 것은 불가능하다고 느껴질 정도로 대명사를 신중하게 선택해야 하는 시대다. 하지만 대니(그녀가 수술 후 사용한 이름이다.)는 항상 자신을 인생의 두 번째 단계에 접어든 다른 사람으로 여겼고 자신의 과거를 절대 지우고 싶어 하지 않았다.

그녀는 자신의 변화를 '대명사 변경'이라 부르며 오로지 업계에 여자 디자이너의 수를 늘리기 위해 한 일이라고 농담했고, 한번은 과거의 자아에 대해 "전 과거의 그만큼 프로그래머로서 훌륭하지 않아요. 컴퓨터 앞에 오랜 시간 앉아 있는 것도 그만큼 내키지 않고요… 사람들과 어울리는 시간은 그보다 훨씬 더 많이 필요해요."라고 말하기도 했다. 나는 그녀가 좋아했던 방식으로 그 두 사람에 관해 이야기하는 것으로 댄과 대니, 둘과의 추억을 기념하고 싶다.

어쨌든 댄은 성전환 이전에도 게임 업계 내 성 평등 문제에 대해 목소리를 높여 왔고 미국 산업계는 1989년이 되어서야 이 문제에 귀를 기울이기 시작했다. 일본과 유럽 시장은 이 문제에 있어 우리를 수년이나 앞섰다. 미국 게이머들은 대체로 여성 주인공이 자리 잡는 데 결정적인 역할을 한 것이 라라 크로프트라고 생각한다. 실제 라라 크로프트가 이바지한 바를 간과해서도 안 되지만, 1992년에는 아직 〈툼 레이더(Tomb Raider)〉가 출시되지 않았다. 닌텐도는 그보다 6년 앞서 〈메트로이드(Metroid)〉에 사무스 아란이라는 여자 캐릭터를 등장시키는데, 미국 시장에 성공적으로 진출했다는 사실만으로도 이 게임은 주목할 만하다. 〈메트로이드〉에서는 주인공이 여자라는 사실이 게임의 막바지에 공개되지만 일본 시장에는 여자 주인공을 타이틀 화면에 공개적으로 등장시킨 게임이 이전에도 많았다.

하지만 대니가 특유의 부드러운 아칸소주 억양으로 재치 있게 이야기했던 것처럼 아무런 진전이 없는 것보다는 느리게라도 조금씩 나아가는 것이 낫다. 텍스트 기반의 게임은 플레이어가 원하는 이름을 직접 입력해서 쓸 수 있게 해 둔 덕에 뜻하지 않게 수년간 포용적인 태도를 유지했고, 어드벤처 게임은 남자나 여자처럼 보이는 픽셀 덩어리 중 하나를 고를 수 있게 해 준 덕에 다른 게임들보다 아주 조금 앞서 나갔다. 일렉트로닉 아츠는 1983년 남자 탐정 6명, 여자 탐정 2명 중에서 캐릭터를 고를 수 있는 〈머더 온 더 진더뇌프(Murder on the Zinderneuf)〉를 출시했고 아타리의 유명 시리즈 〈건틀릿〉에서는 액션 어드벤처 캐릭터 4명 중 1명이 여자였다. 어쨌든 없는 것보다는 나았다.

사실 우리도 〈해적!〉에 여성 옵션을 넣을까 고민했으나 그러려면 게임 속 '총독의 딸 구하기' 부분의 설정을 전면 수정해야 했다. 1987년 당시로써는 외부 배급사를 통하지 않고 자체적으로 출시하는 게임인데도 전통적인 설정을 벗어날 여지가 거의 없었고 여성 해적이 여성 귀족을 유혹하는 장면은 확실히 무리였다. 까다롭던 총독의 아들이 강인하고 능력 있는 여성 해적에게 한눈에 반하는 애니메이션 정도라면 재미있겠지만, 낭만적인 콘텐츠를 2배로 늘리려면 그만큼을 다른 어딘가에서 삭제해야만 했는데 그렇게까지 들어낼 만한 부분이 없었다. 남자처럼 생활하고 남자 옷을 입는 여자 해적도 있을 테니 성별을 고르게 하고 남자 같은 캐릭터를 비롯한 게임 나머지 부분을 전부 그대로 두는 건 어떻겠냐는 의견도 있었으나 그랬다가는 양쪽에서 공격받을 구실이 될 것만 같았다. 그래서 〈해적!〉은 그대로 출시되었다.

하지만 무려 1990년대를 목전에 둔 시점이었다. 나는 빌에게 "〈해적!〉과 비슷하지만, 스파이가 등장한다."라고 설명한 새 타이틀, 〈코버트 액션〉을 이미 몇 달째 개발 중이었다. 이 게임은 처음부터 성 중립적인 게임이 될 조짐이 보였다. 우리는 게임 캐릭터의 이름을 '맥스' 레밍턴(Max Remington)이라 정해 두고 게임을 시작할 때 플레이어에게 그 이름이 여자 이름인 맥신(Maxin)의 줄임말인지 남자 이름인 맥시밀리언(Maximillian)의 줄임말인지 정하게 했다. 사실은 아무 줄임말도 아니었다. 해당 프로젝트 수석 그래픽 디자이너의 이름이 맥스 레밍턴 3세였는데 스파이에게 매우 적합한 이름이라 생각되어서 그의 동의를 얻어 그냥 빌려 쓴 이름이었다.

스파이는 암호 해독, 단서 추적, 인질극 등 여러 활동을 한다는 측면에서 〈해적!〉 프레임워크에 잘 맞았다. 자신이 가장 좋아하는 기술에 집중하다 보면 악당을 알아낼 수 있다는 점은 스파이가 더 나았다. 충분한 양의 통화를 감청한다면 건물에 잠입하지 않고도 범죄 혐의를 입증할 만한 증거를 얻을 수 있다. 물론 가스 수류탄을 메고 정문으로 걸어 들어가는 방법을 써도 된다. 본인이 그 방법을 선호한다면 말이다. 어떤 방법을 선택하든 악당들은 가족이 있는 집으로 돌아갔다. 최고급 스파이 권총에 든 고무 총알을 포함해 플레이어가 사용한 그 어떤 무기도 살상용이 아니었기 때문이다. 신체에 가해지는 위해를 기준으로 볼 때 〈코버트 액션〉은 내가 만든 게임 중 가장 폭력적인 편이었으나 그래도 선을 넘을 생각은 없었다.

검열을 찬성한다는 뜻으로 한 말은 아니다. 비디오 게임은 하나의 예술 형식이고 창의성을 억압하는 것은 어떤 상황에서도 좋은 생각일 수 없다. 나는 게이머들이 성숙하고 똑똑하며 환상과 현실을 구별한 능력을 갖추었다고 확신한다. 하지만 난 창작물에 폭력이 등장해야만 영감이 샘솟는다고 느끼지 않았다. 세상은 때로 몹시 부정적이므로 나는 기회가 될 때마다 그 반대 방향으로 밀어붙이고 싶다. 불쾌한 폭력적 현실에 노출시켜서 폭력에 대한 반감을 고취할 수 있다는 주장도 있지만, 그렇게 하려면 게임 특유의 1인칭 시점에서 멀리 동떨어진 시점이 필요하다. 우리 제품이 플레이어를 몰입하게 하는데 폭력과 관련해서는 별 영향이 없다는 주장은 어불성설이다. 아무 영향을 주지 못하는 게임은 그야말로 나쁜 게임인데 심지어 그 게임을 만든 디자이너가 손사래를 치며 본인 입으로 우리가 만든 건 '그냥 게임일 뿐'이라고 일축하는 것은 더 나쁘다. 과도하게 유혈이 낭자하는 장면은 기껏해야 잠시 플레이어를 붙잡을 수 있는 싸구려 장치다. 우리가 하는 모든 일에는 지켜야 할 선, 고려해야 할 청중, 추구해야 할 목적이 있다.

〈코버트 액션〉은 보드게임 회사 애벌론 힐(Avalon Hill) 출신 디자이너, 브루스 셸리(Bruce Shelley)와 함께 만들었다. 게임 산업이 만들어진 지 얼마 되지 않아서 이력서를 탄탄한 경력으로 채운 인재는 만나기 어려운 시절이었기 때문에 컴퓨터 게임 관련 경력이 없는 사람을 고용하는 일은 흔했다. 디지털과 상관없는 분야에서 쌓은 전문 지식을 컴퓨터 게임 분야에 어떻게 활용할지 입사 후에 일하며 배우는 직원이 대부분이었다. 하지만 전문적인 그래픽 디자이너, 사운드 엔지니어, 플레이 테스터와 함께한다고 하더라도 그 당시에는 디자이너라면 프로그래밍을 할 줄 알아야 했다. 코딩 경험이 없는 디자이너를 데려온다는 것은 그가 아주 뛰어난 실력자라는 뜻이었다.

다행히 브루스의 면접에 참여한 모두가 그의 재능을 잘 알아봤다. 평소에 나는 채용에 관여하지 않았다. 누구에게나 "그럼요. 괜찮아 보이던데요!"라고 칭찬해대는 탓에 내 평가는 별 도움이 되지 않았다. 참여했다 한들 브루스가 특별하다는 것을 잘 알아볼 수 있었을지 모르겠다. 그는 조용하고 겸손했다. 하지만 대규모 〈F-19 스텔스 파이터〉 팀에서 다양한 업무를 하면서 자신의 능력을 신중하게 조금씩 드러내는 것을 보고 그가 결단력과 통찰력을 갖춘 인재라는 것을 알아채기 시작했다. 그는 문제를 해결할 때까지 버티는 타입이었다. 그는 일을 올바르게 처리하는 방식을 선호했고 어떤 문제를 주든 발전시킬 수 있는 아이디어를 적어도 한 가지 이상 제시했다.

내성적인 사람들이 대개 그렇듯이 처음에는 서로에 대한 특별한 호감보다 둘 다 좋아하는 것을 계기로 친해졌다. 우리는 좋아하는 텔레비전 프로그램이나 역사소설에 관해 이야기한다거나 휴게실에서 보드게임을 했다. 함께 한 게임 중에는 그가 애벌론 힐에서 디자인했던 게임들도 있었다. 〈F-19〉 출시 후 그는 공식적으로 다른 비행 시뮬레이터 업무에 배정되었지만, 비공식적으로 내 신임을 받는 조수 겸 테스터가 되어서 스파이 게임의 잔해를 정리하고 그 게임이 정확히 어떤 방향으로 나아가야 할지 파악하는 데 도움을 주었다.

스파이 게임은 이야기가 본질적으로 선형적이라는 점에서 〈해적!〉 프레임워크와 맞지 않지 않았다. 해적은 칼싸움을 무한정 계속해도 괜찮지만, 스파이가 아무 이유 없이 전 세계를 돌아다니며 거쳐 가는 모든 빌딩을 감청하는 것은 있을 수 없는 일이다. 단서는 하나에서 다음으로 이어진다. 단서를 모으는 방법은 여러 가지일 수 있지만, 결국 모든 단서의 배후에는 단 한 명의 악당이 있다. 미스터리가 풀린 후에 누가 왜 그 게임을 다시 하려고 하겠는가?

문제 될 것 없다고 생각했다. 그냥 컴퓨터가 새로운 미스터리를 쓰게 하면 되니까!

구현하기 어려울 뿐 아주 불가능하진 않았다. 컴퓨터적 창의력(computational creativity)[27]의 초기 제창자 중에는 1930년대 앨런 튜링(Alan Turing)의 대학 동창이었던 크리스토퍼 스트레이치(Christopher Strachey)가 있다. 졸업 후 조금 다른 길을 가던 중 1951년 튜링의 새로운 맨체스터 마크 I(Manchester Mark I) 컴퓨터 이야기를 들은 스트레이치는 결국 다시 그와 만났다. 스트레이치는 훗날 미국 컴퓨터 학회 전국 콘퍼런스에서 자신이 튜링의 기계를 위해 한 일은 성공적이었다고 보고하며 맨체스터 마크 I로 "체커 게임을 적당한 속도로 온전하게 할 수 있을 것"이라고 선언했다. 다시 말해 체커 게임용 프로그램을 만들었다는 뜻이다.

얼마 후 이를 개선하여 만든 페란티 마크 I(Ferranti Mark I) 모델이 출시되었고 스트레이치는 이번에도 수학적 목표보다 예술적 목표를 추구했다. 우선 컴퓨터가 일반적으로 내는 딸깍하는 소리와 삐걱거리는 소리의 음 높이를 바꾸는 방법을 고안해서 'God Save the Queen'[28]과 'Baa Baa Black Sheep'[29]이 연주되도록 배열했다. 그리고 1952년이 되자 그의 관심은 또 한 번 다른 곳으로 기울었고 이번에 세운 목표는 페란티 마크 I

---

27 인간의 창의성을 모사하기 위한 인공지능 연구의 한 분야.
28 영국의 국가.
29 영국의 동요. 우리나라에서는 '작은 별'로 알려진 노래와 멜로디가 같다.

로 연애편지 쓰기였다.

스트레이치는 기본 편지 형식 내에서 몇 가지 문장 구조와 단어를 무작위로 조합하는 템플릿을 프로그래밍했다. 결과물은 다소 부자연스럽긴 해도 이해하지 못할 정도는 아니었다. 가끔은 심지어 "당신을 탐내고 갈망하게 하는군요. 내 다정한 동경의 대상이여.", "당신을 흠모하는 내 마음은 당신을 향한 열병에 사무치게 탄식합니다."처럼 시에 가까운 문구를 만들기도 했다. 결과물 대부분이 오늘날의 기준으로 볼 때 딱히 낭만적이지 않지만, 1950년대 영국에서 어떤 단어가 애정 표현에 쓰였는지 확인할 수 있는 흥미로운 기록이긴 하다. '작은 호감'과 '동질감'은 사랑의 동의어로 여겨졌고 고전적인 '여보'나 '그대'와 함께 지금 보기에 조금 당혹스러운 '자네'나 '귀염둥이'를 인사말로 사용했다.

이러한 유형의 무작위 템플릿(조금 더 정확히 말하자면 무작위 템플릿으로 창의성을 완벽히 구현하겠다는 이상)을 업계에서는 절차적 생성(procedural generation)이라 일컫는다. 셰익스피어의 〈햄릿〉 사례로 시작해 보자. 단, 배경을 덴마크에서 아프리카로, 주인공을 인간에서 사자로 바꾸자. 그러면 갑자기 이 이야기는 아버지를 죽이고 왕위를 찬탈하려는 삼촌, 잠시 사라졌다가 왕좌를 차지하러 돌아오는 주인공이 등장하는 〈라이온 킹〉이 된다. 아니면 〈로미오와 줄리엣〉으로 시작할 수도 있다. 아름다운 베로나를 뉴욕으로, 반목하는 집안을 라이벌 갱단으로 바꾸고 시대 설정에 맞게 모든 등장인물의 나이를 조금 높여라. 그러면 이제 이 이야기는 〈웨스트 사이드 스토리〉가 된다. 개별 요소를 더 많이 바꿀수록 아무도 알아볼 수 없는 더 새로운 이야기로 변신한다. 컴퓨터에 출발점을 주고 수정해도 되는 부분과 수정하는 방법을 알려 주면 된다. 예컨대 덴마크가 꿀벌이 되는 것은 불가능하고 다른 지역으로만 바꿀 수 있다. 이것이 절차적 생성이다.

흥미롭게도 인기 아동용 게임인 〈매드 립스(Mad Libs)〉[30]도 스트레이치가 정형화된 연애편지에 처음 도전하던 때와 거의 일치하는 시점에 다른 곳에서 발명되었다. 한때 예술을 위해 허공을 향해 검을 휘두른[31] CGDC의 창립자 크리스 크로퍼드는 컴퓨터가 새로운 이야기를 만들 수 있다는 생각에 사로잡혀 '스토리트론(Storytron)' 발명에 전념하기 위해 결국 게임 업계를 떠났다. 내게 그렇게까지 할 마음은 없었어도 플롯을 어느 정도 절차적으로 생성하지 못한다면 〈코버트 액션〉에 가망이 없다는 것은 알았다.

몇 달을 매달린 끝에 완성한 프로토타입은 가망이 없는 정도는 아니었지만 겨우 살아남은 느낌이었다. 브루스와 나는 매번 새로운 악당, 도시, 배후 조직이 등장하는 약 20~30개 범죄 스토리 템플릿을 만들었다. 그 정도면 일반적인 플레이어가 만족할 정도의 다양성은 보장되나 내가 바라던 수준에는 미치지 못했다. 어느 정도 플레이해 보면 패턴이 인식되었고 템플릿을 예측하기 쉬웠다. 빈칸을 채워서 만드는 스토리는 빈칸 외에 모든 부분이 확정되어 있을 수밖에 없어서 무작위 정보 조각이 다

---

30 게임 참가자에게 이야기에 넣을 단어 목록을 만들게 한 후 읽어 주는 이야기 속 빈칸을 목록에 있는 단어로 채우게 하는 게임.

31 5장에서 잠시 언급되었던 내용으로 게임 디자이너 크리스 크로퍼드의 1992년 CGDC 강연 이야기다. 해당 강연에서 크로퍼드는 당시 비디오 게임 업계가 추구하는 방향과 자신이 생각하는 방향이 일치하지 않는다고 설명하며 꿈을 좇기 위해 게임 업계를 떠난다고 발표한다. '예술적 표현의 수단으로 사용될 비디오 게임'이라는 자신의 꿈을 드래곤으로 비유한 크로퍼드는 강연 말미 지금까지 찾아 헤맸던 드래곤이 눈앞에 보인다고 외치며 검을 뽑아 들었고, 이윽고 검을 휘두르면서 드래곤에게 돌격하며 강연장을 빠져나갔다. 해당 강연은 "Dragon Speech(드래곤 스피치)"라는 이름으로 알려져 있다.

음에 이어질 내용에 아무 영향도 미치지 못한다. 이런 문제는 대개 데이터를 더 늘리면 해결된다. 템플릿, 교체할 요소, 선택지의 개수를 늘리면 된다는 뜻이다. 사실 컴퓨터 메모리에 여유가 없었는데, 있었다고 해도 결과는 만족스럽지 못했을 것이다. 내가 원한 것은 셜록 홈스 미스터리처럼 애초에 모든 계획이 세워져 있더라도 마지막까지 결말을 예측할 수 없는 이야기였다.

솔직히 나는 이 프로젝트를 언젠가 더 나은 게임으로 이어질 기술적 준비운동으로 생각하고 싶다. 아직도 이 꿈은 포기하지 않았다.

처음부터 결정적인 증거를 몰래 심어 두고 플레이어가 그 의미를 추론할 때까지 기다리기만 하면 되는 게임을 만든다면 얼마나 신나겠는가? 플레이어에게 반들반들하게 닳은 열쇠 구멍이나 더러운 신발 자국처럼 잘 짜인 단서 목록을 제공하는 것이 아니라 플레이어가 상식적인 추리를 통해 무엇이 정상이고 비정상인지 가려내며 답을 찾게 만들 수 있는 게임 말이다. 플레이어는 현실 세계에 대한 규칙을 설정하고 당연시했던 모든 인과관계를 규명하고 거의 무한한 규칙을 면밀히 살펴보면서 사슬이 끊어진 지점에서 초래된 결과, 끊어진 지점끼리 주고받은 영향을 파악해야 할 것이다. 어쨌든 앞서 말했듯이 이 꿈은 아직 포기하지 않았다. 즉, 〈코버트 액션〉으로는 그 꿈을 실현하지 못했다.

브루스는 이 프로젝트에 대한 내 열정이 시들해진 것을 눈치챘고 그 또한 나와 비슷하게 느끼는 듯했다. 우리 둘 다 이 정도면 괜찮은 게임이나 훌륭한 게임은 아니며 아마 영원히 그렇게 되지 못하리라는 것을 알

앗다. 내 아내 지지가 막 첫 아이를 임신한 참이라 개인적으로는 첫 아이를 가진 부모라면 누구나 거치는 우선순위의 변화와 재평가를 경험하는 중이었다. 미래와 씨름하다 보니 과거가 전체적으로 녹슬어 보였다.

하지만 이 아이디어의 잠재력을 진심으로 믿는 사람으로서 현재 실행으로는 이를 입증할 수 없는 상황임에도 패배를 인정하기 어려웠다. 이전에도 실패한 프로토타입을 떠나보낸 적 있었지만, 이렇게 많은 시간과 에너지를 쏟아부은 게임이 실패한 경험은 없었다. 게다가 이제는 단순히 내 시간만 허비하는 게 아니었다. 혼자 게임을 만들 때는 흐지부지되더라도 나 자신에게만 미안해하면 되었다. 하지만 이번에는 처음부터 함께한 브루스가 있었고 그를 부당하게 끌어들였다고 느끼는 상황은 만들고 싶지 않았다.

포기하고 싶었다. 그런데 어떻게 포기해야 할지 알 수가 없었다.

나에게는 휴가가 필요했다.

09 잠깐만

F-15 스트라이크 이글 II
(F-15 Strike Eagle II, 1989)

〈F-15 스트라이크 이글 II〉는 전적으로 내 게임이라고 보긴 어렵다. 1989년에 제품 상자가 아니라 일반적인 방식대로 크레딧 페이지에 내 이름을 올린 비행 시뮬레이터가 출시되었고, 그 게임이 〈F-15 스트라이크 이글 II〉이었던 것은 맞다. 하지만 실제 내가 그 게임 개발에 참여하진 않았던 것 같다. 혹시 참여했다고 하더라도 그에 대한 기억이 전혀 없다.

이 게임은 〈F-19 스텔스 파이터〉 코드를 재활용한 것일 뿐 새로운 내용은 없었다. 그때 나는 사무실에서 〈코버트 액션〉 프로토타입을 만들고 있었다. 아니면 실제 프로그램 수정에 약간 관여했는데 당시 내게 비행 시뮬레이터가 너무 시시하게 느껴져서 그 기억을 통째로 지워버린 것인지도 모른다. 어쨌든 참여한 기억이 전혀 없는 게임에 대해 공을 인정받기 불편하다. 내 이력서에 비행 시뮬레이터는 6편이면 충분하다. 일곱 번째 타이틀은 필요 없다.

도전 과제 달성

인생은 짧다
장 하나를 한 페이지 이내로 마치기.

10 모두 승차하세요

해변에서 2주를 보내고 나니 그런 시간이 내게 필요했음을 확실히 알 수 있었다. 그해 8월 나는 햇볕에 그은 얼굴에 디스크 하나를 들고 사무실로 복귀했다. 〈코버트 액션〉에 대한 모든 걱정은 먼 옛날 일 같았다.

"이게 뭐예요?" 브루스는 내가 휴가 중에도 일을 했다는 사실에 약간 놀란 듯 물었다. 뭐, 놀라진 않았을 수도 있다. 그는 제목이 쓰여 있지 않은 그 디스크를 손으로 뒤집으며 다시 물었다. "또 다른 스파이 프로토타입이에요?"

"아니, 이건 새로운 거예요."

애초에 완전히 새로운 제품을 가지고 복귀하려던 것은 아니었으나 이런 패턴은 그 뒤로도 몇 년간 꾸준히 이어졌다. 돌이켜 보면 뛰어나다고 평가를 받은 작품은 유독 휴가 중에 탄생한 것이 많았다. 그렇다고 내가 휴식을 즐기지 못하는 것은 아니다. 내가 컴퓨터와 맺은 관계는 강력하지만 건강하다. 컴퓨터에만 골몰한다거나 야외 활동이나 가족을 등한시하는 일은 한 번도 없었다. 보통은 2~3시간짜리 아이디어를 가지고 논 뒤에 다른 활동으로 재충전해야 한다. 하지만 나에겐 컴퓨터가 여가 활동 그 자체이므로 컴퓨터 없이 다니는 것은 말이 안 된다. 요즘은 누구나 노트북을 가지고 여행을 다닌다. 나는 그저 컴퓨터를 휴대하기 조금 더 번거로운 시대에 살았던 것뿐이다. 1990년 무렵 해변에 컴퓨터를 가져간다고 하면 놀라는 사람이 있었던 것은 인정하지만, 커다란 금속 상자와 모니터를 차 뒤에 싣는 일이 생각하는 만큼 어렵진 않았다.

휴가 중에는 진전이나 성공에 대한 부담 없이 내가 원하는 작업을 할 수 있다는 것이 중요한 차이였다. 아주 색다른 실험을 해 보거나 마음에 드는 무엇이든 가지고 놀기 딱 좋은 시간이었다. 게임에 관한 실험이 대부분이었는데 가끔은 그림 프로그램으로 낙서를 할 때도 있고 디지털 음악을 작곡할 때도 있었다. 특히 이번 여행에서는 스파이만 아니라면 어떤 기분 전환 거리든 도전할 의향이 있었다.

"철도 모형이요?" 브루스는 늘 그렇듯 과한 흥분이나 회의가 느껴지지 않는, 그저 신중한 목소리로 말했다. "흥미롭네요."

어릴 적 아버지와 철도 모형을 한번 조립해 본 적 있다. 아니, 적어도 조립을 시작하긴 했었다. 철도 모형이라면 원래 그런 의도로 만드는 것인지 모르겠는데 한 번도 완성해 본 적이 없다.(하지만 주방을 꽉 채우는 데에는 성공했었다.) 일단 나중에 선로를 놓을 커다란 목제 프레임부터 만들었다. 그리고 아버지가 가져온 닭장용 철조망으로 틀을 만든 후 그 위에 종이를 붙여서 풍경을 표현했다. 아버지도 사실 기차보다 색칠하고 만드는 과정을 더 좋아했던 것 같은데 내가 그런 작업에 집착하는 기미를 보이자 부자간의 돈독한 유대 관계를 위해 기꺼이 양보했다.

안타깝지만 내 시선을 사로잡은 것은 1:87 비율의 철도 모형이 아니었다. 그로부터 몇 년 전 여름, 스위스에 있는 친할아버지 댁에 갔을 때 집안 소유의 거대한 땅 바로 옆으로 기차선로가 지나갈 뿐 아니라 고작

800m 정도의 거리에 기차역이 있다는 것을 알게 되고 무척 기뻤다. 기차 플랫폼은 마을 중앙 광장 역할도 겸하고 있었고 거기에는 친척들이 가끔 내게 선물을 사주는 소박한 상점들도 있었다. 하지만 나는 아이스크림을 사준다는 약속이 없는 날에도 기차를 보기 위해 매일 혼자 거기까지 걸어가곤 했다. 웅장하고 복잡한 기차역의 모습은 할아버지 집 앞마당에서도 편하게 구경할 수 있었다. 하지만 진짜 보고 싶었던 것은 기차역 벽에 있는 커다란 시계였다. 기차는 항상 **정확히** 정시에 도착했다. 1분 빠르게, 혹은 2분 느리게 오는 기차는 없나 기다려 봤는데 한 번도 그런 적이 없었다. 왜 그런지 몰라도 기차는 정확한 시간을 알고 있었다.

할아버지는 내게 스위스 전역에 있는 기차역의 모든 기차 시간이 담긴 두꺼운 기차 시간표 책을 구해다 주었다. 나는 어떤 엔진이 어떤 경로로 다니는지 파악하기 시작했고 책에 나오는 특정 기차가 다시 우리의 작은 마을 뷜라흐(Bülach)로 돌아올 때까지의 경로를 며칠 동안 마음속으로 따라가 보았다. 이 전체 과정에 내재된 효율성은 경외심을 불러일으키는 동시에 깊은 만족감을 선사했고 나는 1분도 늦지 않게 이 모든 것을 계획하고 조정하는 시스템 운영자를 상상해 보려고 노력했다.

처음 스위스에 도착해서 불행하다고 느낀 며칠 동안은 일기장에 집에 가게 해 달라고 우주에 비는 글을 썼다. 우주가 내 말을 들어 주지 않아서 디트로이트에 계신 부모님에게 공식적인 항의 편지를 썼는데도 부모님은 뜻을 굽히지 않았다. 오히려 내 항의는 유럽 가정의 전통에 대해 제대로 배울 필요가 있다는 추가적인 증거로 여겨졌다. 적어도 아버지는 그렇게 보았다. 어떻게 보면 아버지는 땅을 소유하겠다는 꿈을 가지고 처음으로 외국 여자와 결혼해서 미국까지 진출한 집안의 이단아였다. 스위스에서는 아주 드문 일이었다. 하지만 아버지의 마음 한편에는 자기 아들이 스위스 농가에 사는 내 여느 사촌과 다름없는 스위스 사람이라는 것을 증명하고 싶은 생각이 있었던 것 같다.

아버지가 옳았는지는 논쟁의 소지가 있다. 나는 혈통적으로 보면 절반이 네덜란드인이었고, 출생 장소로 보면 엄밀히 말해 캐나다인이었으며, 문화적으로는 나 자신을 완전히 미국인이라고 생각했다. 이민자 1세대의 자녀 대다수가 그랬듯이 나는 부모님의 가이드 겸 대사 역할을 하곤 했고 어머니가 정한 규칙을 반박하기 위한 근거로 "미국에서는 다들 그렇게 한다고요!"라는 말을 자주 썼다. 취침 시간 어기기, 장난감 어지르기, 채소 안 먹기 등 하고 싶지 않은 거의 모든 일에 이러한 사회적 협박을 앞세웠다. 부모님 말씀을 거역하는 것이 아니라고 어머니에게 장담했다. 난 그저 **미국인**다웠을 뿐이다.

하지만 인근에 사는 많은 사촌과 어울려 지내는 사이 내가 기차뿐 아니라 뷜라흐에서의 생활을 사랑하게 되었다는 것을 곧 깨달았다. 부모님이 내가 태어나기 전에 미국으로 왔기 때문에 이전에는 해외에 대가족 친척이 있다는 사실을 들어서 알고 있는 정도였다. 아버지가 자란 농가에는 최소 10명의 친척이 살고 있었고 걸어갈 만한 거리에 스무 명 정도의 친척이 더 있었으며 이들은 일상적으로 식사 모임이나 주말 모임을 했다. 미시간에서는 숙모도 삼촌도 없는 외동아들이었는데 스위스에서는 한 반을 이룰 만한 인원의 아이들에 둘러싸여 지냈다. 학교에서는 때로 수줍어서 친구들과 어울리기 어려워할 때도 있었는데 이곳에서는 가족이라서 모두와 금세 가까워졌다. 이 정도 규모의 가정을 꾸려 나가는 데 필요한 체계나 일과 또한 마음에 들었다. 많은 식구가 각자의 일정에 따라 오가기 때문에 우리 스스로가 마치 작은 기차역 같았다.

여름이 끝날 무렵에는 부모님에게 마음이 바뀌어서 더 머물고 싶다고 부탁하는 편지를 썼다. 빌라흐에는 내가 다닐 만한 학교가 있었고 내 스위스어 실력도 학교에 다닐 정도는 되었다.(스위스에서 글로 쓰는 언어는 대체로 독일어였으나 말을 할 때 쓰는 언어는 마치 중국어가 보통화와 광둥어로 분화된 것처럼 독특한 방언으로 진화해 있었다.) 나는 아무 것도 모르는 채로 어른들 사이에 여러 이야기가 오간 끝에 결국 첫 학기를 마칠 때까지 머물러도 좋다는 허락이 떨어졌다.

4개월 후 나는 부모님께 무기한으로 머무르고 싶다고 편지를 썼다.

어머니의 답은 단호했다. "안 돼. 우리가 널 데리러 갈 거야."

원래는 나 혼자 비행기를 타고 취리히까지 갈 예정이었는데 어머니는 내가 집으로 돌아오는 비행기에 순순히 타지 않을 거란 생각에 날 확실히 데려가려고 아버지와 함께 직접 비행기를 타고 왔다. 돌이켜 생각해 보면 애초에 어머니는 내 스위스행이 달갑지 않았을 것 같다. 하지만 아마 아버지가 좋은 경험이 될 것이라고 고집했을 것이다. 그리고 전체적으로 볼 때 실제 좋은 경험이었다. 하지만 내 아들 라이언이 8살이라고 생각하면 1년 가까이 그 애를 해외에 살게 둘 수는 없을 것 같다. 그래서 어머니의 입장도 확실히 이해할 수 있다. 달려와 나를 껴안은 어머니가 당신 아들이 영어로 말하는 법을 잊었다는 것을 깨닫게 된 후라면 더더욱 말이다.

다시 영어로 말하기까지 1주일 정도밖에 걸리지 않았고 그사이 나는 아버지와 스위스어로 대화할 수 있었다. 하지만 자기 아들이 집을 완전히 잊게 한 주범이 아버지라는 생각에 어머니가 나 모르게 아버지를 얼마나 째려봤을지 충분히 상상된다. 결국은 '기차', '역', '엄청나게 멋있는 200쪽짜리 시간표' 같은 단어를 떠올리는 데 성공했고 그 모습을 본 어머니는 내 새로운 집착의 대상이 무엇인지 알아챘다. 아버지가 철도 모형을 만드는 게 좋겠다는 아이디어를 내기까지 시간이 얼마나 걸렸는지는 모르겠다. 하지만 무질서하게 뻗어 나가는 이 프로젝트를 어머니가 용인한 이유는 그 활동이 디트로이트가 스위스를 이기는 데 도움이 될지 모른다는 희망에 있었을지 모른다.

하지만 말했듯이 실제 효과는 없었다. 철도 모형은 운행보다 조립에 더 초점이 맞춰져 있다는 것이 문제였다.

아주 작은 검은색 철도용 스파이크를 반복해서 밀어 넣는 작업을 내가 맡았다. 역사적 사실을 철저히 고증한 키트에서는 선로 2.5cm당 10개의 스파이크를 설치해야 했다. 아버지가 어떤 부분을 맡았는지는 기억나지 않는데 스파이크 작업은 모두 내 몫이어서 긴 시간을 들여 작은 커넥터들을 밀어 넣어야 했다. 스파이크가 특별히 맘에 드는 것도 아니었고, 아버지도 재밌다고 느끼지 않은 것이 분명했기에 완성하지 못한 것은 어찌 보면 당연했다. 어느샌가 어머니의 인내심이 바닥을 드러내면서 모형은 조용히 사라졌다. 어머니에게 주방을 되돌려 준 후에도 어릴 적 기차 시간표와 선로 운행에서 느낀 매력은 절대 잊지 않았다. 이것이 바로 지금 브루스의 손에 들린 철도 모형 시뮬레이터를 만들게 된 이유였다.

사실 게임이라고 보긴 어렵고 손가락을 혹사시키지 않고 선로를 깔 수 있는 하나의 방법 정도로 보기 적당했다. 하지만 브루스는 전형적인 철도 마니아에 가까웠다. 나라면 절대 습득하지 못할 다양한 엔진에 관한 지식과 역사적 차이점을 구별하는 능력을 갖춘 그가 이 시뮬레이터의 잠재력을 알아봤다. 심지어 그에게는 애벌론 힐에 다니던 시절 〈1830〉이라는 철도 보드게임을 만든 경험도 있었다. 수동 선로 운행보다 일반적인 토지 관리에 더 초점을 맞춘 게임이었다. 브루스는 즉시 이 프로토타입에 추가할 수 있는 세부 사항을 제안하기 시작했고 나는 〈코버트 액션〉을 머리에서 지울 수 있다는 생각에 기꺼이 그를 도왔다.

그러던 중 혁명적인 사건이 발생했다. 게임 디자이너인 윌 라이트(Will Wright)가 그의 대표작인 〈심시티(SimCity)〉를 발표했고 'god game'[32]이라는 표현이 사전에 등재되었다. 그는 〈번겔링 만 공격작전(Raid on Bungeling Bay)〉이라는 게임을 만들던 중에 자신이 건물 폭격보다 설계를 더 즐긴다는 것을 깨닫고 아이디어를 떠올렸다고 한다. 게임 디자이너가 그렇게 느끼는 것은 아주 놀라운 일은 아니다. 하지만 그는 다른 이들도 자신과 비슷하게 생각할지 모른다는 급진적인 결론에 도달했다. 도시 건설 시뮬레이터도 게임이라고 배급사를 설득하느라 몇 년을 허비하다가 결국은 동업자와 함께 회사를 세우고 1989년 2월 자신의 회사를 통해 이 게임을 발표했다. 첫 번째 버전은 매킨토시용이었는데 성공을 거둔 후에는 다른 기기들로 포팅되었고 (〈코버트 액션〉이 점점 가라앉고 철도 모형 프로토타입이 서서히 떠오르던) 그해 말쯤 PC에서 〈심시티〉를 플레이해 볼 기회가 생겼다.

---

32 플레이어가 마치 신처럼 도시 같은 대규모 환경을 관찰하고 제어하는 비디오 게임 장르를 가리킨다.

그것은 게임이었다. 파괴보다는 창조에 관한 내용을 담았고…. 그런데 게임이었다. 도덕적으로 열등한 적이 아니라 자신의 한계를 극복하는 것이 목표였으며…. 게다가 게임이었다.

내가 만든 철도 시뮬레이터 또한 게임이었다.

돌이켜 생각하면 비행기와 철도의 유사점을 깨닫지 못했던 것이 이상하다. 시뮬레이터는 당연히 게임이 될 수 있다! 내가 게임 디자이너가 된 이래 게임이라는 허구에 항공 관련 사실을 조합하는 일을 해 온 사실을 고려할 때 다른 교통수단으로도 똑같은 일을 하는 것은 합리적인 수순이었다. 물론, 기차끼리 서로 공격하는 일은 없다. 다만, 〈솔로 플라이트〉 역시 배달해야 할 우편 가방이 있었을 뿐 무기는 없었다.

내가 이 연결고리를 놓친 이유는 철도 시뮬레이터가 미지의 영역에 있었기 때문일지 모른다. 비행 시뮬레이터 장르는 이미 자리를 잡아 경쟁작이 꽤 많은 상황이어서 우리 게임 플레이에 기술적 사실주의를 결합했듯이 눈에 띄려면 각 게임 고유의 특징을 만들어야 했다. 하지만 철도를 다루는 곳은 우리밖에 없어서 경쟁심을 일으키는 도전자 없이 제작을 이어갔다. 고정관념이 없는데 고정관념을 벗어나기란 어렵다. 〈심시티〉가 눈앞에 두고도 보지 못하던 것을 알아보게 해 준 자극이었는지 아니면 내 직감이 실현 가능하다고 확신하게 된 계기였는지 모르겠다. 어쨌든 이 시점 이후로 철도 시뮬레이터는 머리 식히기 위해 하는 소소한 사이드 프로젝트가 아니었다. 우리가 만드는 철도 게임이었다.

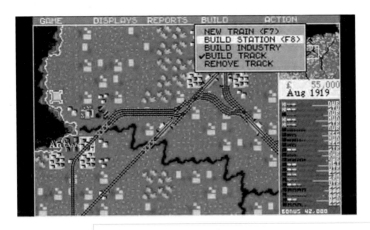

〈시드 마이어의 레일로드 타이쿤〉 스크린샷
© 1990 MicroProse, www.microprose.com

나는 본격적인 프로토타입 작업에 돌입했다. 거의 매일 브루스에게 사본을 전달하고 피드백을 받았다. 곧 한 도시에서 다른 도시로 물자를 운송하는 경제 체제와 산, 강 등의 지형적 과제도 추가되었다. 〈솔로 플라이트〉처럼 우편 배달 옵션도 있었다.

아무 프로젝트도 완성하지 못한 채 1989년이 끝났지만 나와 브루스는 철도 프로토타입이 완성할 가치가 있다고 경영진을 간신히 설득했다. 〈심시티〉가 시장에서 성공을 거두었다는 사실도 아마 약간 도움이 되었겠으나 최소의 인원만 동원한다는 점이 이들이 동의한 주된 이유였으리라고 생각한다. 물론 대립 구도를 강행해서 "알겠어요. 하고 싶은 대로하세요."라는 경영진의 항복 발언을 받아 낼 수도 있었지만, 유급 직원 배치는 명백히 이들의 권한이었고 나 혼자 모든 것을 할 자신은 없었다. 그래서 논리적인 주장을 펼친 결과 경영진은 브루스를 데리고 갈 수 있게 해 주었고 제작이 끝날 무렵에는 그래픽 디자이너 1명, 지원 업무를 맡을 직원 몇 명을 보충해 주었다. 하지만 게임 속 그래픽은 대부분 내가 만들어야 했고 마무리도 빨리 지어야 했다.

그로부터 얼마 지나지 않아 브루스는 뜻밖의 의견을 냈다. 그는 홍수가 다리를 쓸어 없애는 것이 부당하다고 했다. 나는 〈심시티〉에도 토네이도, 지진부터 제멋대로 건물을 밟고 다니는 저작권 없는 고질라 비슷한 괴물까지 여러 강력한 자연재해가 존재한다고 반박했다. 이런 온갖 파괴적인 장치에 비해 가끔 다리가 무너지는 정도의 재난은 심하게 무자비해 보이지 않았다. 게다가 철도 회사라면 홍수를 걱정하는 것이 당연했고 도시 계획가가 바다 괴물을 걱정해야 하는 것보다는 확실히 더 현실성이 있었다.

하지만 브루스는 나에게 내가 세운 게임 디자인 원칙 하나를 상기시켜주었다. '플레이어가 확실히 재미를 느끼게 하라.' 그는 차분히 어깨를 으쓱하며 이렇게 말했다. "아무 이유 없이 다리가 무너지니까 재미가 없더라고요."

당연히 그의 말이 옳았다. 우리가 플레이어 앞에 펼쳐두는 역경에 이들이 감사해야 마땅한 것 같았다. 플레이어들은 오로지 자신의 가치를 증명하기 위해서 게임을 하는 것이 아니던가. 하지만 그렇지 않았다. 사람들이 게임을 하는 이유는 자신감을 느끼고 싶어서다. 무작위 파괴는 편집증이나 무력감으로 이어질 뿐이다. 적의 공격을 막았을 때는 잘했다고 느끼지만, 복병의 습격으로부터 회복했을 때 느끼는 감정은 기껏해야 안도감이다. 반면 디자이너는 이런 지점에서 자신이 강력하고 똑똑하다고 느낀다. 그래서 예상하기 어려운 방해 장치를 설치해 두고 싶다는 유혹을 강하게 느낀다. 사실 이런 장치는 플롯 포인트[33]로서 보편적으로 사용된다. 신뢰하던 동료가 보물을 훔치거나, 도와 달라고 애원하던 여자가 이중 요원이거나, 고결한 과학자가 인류를 몰살할 비밀 무기를 가지고 있거나, 공주가 다른 성에 잡혀 있다. 다시 말해 디자이너가 시킨 일을 전부 완수했더니 규칙이 아무 이유 없이 바뀌는 것이다. 운명의 급작스러운 반전은 남의 일일 때나 흥미진진하고 극적이라고 느껴진다. 자신에게 일어나면 실망스러울 따름이다. 플레이어가 반감이나 짜증을 느끼든 아니면 게임이 원래 그렇지 하는 생각에 그냥 받아들이고 지나가든 어쨌든 게임에 대한 호감은 줄어든다. 줄거리가 선형적으로 진행되는 게임에서는 인식하고 있던 함정이었는데 오픈 월드 게임에서는 사소한 플롯 포인트에도 이 원칙이 똑같이 적용된다는 것을 브루스의 의견 덕에 깨달았다. 무작위 장애물을 만들 때는 '이때 플레이어가 지을 표정이 아주 볼 만하겠네.' 하는 생각이 어느 정도 든다. 이를 의역하자면 "이봐요! 이거 내가 설계했어요! 내 머리가 얼마나 좋은지 좀 보라고요!"라는 뜻이라고도 볼 수 있다. 게임은 디자이너를 위한 것이 아니다. 플레이어가 주인공이어야 하고 디자이너는 최대한 드러나지 않아야 한다.

어떤 게임이 불러일으키는 감정이 도전 의식일지 아니면 배신감일지를 판가름하는 핵심적인 차이는 '플레이어에게 함정을 피할 승산이 있느냐'라는 것을 깨달았다. 그래서 나는 홍수는 그대로 두고 여러 유형의 다

---

33 플롯에 반전을 주는 시점.

모두 승자하세요　157

리를 도입했다. 목조 다리는 가격이 저렴하고 즉시 선로를 올릴 수 있었지만 고급 석조 다리는 비싸고 짓는 데 오래 걸리는 대신 홍수에 무너지지 않았다. 어느 정도의 위험을 감수할지 플레이어가 정하게 하자 부당하다는 느낌이 사라졌을 뿐 아니라 보상받는 느낌까지 들었다. 가라앉는 수면 위로 온전한 상태의 다리가 모습을 드러내면 홍수가 아예 일어나지 않는 것보다 기분이 더 좋았다.

〈시드 마이어의 레일로드 타이쿤〉 스크린샷
© 1990 MicroProse, www.microprose.com

다리에 관한 문제가 한 가지 더 있었다. 그 무렵엔 내가 폭력을 싫어한다는 것을 회사에 모르는 사람이 없어서 "시드 마이어 게임에서는 아무도 죽지 않는다."라는 말이 일종의 유행어로 통할 지경이었다. 초기 밀리터리 게임에서는 비행기에서 낙하산을 타고 탈출하는 조종사나 비상구로 빠져나가는 잠수함 함장을 애니메이션으로 만들 자원이 없어서 이론상으로만 존재하는 몇몇 등장인물은 대충 넘어갔다. 하지만 그런 등장인물이 살아남지 **못 했다**는 것도 증명할 수 없기는 마찬가지였다. 〈해적!〉에서는 적들이 절대 물에 빠져 죽지 않았다. 이들은 언제나 잡혀 와서 일을 했다. 그리고 〈코버트 액션〉을 포기하기 전까지는 그 게임에서도 무기가 치명적이지 않다는 점을 분명히 했다. 그런데 가장 공격성이 낮은 게임에 등장하는 기차가 아무 죄 없는 승무원을 잔뜩 태우고 홍수에 쓸려 내려가는 다리 위에서 뒤집혀 모두를 죽음으로 내몰았다.

기차의 손실은 필요했다. 기차가 망가지지 않으면 더 튼튼한 다리를 짓는 비용을 낼 유인이 부족해진다. 하지만 충실한 직원을 대량 학살하는 것이 불편하게 느껴졌다. 그래서 그래픽 디자이너 맥스 레밍턴에게 기차가 뒤집히기 직전에 엔지니어와 승무원이 바깥으로 안전하게 뛰어내리는 장면을 잘 보이게 그려 달라고 부탁했다. 아주 사소한 디테일이나 게임 세계관의 일관성을 유지하는 데 도움이 되었다.

이번에는 '아무도 죽지 않는다.'라는 규칙을 더욱 강하게 적용해야 했다. 경영진이 〈해적!〉에서처럼 이 작고 이상한 철도 게임 판매에 도움이 되도록 게임 상자에 내 이름을 넣을 것이라고 선언했기 때문이다. 알고 보면 이때가 향후 내 이름을 브랜딩에 활용하기 시작한 티핑 포인트였는데 당시로써는 앞으로 일어날 파장이 명확히 보이지 않았다. 그사이에 내 이름을 넣지 않고 출시한 게임도 몇 편 있었던 걸 보면 솔직히 나를 칭송하기 위한 장치라기보다 자신감 부족의 징표 같았다. 그래도 완벽하게 자랑스럽게 느껴지지 않는 게임에 내 이름을 붙일 수는 없으므로 모호한 부분이 없어야 했다. 그래서 승무원을 살렸다.

〈시드 마이어의 레일로드 타이쿤〉이 출시된 지 몇 주 후 브루스와 나는 암트랙(Amtrak) 기차를 타고 뉴욕으로 향하고 있었다. (철도 일정 관리자에게 우리 게임 사본을 하나 줬으면 좋았을 텐데!) 무슨 홍보 행사에 가는 길이었는데 우리는 곧 있을 인터뷰를 생각할 겨를이 없었다. 언제나처럼 다음 게임을 생각하느라 여념이 없었다.

"이번 게임은 꽤 재밌게 만들었어요." 브루스가 말했다.

나도 동의했다. "그랬죠. 근데 이제 다른 걸 해 볼 차례에요."

이전에는 작동하는 프로토타입도 없이 한 팀원과 협업하는 데에만 집중해 본 경험이 없었는데 브루스와 일하는 것이 아주 마음에 들었고 다른 프로젝트에 그를 뺏기고 싶지 않았다. 태도나 직업윤리 면에서 나와 비슷하다는 것은 둘째 치고 〈레일로드 타이쿤〉 작업을 하는 동안 그는 내 부족한 부분을 채워 줄 능력이 있음을 입증했다.

상호 보완적인 기술을 가진 사람들끼리 모일 때 최상의 업무적 관계가 형성된다. 빌 스틸리는 내 사업적인 빈틈을 채워 주면서 좋은 관계를 형성했고 사운드 담당자와 그래픽 디자이너는 해당 업무 능력이 분명 나보다 뛰어났다. 하지만 게임 디자인은 대체로 혼자 하거나 아니면 내가 갖춘 기술을 두루 갖춘 사람과 협업했다. 예컨대 나는 자기 평가를 가차 없이 한다. 재능이 아무리 뛰어난 사람이 낸 아이디어라도 대부분은 형편없기 때문에 창조적인 분야에서는 자존심을 버리고 제 역할을 해내지 못하는 아이디어는 즉시 폐기하는 것이 중요하다. 하지만 가끔 알맹이가 껍질과 함께 쓸려 나가는 일도 있기 마련인데 브루스는 가끔 내가 폐기하려고 하는 아이디어에서 희미하게 빛나는 가치를 발견했다. 게다가 그는 게임에 미완성인 부분이 있어도 그 때문에 집중하지 못한 적이 한 번도 없었다. 엉망인 그래픽, 너무 강한 적, 3턴째에 강제 종료되는 버그 등 어떤 문제가 있는 프로토타입을 주어도 그는 중요하지 않은 불평거리를 깨끗이 무시하고 그 게임의 핵심을 꿰뚫어 볼 줄 알았다. 그는 잠재력이 있는 곳에서 잠재력을 찾아냈고, 간단히 해결할 수 있는 문제에 주의를 빼앗기지 않고 섬세하게 개선해야 할 영역을 구분할 줄 알았다.

다행히 그가 함께하기로 했다.

"더 큰 걸 할 거예요."

"철도의 역사보다 더 큰 게 뭔데요?"

"인류 문명의 전체 역사요!"

우리는 맞는 말이긴 한데 터무니없다는 생각에 웃음을 터뜨렸다. 하지만 소리 내어 말한 이상 우리 둘 중 누구도 이보다 못한 것에 만족할 수 없을 것 같았다. 우리는 흥미로운 도전을 거절하는 사람들이 아니었다. 난 28살 때 첫 번째 게임 매뉴얼에 언젠가 '궁극적인 전략 게임'을 만들 것이라 선언했었다. 이제 36살이 된 나는 준비가 되었다고 생각했다. 나이와 경험이 지혜를 가져다줄지 모르지만, 아직 자신을 의심하는 법을 배우지 못한 젊은이라는 사실이 때로 도움이 될 때도 있는 법이다.

11 문명의 역사 1편

시드 마이어의 문명
(Sid Meier's Civilization, 1991)

한두 주 후 나는 자랑스러운 남편이자 막 아빠가 된 사람으로서 병원에 앉아 있었다. 첫 아이가 태어나는 순간이 어떤 느낌인지 말해 주려 해 봐야 실제 느낌은 어차피 절대 전달되지 않으므로 굳이 해 보진 않겠다. 간단히 말해 경이로웠다. 객관적으로는 세상의 모든 쭈글쭈글한 신생아와 생김새가 거의 똑같은데도 내게는 눈앞에 있는 우리 아들이 최고였다.

하지만 중요한 일을 마친 후의 병원은 꽤 지루하다. 언젠가 병원에 디지털 엔터테인먼트 기기를 가지고 가는 것이 사회적으로 용인되는 날도 올지 모르나 당시 그런 시도를 할 정도로 어리석진 않았다. 지지와 우리 아들 라이언이 둘 다 쉬고 있길래 나는 잠시 걸으며 먹을 것을 찾아보기로 했다.

복도 텔레비전에서는 인디애나폴리스 500 레이싱 경기가 방영 중이었고 나는 시간이 조금이라도 더 빨리 흐르길 바라는 마음에 애써 거기에

주의를 기울였다. 경기 진행이 꽤 흥미로웠다. 강력한 우승 후보였던 에머슨 피티팔디(Emerson Fittipaldi)가 타이어 결함으로 일찍 피트 스톱을 하는 대이변이 발생하면서 '플라잉 더치맨(flying Dutchman)'이라고 불린 아리 루옌딕(Arie Luyendyk)이 왕관을 차지할 듯한 상황이었다. 그가 트랙을 아주 빠르게 도는 모습을 보면서 네덜란드인으로서 약간의 자부심을 느꼈던 것 같다.

물론 카 레이싱에서는 능수능란한 조종이 필수지만, 방금 진행된 피티팔디의 경기에서도 알 수 있듯이 핵심은 전략이다. 레이싱 드라이버라면 타이어, 연료, 기계 부품 등의 자원을 세심하게 관리하며 승리에 전체론적으로 접근해야 한다. 우리가 〈건십〉에서 처음 그랬던 것처럼 플레이어의 전체 경력을 입에 발린 말로 치켜세우는 게임뿐 아니라 경기 중간에 차량을 업그레이드하는 시스템을 제공하는 게임까지 등장했으나 레이싱의 정신적인 측면까지 포착한 게임은 아직 한 편도 없었다. 만약 실제 드라이버처럼 장비 관련 결정을 레이싱 중간에 하게 하면 어떨까? 구불구불한 트랙을 주행하는 와중에 그렇게 많은 요소를 신경 쓰기가 쉽지 않겠지만, 전략을 위해 속도를 조금 내려놓을 수도 있지 않을까? 그렇다면 논리적으로는 심지어 턴제 레이싱 게임을 만들 수 있다는 결론에 도달한다.

실시간 대 턴제, 이 둘은 전략 게임 장르의 영원한 양대 산맥이다. 시계가 계속 돌아가고 모든 사람이 동시에 플레이할 수 있으면 흥분도는 즉시 높아진다. 정확성보다 빠른 사고가 우선시되므로 주의력 지속 시간이 짧은 사람에게도 드디어 기회가 온 것이다. 하지만 즉각적인 보상이 계속 주어지고 자극이 점점 더 강렬해지면 혼란과 좌절감으로 이어지기

십상이다. 반면 턴제 게임은 느리고 체계적이며 게임을 시작할 때 느끼는 흥분감은 기껏해야 예상될 만한 수준이다. 강렬함이 상대적으로 부족해서 지루해질 위험이 있지만, 게임이 끝날 무렵에 느끼는 보상은 대체로 더 크다. 더 긴 시간 동안 더 많은 선택을 거쳐서 성취한 결과이기 때문이다.

둘 다 잘못된 설정에 적용되어서 게임을 망칠 때도 있지만, 의도적으로 틀에서 벗어난 선택을 해서 아주 흥미로운 게임이 탄생할 때도 있다. 예를 들어 일반적인 체스와 똑같은 규칙이 적용되지만, 상대의 차례를 기다릴 필요가 없는 실시간 체스 게임을 상상해 보자. 플레이 속도만 따라준다면 비숍을 대각선 방향으로 이동시켜서 상대의 기물을 잡은 후 상대가 보복할 겨를 없이 원위치로 복귀할 수 있다. 물론 비숍을 바쁘게 움직이는 사이 상대가 몰래 쳐들어와서 기사를 잡아갈 수도 있다. 아마도 난장판이 되는 것을 막으려면 '한 번에 한 손만 쓰기', '밀치기 없기' 같은 새로운 규칙이 필요할 것이다. 물론 규칙을 세웠다고 해서 꼭 효과가 있으리란 보장은 없다. 어쨌든 한 가지 요소만 바꾸어도 완전히 다른 게임이 탄생한다는 것은 쉽게 알 수 있다.

아, 육아도 내가 경험한 공포의 실시간 난투극 말고 턴제로 바꿀 수 있다면 얼마나 좋을까. 하지만 앞서 말했듯이 실시간 플레이에는 즉각적인 보상이 따른다.

당시 남성의 육아 휴직이라는 개념은 없었으나 라이언이 태어난 뒤 며칠 휴가를 냈다. 이론적으로는 라이언이 자고 있다면 내가 하고 싶은 일을 무엇이든 할 수 있다는 뜻이었다. 하지만 당시 난 최신 프로젝트에 완전히 마음이 빼앗긴 상태였다. 그로부터 정확히 2주 전 나는 플레이할 수 있는 〈문명〉의 첫 번째 프로토타입을 브루스에게 건넸다.

훌륭하진 않았다. 아주 형편없다고 할 정도는 아니어도 현재 〈문명〉 시리즈의 팬이 보더라도 알아보지 못할 것이다. 〈레일로드 타이쿤〉처럼 시계가 실시간으로 작동했으나 실제로는 농업 지구, 광업 지구를 정해 둔 채 앉아서 제국의 성장을 지켜보는 전 세계 규모의 〈심시티〉에 더 가까웠다.

안타깝게도 '앉다'나 '지켜보다' 둘 다 영화에 어울리는 특징이지 게임이 자랑할 만한 특징은 아니다. 플레이어가 다음 행동을 생각하느라 잠시 멈추는 것은 괜찮다. 스토리를 좌지우지하고 싶다는 충동이 일 수는 있으나 이는 디자이너가 해야 할 일이 아닐뿐더러 아주 잘하는 일도 아니다. 게임은 영화의 화면, 소설의 분량, 음반의 음향을 도저히 이길 수 없고 게임 플레이보다 이런 특징을 우선시하다가는 플레이어에게 실망감을 안겨준다. 크리스 크로퍼드는 이런 글을 썼다. "이제 할리우드를 향한 질투를 극복할 때가 되었다…. 시드 마이어가 아널드 슈워제네거 역할을 한다면 한심한 수준에 그치겠지만, 시드 마이어 역이라면 뛰어나게 소화할 것이다." 다른 예술 작품은 공연을 보여 주는 사람이 주목을 받을 때 성공하나 게임은 플레이어가 주목을 받아야만 성공한다. 플레이어가 자신에게 감탄하게 하는 것이 우리가 하는 일이고 그 분야는 우리가 독점하고 있다.

몇 년 전, 완벽하게 예측할 수 있는 결말에 도달하기까지 게임 AI가 스스로를 상대로 겨루는 워게임을 만들 때도 비슷한 문제를 경험했다. 그래도 이번에는 문제가 있다는 것을 바로 알아챘다. 하지만 어떤 문제인지, 어떻게 해결할지 알아내기 전에 내가 출시한 게임이 너무 적다는 점을 경영진이 더는 용납하기 어렵다고 했다.

"〈코버트 액션〉을 마무리해 줘요. 게임을 팔긴 팔아야 하잖아요." 빌이 말했다.

곁길로 새는 것을 좋아하진 않지만, 〈문명〉이 정체 국면에 돌입했고 〈코버트 액션〉이 완성에 가까워지고 있다는 사실은 인정할 수밖에 없었다. 반복적인 줄거리를 용인한다는 가정하에 말이다. 브루스와 나는 〈문명〉을 잠시 미뤄두고 오래 묵은 스파이 프로토타입을 최대한 빨리 마무리하기로 했다. 부끄럽다고 할 정도는 아니었지만 특별히 애정을 느끼지도 못했다. 출시한 후에야 게임을 개선할 만한 아이디어가 떠올랐다.

〈코버트 액션〉 게임 플레이의 가장 큰 특징은 〈해적!〉이 그랬던 것처럼 전체 스토리 진행과 자물쇠 열기, 암호 해독 등의 다양한 미니 게임을 왔다 갔다 하는 것이었다. 하지만 〈해적!〉의 성공 요인은 전체 줄거리가 상대적으로 단순하다는 데 있었다. 〈코버트 액션〉에서는 미니 게임의 디테일을 살리되 이야기를 더 복잡하게 만들려고 했다. 마치 한 게임에 두 게임이 들어 있는 것 같았다. 이론적으로는 그럴듯하게 들리는데 실제로는 두 개의 영화를 왔다 갔다 하는 것만큼이나 주의가 분산되었다. 15분을 들여서 건물에 잠입했다면 그 이후에는 처음 잠입을 시도할 때 사용했던 단서에 대한 기억은 희미할 정도로만 남는다. 미니 게임을 더 단순하게 만들었어야 했다. 아니, 애초에 마음에 들지 않던, 절차적으로 생성한 이야기를 대폭 줄였어야 했다. 각각은 강력한데 억지로 경쟁시키니 둘 다 약해졌다. 훌륭한 게임 2편을 결합했는데 1편의 좋은 게임도 남지 않았다.

난 이 경험을 통해 '좋은 게임 1편이 훌륭한 게임 2편보다 낫다.'라는 큰 깨달음을 얻었고 그 후에는 〈코버트 액션〉 규칙이라는 이름으로 기억하기로 했다. 나를 멘토로 삼은 많은 디자이너가 태어나기도 전에 출시된 게임이니 아마 이 규칙은 게임의 '무게 중심'을 어디에 두느냐에 관해 이야기하면서 언급할 가능성이 높다. 하지만 이때 얻은 교훈에는 변함이 없으므로 여기에 담긴 진실은 나 스스로도 자주 되새겼을 뿐 아니라 다른 이들에게도 꾸준히 이야기해 왔다. 과거에 한정적인 컴퓨팅 자원의 제약을 받았던 것을 고려하면 오히려 이 규칙의 중요성은 근래 들어 더 커졌다. 요즘은 무엇이든 더 하기가 쉬워서 조심하지 않으면 결국 3~4편의 게임을 1편에 욱여넣은 게임이 탄생할 수 있다. 때로는 게임에서 빼야 할 항목을 정하는 것이 넣어야 할 항목을 정하는 것보다 더 중요하다.

원치 않은 업무였을지언정 〈코버트 액션〉을 만드느라 잠시 멈추길 잘했다고 생각한다. 그사이 〈문명〉에 어떤 문제가 있는지 고민해 볼 수 있었기 때문이다. 턴제 게임으로 만들어 봐야겠다는 것도 이때 떠오른 아이디어인데 체스나 레이싱의 예와 마찬가지로 이 한 가지 결정으로 모든 것이 바뀌었다. 드디어 플레이어가 관찰보다 **행동**을 하고, 이미 벌어진 일을 허둥지둥 이해하기보다 앞날을 내다보기 시작했다. 이제 손가락만 까딱이는 대신 뇌 전체를 써야 했다.

다른 변화도 빠르게 뒤따랐다. 무에서 시작하는 설정에 마력이 있다는 것을 깨달았다. 지도는 비어 있어도 지도다. 여기에는 산과 강만 있는 것이 아니라 플레이어가 할 수 있는 것과 없는 것에 관한 운명적인 기대도 들어차 있다. 하지만 황무지에 개척자 하나만 덩그러니 놓인, 자신을 둘러싼 9칸 외에는 아무것도 볼 수 없게 가려진 지도는 고요하고 장엄하다. 플레이어는 이런 지도 앞에서 암흑 뒤에 숨겨진 무한에 가까운 가능성을 상상한다. 한 칸 너머에 보물이 있을지 위협적인 적이 잠복 중일지 모르는 상황에서 그러한 불확실성은 즉각 탐험을 시작하고자 하는 강렬한 충동을 불러일으킨다.

더군다나 (내가 알기에) 〈문명〉은 통제 밖에서 흘러가는 시간이 아니라 플레이어의 의사 결정에 관한 게임이다. 만약 이 생각이 맞다면 게임의 첫 단계에 가상 도시의 영역을 정하는 것은 적절치 않았다. 게임의 첫 단계는 도시 **설립**이어야 했다. 자신의 영토와 그 영토를 지배하겠다는 의지를 세상에 선언해야 한다는 말이다. 상징적으로 표현하자면 이 두 방식은 멀리 떨어져 있는 국경 소유권 증서에 서명하는 행위와 땀에 흥건히 젖은 굳은살투성이 손으로 땅에 깃발을 꽂는 행위만큼이나 서로 달랐다. 플레이어에게 자신이 서 있는 땅 주변에 첫 번째 도시를 세우게 하되 여기에 걸맞은 전체화면 애니메이션으로 이를 기념해 주기로 했다. 기원전 4,000년 로마가 건국되었다. 서부 개척 시대의 마차, 몽골의 게르는 잊어라. 이곳은 강력한 문명의 수도 로마이며 이 도시의 미래는 영광스러울 것이다. 나는 지금까지도 〈문명〉을 할 때 거의 로마로 플레이한다.

하지만 그 외에 어떤 문명을 넣을지 고르기 어려웠다. 현실적으로 약 14개 문명의 데이터밖에 저장할 수 없었다.(내가 진짜 선호하는 숫자는 16이다. 이진 코드의 특성상 2⁴가 [2³ + 6]보다 훨씬 더 만족스러우나 컴퓨터는 이런 감성에 무관심하기로 악명이 높다.) 1990년 지정학적 풍경에 등장하는 국가는 200여 개국이었고 여기에 역사 속으로 사라진 위대한 문명은 하나도 포함되지 않았다. 인지도가 아주 낮은 문명부터 포기하는 것이 합리적이었다. 하지만 중급 경쟁자가 많았다. 플레이어가 사무라이와 바이킹 중 어느 쪽에 더 매력을 느낄지 누가 알겠는가?

한편 포함시키는 것이 마땅하나 역사적 앙금 때문에 넣기 망설여진 세계 무대의 주요 국가 중 한 곳이 있었다. 한때 우리의 숙적이었던 독일이었다. 내 게임들을 금지하고, 그중 가장 마지막까지 금지했던 〈F-15 스트라이크 이글〉을 결국 허가해 겨우 1년 전부터 판매를 재개하게 해 준 나라 말이다. 나는 각 문명의 가장 상징적인 지도자를 등장시키길 원했는데 독일법은 어떤 문맥으로든 히틀러의 이름을 언급하는 모든 미디어를 금지했고 어떤 경우라도 그를 좋은 사람으로 조명할 여지가 있는 게임을 만들어서는 안 될 것 같았다. 다른 한편으로는 독일을 제외하는 것이 비겁하게 자체 검열을 하는 것으로 느껴졌고 전 나치 총통이 등장하지 않더라도 BPjM가 〈문명〉을 금지할지 알 길이 없었다. 그러나 다시 말하지만, 히틀러였다. 나는 누구든 내 게임으로 그를 기념하는 것을 원치 않았다.(마오쩌둥 주석과 스탈린은 내가 의구심을 품거나 다른 이들이 이견을 제시하는 일 없이 게임에 포함되었다는 점은 주목할 만하다. 어디까지 허용할지에 관한 규칙이 항상 타당한 것은 아니었다.)

개발이 끝날 때까지 독일을 넣을지 고민하다가 결국 프리드리히 대왕을 지도자로 해서 넣기로 했다. 독일이 다른 방식으로 역사서를 지배하지 않았다면 우리 모두 안타까운 프리드리히 대왕에 관해 더 많이 알고 있었을 것이다. 그는 매우 긴 치세를 누린 왕 중 한 명이며 여러 전쟁에서 전술적으로 불리한 상황을 극복하고 승리를 거뒀다. 그는 예술을 관대히 후원했고 언론의 자유를 돕는 제도를 도입했으며 하층 계급이 판사와 관리가 되도록 장려했다. 다른 사람이 지도자의 전통적인 자질 대신 악명으로 관심을 가로챈 것은 그의 잘못이 아니다. 어쨌든 독일이 개발 프로세스가 거의 끝날 무렵 복귀하는 바람에 첫 번째 버전 매뉴얼에는 독일로 대체되기 전에 포함되어 있던 터키가 등장한다. 그래서 제품 상자마다 이 오류에 관한 추가 설명을 넣어야 했다.

하지만 논란의 여지가 없는 게임 요소 중에도 신경 써야 할 것이 많았다. 군사 전투와 조작법에 집중하는 전략 게임도 있고 자원 수집이나 경제력을 우선시하는 전략 게임도 있지만, 내가 원하는 건 둘 다였다. 군사 유닛을 소중한 자원이 묻혀 있는 위치에 정확히 배치하기, 자원을 점점 더 발전된 방식으로 활용할 수 있게 기술 개발하기, 이 두 가지를 동시에 할 수 있어야 한다고 생각했다. 문명의 전체 역사를 다루는 게임이므로 플레이어에게 실제 세계의 지도자가 했던 모든 일을 체험해 볼 기회를 주고 싶었다.

또한 게임에서는 도시를 통치하는 규칙을 정해 두는 것이 일반적이었지만, 현실에는 여러 정치 체제 중 하나를 선택하거나 전환하는 일도 많았다. 역사는 무정부 상태에서 시작해서 전제 정치, 군주제, 공산주의,

공화제, 그리고 마침내 민주주의에 이르기까지 통치 체제가 꽤 명확히 진전해 왔다는 것을 보여 준다. 그러나 그 과정이 안정적인 경우는 드물었다. 전쟁이나 그릇된 통치로 인해 몇 걸음씩 퇴보하기 일쑤였고 심지어 진보가 이루어지는 도중에 과도기적 혼란이 발생할 때도 많았다.

이 모든 요소를 게임에 반영했다.

예컨대 전제 정치에서 군주제로 발전하려면 군주제라는 개념 혹은 군주제에 해당하는 '기술'부터 개발해야 했다.(이는 다음에 봉건제로, 그다음에 기사도로 발전하는 토대가 된다. 기사도를 익히면 군사 유닛을 기사로 업그레이드할 수 있다.) 그리고 혁명을 일으켜서 몇 턴의 무정부 상태를 겪은 후 공식적으로 권좌에 올랐다. 하지만 정부가 현대화되면 제약도 현대화되었다. 정치 체제를 공산주의 이상으로 발전시킨 지도자는 불만을 품은 시민을 진정시키기 위해 계엄령 선포로 도시에 군사 유닛을 배치하는 것이 금지되었다. 시민을 행복하게 하지 못하면 통치권을 되찾기까지 사회의 퇴보를 지켜봐야 했다.

정치사를 단순화한 것은 사실이나 그것이 의도한 바였다. 〈제인 전투기 연감(Jane's Fighting Aircraft)〉 시리즈[34] 같은 기술 매뉴얼에 의존해야 했던 군사 게임과 달리 〈문명〉은 조금 더 일반적인 역사서를 기반으로 했으며 심지어 아동서적도 일부 참고했다. 실제 제국이 어떻게 세워졌는지 세세히 고증하려 하기보다 제국 건설이라는 전체 경험을 시뮬레이션하는 데 집중했다. 가령 화약이 원래 중국에서 약용으로 개발되었다는 사실은 중

---

[34] 군사 서적을 전문으로 하는 영국의 제인스(Jane's) 출판사는 전 세계 각국의 군사 관련 연감을 출간하는 것으로 유명하다.

요하지 않았다. 플레이어가 하나의 문명으로서 철 제련 방법을 완벽히 익힌 후라면 언제든 화약을 발견할 수 있다는 것이 중요했다. 우리는 역사를 재현하는 것이 아니라 재창조하고 있었다.

게다가 '단순화'한 버전인데도 꽤 복잡한 것으로 판명 났다. 요소를 추가할수록 요구 조건이 겹치는 것이 눈에 띄었다. (항해술의 밑거름인) 천문학은 (시민의 만족도를 높여준) 신비주의와 수학을 기반으로 발전했다. 하지만 투석기 유닛은 신비주의와 상관없이 수학을 배워야 만들 수 있었다. 다양한 문화적 발전을 '기술 발전표'라고 이름 붙인 복잡한 순서도에 정리하기 시작했다. 어떤 기술 분야든 완전히 배제할 수는 없었다. 다만 첫 번째 도시 근처에 해안이 있는지 광물 자원이 있는지 등을 고려해서 플레이어가 지도 제작이나 철제 기술 중 무엇을 먼저 배울지는 정할 수 있었다. 더 많은 선택을 한다는 것은 결말에 이르기까지 플레이어가 더 많은 시간을 투자한다는 뜻이자 성공적인 결말을 위해 노력할 이유가 더 늘어난다는 뜻이었다.

또한 그와 더불어 성공을 플레이어 각자가 정의해야 한다는 것을 깨달았다. 해적질을 하든 펜싱 기술을 연마하든 신대륙에 있는 모든 총독 딸의 마음을 얻든 플레이어가 원하는 길을 선택할 수 있었던 〈해적!〉처럼, 위대한 문명의 지도자에게도 난폭한 전쟁이 아닌 다른 선택지들이 주어졌다. 부유한 나라는 적보다 더 많은 돈을 써서 앞서 나갈 수 있고 과학이 발전한 나라는 뛰어난 기술로 적을 압도할 수 있으며 예술적으로 우월한 나라는 호감 가는 라이프스타일로 이민자를 모을 수 있었다. 〈문명〉의 승리 조건을 구현하려면 이 외에도 많은 요소를 종합적으로 비교할 수 있는 복잡한 알고리즘이 필요했고 그 프로그램을 하루빨리 만들고 싶었다.

하지만 작업이 막 속도를 내기 시작할 무렵 경영진은 진로를 완전히 새로운 방향으로 틀었다. 특히 빌은 동전으로 작동하는 아케이드 게임 시장에 진출하겠다는 아이디어에 심취했다. 내게도 아케이드 장르에 관한 좋은 추억이 많았다. 빌과 함께 사업을 시작한 것도 아케이드 게임 때문이 아니었던가. 하지만 나에게는 과거의 향수 그 이상은 아니었다. 아케이드의 인기는 수년간 하락세를 보여왔고, 아케이드 캐비닛 제작에 드는 비용은 상당했다. 가정용 컴퓨터 시장에서는 플레이어가 각자 알아서 하드웨어를 구매한다.

게다가 새로운 형식에 도전할 여력이 있다고 한들 내가 만들고 싶은 게임은 빠르게 진행되는 1:1 대결에 적합하지 않다는 점을 지적했다. 빌은 새로운 모험을 시작한다고 해서 기존 목표를 폐기하는 것은 아니라고 장담했지만, 난 경영진 대다수가 〈레일로드 타이쿤〉과 〈해적!〉의 성공이 이례적이었다고 본다는 것을 알고 있었다. 이들은 브루스와 내가 〈문명〉에 관해 고심하는 와중에도 빠뜨리지 않고 윤곽을 잡아 두었던 〈레일로드 타이쿤〉의 속편마저 취소했다. 이들이 보기에 전략 게임은 잠시 한눈을 팔아도 좋다고 관대하게 허락한 대상이지, 성공할 만한 비즈니스 모델이 아니었다.

빌은 아케이드 시장이 재기할 준비를 마쳤다고 본다는 주장을 굽히지 않았고 나는 그 판단이 실수라고 보았다. 여러 차례에 걸쳐 이어진 대화를 통해 우리 둘 중 누구도 상대를 납득시킬 수 없고 서로 타협할 수도 없는 문제라는 것이 분명해졌다. 반쪽짜리 아케이드 게임을 만들 수는 없었다.

회사가 설정한 새로운 방향이 마음에 들지 않았으나 사공이 많으면 사업적 결정을 제대로 내릴 수 없다는 것 또한 잘 알았다. 키는 한 사람이 잡아야 했고 내가 그 자리를 맡을 생각은 없었다. 그래서 우리는 빌에게 자유롭게 조종할 권한을 주되, 그의 위험한 조종으로부터 나를 보호할 수 있게 내 소유였던 회사 지분 절반을 그가 사는 것이 최선이라는 합의에 이르렀다. 겉으로는 아무것도 변하지 않았고 그 후로도 몇 년간 경영진 외에는 이러한 합의에 대해 아는 사람은 없었다. 나는 똑같은 의자에 앉아서 똑같은 회의에 참석하고 똑같은 동료들과 함께 일했다. 하지만 서류상으로는 내가 만든 게임에 대한 급여와 저작권 사용료를 받는 프리랜서가 되었다.

관련자 모두에게 적절한 시점에 이루어진 결정이었다. 회사 프로젝트에 대한 내 투표권이 사라지는 대신 내 작업에 대한 다른 사람의 투표권도 사라졌다. 나는 경영진이 〈문명〉의 잠재력을 알아보지 못할까 늘 두려웠는데(나중에 진행된 상황을 생각하면 그럴 만했다.) 이제 취소될 걱정 없이 자유롭게 일할 수 있었다. 마이크로프로즈를 세운 파트너십이 끝난다고 생각하니 조금 슬펐지만, 우리 둘 다 내가 회사를 떠나길 바라지 않았고 그나마 이 방법이 각자의 필요를 충족시킬 최선의 선택이었다. 빌과 내가 함께 잘 지낼 수 있었던 것도 서로 정반대여서였고 장기적으로 볼 때 우리가 다른 경로를 추구하는 결말은 불가피했다. 창작의 관점에서는 〈해적!〉 이후 사이가 멀어져 왔으므로 이 새로운 합의는 현실을 뒤늦게 인정하는 수순일 뿐 그다지 극적인 변화는 아니었다. 하지만 씁쓸하지는 않았다. 그저 우리 경력의 자연스러운 진전으로 느껴졌다.

나와 달리 공식적으로 사내에서 아직 다른 업무를 맡고 있는 브루스의 입장을 고려해서 피드백을 집중적으로 주고받는 방식을 도입했다. 매일 저녁 나는 그의 사무실 의자에 게임 최신 버전이 담긴 디스크를 두고 퇴근했다. 그는 아침 일찍 출근해서 새 기능을 테스트해 보고 내가 도착하면 의견을 들려주었다. 그가 맡은 바 책임을 다하는 동안 나는 종일 이 게임을 만들었고 저녁이 되면 전날과 같은 과정을 반복했다.

마침내 브루스는 〈문명〉에 전념할 수 있는 자리로 옮겼고 이 새로운 프로젝트가 큰일을 낼 것 같다는 소문이 돌았다. 게임을 보려고 동료들이 브루스 사무실에 들락날락하기 시작했는데 나는 별로 신경 쓰지 않았다. 그래도 이 게임을 플레이할 권한은 오랫동안 브루스에게만 있었다. 그는 게임 속 망가진 부분, 미완인 부분을 무시할 줄 알 뿐 아니라 나를 필요 이상으로 받들지도 않았다. 〈코버트 액션〉이 게임 상자에 내 이름을 새긴 세 번째 게임이었는데 그쯤 되자 동료들이 나를 대하는 태도가 미묘하지만 확실하게 달라졌다. 이런 변화는 나를 불편하게 한다는 점에서도 좋지 않았지만, 최종 제품에 해를 끼친다는 점에서 더 나빴다. 게임의 단점을 말해도 괜찮다고 사람들을 종일 설득하고 있을 수는 없었다. 브루스는 항상 예의가 발랐으나 문제를 발견하면 주저 없이 얘기해 주었다.

〈문명〉을 그만큼 오래 고립된 상태에서 개발한 것이 실수였는지 아직도 판단이 잘 서지 않는다. 한편으로는 개발 중인 제품을 최대한 많은 사람이 확인하는 것이 좋다고 생각한다. 이왕이면 마음이 맞는 플레이어뿐 아니라 모두의 마음을 사로잡는 게임을 만드는 것이 좋아서다. 하지만 다른 한편으로는 브루스와는 말이 무척 잘 통했으므로 다른 이들이 끼어들었다면 시간이 더 많이 걸렸을 것 같다는 생각도 든다. 그는 플레이 테스터 겸 디자이너이므로 진짜 해결책에 근거를 둔 의견을 냈고 나는 디자이너 겸 프로그래머이므로 여러 회의를 거치느라 시간을 낭비할 필요가 없었다.

시간을 낭비하지 말자는 생각이 지금까지의 내 경력을 만든 가장 중요한 요소일 것이다. 게임을 비롯해 무엇을 만들든 새 버전이 나올 때마다 조금씩 발전한다. 개발 주기를 빠르게 순환시켜서 그 횟수를 더 많이 늘릴수록 최종 제품을 더 정밀하게 다듬을 수 있다.

조각가 미켈란젤로가 그 유명한 다비드상을 두고 "다비드 같지 않은 부분을 깎아냈을 뿐이다."라고 말한 것으로 추정되는 이야기가 널리 알려져 있다. 그가 실제 그런 말을 했다는 증거는 없으며 다른 예술가가 이와 비슷한 내용의 말을 했다는 설도 많다. 많은 사람이 창작 과정은 이러할 것이라 상상하는 바와 실제 창작 과정의 차이가 커서 이 이야기가 유명해졌다고 생각한다. 물론 내가 다른 모든 창작자를 대변할 수는 없으므로 나에 한해서 이야기하자면 일단 대리석은 깎을 줄 모른다. 내가 아는 것은 점토로 조각을 빚는 방법뿐이다.

덩어리로 시작하라. 한쪽에 조금 더 붙여라. 조금 더 나아진 것 같은가? 그럼 조금 더 붙여라. 아니, 방금은 좀 지나쳤다. 떼어 내라.

실수는 불가피하므로 실수를 최대한 많이, 그리고 빠르게 찾아내는 것이 중요하다. 자신의 창작물을 매일 재평가하는 것이 가장 이상적이다. 그렇게 하기 어렵다면 며칠에 한 번이라도 좋다. 개발 주기가 한 번 끝날 때마다 자신을 칭찬할 기회가 아니라 실수를 찾아낼 기회라고 생각하라.

모든 단계를 작게 유지해야 한다는 뜻은 아니다. 효율이 목표이고 이를 위해서는 개발 주기의 횟수를 최대한 늘리는 것이 좋으나 각 개발 주기에서 최대한 많은 정보를 얻는 것도 중요하다. 내 원칙은 '2배로 늘리거나 절반으로 잘라라.'이다. 5% 더하고, 5% 더하고 또…. 이렇게 수정하며 시간 낭비하지 말고 그냥 2배로 늘리고 본인이 의도한 효과가 발휘됐는지 살펴보라. 변화가 과한 것 같다면 올바른 방향으로 진행하고 있는 것을 확인했으니 변화의 정도를 적정 수준으로 조절하면 된다. 하지만 변화가 부족했다면 5%씩 키우며 거쳤을 여러 번의 개발 주기를 아낀 셈이다. 〈문명〉 출시가 한 달도 채 남지 않았을 무렵 나는 지도 크기를 반으로 줄였다. 문명의 전체 역사에 관한 게임이니 당연히 지도가 크면 좋겠으나 지도의 크기보다 가차 없는 진전이 더 중요했다. 지도가 작아지자 게임 작동이 빨라졌고 결과적으로 지도가 2배 클 때보다 서사적인 느낌이 더 강해졌다. 이미 만들어 둔 부분에 큰 변화를 주는 것을 두려워했다면 게임 출시 전에 지도의 적절한 크기를 알아내지 못했을 것이다.

내가 디자인 문서를 절대 작성하지 않는 이유도 여기에 있다. 디자인 문서에 비이성적으로 집착하며 코드 한 줄도 쓰기 전에 전체 게임을 텍스트 문서와 파워포인트 슬라이드에 담아서 보여 주길 기대하는 관리자도 있다. 하지만 그건 마치 어떤 지역에 가보기도 전에 "여기에 산이 있을 것이라고 정했어."라며 지도를 그리는 것이나 다름없다고 생각한다. 이렇게 만든 디자인 문서를 루이스와 클라크[35]가 들고 나타난다고 해도 웃음거리가 될 것이다. 이들이라면 그 대신 "곧 답을 드리겠습니다."라고 하고 걷기 시작할 것이다. 산은 산이 있는 곳에 있다. 우리가 할 일은 산을 찾는 것이지, 산이 어디에 있어야 한다고 우기는 것이 아니다.

〈문명〉에 어울릴 것 같아서 붙였다가 떼어 낸 점토가 무엇이었는지 몇

---

[35] 토머스 제퍼슨 대통령이 프랑스로부터 루이지애나 지역을 매입한 후 서부 진출을 위해 보낸 탐험가. 메리웨더 루이스(Meriwether Lewis)와 윌리엄 클라크(William Clark)를 가리킨다.

가지 들려주자면 다음과 같다.

첫 번째는 실시간 시계였다. 이때는 쓰던 점토를 쓰레기통에 던져 버리고 새 덩어리로 시작해야 할 정도였다.

그다음에는 국가의 주기적인 흥망성쇠를 다루는 것은 어떨까 잠시 생각해 봤다. 역사적으로는 적절한 설정인데 마치 홍수에 떠내려가는 다리를 거대한 규모로 키우는 느낌이었다. 크라카타우 화산이 폭발하거나[36] 흑사병이 창궐하는 순간 누구나 저장된 게임을 불러오려고 할 것이다.

기술의 진보를 기술 발전표로 표현한다는 아이디어 자체는 꽤 괜찮았으나 제대로 완성되었다는 느낌이 들 때까지 몇 달 동안 온갖 요소를 수정하길 거듭해야 했다. 한때 맥주 양조법(시민 행복의 원천임은 분명하다.) 같은 소소한 분야에 대한 부차적인 기술 발전표도 만들었다가 다루기 너무 어려워서 포기했다.

지뢰도 잠시 무기로 추가했었다. 하지만 게임 AI가 지뢰를 똑똑하게 배치하고 자신이 놓은 지뢰를 피해가게 하려면 처리 속도가 기어가는 수준으로 느려져서 포기했다.

종교 지도자도 있다가 사라졌다.

독일이 있었다가 사라졌다가 다시 나타났다.

적어도 내가 찾아내기 전까지는 내 게임에도 문제가 있었다. 하지만

---

36 인도네시아의 화산으로 1883년 역사상 가장 큰 폭발음을 낸 분화를 일으킨 것으로 알려져 있다.

실수가 무서워 주저하지는 않았다는 것이 중요하다. 나는 어떤 기능을 넣을까 말까 몇 시간씩 고민하지 않는다. 그냥 게임에 넣고 확인한 후에 별로면 삭제한다. 탐험해 보기 전에 지도부터 만들거나 게임 제작에 돌입하기 전에 작업 전체를 아우르는 예술적 비전부터 세우지 않았다. 매일 조금 더 나은 결과를 내기 위해 그저 한결같이 열심히 일했다. 그리고 어떤 결과물이 탄생할지 알게 될 때까지 늘 최대의 효율을 추구했다.

12 터닝 포인트

해적! 골드(Pirates! Gold, 1993)

시드 마이어의 레일로드 타이쿤 디럭스
(Sid Meier's Railroad Tycoon Deluxe, 1993)

그해 크리스마스 휴가를 즐기러 부모님, 형제들과 함께 버지니아 매사누턴에 있는 스키 리조트로 떠났다. 라이언은 아직 생후 7개월밖에 되지 않아서 눈에서 놀기는 무리였다. 대신 안아보고 싶어 하는 식구들의 품을 거치느라 마치 아기 전용 스키 리프트를 타는 것 같은 경험을 했다. 나의 두 동생은 마침 자신들이 태어날 무렵의 내 나이가 된 참이었다. 그래서인지 그 아이들이 라이언과 함께 놀아 주는 모습이 신기하게 느껴졌다.

여동생 비키는 내가 고등학교 2학년일 때 태어났다. 부모님께서 인생 2막을 열 새로운 활력을 확실히 되찾은 후였던 것 같다. 그리고 다음 해, 내가 고등학교를 졸업하기 1년 전, 남동생 브루스가 태어났다. (브루스라는 이름은 요즘은 잘 쓰지 않지만, 동료인 브루스 셸리가 태어난 1940년대 후반부터 내 동생이 태어나고 몇 년 후인 1970년대 초반까지 인기 있는 이름 순위 100위 안에 머물 정도로 인기가 있었다. 덕분에 〈문명〉을 대부분의 십 대들처럼 나도 내 개인적인 관심사에 몰두하던 시기였고 그 주제가 아무리 다양하다 해도 거기에 아기가 포함되진 않았다. 전통적인 기준으로 볼 때 형제라기에 너무 어렸는데 그렇다고 애들을 돌보는 역할은 부담스러웠다. 15세의 시드 마이어를 보고 '멋진 삼촌' 같다고 생각할 사람은 아마 없었을 것이다. 물론 두 아이가 인격을 갖춘 개인으로 성장한 후에는 친해졌지만, 처음에는 부모님에게 이상한 새 취미가 생긴 것만 같았다. 어머니가 부탁할 때 가끔 돕긴 했어도 기본적으로는 내가 아니라 어머니가 원해서 시작한 일로 보았다.

그래도 이 작은 룸메이트들을 거리를 두고 살펴보는 일에는 흥미를 느껴서 대학교 1학년 때 아동심리학 수업도 들었다. 외부 요인이 없었다면 다른 수학 수업을 더 선호했겠지만, 교양 과목 필수 학점을 채워야 했고 브루스와 비키 덕분에 다른 학생보다 내가 유리하리라 생각했다. 내게는 최근에 어린아이를 접할 기회가 있었을 뿐 아니라 혹시라도 연구가 필요한 경우 꼼짝없이 나와 함께 지내야 하는 두 명의 실험 대상이 있었다.

아니나 다를까 최종 학기 말 과제는 자유 주제였고 나는 좋은 점수를 받을 자신이 있었다. 필독 도서에 말을 배우기 전에 형제끼리 만들어 쓰는 언어에 관해 다룬 장이 있으니 실존하는 고유한 소통 패턴을 기록하는 것이 의미가 있으리라고 생각했다. 뛰어난 데이터 분석 능력을 갖추었을 뿐 아니라 유일하게 실제 실험 대상도 있었기에, 멋지게 공연을 마친 가수처럼 발달 연구를 훌륭하게 마치고 여운을 만끽할 수 있으리라 확신했다.

그래서 집에 간 어느 주말, 동생들이 매일 밤 잠들기 전 서로 어떤 신비스러운 단어를 옹알거리는지 포착하기 위해 둘이 함께 쓰는 방에 슬쩍 녹음기를 넣어 두었다. 부담이 적고 우선순위가 낮은 과제였기 때문에 테이프에 녹음된 내용을 들어 봐야겠다는 생각은 며칠이 지나서야 들었다.

아무런 말소리도 들리지 않았다. 동생들은 비밀 언어는커녕 아무 언어도 사용하지 않고 그저 가끔 끙끙대거나 코를 골 뿐이었다. 주제를 바꾸기에는 너무 늦은 시점이었다. 그래서 이 과제는 창의적인 글쓰기 연습이 되어 버렸다. 사실을 기반으로 한 듯한 매력적인 이야기를 무에서 창조해야 했다. 하지만 장기적으로 볼 때 이러한 글쓰기 연습이 그 수업에서 배울 수 있었던 그 무엇보다 내 경력에 도움이 된 것 같다.

비키 말고 나와 나이가 비슷한 여동생이 한 명 있었는데 어릴 적 세상을 떠났다. 우리는 꽤 친했고 그 아이가 아프기 전에 많은 추억이 있었지만, 도로시가 세상을 떠날 무렵의 기억은 슬프게도 조금 희미하다.

어머니는 도로시가 있는 병원에 가고 나 혼자 집에 있던 저녁이 많았던 것을 기억한다. 어머니는 길 건너 가게에서 과자를 사 먹으라고 매일 밤 25센트를 주었고 나는 옛날 시트콤 'My Mother the Car'[37]를 보며 어머니가 돌아오길 기다렸던 것을 기억한다. 모호한 대답만 들었지만, 도로시가 어머니와 함께 돌아오지 못할 거란 사실을 충분히 이해했던 것도

---

37 1960년대 방영된 미국의 시트콤. 돌아가신 어머니가 자동차로 환생했다는 내용을 담고 있다.

기억한다.

도로시의 투병이 몇 해를 끌었는지는 기억나지 않아도 부모님이 할아버지 댁에 나를 데리러 올 때 미국 의사들이 해 주지 않았거나 해줄 수 없었던 최후의 치료를 받게 해 주겠다고 한 병원에 들르기 위해 독일에 갔다가 온 것을 기억한다.

도로시의 목 한쪽이 크게 부었던 것을 기억한다. 도로시가 앓던 병이 요즘은 대체로 완치되는 호지킨 림프종이었다는 사실을 나중에 알게 된 것을 기억한다.

학교에 혼자 걸어가던 것을 기억한다.

아버지와 함께 꽃을 들고 도로시의 묘지에 갔던 것을 기억한다. 그리고 수십 년이 지나서야 나의 스위스 여행이 부분적으로나마 집에서 일어나는 일로부터 나를 지키기 위한 수단이었을 수 있고 체류 기간 연장이 온전히 내 생각은 아니었을 수도 있겠다는 생각을 처음으로 하게 되었던 것을 기억한다.

그 경험이 내게 지속적인 영향을 끼치지 않았다고 보기는 어렵지만 대부분은 기억에서 성공적으로 차단했다. 부모님에게는 분명 모든 일이 더 어려웠을 것이다. 나도 부모가 되고 보니 부모님이 겪었을 감정적 현실을 재인식하게 됐다. 그래도 라이언을 잃을까 걱정한 적은 없었다.

라이언이 태어난 다음 날 병실 밖으로 커다란 금속 물체가 엄청나게 큰 굉음을 내며 떨어졌다. 나는 깜짝 놀라서 펄쩍 뛰었고 지지와 지지의 부모님도 마찬가지였다. 복도 위아래에서 아기들이 울기 시작했는데 라이언은 울지 않았다. 그 아이는 호기심에 찬 눈으로 위를 잠시 올려다보더니 방해를 받기 전 자기가 하고 있던 일을 바로 이어서 다시 하기 시작했다. 이유는 잘 모르겠으나 당시에는 이 사건이 마치 언젠가는 어른이 될 이 어린아이가 어떤 사람인지 나타내는 지표처럼 의미심장하게 느껴졌다. 라이언은 어떤 폭풍에도 견디는 바위처럼 침착하고 분별력이 있었다. 그 순간부터 나는 이 아이가 어떤 일에도 쉽게 무너지지 않으리라 생각했다.

그때까지 이 아이는 이러한 과대평가에 부응했다. 대가족 휴가에서 오는 혼란과 과한 자극에 불안해하는 아기도 있겠지만, 생후 7개월인 라이언은 어떤 상황이 벌어지든 평화로웠다.

언제나처럼 매사누턴에도 컴퓨터를 가져갔는데 이번에는 〈문명〉 최신 버전도 함께 가져갔다. 브루스가 해 보고 싶어 할 거란 생각에 가족들에게 프로토타입을 가볍게 보여 주었다. 브루스는 고등학교를 마치기까지 세 번의 여름을 볼티모어에 있는 우리 집 남는 방에서 지내며 마이크로프로즈 플레이 테스터로 일한 덕에 〈크루세이드 인 유럽〉, 〈건십〉, 〈해적!〉의 크레딧 페이지에 자신의 이름을 올렸다. 하지만 대학 진학 후에는 메릴랜드에서 여름을 보내기엔 너무 바빴고 특히나 게임까지 할 시간은 전혀 없었다. 그에게는 놀 시간이 좀 필요했다.

브루스는 플레이를 시작했고 내가 거실로 불려갈 때까지 이런저런 기능에 관해 도움이 되는 의견을 주었다. 시간이 지나 누군가 브루스가 어딨는지 물었다.

나는 주위를 둘러보며 답했다. "아, 아직 저기서 〈문명〉 하고 있을 거예요."

시계를 흘긋 보았더니 6시간이 지나 있었다.

그전에도 그 게임이 특별하다고 생각하긴 했는데, 실망스러웠던 면도 있었던 게임을 포함해 그냥 내가 만든 다른 모든 게임과 똑같이 특별하다고 느끼는 정도였다. 세상에 완벽한 아이는 없고 우리는 그와 상관없이 모든 아이를 사랑한다. 내 유산으로 분류되는 게임도 있고 거의 잊힌 게임도 있으나 내 마음속에서는 모든 게임이 똑같은 자리를 차지하고 있다. 유명한 자녀가 있다고 해서 추수감사절에 그 아이만 초대하고 나머지 아이를 부르지 않는 사람은 없다.

하지만 내 동생 브루스가 겨우 플레이할 정도만 완성된 프로토타입을 가지고 한나절이나 사라진 점이 내 관심을 끌었다. 무엇 때문에 그 게임을 계속했을까? 그런 원동력이 어디서 왔을까? 아직 대단히 복잡한 게임도 아니었고 그저 몇 가지 간단한 시스템을 한데 뒤섞어 두었을 뿐인데 그는 그냥 똑같은 기본 변수를 재배열하고 탐험하면서 영토를 정복하고 내어 주기를 반복하고 있었다.

브루스가 플레이하는 모습에서 '단순함 더하기 단순함은 복잡함이다.'라는 〈문명〉의 중요한 특징이 드러났다. 농업은 예측할 수 있는 속도로 식량을 생산했다. 군사 유닛은 딱 한 턴씩 싸웠고 어느 쪽이 승자인지 바로 밝혀졌다. 〈문명〉은 많은 부분에서 숫자 대신 물물교환과 등가교환을 활용했다. '방패' 바구니를 채우면 창병 한 명을 얻었다. 필요한 턴 수를 채우면 도예 기술을 배울 수 있었고 이 기술을 이웃의 청동 기술과 교환할 수 있었다. 마치 체스처럼, 각 요소의 기능은 이해하기 쉬웠고, 진짜 흥미로운 경로는 동작을 조합하기 시작한 후에야 나타났다.

단순한 요소를 조합한다는 개념은 분명히 〈레일로드 타이쿤〉의 확장과 경제 시스템에서 왔다. 균형의 필요성은 〈해적!〉에서 배웠다. 체스에서 룩과 비숍 중 어떤 기물이 더 강할까? 글쎄, 답은 보드의 배치에 따라 달라진다. 외교가 최선일 때도 있으나 상황이 바뀌면 전쟁이 유일한 탈출구가 된다. 늘 그렇듯 하나의 우월한 선택지를 정해 둘 생각이 없었다. 게임은 내가 아니라 플레이어가 만드는 이야기이기 때문이다. 이러한 관점에서 보자면 〈문명〉은 천재성의 발현이라기보다 수년간 이어온 논리적 진전의 결과에 가까웠다. 바탕이 되어준 형제가 없었다면 이 게임은 절대 탄생할 수 없었으리라고 감히 말하고 싶다.

브루스 셸리는 나처럼 우리가 만든 다양한 프로젝트를 똑같이 사랑한다는 애매한 감정을 느끼지 않았다. 그는 첫 번째 프로토타입을 플레이한 순간부터 〈문명〉이 특별하다는 것을 알았으며 심지어 원본 디스크도 보관하고 있었다. 〈레일로드 타이쿤〉 때 기념할 만한 물건을 하나도 남기지 못한 것이 후회되기도 했고, '시드의 또 다른 걸작'(그의 표현이다.)이 될 것을 확신해서였다고 했다. 바로 이런 점이 내가 브루스의 의견을 무척 중요하게 생각하는 이유이기도 하다. 게임의 인기를 예측하는 능력이 늘 나보다 뛰어났다. 나는 대중의 반응이 내 제어를 벗어나는 영역에 있다고 본다. 그래서 자신의 가치를 작품의 인기에 기대어 판단하거나 인기를 얻기 위해 과하게 애쓰는 것은 어리석다고 생각한다. 다른 사람들이 간혹 내가 나를 더 높게 평가해야 한다고 할 때도 있지만, 나는 그 정도로 나를 높게 평가하지 않는다. 하지만 게임이 잘 팔리지 않을 때도 그다지 속상하지 않다. 내가 자랑스러워하는 한 성공한 작품이다.

문명의 원본이 담긴
플로피 디스크

© Photo credit : Bruce Shelley

어쨌든 알고 보니 대담한 우리 공동 디자이너의 말이 옳았다. 마침내 나는 브루스가 아닌 이들에게도 게임을 공개했고, 그러자마자 다른 개발자들이 폭발적으로 반응했다. 근무 시간 이후에 남아서 프로토타입을 신나게 플레이하는 사람이나 무작위로 내 사무실에 와서 피드백을 주는 사람이 많았다. 교역로를 개선할 수 있게 무역상을 만들면 어떨까요? 도시가 성장한 후에 오염 문제를 다루게 하면 어떨까요? 세무 관리, 과학자, 엔터테이너 같은 직업을 특정 개척자한테 지정해 주면 어떨까요? 세계 7대 불가사의 중 하나를 건설했을 때 특별한 능력을 주면 어떨까요? 7대 불가사의 외에 다른 불가사의도 추가하면 어떨까요? 수로가 화재를, 곡창이 기근을, 성벽이 홍수를 방지하게 하면 어떨까요? 등대가 해상 유닛의 속도를 높여 주다가 자기학(磁氣學)이 개발되자마자 쓸모없어지면 어떨까요? 나나 그들이나 거의 강박적인 수준이었다. 〈문명〉을 하면 할수록 아이디어는 더 늘어났고 각 아이디어에는 포기할 수 없는 인터랙션 수십 개가 딸려 왔다. 게임의 모든 요소는 연결되어 있었고 새롭고 멋진 제안이 거미줄처럼 뻗어 나가는 통에 밤낮은커녕 주말도 없이 코드를 수정했다. 어떤 부분이든 마무리할 수 있게 결국 사무실 문을 닫고 브루스를 문지기로 내세울 수밖에 없었다.

하지만 우리의 열정을 세상의 다른 사람들도 공감할지에 대해서는 여전히 확신이 없었다. 내 프로젝트는 매번 일반적인 경로에서 멀리 벗어났고 언론은 종종 나를 '디자이너의 디자이너'라고 불렀다. 내 게임에 전문가만 알아볼 수 있는 깊은 천재성이 있다는 뜻이었다. 정확한 정의인지는 모르겠으나 ① 나는 디자이너이고 ② 내가 플레이하고 싶은 게임을 만든다는 면에서는 일리가 있었다. 업계에서 '전략'이라는 말이 금기어라는 것도 신경 쓰지 않았다. '어드벤처', '액션'처럼 가볍고 안전한 장르는 괜찮았다. 하지만 모두가 알다시피 전략 게임은 너무나 좋아하는 장르였다. 하드코어 고객을 위해 특화된 상품을 만들 때는 개발 비용을 꾸준히 낮춰야만 수익을 기대할 수 있으며 전략 타이틀로는 절대 큰돈을 벌 수 없다는 것이 일반적인 통념이었다. 나는 〈문명〉을 좋아했고 내 동료들도 〈문명〉을 좋아했지만, 나머지 모든 사람에게는 엄청난 실패작이라 평가를 받는다고 해도 조금도 충격적이지 않았다.

물론 그런 일은 벌어지지 않았다.

마이크로프로즈의 대대적인 마케팅 지원이 없었기 때문에 대부분의 내 최근작처럼 〈문명〉도 불이 천천히 붙었다. 신기하게도 관심을 보이는 이들이 거의 게임 디자이너인 것처럼 보였는데 알고 보니 〈문명〉이 모두의 내면에 있는 게임 디자이너를 각성시킨 것뿐이었다. 출시 후 몇 주째부터 아주 조금씩 들어오기 시작한 팬레터의 어조는 기존에 우리가 받았던 팬레터와 확연히 달랐다.

기존 팬레터는 보통 이러했다. "친애하는 시드 님, 〈시드 마이어의 해적!〉을 해 봤는데 정말 좋았어요. 지상 전투는 어이가 없었지만요. 진심을 담아서, 당신의 1호 팬 드림."

기분 나쁘지 않았다. 사람마다 의견은 다른 법이니까. 칭찬 사이에 비판이 서려 있지 않은 편지는 드물었고 하기 불편한 말도 다들 곧잘 하는 편이었다. 하지만 〈문명〉은 달랐다.

〈문명〉의 팬레터는 이랬다. "친애하는 시드 님, 〈시드 마이어의 문명〉을 했는데 진짜 좋았어요. 그런데 아즈텍 문명이 청동 기술을 가지고 시작하게 한 이유가 궁금해요. 아즈텍 문명은 명백히 도예가 훨씬 더 유명한데요. 그리고 교역 무역상의 이동 속도가 도시가 성장하면 약간 빨라지는 것이 타당하지 않을까요? 자동으로 작동하게 되어 있으면 더 좋을 거고요. 그건 그렇고, 전차만 가지고 매번 게임을 이길 수 있는 전략을 알아냈어요. 어떻게 하는 거냐면요…."

간단히 말해 〈문명〉은 '왕이 되니 좋지 아니한가'라는 홍보 문구가 찍힌 채 출시되었고 여기에 모두가 공감했다.

여러 쪽에 걸쳐 자신의 의견을 들려준 뒤에 더 깊은 논의를 할 수 있길 바란다는 말과 함께 전화번호를 적어 보낸 팬레터들도 있었다. 자신이 떠올린 개선안을 직접 구현할 수 있게 마이크로프로즈에 취직하고 싶다는 요청도 많았다. 이런 비판은 내 의욕을 전혀 꺾지 않았다. 플레이어가 우리 때문에 더 깊이 고민했다는 뜻이어서 순수하게 긍정적으로 느껴졌다. 이들에게 〈문명〉은 경험이라기보다 도구였다. 게임은 보통 재미로 하는 것인데 〈문명〉을 하면 왠지 모르지만(마법의 재료가 무엇인지 나도 아직 파악하지 못 했다.) 힘이 생기는 느낌이었다. 플레이어가 결과를 충분히 통제할 수 있게 하자 판타지와 게임의 경계가 흐릿해졌다. 모든 것이 플레이어의 마음대로였다.

그 뒤 몇 달은 초현실적인 동시에 시시했다. 〈문명〉은 입소문을 탔다. 당시 표현을 쓰자면 '정말 정말 유명'해졌다. 게임 업계의 큰상을 받은 첫날 밤 빌은 크게 기뻐하며 나에게 전화했다. 하지만 곧 너무 많은 상을 받은 나머지 수상 소식을 다음 주 월요일까지 기다렸다가 알리기도 했고 그나마도 회의가 너무 많으면 화요일로 미뤄지기도 했다. 이전에 경험해 본 적 없는 언론의 관심이 내게 쏟아졌다. 인터뷰 진행자들은 똑같은 질문을 계속해서 반복했는데 대체로 간결하게 답할 수 없는 질문이었다. 〈문명〉에 관한 아이디어를 어디서 얻었는지, 아니면 게임 메커니즘이 그토록 중독적인 이유가 무엇인지를 한 문장으로 설명하는 것은 불가능했다. 감사했고 영광이었고 이토록 큰 행운을 경험한다는 사실에 관해서는 일말의 불평도 없었다. 하지만 아직 그다지 익숙하지 않았다. 불과 4년 전 유명세에 따라붙는 함정을 조심하라는 톰 클랜시의 조언을 들은 바 있었기에, 앞이 잘 보이지 않는 상태로 잘 모르는 지역을 탐험하는 동안 그의 충고를 명심하기 위해 무척 애썼다.

내 생각엔 그 정도면 괜찮게 해낸 것 같다. 시간이 지나 해야 할 말을 더 잘 알게 될수록 나는 내가 하는 발언 속 경험으로부터 점점 더 멀어졌다. 〈문명〉을 처음 접하는 새로운 팬이 늘어나는 동안 나에게는 점점 6개월 전, 1년 전, 2년 전에 만든 과거의 게임이 되어 갔다. 내가 가진 모든 것을 〈문명〉에 쏟아부었고 솔직히 잠시 다른 생각을 하고 싶었다.

요청을 받으면 다른 프로그래머 코드에서 부족한 부분을 함께 찾아 주거나 최신 비행 시뮬레이터에 대해 조언해 주는 등 사무실 동료들의 프로젝트를 도와주었다. 〈해적! 골드〉와 〈레일로드 타이쿤 디럭스〉 재출시에 승인 도장을 찍었다. 작업 중이던 반쯤 작동하는 프로토타입 컬렉션을 만지작거렸다. 그렇게 약간의 휴식을 취했다.

하지만 무엇보다 나아갈 길을 찾기 위해 몸부림쳤고 내게 번아웃 상태가 완전히 고착되기까지 얼마나 남았을지 조용히 걱정했다.

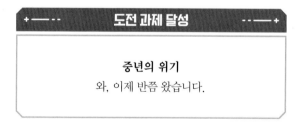

도전 과제 달성

중년의 위기
와, 이제 반쯤 왔습니다.

13 바로 그건 바로크

"시드가 다음에 무엇을 할까?"

상사나 동료가 하던 이 질문을 처음으로 다른 이들도 던지기 시작했다. 팬과 기자가 뉴스를 달라고 아우성이었는데 평소에 게임을 다루지 않고 그전에는 내 이름을 들어 본 적도 없는 이들마저 이 행렬에 동참했다. 그리고 뉴스가 없으면 억측이 난무했다. 우주 공간을 배경으로 하는 속편, 미국 남북 전쟁 프로토타입이 있다는 루머가 돌았고 전화번호부 한 권은 채울 법한 온갖 산업 이름 뒤에 '타이쿤'이라는 단어가 붙었다. 〈문명〉에 관한 편지 중에는 이러한 가상의 게임에 관해 조언하는 편지도 일부 있었으나 대부분의 편지는 그냥 비밀을 알려 달라고 애원했다.

그 답이 누구보다 궁금한 사람은 나였다.

비평가들이 "마약보다 중독성 있다.", "지금껏 있었던 그 어떤 시뮬레이션보다도 실행 면에서 완벽하다."라고 한 작품을 어떻게 뛰어넘겠는가? 올해의 게임상을 몇 개쯤 받으면 앞으로 그만큼 훌륭한 작품을 절대 만들 수 없으리란 걱정이 들기 시작하겠는가?

까딱하면 정신 이상이 올 수 있겠다는 생각이 들었다. 최근작을 뛰어넘어야 한다는 강박감이 나를 옭아매게 두었다가는 그토록 고단하고 복잡하게 노력해서 겨우 지켜낸 일말의 제정신마저 놓쳐 버릴 것 같았다. 전략 장르를 벗어나려는 노력으로는 부족하다는 것을 깨달았다. 나 자신을 포함해 그 누구도 〈문명〉에 비교할 수 없는 작품을 만들어야 했다.

평소라면 영감을 얻으려 관심 분야를 살펴보았을 텐데 〈레일로드 타이쿤〉을 만들 당시 애써 찾지 않고 편하게 머리를 식히는 중에도 괜찮은 타이틀이 탄생할 수 있다는 것을 배웠다. 가진 것이 조이스틱뿐이면 온 세상이 게임처럼 보인다. 모든 프로젝트 후보에는 이러한 정신적 줄다리기의 그늘이 드리워 있었고 결국엔 전략 게임으로 절대 만들 수 없을 딱 하나의 주제밖에 떠오르지 않았다.

아주 어릴 때부터 나는 음악에 관심이 많았다. 수학을 좋아한다는 걸 생각하면 그리 놀랄 일은 아닐 것이다. 수학과 음악의 신경학적 연관성을 뒷받침하는 증거가 많으며 역사 속 수많은 수학 천재가 적어도 하나 이상의 악기를 훌륭하게 다루는 명연주자였다. 내가 뛰어난 음악가나 수학자라는 말은 아니다. 그러나 '수학 천재'가 '명연주자'가 될 수 있다면 '수학 애호가'가 '지하실 밴드 키보드 연주자'가 될 수 있다는 말에도 무리는 없을 것이다. 다만 피아노는 내 인생에 조금 늦게 등장했다. 내 첫 번째 악기는 바이올린이었다.

아버지는 목공과 그림을 통해 예술적 재능을 발휘했을 뿐 아니라 음악에도 뛰어난 소질을 보였다. 집에서 기타, 바이올린, 우쿨렐레, 하모니카, 리코더를 연주하시던 모습이 기억난다. 집에 없던 다른 악기도 연주할 수 있었는지 모른다. 그런 아버지로서는 당연히 자녀를 음악 수업에 보내고 싶었을 것이다. 하지만 당시 우리 집에는 차가 없어서 버스를 타거나 걸어서 갈 수 있는 거리에 교습소가 있어야 했는데, 디트로이트 도심에 자리 잡은 이층짜리 우리 집 주변 몇 블록 내에는 슈퍼마켓, 약국, KFC, 카메라 전문점은 있었지만 안타깝게도 음악학원은 없었다.

그 동네로 이사 온 지 몇 년 후 어머니는 근처 고등학교에서 오케스트라를 이끌던, 우리 집 바로 옆 골목에 사는 불가리아 출신 이민자 루벤 할라조프(Luben Haladjoff) 씨를 우연히 알게 되었다. 개인 교습을 많이 하는 분은 아니었는데 어머니는 그분의 집에서 일주일에 한 번씩 도로시와 나의 바이올린 수업을 해 달라고 설득했다. 우연처럼, 마침 아버지에게는 바이올린이 있었다. 할라조프 선생님이 트럼펫 연주자였다면 우리는 분명 바이올린 대신 트럼펫을 배웠을 것이다. 그분의 제자 중에 우리처럼 대여섯 살밖에 되지 않은 아이는 드물었고 우리는 그분이 다니는 고등학교 정식 연주회의 객원 연주자로 초대받기도 했다. 안타깝게도 곡 중간에 뭔가 문제가 생겨 우리의 연주와 고등학생들의 연주가 어긋나기 시작하면서 연주를 엉망으로 마쳤고 다시는 초대받지 못 했다.

어머니의 말을 공손히 따르긴 했으나 사실 처음에는 이 수업에 거의 열의를 못 느꼈다. 어머니가 우리 삶에 문화적인 무언가를 주입하기로 한 이상 이 수업을 거절해도 다른 무언가 하게 될 것이 뻔했다. 하지만 점점 바이올린 연주가 좋아졌다. 선생님 학교에서 큰 실수를 저지른 이후 연주 요청은 잠시 끊겼지만, 부모님이나 부모님 친구분들 앞에서는 도로시와 함께 듀엣 연주를 이어 갔고 몇 년 후에는 소규모 지역 오케스트라에 입단했다. 나중에는 디트로이트 심포니 오케스트라가 미래의 연주자 양성을 위해 운영하는 청소년 심포니 오디션을 보라는 할라조프 선생님의 권유를 받았다.

내가 준비한 곡은 요한 제바스티안 바흐의 '두 대의 바이올린을 위한 협주곡 D단조'였는데 이 곡과 함께 그 후로도 오래 이어진 일생의 집착이 또 하나 시작되었다. '더블 콘체르토'라고도 알려진 이 곡은 내가 연주해 본 어느 곡보다도 수준이 높았고 그 아름다움이 내 마음을 완전히 사로잡았다. 바흐의 음악은 예상을 벗어나는 동시에 예상이 가능한 것처럼 보인다는 점이 무엇보다 매혹적이었다. 여기에는 분명 어떤 비밀이 존재했고 그 비밀을 이해하고 싶었다.

그 무렵 집에서 《화성학》이라는 제목의 음악 이론 서적을 발견했다. 하버드 교수(그 당시에는 몰랐지만 유명한 작곡가이기도 했던) 월터 피스톤(Walter Piston)이 쓴 책으로, 아버지 지인분이 처분한 책을 물려받은 것 중 한 권이었다. 받아 오기 전에 책 제목을 훑어보기는 한 건지 모르겠다. 아버지는 주제와 관계없이 모든 책이 가치 있다고 믿는 분이었다.

피스톤의 《화성학》은 계시였다. 한 장 한 장 음악을 수학적으로 이해할 방법에 관한 설명을 읽노라니 내 안에 있던 두 개의 세계가 갑자기 하나로 합쳐졌다. 물론 리듬이 음악의 전부가 아니라는 것은 진작 알고 있었지만, 《화성학》을 통해 듣기 좋은 화음은 비율로 쉽게 계산해서 만들 수 있다는 것을 배웠다. 18~19세기 작곡가들의 실제 사례를 들어 개념을 설명했는데 여기에는 바흐의 곡도 많이 포함되었고 바흐에 관한 내 본능이 옳았다는 것을 알게 되어 기뻤다. 바흐의 화음은 모든 음악을 통틀어 가장 효과적인 편이었다.

하지만 바이올린은 화음을 기반으로 하는 악기가 아니다. 여러 현으로 두 가지 음을 한 번에 연주하기, 두 가지 음으로 이루어진 한 화음에서 다음 화음으로 이어진 음을 따라 빠르게 진행하기는 가능하다. 하지만 세 가지 음을 동시에 정확하게 연주하면서 듣기 좋은 소리를 내기는 어려운데, 피스톤이 제시한 많은 예는 네 가지 이상의 음을 사용했다. 학습 중인 원칙을 직접 연주해 보려고 학교 친구에게 전자식 월리처(Wurlitzer) 피아노를 샀다. 200달러가 십 대에게 큰돈이긴 했으나 첫 번째 아타리 컴퓨터를 살 때 그랬던 것처럼 중요한 물건을 사기 위해 평소에 돈을 모아 두는 편이라 큰 무리는 아니었다.

《화성학》 교과서와 바이올린에 관한 기존 지식을 바탕으로 몇 해 동안 독학으로 연습한 덕에 피아노를 꽤 잘 치게 되었다. 심지어 미시간대학교 기숙사 방에 월리처 피아노를 들여놓는 데에도 성공했다. 다만 벽이 얇아서 원하는 만큼 연주하지는 못했다. 얼마 지나지 않아 회로 기판과 천공 카드 공부에 매진하면서 내 음악적 취향도 확실히 현대적인 방향으로 편향되기 시작했다. 진지하게 배운 코딩을 엔터테인먼트 창조에 활용했던 것처럼 음악 지식의 영역을 폴리포닉 신시사이저의 멋진 신세계로 확장해 나간 이후에도 바흐의 천재성을 이해하려는 내 집착은 더 심해졌다.

졸업하기 몇 달 전에는 웃돈을 주고 월리처를 폴리무그(Polymoog)로 교환했다. 아바(ABBA)부터 무디 블루스(The Moody Blues)까지 많은 이가 사용한 폴리무그 아날로그 신시사이저에는 피치 컨트롤러 리본, 3 밴드 이퀄라이저, 셀프 오실레이션, 키보드 섹션별 음량 조절 기능이 있었다. 더 중요한 것은 연주자가 8가지 프리셋 보이스를 거의 어떤 소리로든 직접 변경할 수 있는 '베리에이션' 기능이 있다는 점이었다. 이 기능을 활용하면 단순히 아름다운 음악 말고 이전에 경험해 본 적 없는 완전히 새로운 형식의 음악을 만들 수 있었다. 이 시스템은 훗날 아타리 포키와 코모도어 64 SID 칩에서 오디오를 프로그래밍하는 데 도움이 될 터였으나 당시에는 일단 내 새 동료 앤디 홀리스, 그랜트 이라니와 함께 신나게 음악을 즐기는 조금 더 전통적인 용도로 사용했다.

지하실 밴드와 어울리기 시작한 지 몇 개월쯤 지난 후 앤디가 본인이 속해 있는 다른 전문 밴드에 함께하자고 했다. 프래질(Fragile)이라는 이름의 이 밴드는 나이트클럽, 결혼식, 아니면 간혹 있는 바르 미츠바[38] 등의 행사에서 다양한 인기곡을 연주했고 심지어 지역의 자선 공제 조합 중 하나인 무스 로지(Moose Lodge)에서도 정기적으로 공연했다. 'Celebration'을 비롯해 20여 가지 라디오 히트곡 코드가 적힌 커닝 페이퍼로 무장했었는데, 따지고 보면 나는 전문 프로그래머가 된 후 몇 달간 전문 연주자

---

38 유대교식 성인식.

로도 겸업했던 것이다. 물론 한쪽의 보수가 다른 쪽보다 확연히 높았다.

밴드 해체 후에는 음악적 관심을 게임 사운드트랙 작곡에 쏟았다. 사운드 디자인을 정중하게 빼앗기기 전 몇 년간 말이다. 앞서 말했듯이 합리적인 조치라는 것을 이해하더라도 그리움은 여전했다. 그런데 이제 게임이 아닌 게임을 찾기 위해 속수무책으로 여러 궁리를 하던 내게 음악이 또 한 번 안전한 피난처를 제공했다.

바흐의 작품이 그토록 특별하게 느껴지는 이유는 마치 눈송이 패턴처럼 예측이 되는 동시에 예측을 완전히 빗나가는 정도에 있다. 그는 성부를 상하로 바꿀 수 있게 설계하는 자리바꿈대위법이라고 불리는 기법을 일상적으로 사용해서 완전히 새로운데도 듣기 좋은 음악을 만들었다. 그는 수수께끼 카논도 좋아했다. 수수께끼 카논이란 그가 음악을 한 줄 건너 한 줄씩만 완성해 두고 자신의 학생이나 자녀에게 빈 줄을 논리적으로 가장 잘 맞는 음악으로 채우게 하는 작곡 방식이다.

심지어 바흐는 많은 작품에 암호를 숨겨 두었다. 그의 성(Bach)을 이루는 글자의 알파벳 순번에 해당하는 숫자를 합하면 14가 된다. 그래서 14와 이를 뒤집을 때 나오는 41이 그의 작품 패턴에 반복적으로 삽입되어 있다. 41은 마침 14에 그의 첫 번째 두 이니셜(J.S.)의 순번을 합한 값이기도 하다.[39] 그의 대표작인 '푸가의 기법'은 그의 이름을 이루는 글자를 음으로 연주한다.(독일어 표기법에서 'B'는 'B 플랫' 음을, 'H'는 'B 내추럴' 음을 나타낸다.) 바흐는

---

39 알파벳에 수치를 부여하는 게마트리아 해석법은 I와 J를 하나로 취급하며 U와 V 또한 하나로 취급한다. 이에 따라 J는 9로, S는 18로 대응되어 J. S. Bach의 계산 결과는 41이 된다.

또 다른 유명 작품 '평균율 클라비어곡집' 악보 상단에 이상한 고리 모양의 그림을 그려 두었다. 오늘날 학자들은 이를 존재하는 모든 조성으로 연주하도록 피아노를 조율할 방법을 알려 주는 암호화된 지침이라 여기며, 이것이 변주와 전조의 새로운 가능성을 열었다고 본다.

오늘날에는 여기서 언급한 사실을 비롯해 그의 천재성을 드러내는 다른 많은 흔적이 널리 알려졌으나 작고할 당시의 그는 특별히 존경받는 인물이 아니었다. 그는 생애 마지막 27년을 라이프치히에 있는 성 토마스 교회의 칸토르로 지내며 단 몇백 명의 소교구민이 참석하는 주일 예배를 위해 음악을 작곡했다. 그가 손으로 쓴 친필 악보는 당대의 여느 칸토르가 만든 음악 정도의 가치밖에 인정받지 못했고 안타깝게도 그의 후손에게는 음악적 유산보다 돈이 궁할 때가 많았다.

바흐의 부인 안나 막달레나(Anna Magdalena)에게는 바흐가 세상을 떠난 후에도 돌봐야 할 어린아이가 여럿 있었기 때문에 성 토마스 교회의 칸토르 사택에서 6개월 더 머무는 조건으로 남편의 음악 중 자신의 몫을 성당에 돌려주었다. 교회가 재출판용 공식 사본을 만든 덕에 대부분의 곡이 살아남았으나 딱히 쓰임새가 없었던 친필 악보는 결국 시장에서 생선 등의 물건을 포장하는 파지로 팔려 나갔다.

바흐의 나머지 음악 중 일부는 그가 작고한 때 이미 성인이었던 아들 카를 필리프 에마누엘(Carl Philippe Emanuel)이 물려받았는데 당시에 그는 아버지보다도 훨씬 뛰어난 연주자로 추앙받았다. C.P.E. 바흐는 프리드리히 대왕의 실내 음악가였고 그의 작품은 모차르트, 베토벤, 하이든의 작품

못지않은 찬사를 들었다. 그에게는 아버지의 악보를 팔지 않아도 될 정도의 경제적 안정과 아직 아무도 모를 때 아버지의 위대함을 알아볼 지혜가 있었다. C.P.E.가 물려받은 악보는 오늘날 거의 대부분이 박물관에 소장되어 있다.

하지만 나머지 악보는 평판이 가장 좋지 않은 바흐의 장남에게 갔다. 빌헬름 프리데만 바흐(Wilhelm Friedemann Bach)는 재능 있는 음악가였고, 자력으로 성장하여 유명한 작곡가가 된 많은 학생을 가르쳤다. 하지만 고용주와의 잇따른 분쟁, 술로 인해 일으켰다는 의혹이 제기되는 문제 때문에 끊임없이 빚에 시달리며 이리저리 옮겨 다니는 신세였다. 그는 자신이 받은 유산을 현금을 구하려고 팔거나, 분실하거나, 실수로 망가뜨리거나, 아니면 학생들에게 나눠 주기도 했다. 그가 처분한 양이 정확히 얼마나 되는지는 아무도 모른다. 다만 바흐의 부고에는 성 토마스 교회에 5개의 절기가 있었다고 언급되는데 이는 그의 재직 기간 동안 작곡한 칸타타가 총 400곡이 된다는 것을 암시하며, 그중 잔존한 곡은 약 200곡밖에 되지 않는다. 한편 발견된 적 없는 여러 미사곡, 협주곡, 푸가 등 기타 작품의 존재를 시사하는 기록도 존재한다.

이러한 역사는 나에게 큰 충격이었다. 전 유럽을 통틀어 가장 위대한 바로크 음악가의 작품 수백 곡이 영원히 사라졌다. 일곱 번째 브란덴부르크 협주곡이 있었다면 어떤 음악이었을지 상상하노라니 절대 그 음악을 들을 수 없다는 생각만으로도 몹시 괴로웠다.

내가 바흐의 음악이 그토록 초월적이라고 느끼는 이유는 설명하기 조금 어렵다. 그의 작품은 나에게 그의 이야기가 아니라 인류의 이야기를 들려주는 것 같다. 그는 자신이 느낀 희로애락을 그가 처했던 상황의 특수성에 관한 이해를 요구하지 않는 언어로 조금 더 보편적인 차원에서 공유한다. 18세기 독일에서 출간된 책을 읽을 때 거기에 등장하는 역사적 인물에게 어느 정도는 공감할 수 있다. 하지만 내가 결코 온전히 이해할 수 없는 문화, 사회를 비롯한 수천 가지 세부사항에 관한 억지 해석도 필요하다. 바흐는 이런 데 얽매이지 않는다. 그는 모든 인간이 공통으로 지니고 있는 핵심부로 직행한다. 그는 300년의 세월을 가로질러서 키보드 위 손가락으로 전자기 회로를 조작하는 나 같은 사람도 농촌 마을의 전통적인 축제에 온 빈곤한 농부와 똑같이 감동하게 한다. 내가 플레이어를 게임에 참여시키고 싶어 하는 것과 마찬가지로 그는 나를 이야기에 참여시킨다. 우리는 함께 이야기를 만든다. 바흐의 음악은 음악을 만든 예술가보다 예술가와 듣는 사람 사이의 관계가 중요하다는 생각을 완벽하게 표현한다.

내가 바흐를 되살리는 것은 불가능하다. 하지만 AI가 그의 작품 같은 음악을 만들게 할 수 있다면 어떨까? 그가 따랐던 규칙을 똑같이 따라 화음, 리듬, 대위법 악구를 계산하게 한다면? 그가 단 하나의 정답이 존재하는 수수께끼 카논을 만들 수 있었다면 컴퓨터도 만들 수 있다.

분명히 위험한 영역이었다. 컴퓨터가 최고의 예술에 범접하기는커녕 예술을 창조할 수 있다는 상상만으로도 사람들은 불편하다고 느낀다. 이를 기술의 발전이 아닌 인간성의 감소로 보아서 그렇다. 가리 카스파노프(Garry Kasparov)가 체스에서 딥 블루(Deep Blue)* 컴퓨터에 졌다고 해서 그가 더 이상 인간이길 멈추는 것이 아니며 내가 바흐 음악 모방에 성공한다고 해서 그 작품의 아름다움이 줄어들지 않는다.

게다가 '인간은 특별하다.'라고 생각하는 사람이 그리 걱정할 필요가 없다는 것을 시간이 증명했다고 생각한다. 예술과 기술의 융합이 지난 25년간 큰 발전을 이루었는데도 완성에 이르기에는 아직 한참 멀었다. 체스 같은 문제를 하나 풀 때마다 유머, 사랑, 넘어지지 않고 두 발로 달리기처럼 아주 모호하고 인간 의존적인 문제가 세 개씩 나타난다. 그러므로 예술이나 인간성이 쓸모없어질 위기에 처했다고는 생각하지 않는다. 사실 예술을 창조하는 컴퓨터를 만드는 행위는 그 자체로 예술적 표현의 한 형태로 간주해야 한다고 본다. 이는 오만이 아니라 참여다. 내 음악적 실험이 대성공하든 그냥저냥 만족할 만한 수준에 이르든 상관없이 애초에 도전만큼 인간적인 행위는 없다.

그뿐만 아니라 이는 〈문명〉과 아주 동떨어진 주제였다.

맨 처음 도전한 것은 바흐가 작곡한 곡 중에도 형식이 엄격한 편에 속하는 푸가였다. 시의 소네트[40]처럼 누가 작곡을 하든 푸가가 무엇인지 규

---

40 정형시에 속하는 시의 형식으로 각운을 엄격히 지켜야 하는 14행시다.

정한 규칙을 따라야 한다. 이러한 기준을 세워두니 먼저 푸가라는 형식에, 그다음으로는 바흐의 푸가라는 형식에 얼마나 가까워졌는지 확인할 수 있어서 좋았다.

나는 동료 제프 브리그스(Jeff Briggs)에게 조언을 구했다. 그는 마이크로프로즈가 (〈해적!〉과 비슷하지만, 사무라이가 등장하는) 〈소드 오브 사무라이〉(Sword of the Samurai)라는 게임 음악 작곡을 위해 고용한 인물로 한창 성장 중이던 음향 부서의 세 번째 팀원이었다. 하지만 그 또한 보드게임을 디자인한 경력이 있었고 여러 프로젝트에서 다양한 역할을 맡았다. 〈F-15 스트라이크 이글 II〉를 포함해 여러 게임의 플레이 테스트와 문서화 작업을 담당했고 〈해적!〉, 〈F-19 스텔스 파이터〉를 다양한 플랫폼에 포팅하는 프로젝트의 책임자였다. 〈레일로드 타이쿤〉, 〈코버트 액션〉의 음악을 작곡했고 특히 가장 최근에는 나와 함께 〈문명〉 작업에 참여해서 음악을 작곡했으며 브루스가 시작했던 문명 백과사전이라는 이름의 방대한 도움말 도구에도 기여했다.

내가 월터 피스톤의 교과서를 읽은 사람이라면 제프는 그런 교과서를 쓸 수 있는 사람이었다. 그는 나에게 바흐 음악의 드러난 규칙, 숨겨진 규칙, 깨진 규칙이 무엇인지 깨우쳐 주었다. 우리는 무엇이 바흐를 다른 작곡가와 양식 면에서 쉽게 구별되는 유일무이한 작곡가로 만드는지에 관해 대화를 나눴다. 제프는 다른 작곡가 중에도 각자 나름의 방식으로 바흐만큼 재능이 뛰어난 사람이 있었을지 모른다고 나를 설득하려 했으나 나는 받아들이지 않았다. 아마 그의 말이 옳았겠지만, 다른 사람의 음악에는 관심이 가지 않았다.

게임 알고리즘 특허 신청 또한 제프의 도움을 받았는데 변호사가 신청서 작성을 마칠 무렵에는 분량이 12,000단어까지 늘어났다. 컴퓨터로 음악을 생성한다는 개념이 새로운 아이디어가 아닌 것은 확실했다. 우리의 특허 신청서에는 우리 신청서와 유사한 특허 신청 15건뿐 아니라 1956년에 출간된 기술 서적도 참조 문헌으로 등재되었다. 이후 우리 특허를 언급한 특허 신청은 117건에 이르렀고 개중에 2016년 야마하(Yamaha)의 특허가 가장 최근의 사례였다. 하지만 우리의 신청 방식은 기념해도 좋을 정도로 특별했다. 우리는 프로그램의 로직 트리에 대한 설명으로 빽빽하게 채운 3페이지 분량의 순서도를 포함시켰고 '5도 이상 도약하면 항상 한 음 내려온다.', '첫 음이 16분음표라면 3도 도약한 직후에는 같은 방향으로 2도 진행을 할 수 없다.' 같은 주요 허용 규칙을 개략적으로 보여 주었다. 불협화음 같은 것을 저지하는 통계적 경향도 프로그래밍했는데 완전히 금지하지는 않았다. 다시 말해 바흐가 그랬던 것처럼 규칙을 언제 어떻게 깨뜨릴지에 관한 규칙이 있었다.

나는 가장 책임감 있던 바흐 아들의 이름과 컴퓨터 중앙처리장치의 이름을 섞어서 이 창작물에 〈C.P.U. 바흐(C.P.U. Bach)〉라는 이름을 붙였다. 수비학[41]이나 감정에서 영감을 얻어 만든 선율은 아니었으나 문외한이 납득할 정도의 음악을 만드는 데에는 성공했다. 코넬대학교의 음악 교수조차 간혹가다 "신비로울 정도로 그럴듯하다."라고 평했다. 마이크로프로즈가 이 게임 발매에 동의한 정확한 이유는 모른다. 〈문명〉이 엄청난 수익을 올렸으니 특별한 일이 없는 한 나에게 프리 패스가 주어진 건가

---

41 숫자에 신비한 의미가 있다고 보는 사고방식.

싶었다. 문명 또한 대성공을 거두리라 생각한 사람은 없었으니 혹시 모를 일이지 않은가? 어쩌면 회사가 틀렸다는 걸 내가 또 한 번 증명할지.

하지만 그런 일은 일어나지 않았다.

이해하기 어려운 주제라는 점, 인터랙션할 여지가 별로 없다는 점도 분명 영향을 미쳤겠으나 〈C.P.U. 바흐〉가 상업적으로 실패한 원인은 이뿐이 아니었다. 이 게임을 새로운 기기 3DO에서 출시하겠다고 한 것이 또 하나의 큰 패착이었다.

3DO는 여러 면에서 시대를 앞서 나갔다. 1990년대 초반에는 다가오는 밀레니엄 전환기에 대한 기대에 힘입어 기술적 낙관주의가 만연했다. 모두가 막연히 연도 맨 앞자리가 2로 바뀌면 공상 과학 속 파라다이스에서 살 것이라 생각했다. 가상현실, 인터넷 연결 같은 것은 겨우 걸음마를 뗀 수준이었는데 광고와 뉴스에서는 그런 기술이 당장이라도 우리 생활에 스며들 것처럼 떠들어댔다. 언젠가 오긴 올 거라 생각하던 시대의 등장이 갑자기 임박해 보였고 종합적인 미디어 센터가 이러한 혁신 목록의 꼭대기에 있다는 데 모두가 동의했다. 광고가 사실이라면 음악, 영화, 게임, 전화 등 많은 기능을 하나의 범용 기기를 통해 이용할 수 있을 것 같았다. (어쩌 된 일인지 그런 기기는 앞에 선 사람의 머리카락을 뒤로 날리는 강풍 기능도 꼭 갖추고 있었다.)

일렉트로닉 아츠의 창업자 트립 호킨스(Trip Hawkins)는 '멀티플레이어'를 형용사가 아닌 명사로 쓸 날이 오리라 굳게 믿었고 EA 이사회가 하드웨어 시장 진출을 망설이자 혼자서라도 이 꿈을 좇기 위해 회사를 떠났다.

아마 오디오, 비디오, 그리고 '쓰리디오(3DO)'라고 미디어 삼총사의 각운을 맞추기 위해 붙인 이름 같다. PC보다 뛰어난 그래픽, 스테레오보다 훌륭한 스피커로 사용자의 모든 필요를 충족시키고 다른 모든 기기를 대체할 기기였다. 심지어 흔한 플로피 디스크 말고 CD-ROM만 재생할 수 있었다. 개발자에게 시네마틱 기능을 제대로 활용하든지 아니면 디스크 공간의 99%를 낭비하든지 둘 중 하나를 선택하라고 하는 셈이었다.

〈C.P.U. 바흐〉가 그랬듯이 3DO가 시장에서 실패한 원인도 비싼 가격, 일관성이 떨어지는 제조 품질, 게임 개발자에 대한 지원 부족 등 여러 가지였다. 세상에서 가장 훌륭한 콘솔이라도 플레이할 게임이 없으면 아무 의미가 없다. 하지만 이 모든 것은 시간이 지난 후에야 눈에 들어왔고 1993년 당시에는 불길한 조짐이 잘 드러나지 않았다. 단, 한 증권가 애널리스트가 〈뉴욕 타임스〉에 '이진법적인 사건'이 될 것이라고 묘사한 3DO가 지닌 파급력의 규모에 대해서만큼은 모두가 유일하게 동의했다. 3DO가 성공하든 실패하든 전례 없는 규모가 될 것이라는 뜻이었다.

난 평소처럼 돈에 관한 결정으로부터 멀리 떨어져서 플레이어에게 무엇이 가장 좋을지만 생각했다. 〈C.P.U. 바흐〉는 음악을 만드는 게임이므로 오디오 출력이 좋지 못한 플랫폼에서 출시하는 것이 적절치 않았고 안타깝게도 소비자용 PC는 대체로 오디오 출력이 좋지 못했다. 고품질 오디오 카드가 있긴 해도 흔하지 않았다. 사람들이 우리 음악을 8bit 모노로 듣는 것을 원치 않았기 때문에 우리가 할 수 있는 최고의 선택이 3DO라고 생각했다.

화려한 마케팅을 비롯한 모든 증거가 우리 게임처럼 예술적이고 미디어 중심적인 프로젝트에 가장 잘 어울리는 기기로 3DO를 지목했다. 게다가 이 게임에는 바흐의 하프시코드 연주 장면을 정확히 묘사한 애니메이션이 지겨워질 때를 대비해 리듬에 맞춰 알록달록한 추상적 비주얼을 생성하는 알고리즘도 포함되어 있었다. 당시 3DO에 근무 중이던 내 친구 노아 팰스타인(Noah Falstein)은 트립 호킨스나 자신이나 〈C.P.U. 바흐〉를 3DO에서 출시하자고 나를 '설득'했다고 씁쓸하게 인정했지만, 나는 누군가에게 강매당한 기억이 없다. 나는 3DO가 그 게임에 가장 적합하다고 판단해서 선택했고 다른 플랫폼에서 출시했더라도 판매량에는 별 차이가 없었으리라 생각한다. 내가 유일하게 유감스러워하는 부분은 그 콘솔 자체가 사라진 유물이 되어버려서 이제 그 게임을 플레이할 수 없다는 점이다.

물론 우리 집에는 아직 3DO가 있다.

14 아마도 속편

시드 마이어의 콜로니제이션(Sid Meier's Colonization, 1994)

시드 마이어의 문명 II(Sid Meier's Civilization II, 1996)

〈문명〉을 완성한 후 내가 몇 년간 번아웃에 시달린 것에 반해 회사의 다른 디자이너들은 이제 막 출발선에 섰다. 우리 덕분에 전략 게임을 편하게 만들 수 있는 새로운 시대가 열렸고 시간이나 지혜가 부족해서 우리 게임에 적용하지 못한 아이디어가 아직 많이 남아 있었다. 그중에서도 브라이언 레이놀즈(Brian Reynolds)라는 젊은 디자이너가 낸 아이디어가 훌륭했다. 브라이언은 마이크로프로즈가 성인 코미디 어드벤처 게임 〈레저 슈트 래리(Leisure Suit Larry)〉 시리즈에 대응하려고 시작한 〈렉스 네뷸라 앤드 더 코스믹 젠더 벤더(Rex Nebular and the Cosmic Gender Bender)〉라는 이상한 프로젝트를 위해 고용한 인물이었다. 참고로 내가 참여한 프로젝트는 아니었다. 이 게임을 위해 만든 요란한 빨간색 야구모자는 아직도 사무실에 많이 남아 있는데(요즘은 판촉물을 플래시 드라이브, 피젯 토이, 텀블러, 에코백 등 다양한 종류로 제작하지만, 1990년대 초반에는 거의 의류였다.) 우리는 최종 테스트 단계를 거치는 프로젝트가 있을 때마다 행운을 비는 마음으로 그 모자를 쓴다. 철 지난 마케팅용 상품이 행운을 준다고 믿게 된 연유를 정확히는 모르겠으나 아마 그 게임도 출시했는데 무엇인들 출시하지 못 하겠냐는 생각에 그렇게 된 것이 아닐까 싶다.

마이크로프로즈 상품 광고
© 1987 MicroProse,
www.microprose.com

다행히 브라이언은 전략 게임에 관심이 있었고 발을 들여놓은 이상 자신의 애정을 증명해 보이겠다는 열의가 가득했다. 그는 자신이 〈콜로니제이션〉이라고 이름 붙인 게임의 작동하는 프로토타입을 자발적으로 제작한 후 경영진에게 〈문명〉을 좁고 깊게 변형한 버전이라고 소개했다. 1492년 유럽이 아메리카 대륙을 발견한 시기를 배경으로 영토 확장보다 자원 수집에 치중해서 주로 당대의 경제적 과제를 해결하게 하는 방식으로 플레이어가 이끄는 사회의 능력을 시험하는 게임이었다. 예를 들어 개척자라면 누구나 담배를 재배할 수 있다. 하지만 적절한 초원 인근에 식민지를 세운 담배 재배자의 담배 재배 속도가 2배 더 빠르다. 그사이 다른 개척자에게 담배를 수출용 시가로 만드는 방법을 익히도록 훈련시키고 전문 농부에게 이 세 사람이 전부 먹을 정도의 식량을 재배하게 한다. 그렇게 충분한 인구를 확보하고 식민지 개척자들 사이에서 주도권을 쥐면 시작할 때 자신이 선택했던 국가의 왕에 반기를 들고 독립을 쟁취하는 가상의 독립 전쟁을 치르며 게임이 끝난다.

회사 간부들은 자신들의 과오를 어느 정도 깨닫고 〈문명〉의 최근 판매량을 이어 갈 가능성이 있는 전략 게임을 지원하기로 했다. 이들은 내가 걸음마 단계에 있는 이 프로젝트를 도울 것이고 혹시 그가 감당하지 못한다고 판명 나면 떠맡아 주리라 기대했던 것 같다. 하지만 다행히 그에겐 내 도움이 필요 없었다. 경영진이 알든 모르든 그는 이미 자력으로 힘차게 뛰고 있었다. 덕분에 나는 〈문명〉을 완성한 지 얼마 안 되어서 다른 전략 게임 코딩에 투입되는 처지에서 벗어날 수 있었다. 개발 초기에 다양한 사례를 중심으로 스스로 문제를 알아낼 방법을 알려 주고 막바지에 다시 만나 최종 디테일 수정을 도와주긴 했으나 그사이 18개월 동안 나는 바흐의 헌신적인 제자로 지냈다.

사실 〈콜로니제이션〉과 〈C.P.U. 바흐〉는 동시에 출시되었다. 하지만 내 게임은 마지막 몇 달간 케리 윌킨슨(Kerry Wilkinson)이라는 프로그래머가 완성된 PC 코드를 3DO 코드로 변환하는 과정을 거쳤다. 두 게임 다 그해 CES에 선보였는데 브라이언의 게임은 버그가 거의 남지 않은 최종 단계에 이르렀던 반면 〈C.P.U. 바흐〉 변환 작업은 점진적인 절차가 아니어서 완성 혹은 미완성, 둘 중 하나일 수밖에 없었다. 그리고 마침내 밝은 결전의 날, 미완성 상태였다. 그래서 우리는 가짜 3DO를 전시하고 실제 프로그램은 그 아래 캐비닛에 숨겨 둔 PC로 작동시켰다. 누군가 묻는다면 거짓말하진 않겠으나 묻는 사람이 많지 않기를 바랐다.

〈콜로니제이션〉을 마무리할 무렵에는 조금 구체적인 지시를 내리기도 했지만 이때도 브라이언이 창조한 게임 정신은 건드리지 않으려 노력했다. 예컨대 도시 반경을 절반으로 줄이자는 의견은 적극적으로 개진했다. 〈문명〉에서 세계지도 크기를 변경했던 것처럼 이번에도 마지막 순간에 나온 의견이었다. 브라이언이 개발한 전문 직업 메커니즘을 더욱 강조하기 위해서였다. 하지만 게임을 독립 전쟁으로 마치는 설정은 게임을 성공적으로 끝마치기 위해 몇 시간 동안 들인 노력을 허사로 만들 가능성이 있는, 거창하고 과감한 결말이었음에도 반대하지 않았다. 평소 나라면 플레이어를 그 정도로 소외시킬 위험을 절대 감수하지 않는다. 하지만 역사적으로 정확한 설정이었고 브라이언이 이를 미끼로 유인해 마지막에 뒤통수를 치는 속임수(bait-and-switch)가 아닌 만족스러운 최종 보스전으로 보았기에 그의 의견을 따랐다. 사공이 많으면 좋은 게임이 탄생할 수 없다.

내가 이 게임에 실제 얼마나 영향을 미쳤는지의 문제가 마이크로프로즈와 내 경력의 미래를 중대한 기로로 이끌었다. 회사 측에서 처음부터 계획했던 것인지 아니면 내 참여도가 가상의 임계치를 넘을 때까지 기다렸던 것인지 모르겠으나 어느 순간 마케팅 부서에서 〈시드 마이어의 콜로니제이션〉이라는 제목을 제안했다.

사실 내가 별로 관여하지 않은 〈레일로드 타이쿤 디럭스〉에도 이미 내 이름이 쓰인 적 있었다. 하지만 그 게임은 내가 작성한 코드의 겉모습만 업그레이드한 것이고 나 때문에 기여도가 평가 절하된 신진 디자이너도 없었다. 하지만 〈콜로니제이션〉은 '문명 디럭스'가 아니었다. 이 게임은 내 게임에서 약간의 영감만 받았을 뿐 브라이언이 거의 모든 코드를 작성해서 만든 고유한 세계였고 그렇다는 사실을 내가 직접 확인하기까지 했다. 물론 제작 중간에 내가 제안한 내용도 있었으나 이를 받아들일지는 브라이언이 결정했다. 〈콜로니제이션〉은 시드 마이어의 게임이 아니었다.

하지만 마케팅 관점에서는 그런 문제가 중요하지 않았다. 5편의 게임과 1편의 리메이크를 거치는 동안 어쩌다 보니 내 이름은 브랜드가 되었다. 플레이어가 스타여야 하고 디자이너는 보이지 않아야 한다는 것이 내 게임 철학인데도 내 이름이 계속 상자에 올라갔다. 나를 악의적으로 이용하려고 한 사람은 없었다는 점을 분명히 하고 싶다. 마케팅 부서는 순수하게 실용적인 입장이었다. 게임이 많이 팔린다는 것은 회사가 강해진다는 의미였고 엄밀히 말해 더 이상 내 회사가 아닌데도 그런 부분은 여전히 신경 쓰였다.

최종 결정은 내 몫이었다. 내 의견을 직접적으로 묻지 않더라도 단호하게 반대하려면 할 수 있었다. 브라이언의 의사를 타진하자 놀랍게도 그는 강력히 찬성한다고 했다. 수석 디자이너로서 맡은 첫 번째 대규모

프로젝트였기에 포장에 뭐라고 쓰든지 게임이 잘 팔리지 않는다면 다음 기회를 얻기 어려울 확률이 높았다. 내가 그렇듯이 브라이언도 어떤 포상을 받느냐보다 그저 별다른 방해 없이 자신의 아이디어를 구현할 수 있느냐를 중요하게 생각했다.

그는 내가 많이 도와주었다고 했다. 그가 내 사무실에 질문하러 들른 횟수는 우리 둘 다 기억할 수 없을 정도로 많았다. 그리고 수정할 부분이 없는 게임이라는 것을 인정할 수밖에 없었다. 엔딩이 내 취향에 꼭 맞지는 않았으나 디자인 면에서 적절한 선택이었고 브라이언의 실행은 흠잡을 데가 없었다. 〈콜로니제이션〉은 나라도 따랐을 동일한 원칙에 따라 제작된 훌륭한 게임이었다.

그래서 허락하기로 했다. 이때부터 '시드 마이어의'라는 말은 '시드 마이어가 직접 코딩한'이 아니라 '시드 마이어의 멘토링과 승인을 받은'이라는 뜻이 되었다. 어차피 피할 수 없는 수순이라는 것을 어렴풋이 알았던 것 같다. 홍보 관련 결정은 상황이 허락하는 한 사정 없이 전진한다는 것 정도는 경험으로 알 때였다. 이제 와서 거절한다는 것은 브라이언의 작품을 공공연히 거절하는, 부당하고 부정확한 처사일 터였다. 내가 수락하면 그에게 좋고 회사에 좋고 내게 좋을 뿐 아니라 〈문명〉이 거둔 성공을 좇아 밴드웨건 효과를 노리고 쏟아져 나오는 전략 게임의 공세 속에서 어느 정도 품질이 보증된 제품을 누릴 자격이 있는 소비자에게도 아마 좋을 것이다.

하지만 앞으로 무엇을 수용하고 수용하지 않을지 강경하게 선을 그을 때가 되었다는 것 또한 깨달았다. 우선 내 승인을 제대로 받지 않은 제품에 절대 내 이름을 붙이지 않을 것이다. 수석 디자이너가 나를 원하지 않는 게임에 내 이름을 붙이지도 않을 것이다. 그리고 내 이름을 가장 높은 가격을 부르는 사람에게 팔게 두지도 않을 것이다. 이 문제를 두고 싸우는 날이 오지 않기를 바랐지만, 어쩔 수 없는 순간이 온다면 그렇게 하겠다고 다짐했다.

언론은 이러한 불일치를 간과하지 않았으나 이를 부정적으로 보는 사람은 소수에 불과했다. 어떤 사람은 내가 새로운 장르를 만들었으니, 마치 새로운 종 혹은 질병을 발견했을 때처럼 이 게임에 내 이름을 붙이는 것이 지극히 타당하다고 주장했다.(〈문명〉에 중독된 일부 플레이어들의 주장이었다.) 다행히 얼마 지나지 않아 게임 작가였던 앨런 엠리치(Alan Emrich)가 이 장르에 탐험(exploration), 확장(expansion), 개발(exploitation), 말살(extermination)이라는 4가지 주요 목표를 나타내는 4X라는 조금 더 영구적인 이름을 붙여 주었다. 만약 내 이름이 모든 전략 게임을 일컫는 용어로 쓰였다면 내가 어떻게 했을지는 잘 모르겠다. 어쨌든 앨런이 도와주어서 고마웠다. 4X는 전략 게임의 본질적인 요소를 간추려 보여 주는 영리하고 간결한 방법이다. 게다가 당시에는 디스크 공간이 제한적이었으므로 단 2글자로 축약했다는 면에서도 감사하지 않을 수 없었다.

〈콜로니제이션〉이 금색 옷을 입은 다음 날, 그러니까 최종 제품이 승인을 받고 배포를 위해 금색 마스터 CD에 찍혀 나온 다음 날 브라이언은 영국으로 가는 비행기에 올랐다. 그의 아내가 요크셔에서 풀브라이트 장학금을 받아서 학업을 위해 학기 시작에 맞춰 출국한 사이 그는 〈콜로니제이션〉의 최종 테스트와 승인 절차 때문에 몇 달간 미국에 붙들려 있었다. 내가 알기로는 〈콜로니제이션〉이 금색 옷을 입은 날은 그의 생일이기도 했으므로 기념할 일이 두 가지나 되었다. 드디어 자유를 얻었으니 한시바삐 짐을 싸도 성에 차지 않았을 것이다.

우리로서는 브라이언의 휴가가 한시적이어서 다행이었고, 그로서도 회사에 앞으로 9개월간 상대적으로 고립된 상태로 일할 수 있는 프로젝트가 있어서 다행이었다. 나이가 어느 정도 있는 사람이라면 아마 기억할 텐데 1994년에는 잘 정리된 '컴퓨터 정보 서비스', 즉 인터넷에 접속하려면 컴퓨서브(CompuServe)나 프로디지(Prodigy) 같은 서비스 제공업체에서 계정을 구입해야 했다. 나이가 어려서 모르는 사람은 무서울 정도의 요금을 내야 했다는 것만 알아 둬라. 〈파퓰러 사이언스(Popular Science)〉 잡지에 실린 한 광고에는 사용자가 이 종합적인 서비스에 '결코 싫증 날 틈이 없다'라는 헤드라인 아래, 매달 이메일 60통, 평행 우주에 관해 '두 배나 많은 사람'과 대화할 수 있게 해 주는 기능 등 컴퓨서브 회원이 누리는 많은 특전이 나열되어 있다.

브라이언이 대서양 너머에 있는 우리 사무실에 접속하려면 분 단위로 부과되는 국제 전화 요금을 내야 했다. 그래서 먼저 지역 번호를 사용해서 우리 회사의 영국 사무실로 전화 접속을 한 후 기업망을 통해 이메일로 업데이트된 게임을 보냈다. 첨부할 수 있는 파일 크기에 제한이 있었다. 그런데 그건 최종 게임도 마찬가지였다. 영국의 하드웨어 시장과 미국 시장에는 공통부분이 적어서 마이크로프로즈는 브라이언이 개인적으로 해외에 가지고 갈 최첨단 '휴대용' 컴팩 컴퓨터를 거액에 구입했다. 그

제품의 크기와 무게는 대략 벽돌로 가득 채운 서류 가방 정도였고 제품 가치를 신고하려고 세관에 제출한 영수증에 적힌 소매가격은 8,700달러였으며 이는 오늘날 가치로 환산하면 14,000달러*가 넘는 금액이다.

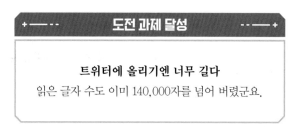

도전 과제 달성

트위터에 올리기엔 너무 길다
읽은 글자 수도 이미 140,000자를 넘어 버렸군요.

여기서 말하는 게임이란 당연히 〈문명 II〉였다. 경영진은 또 내가 참여하리라 생각했고 실제 잠깐 참여하기도 했다. 브라이언이 메인 게임의 업데이트 작업을 하는 동안 나는 새로운 전투 시스템 프로토타입을 만들었다. 전투가 시작되면 전쟁터를 더 자세히 보여 주는 별도의 화면으로 갔다가 전술상 승자가 결정된 후 메인 세계 지도로 돌아오는 시스템이었다. 하지만 몇 달 후에 결과가 만족스럽지 않아서 새 전투 시스템은 적용하지 않을 생각이니 기존 전투 시스템을 그대로 쓰는 게 좋겠다고 브라이언에게 이메일을 보냈다. 내가 번아웃을 겪고 있어서가 아니고 게임을 위해 그렇게 하는 것이 좋겠다고 생각해서 내린 결정이었다. 왕이 되는 것이 〈문명〉의 핵심이다. 하급 장군으로 지위를 떨어뜨리면(〈코버트 액션〉 규칙을 어기는 것은 물론이거니와) 플레이어는 완전히 다른 스토리를 경험하게 된다. 이기든 지든, 전투가 좋은 게임을 만드는 필수 요소는 아니나 〈문명〉에는 꼭 필요한 요소였다.

하지만 브라이언은 확실히 다른 많은 부분을 바꿨다. 솔직히 매주 그가 영국에서 보내는 빌드를 주의 깊게 보지 않았다. 사실 아예 보지 않았다. 그가 만든 〈콜로니제이션〉을 본 후 브라이언을 향한 신뢰가 그 어느 때보다 커졌고, 진행 중간에 보내오는 버전은 그래픽이나 사운드 담당자가 업무에 착수할 수 있게 하는 것이 주목적이라고 생각했다. 하지만 미국에 돌아오면 내 의견을 듣고 싶어 할 거란 생각에 그가 돌아오기 직전에 최신 버전을 실행해 보았다.

맨 처음에는 '신'이라는 여섯 번째 난이도와 야만인의 공격성을 조절하는 기능을 추가한 부분이 눈에 띄었다. 마음에 들었다. 그리고 성별도 고를 수 있었다. 성별에 따라 맞춤형 텍스트와 그래픽이 어떻게 나오는지 확인해야겠다고 기억해 두었다.

내 부족을 고를 차례였다. 와, 21개나 되네. 오리지널 〈문명〉에서는 14개가 최대였다. 발전한 기술 덕분에 프로그래밍 관점에서는 새로운 문명 추가가 이제 그다지 어렵지 않았다. 하지만 역사 연구에 꽤 시간이 들었을 것이다. 감동적이었다.

도시의 외관 스타일을 고를 수 있는 대화상자를 지나 마침내 메인 화면에 다다랐다.

간이 뚝 떨어졌다. 맙소사, 당연히 장난이겠지.

〈문명 II〉는 멋진 새 운영체제 윈도우 3.1를 기반으로 만들어졌는데 이 운영체제에서는 각 프로그램 상단에 항상 메뉴가 표시되었다. '게임', '왕국', '보기', '명령'까지는 일리가 있었다. 하지만 맨 끝에서 두 번째에

'치트'라는 단어가 자리 잡고 있었다.

아무리 이제 치트가 게임의 일부로 인정받는다고 해도 바로 메인 화면에 넣는다고? 좋다고 볼 수 없었다. 우선 규칙 변경을 더 이상 치트로 보지 않고 허용되는 게임 플레이의 한 형태로 여겼는데, 게임 플레이가 너무 빨라지고 쉬워지면 게임이라고 보기 어렵다. 모든 스토리텔링이 그렇듯이 게임에서도 결말보다 과정이 중요하다. 플레이어가 바로 결말로 넘어갈 방법을 적극적으로 찾는다는 것은 디자이너가 만들어 둔 판타지가 매력적이지 않다는 뜻이다. 눈을 뗄 수 없는 흥미진진한 소설에 "마지막 페이지는 여기예요. 결말부터 보고 싶은 분은 확인하세요."라고 표시해둘 리 있겠는가. 정말 치트를 쓰고 싶은 플레이어라면 본능적으로 쓸 방법을 찾아내기 마련이므로 굳이 우리가 도울 필요는 없다.

사실 이런 시도들이 성공적으로 이루어지는 걸 막는 게 우리의 역할이다. 버그 수정은 대체로 대부분 망가진 코드를 고치기 위해서가 아니라 플레이어가 놓치지 않고 악용하는 디자인상의 구멍을 메우기 위해서 이루어진다. 내가 〈문명〉의 수정판을 처음 내보냈던 것도 한 사용자가 여러 작은 도시로 땅을 바둑판처럼 덮어 버리면 도로와 관개에 비용이 들지 않는다는 것을 알아내서였다. 물론 허점을 악용하지 않고 올바른 방법으로 플레이할 수도 있다. 하지만 유혹이 어디 가지 않는다. 플레이어들은 항의를 통해 우리가 그들을 스스로부터 보호해 주길 원한다는 의사를 명확히 드러냈다. 그래서 우리는 부패라는 개념을 도입했다. 새로운 지역 정치인이 등장할 때마다 시민의 불행을 증가시켜서 도시 수를 적게 유지하는 게 유리하도록 한 것이다. 정상적인 게임 플레이에는 영향을 미치지 않으나 도시를 무차별로 세우는 전략을 쓰면 시민들이 식량 재배 의지마저 상실할 정도로 불행해졌다. 그리고 얼마 지나지 않아 플레이어들이 몽골과 전차로 게임을 망가뜨릴 더 복잡한 방법을 알아내는 바람에 두 번째 수정판을 내보내야 했다. 이 치트를 처음 알아낸 사람들은 전략을 설명하기 위해 게시판에 한 페이지 반이나 되는 분량의 글을 쓸 정도로 창의성과 투지가 돋보였다. 우리로서는 이들이 아무 노력 없이 원하는 것을 손에 얻게 해줄 필요는 없었다.

하지만 말했다시피 결정 권한은 브라이언에게 있었다. 그는 내 조언을 조용히 무시하고 〈문명 II〉를 치트 메뉴와 함께 출시했다. 플레이어는 적의 금고에서 돈을 빼내고 클릭 한 번에 다른 모든 문명을 몰살시키고 자신의 발밑에 있는 땅을 개조할 수 있었다. 이런 옵션이 게임의 핵심을 근본적으로 망가뜨리는 것은 아니나 '다시 하고 싶어 할까?'를 생각하면 자충수라는 생각이 들었다. 필승의 방법이 있다면 다시 플레이할 이유가 없다. 나라면 재미를 위해 내 앞에 있는 치트 옵션을 못 본 체하겠지만, 플레이어도 그럴지 확신이 없었다. 우리가 디자이너 역할을 맡은 데에는 이유가 있었다.

몇 년이 지나 내 아들 라이언이 창병 몇 명을 뭉개 버리기 위해 중세시대에 탱크 여러 대를 신나게 만드는 모습을 어깨 너머로 우연히 본 후, 굳이 치트가 필요 없을 정도로 재미있는 게임에서는 치트를 한 번쯤 써보는 것도 나름의 재미라는 것을 깨달았다. 여전히 플레이어의 눈에 너무 쉽게 띄지 않게 두세 단계 정도 아래의 하위 메뉴에 넣었으면 어땠을까 싶기는 하지만, 어쨌든 매력이 있다는 것은 확인했다.

내가 인정해야 할 또 다른 부분은 치트 기능이 〈문명 II〉의 가장 중요한 부분인 모드(MOD)[42]에 직접적으로 영감을 주었다는 점이다. 업계 초창기에는 누구나 가지고 놀 수 있게, 게임이 디스크에 속을 훤히 드러낸 채 출시되었다. 잡지에 공개된 코드를 독자가 자신의 컴퓨터에 직접 입력해서 복제할 수 있을 정도로 프로그램의 용량이 작았다. 하지만 나중에는 컴파일 프로그래밍 언어 때문에 명령어 라인이 묶여서 접근할 수 없게 되었다. 똑똑한 해커라면 소 잃고 외양간 고치기 식으로 만들어 넣은 불법 복제 방지 루틴 같은 코드 덩어리를 잘라낼 수 있었다. 하지만 게임의 콘텐츠까지는 접근할 수 없기 때문에 코드를 헤집어서 지도를 바꾸거나 주인공 자리에 자신의 사진을 넣는 것은 불가능했다.

하지만 C나 C++ 같은 현대적인 컴퓨터 언어에서는 프로그램이 컴파일된 코드 외부에 있는 텍스트 파일에서 게임 데이터를 가져올 수 있다. 프로그램을 완성한 후에도 특정 값을 유연하게 설정할 수 있다는 뜻이다. 이를 활용할 필요를 느낀 디자이너는 거의 없었는데 브라이언은 〈콜로니제이션〉을 처음 만들 때 여러 주요 변수를 프로그래밍에 관해 잘 아는 플레이어에게 열어 두기로 했다. 이해하기 쉬운 텍스트 문서에 간단히 키를 몇 번 누르는 것만으로 적을 약하게 만들거나 건물 가격을 낮추고 자신에게 유리한 조건의 거래를 국왕에게 강요할 수 있었다.

돌이켜 보건대 편집할 수 있는 이런 텍스트 파일은 치트 메뉴의 등장을 예견하는, 명확한 철학적 전조였다. 하지만, 〈콜로니제이션〉에서는

---

42 수정이라는 뜻의 영어 단어 'modification'에서 온 말로 기존 게임을 수정해서 새로운 게임으로 만드는 것을 가리킨다.

게임에 번쩍이는 광고판처럼 등장하지 않고 작은 뒷문처럼 디스크 안에 깊숙이 묻혀 있었다. 브라이언은 〈문명 II〉에서 치트를 공개적으로 드러내고 뒷문을 더욱 활짝 열어젖혔다. 그는 플레이어가 그래픽을 수정하고 음향 효과를 변경하고 규칙을 바꿀 수 있게 했다. 쉽게 말해 코드의 뼈대를 바탕으로 플레이어 스스로 완전히 새로운 게임을 만들 수 있게 했다.

좋은 생각인지 확신할 수 없었다. 말했듯이 게임 자체는 훌륭했다. 이번에도 브라이언이 찬성했기에 내 이름도 기쁘게 붙였다. 하지만 플레이어에게 모든 것을 넘기겠다는 아이디어는 그저 당황스러웠다. 이들은 아마 프로그램을 서툴게 다룰 테고 독창성이 떨어지는 자신의 창작물을 두고 우리를 비난하리라 생각했다. 혹시 능숙하게 다룬다 한들 일자리만 빼앗기고 말 것이다. 어느 쪽이든 모드는 〈문명 III〉의 탄생을 가로막을 아주 좋은 방법 같았다.

그 당시 내 생각은 모든 면에서 틀렸다. 지금은 오히려 모드 커뮤니티의 힘 덕분에 〈문명〉 시리즈가 살아남을 수 있었다. 첫 번째 팬레터가 온 이래 플레이어들은 게임을 수정할 수 있게 해 달라고 아우성쳤으나 나는 방어적인 태도를 고수했다. 게임이 아니라 플레이어를 위해서였다. 이들이 할 경험이 망가질까 두려웠다. 플레이어에게 스토리는 중요했다. 그런데 이를 보증할 유일한 방법이 설정을 현실적으로 만들고 비중 있게 다루는 것이었다.

당시 내가 몰랐던 것은 상상이 현실을 약하게 만들기는커녕 강화한다는 점이다. 마치 판타지가 현실의 새로운 가능성에 눈뜨게 해 주는 것처럼 팬들에게 우리의 놀이터를 공개했더니 이들은 자신의 판타지를 실현시킨 우리의 세계관에 더 가까이 다가왔다. 아주 소소한 AI 수정부터 매우 거친 코미디적 패러디에 이르기까지 모든 수정은 플레이어가 〈문명〉으로부터 멀어지게 하지 않았다. 오히려 게임을 신선하게 유지해 주는 선물 같은 존재였다. 나는 이들이 집을 허무는 줄 알았는데 실제로는 동네가 마음에 들어서 정착하려고 집을 리모델링하는 중이었다. 브라이언은 지혜롭게도 건축 자재를 나눠 준 것이다.

팬과 함께 운영했다는 말은 이들의 역할을 과소평가하는 것이다. 게임을 출시한 지 몇 주 만에 굉장히 창의적인 〈문명 II〉 모드가 온라인에 등장하기 시작했다. 빠진 지도자 추가하기, 군사 유닛이나 건물 이름을 취향대로 수정하기 등 겉으로 드러나는 부분만 수정한 간단한 모드도 있었다. 진행 데이터 세트를 추가해서 마치 저장해 둔 게임처럼 플레이어가 복잡한 시나리오 중간 지점부터 시작할 수 있게 해 주는 조금 더 복잡한 모드도 있었다. 여기에는 '로마의 영국 정복'이나 '걸프전' 같은 현실 세계의 갈등을 담은 시나리오도 포함되었다. 이런 시나리오에서는 재산, 인구, 군사력도 역사에 따라 정확하게 배분되었다. 호화롭고 경제적으로 번영한 여성 문명과 과하게 무장한 강인하고 호전적인 남성 대륙이 맞붙게 하는 '성 대결' 모드, 장난감 기반 경제를 바탕으로 라이벌 엘프 작업장을 무너뜨리는 '산타 할아버지가 오신대' 모드처럼 기발한 아이디어를 구현한 모드도 있었다. 그중에는 〈문명〉의 모드라는 것을 알아보기 어려울 정도로 그래픽을 거의 새로 만든 모드도 있었다. 팬들이 만든 훌륭한 시나리오는 사내에서 만든 시나리오와 함께 〈문명 II〉 공식 확장팩을 통해 출시했고 이러한 창작자 중 몇몇은 모드 포트폴리오에 힘입어 업계에서 일자리를 구하기도 했다.

모드 커뮤니티에는 창의성보다 기술의 한계를 확인해 보는, 조금 더 실험적인 접근법을 취하는 이들도 있었다. 플레이어의 컴퓨터가 허용할 수 있는 최대한 많은 문명을 초대형 지도에 넣도록 설정하거나 가능한 한 작게 만든 지도에 모든 문명을 억지로 밀어 넣었을 때 일어나는 대혼란을 지켜보는 것이 인기였다. 이런 설정의 극한에는 정확한 세계 지도의 실제 위치에 61개의 문명을 동시에 배치하는 '배틀 로얄' 모드가 있었다. 안타깝게도 한 번도 승자가 정해진 적이 없었는데, 몇백 턴이 지나면 항상 시나리오가 멈춰 버렸기 때문이다. 하지만 이 시나리오에 흥미를 느낀 커뮤니티의 다른 사람들이 향후 있을지도 모르는 리메이크를 위해 자동 스크립트와 개발 도구를 작성해 주었으며 이러한 공동의 노력은 오늘날까지 이어지고 있다.

한편 그저 플레이 시간만으로 화제가 된 청년도 있었다. 〈문명 II〉는 한 번 할 때 보통 10시간 정도 걸리며 외교술을 현란하게 구사하면 15시간 정도 걸리기도 한다. 간혹 20세기에 이를 때쯤 모든 경쟁국을 압도하는 능숙한 플레이어도 있으나 현대 시대에 접어들 때쯤에 민주적인 초강대국들이 복잡한 교착 상태를 이루는 것이 보통이다. 그러면 서기 2050년이 될 때 업적을 집계해서 가장 높은 점수를 달성한 국가에 왕관을 수여했다.

하지만 〈해적!〉이 그랬던 것처럼 이 게임도 종료를 강요하지 않는다.

점수로 승리하더라도 상대국이 남아 있는 한 게임을 계속할 수 있다. 그렇게 우격다짐으로 계속해 봐야 대개 패배로 끝났다. 평화조약이 체결된 세계에서 전쟁을 선포하면 모두가 적이 되기 때문이다. 하지만 어찌 된 연유인지 제임스 무어(James Moore)라는 14세 소년이 시작한 게임은 핵전쟁 시대를 벗어나지 못했다. 바이킹, 미국, 그리고 제임스가 선택한 켈트 문명은 확고한 지위를 잃지도 얻지도 못한 채 끊임없이 서로에게 탄두를 날리며 완벽한 공격적 평형 상태를 이룬 상태로 어떻게든 정상에 올라왔다.

다른 게임은 몇 년 동안 그의 관심을 끌었다 잃기를 반복했으나 우연히 마주친 이 작고 이상한 디스토피아는 제임스를 매료시켰고, 그 결과 그는 명목상 승자로 선언된 후에도 오랫동안 이 시뮬레이션을 계속 진행했다. 고등학교를 졸업하고 대학에 가고 자퇴하고 취직하고 더 좋은 직장으로 이직하고 마침내 다시 대학으로 돌아올 때까지 저장한 게임 파일을 도시에서 도시로, 컴퓨터에서 컴퓨터로 옮겨 가며 플레이를 이어 갔다. 그는 수 세기에 걸친 갈등으로 인구의 90%가 사망하고 핵 낙진이 극지방의 만년설을 20번 이상 녹이는 동안에도 해결책을 기대하며 매주 몇 시간을 아포칼립스 이후의 세계를 돌보는 데 썼다. (만년설이 녹는 설정은 지구 온난화가 일정한 수준에 도달할 때마다 발생할 추상적인 결과로 프로그래밍했고 한 차례 이상 촉발될 상황은 전혀 예상치 못했다. 제임스가 만든 세계는 1,700년간 끊임없이 이어진 열핵 폭격에 의한 해수면 상승으로 가장 높이 있는 산악지형을 제외한 모든 곳이 바닷물에 잠겼다.)

〈문명 II〉는 그가 가정 형편상 미루고 미루다 구입한 최초의 컴퓨터 게임이었기에 감정적 애착을 느꼈을 수도 있다. 아니면 누구나 그렇듯이 그도 디스토피아라는 관념이 발산하는 매력에 매료된 것일 수도 있다.

〈문명〉은 우리가 스스로에게 품는 가장 깊은 공포를 조명하기 때문에 이 토록 매력적인지 모른다. 전 세계 지배라는 판타지를 충족시키는 게임을 하다 보면 자신이 그런 일을 맡을 자격이 있는 인물인지 한 번쯤 의심하 지 않을 수 없다.

제임스는 애석한 마음을 드러냈다. "휴전 조약을 체결할 때마다 바이 킹은 바로 다음 턴에서 나나 미국을 기습 공격했습니다…. 민주주의는 약 1,000년 전쯤 내 제국을 위험에 빠뜨린 원흉이었기 때문에 포기할 수 밖에 없었습니다." 핵폭탄을 민간인에게 발사하면 다른 모든 나라가 즉 시 전쟁을 선포하므로 이렇게 하면 보통 패배하며 게임이 끝났다. "하지 만 그 상황도 이미 경험했기 때문에 더 이상 누구도 억제하지 못했습니 다. 저도 마찬가지였죠."

2012년 제임스는 '영원한 전쟁'이라는 별명을 붙인, 10년간 이어진 게 임을 공개하면서 커뮤니티에 도움을 요청했다.

그는 이렇게 경고했다. "군사적 교착 상태에 빈틈이 없습니다. 식량을 위해 곡창이 필요하신가요? 안타깝지만 또 탱크를 만들어야 합니다. 다 음 턴엔 가능할지도요." 그는 여전히 승리를 원했다. 하지만 그와 동시 에 가상의 고통에 몹시 지쳐 있었다. "세계를 재건하고 싶은데 어떻게 해야 할지 모르겠습니다."

제임스가 다른 사람들도 해 볼 수 있게 최신 저장 파일 사본을 게시하 자 놀랍게도 이 이야기가 입소문을 탔다. 댓글을 단 플레이어가 수천 명 이었고 그중에는 조언해 주는 사람도 있었다. 하지만 대부분은 그저 인간 본성에 관한 이러한 통찰에 혀를 내두르며 조지 오웰(George Orwell)*이 쓴 《1984》와의 유사성을 간과할 수 없다고 말했다. 인류의 미래는 암울했고 〈문명〉이 그것을 증명했다.

도전 과제 달성

디스토피아 만찬 모임
오슨 스콧 카드, 올더스 헉슬리,
로버트 하인라인, 조지 오웰과 어울리기.

이 일이 세간의 이목을 끌면서 한 기자가 내 의견을 묻기 위해 연락해 왔고, 나는 이 게임에 사회 비판이 숨겨져 있다는 의혹을 신속히 불식시켰다.

나는 이렇게 확언했다. "이런 상황까지 시험할 방법은 없습니다." 대다수의 플레이는 이런 방식으로 진행되지 않으며 전쟁 상황이 이렇게 완벽하게 균형을 이룰 확률은 동전을 던졌을 때 모서리로 착륙할 확률과 비슷할 것이다. 놀랍지만 완전히 불가능한 것은 아니며, 더 깊은 의미가 있다는 증거는 단연코 아니었다. 여기서 얻을 수 있는 유일한 통찰은 제임스가 이 게임을 정말 재밌게 했다는 것이다. 패배할 생각이 있었다면 언제든 게임을 멈출 수 있었다. 현실 세계에서라면 제임스는 극지방 얼음을 두 번째로 녹일 방법을 알아내기 훨씬 전에 암살당하거나 노령으로 사망했을 것이다.

원래는 게임을 유기적으로 진행하다가 만들어진 시나리오지만, 데이터를 공개한 후에 일종의 모드가 되었다. 제임스는 자신이 만든, 매우 불쾌한 동시에 아주 매력적인 스토리를 수많은 사람에게 공유했고 이를 접한 사람들은 모두 이 난장판에서 벗어날 방법을 찾으려 애썼다. 결국 한 플레이어가 '단' 58턴에 바이킹을 이길 전략을 알아냈으나 그 전략을 그대로 따르려는 사람은 거의 없었다. 사람들은 각자 나름의 방식으로 승리를 거두고 벼랑 끝에서 살아나온 극적인 자신만의 스토리를 창조하고 싶어 했다.

〈문명〉 커뮤니티는 플레이어가 만들고 공유한 온갖 모드를 통해 인간 본성에 관해 많은 것을 밝혔다. 몇 가지 알고리즘에서 비롯된 우연한 결과보다 커뮤니티가 알아낸 것이 훨씬 더 많다. 대부분의 플레이어는 모든 도전과제를 풀 기회가 생기더라도 서로를 도우며 스스로를 위해 흥미로운 새 도전과제를 끝없이 고안한다. 이들은 당초의 내 예상보다 더 강했고 내 예상이 빗나간 것이 이렇게 다행일 수 없었다. 당시에는 몰랐지만, 우리 팬덤의 힘과 충성도가 막 시험대에 오를 참이었으니까.

15 해산

〈매직: 더 개더링〉은 단순한 게임 그 이상이었다. 〈마인크래프트(Mine-craft)〉가 요즘 세대를 점령한 것처럼 이 게임 또한 확실히 한 세대를 점령한 현상이었다. 디자이너 리처드 가필드(Richard Garfield)는 포켓몬과 유희왕, 그 뒤에 나온 수백 가지 카드보다 훨씬 앞선 1993년에 오리지널 카드 덱을 발매했다. 야구 카드처럼 수집용 팩으로 구입하되 진 러미(Gin Rummy)나 워(War)처럼 상대와 직접 마주해서 플레이할 수 있는 최초의 트레이딩 카드 게임이었다.

마이크로프로즈가 위저드 오브 더 코스트(Wizards of the Coast)와 함께 〈매직: 더 개더링〉 디지털 버전 제작에 관해 논의할 무렵 회사 휴게실에서는 다른 보드게임들은 이 게임에 밀려 거의 잊혀지고 있었다. 나는 당시 제작 중이던 다른 게임을 테스트하느라 바빠서 이 게임을 많이 해 보지는 못했지만 규칙이 복잡하고 승리 전략이 항상 분명하지 않다는 정도는 보아서 알고 있었다. 만만찮은 플레이어와 맞붙을 AI 루틴을 개발하는 일은 흥미로울 테고 〈C.P.U. 바흐〉도 내 관심사 목록에서 사라진 이상, 조금 더 게임 같은 게임으로 돌아가는 징검다리로 삼기 적합한 작품일지도 모르겠다고 생각했다. 순수한 전략 게임에서 잠시 떨어져 지낼 필요가 있다는 내 판단에는 아직 변화가 없어서 여전히 거리를 유지하는 중이었다. 하지만 만약 〈매직: 더 개더링〉을 실제 진행하게 된다면 그 프로젝트를 맡기로 했었는데, 때마침 회사에 있는 〈매직: 더 개더링〉의 열렬한 팬 몇 명이 이 게임을 컴퓨터 게임으로 만드는 것은 아주 좋은 아이디어라고 경영진을 설득하는 데 성공했다.

대체로 좋은 아이디어이긴 했다.

나는 9년 전 〈레드 스톰 라이징〉을 만든 이래 라이선스를 받은 IP는 다룬 적 없었는데 회사의 새로운 권력자들 때문에 요즘은 그런 프로젝트를 많이 맡는 것 같았다. 아케이드 시장은 우려했던 바와 같이 무너졌고 1993년 빌은 마이크로프로즈를 스펙트럼 홀로바이트(Spectrum Holobyte)라는 더 큰 개발사에 매각해야 했다. 그 후 〈콜로니제이션〉과 〈C.P.U. 바흐〉를 출시할 무렵 빌은 스튜디오 책임자 자리로 내려왔다. 마이크로프로즈는 더 이상 우리 소유가 아니었다.

스펙트럼 홀로바이트는 캘리포니아에 있었고 우리의 작은 회사에서 어떤 일이 일어나는지 별 관심이 없는 것 같았다. 당시 이들의 관심은 이미 서로 다른 회사 네 곳에서 6개의 게임을 발매한 영화 〈탑건〉의 라이선스에 온통 쏠려 있었다. 〈문명〉이 공전의 성공을 거두었음에도

〈문명 II〉의 우선순위는 낮게 책정되었고 회사의 공식 판매량 추정치는 38,000부에 불과했다. 브라이언이 만든 게임의 판매량이 100만 부를 넘긴 후에도 캘리포니아 거물들의 지원은 받기 어려웠다. 그들의 관심 대상은 '시장성을 갖추고 대세를 따르는 작품'이지 '흥미롭고 미묘한 작품'이 아니었다. 라이선스를 취득해야 한다는 압박이 노골적이어서 그랬는지, 아니면 남아 있는 마이크로프로즈 경영진이 그들의 비위를 맞추려고 노력한 것인지 모르겠으나 진실이 어느 쪽이든 일방적으로 지정한 라이선스를 배정받기 전에 우리가 좋아하는 것을 선택하는 쪽이 합리적일 것 같았다.

〈매직〉은 요즘 같으면 멀티플레이어 방식으로 만들어야 할 게임이다. 어쩌다 당치도 않게 와이파이 접속이 되지 않는 상황에서만 AI와 맞붙게 하면 된다. 하지만 당시는 '와이파이'라는 단어가 발명되기도 전인 1990년대 중반이었다. 하드코어 너드라면 가끔 LAN으로 컴퓨터끼리 직접 연결하기도 했다. 하지만 평범한 사람이라면 굳이 컴퓨터와 케이블 뭉치를 차에 싣고 중간 지점에서 만나는 수고를 감내하지 않았다. 주요 대학에는 광대역 연결이 있었으나 나머지 사람들은 여전히 전화 접속을 벗어나지 못하던 때였다.

전화 접속이라고 온라인 게임이 불가능했던 것은 아니었다. 10년간 멀티플레이어 텍스트 어드벤처를 즐기는 사람들이 조금이나마 생겼고 일부 전자게시판 서비스에서 간단한 체스나 저해상도 슈팅 게임을 제공하기도 했다. 마이크로프로즈는 막 〈시브넷〉이라는 (느리고 버그가 많은) 멀티플레이어 버전의 〈문명〉을 공개했고 〈매직: 더 개더링〉이 개발되는 동안

리처드 개리엇(Richard Garriott)이라는 청년은 〈울티마 온라인(Ultima Online)〉이라 알려진 대규모 멀티플레이어 혁명을 위한 코드를 작성하고 있었다. 이 게임 또한 〈매직: 더 개더링〉과 같은 해에 출시되었으므로 기술은 분명 이미 존재했다고 볼 수 있다.

양사의 상황에는 두 가지 차이가 있었다. 첫째, 개리엇의 회사는 수천 명에 달하는 〈울티마 온라인〉의 활성 사용자를 감당하기 위해 24시간 작동하는 서버 랙과 이를 관리하는 풀타임 직원 등 인프라에 투자했다. 마이크로프로즈는 팔리지 않은 아케이드 하드웨어의 쓰린 기억 때문인지 전용 서버를 호스팅하려고 하지 않았다. 〈시브넷〉 사용자들은 LAN을 비롯한 기타 서비스를 통해 직접 연결망을 구축해야 했는데, 그렇게 한들 팬이 모방해서 만든 오픈 소스 버전보다도 게임 성능이 더 떨어질 때가 많았다. 심지어 〈시브넷〉 사용자 중에는 몇 달 뒤 〈문명 II〉가 출시될 예정이었다는 소식을 뒤늦게 듣고 우리에게 속아서 두 제품을 연달아 샀다고 느끼는 이들도 있었다. 〈시브넷〉은 당연히 성공하지 못했고 경영진에게 온라인 플레이의 가치를 설득하는 데 아무 도움이 되지 못했다.

하지만 더 중요한 것은 〈울티마 온라인〉이 애초에 멀티플레이어용으로 디자인되었다는 점이다. 〈울티마 온라인〉은 5~5,000명의 사용자가 하나의 세계를 동시에 이용할 수 있었던 반면, 〈매직〉은 플레이어끼리 이어 주기 위해 매칭 서비스를 제공해야 했다. 게다가 〈울티마〉는 실시간이어서 다른 사람의 턴이 종료될 때까지 기다릴 필요가 없었다. 〈매직〉은 턴제였을 뿐 아니라 규칙상 카드를 낼지 말지 선택권을 주는 경우가 많아서 온라인 버전에서도 각 플레이어에게 패스할지 묻는 대화상자를 끊임없이 띄워야 했다.

멀티플레이어가 존재하지 않는 멀티플레이어 게임에서 느낄 실망감을 벌충하기 위해 현실 세계에서 구매할 카드 팩을 대체할 어드벤처 게임 프레임워크를 만들었다. 레어 카드를 수집해서 자신의 고유한 덱을 만드는 것이 중요한 재미 요소였고 이런 아이템을 찾아다닐 수 있는 신비로운 차원을 통해 이를 구체화했다. 전체적으로 꽤 재밌는 게임이 완성되었고 곧 이 게임에 대한 최대의 찬사가 울려 퍼지기 시작했다. 그 말인즉 근무 시간이 끝난 후에 복도에 이 게임을 플레이하는 소리가 끊이지 않았다는 뜻이다.

모든 라이선스 제품이 겪는 똑같은 문제에 봉착한 것은 바로 그때였다. 위저드 오브 더 코스트는 대체로 전폭적인 지원을 해 주는 편이었으나 그래 봐야 카드 게임의 성공에 좌우될 수밖에 없었다. 이들은 우리가 사용하는 레어 카드 중에 능력치가 과하게 높고 현실 세계 카드의 레어도에 비해 온라인 세계의 레어도가 너무 낮은 카드가 있다고 판단했다. 카드 게임의 경험을 온전히 지킬 수 있게 이런 특별 아이템을 우리 게임에서 삭제해야 한다고 했다.

그쪽 입장에서는 아주 마땅한 조치겠으나 이는 우리 게임 플레이어의 의욕을 사그라뜨렸다. 그저 그런 보상을 얻으려 여러 던전을 어슬렁거리는 것은 그다지 재미가 없다. 친구들과 함께 카드 게임을 할 때는 희소성이 높은 카드가 친구 한 명의 손에만 들려 있어도 그 아이템의 존재가 증명되므로 언젠가 자신의 손에 들어올 날도 있을 것이라 상상하며 게임을 즐길 수 있다. 하지만 플레이어가 스타여야 하는 컴퓨터 게임은 플레이어 혼자 플레이하는 상황에 맞게 레어도의 기준이 바뀌어야 했다. 서로 모르는 다섯 사람이 각자의 컴퓨터로 게임을 할 때는 특정 카드를 찾은 사람이 한 명뿐이라면 나머지 네 명에게 그 카드가 존재하지 않는 것이나 다름없었다.

답답했다. 〈매직〉은 괜찮은 컴퓨터 게임이었다. 하지만 모든 잠재력을 발휘하진 못했다. 라이선스 게임을 만들고 싶지 않았고 수년간 느리지만 확실하게 나를 점점 옥죄어 온 회사 구조도 마음에 들지 않았다. 희한하게도 스펙트럼 홀로바이트는 우리의 입지가 시장에서 더 낮음에도 우리 인지도가 자신들보다 더 높다고 보고 마이크로프로즈를 사업체 전체를 대표하는 이름으로 채택했다. '마이크로프로즈'는 이제 더 많은 라이선스 게임을 출시할 예정이었다.

나는 그저 흥미로운 게임을 만들고 싶었다. 지금까지 빌과 내가 '흥미'를 서로 다르게 정의해 왔다고 하더라도 최소한 특별한 제품을 만들되 창조의 과정을 소중히 여기자는 면에서는 늘 한마음 한뜻이었다. 어쩐지 빌이 뒤에서 디자인 팀을 종종 변호해 왔을 것이라는 느낌이 들었다. 그가 경영에서 손을 떼고 나니 경영진 측의 지원은 전보다 더 적어졌다. 그사이 브루스 셸리는 업무상 특별한 기회를 얻은 아내를 따라 시카고로 떠났고 앤디 홀리스는 비행 시뮬레이터 시리즈 작업을 위해 일렉트로닉 아츠로 옮겼다. 아널드 헨드릭스는 빌과 함께 인터랙티브 매직이라는 새로운 벤처 사업을 시작했으며 다른 초창기 직원들도 각자 자신의 길을 찾아 회사를 떠났다.

이제 내 차례였다.

다행히 게임 디자인에 대한 내 편협한 비전에 공감하는 동료들도 있었다. 브라이언 레이놀즈는 회사가 이미 〈문명〉 두 편을 어떻게 대우했는지 본 이상 앞으로 어떤 일이 벌어질지 직접 확인하고 싶은 마음이 없다고 했고, 제프 브리그스는 인기 영화 OST를 재탕하기보다 자기 음악을 만들기 원했다. 우리 셋은 우리 스튜디오를 세워서 우리가 원하는 대로 운영하기로 했다.

순탄히 실행하기 어려운 문제이므로 진통을 최소화하려고 노력했다. 각자 이행해야 할 계약이 달라서 1996년 5월 제프가 먼저 퇴사한 후 새 회사 설립에 착수했고 브라이언은 6월에, 나는 마지막으로 7월에 합류했다. 그 후로도 몇 달간 〈매직: 더 개더링〉 출시를 돕기 위해 마이크로프로즈에서 파트타임으로 일했다. 게임을 마무리할 수 없는 상태로 두고 떠날 마음은 없었다. 따져 보면 양쪽 다 불안할 수밖에 없는 상황이었다. 우리로서는 전 직장 동료를 적극적으로 채용하다가 심각한 법적 분쟁에 휘말릴까 부담스러웠고 경영진으로서는 마음만 먹으면 우리가 직원을 전부 데려갈 수 있다는 것을 알았다. 물론 이들이 우리를 고소할 수 있겠으나 소송이 마무리될 때쯤에는 두 회사 다 파산할 터였다. 어느 쪽이든 상대에게 험한 꼴을 보여 주려 들면 결국 자신도 험한 꼴을 면치 못할 것이 뻔했다.

그래서 우리는 손을 머리 위로 든 채 천천히 뒤로 물러났고 회사 쪽도 야단스럽게 굴지 않았다. 나는 매주 며칠씩 마이크로프로즈 사무실에 출근해서 코드 나머지 부분을 인계하고 구현 방법을 설명해 주었다. 심지어 창업한 티를 내지 않으려고 안식 기간을 갖는 척했던 기억도 어렴풋이 있다. 그 덕분에 내가 수년간 작성해 둔 코드 라이브러리와 프로그래밍 도구를 가져올 수 있었다. 엄밀히 따지면 마이크로프로즈의 자산이었으나 말했듯이 법적 분쟁이 시작되면 시비가 가려질 때까지 아무도 사용할 수 없었다. 시장에서 각자 자신의 영역을 고수할 것이라는 이해를 바탕으로 양측 모두 사업을 유지하는 데 필요한 것을 얻었다. 우리가 〈탑건〉 비행 시뮬레이터를 만들 생각이 없는 것처럼 이들도 정밀한 전략 게임을 만들 생각이 없었다. 다행히 〈매직: 더 개더링〉은 저작권 소유자가 따로 있어서 내 이름을 넣을지 고민할 필요가 없었다. 〈시드 마이어의 위저드 오브 더 코스트의 매직: 더 개더링〉이라고 부른다면 너무 이상했을 것이다.

우리는 회사의 이름을 파이락시스(Firaxis)라고 지었다. 제프가 자신이 작곡한 곡에 'fiery(맹렬히 불타는 듯한)'와 'axis(축)'이라는 단어를 합쳐서 붙였던 제목에서 따온 이름이었다. 처음에는 임시로 붙인 이름이었는데 마음에 들어서 그대로 쓰기로 했다. 우리 사무실은 향신료 전문 회사인 맥코믹(McCormick) 소유의 공장 7개 한가운데에 있어서 매일 아침 출근길에 어떤 향신료를 드라이 로스팅하는지 냄새로 맞추는 재미가 있었다. 한번은 중국 손님들이 사무실에 방문했는데 바로 옆에 향신료 공장이 있다는 사실을 이들에게 아무도 알려 주지 않았다. 왜 그런 냄새가 한가득인지 아마 그들 스스로 충분히 알아냈으리라 생각하지만 난 이들이 '미국인들은 아무 이유 없이 계피 향이 온 천지에 풍기게 둘 정도로 퇴폐적이군.'이라 생각하며 집으로 돌아갔으리라고 상상하는 것을 좋아한다.

한편 사생활 면에서도 새로운 장이 열렸다. 지지와 원만히 갈라선 지는 이미 몇 년이 지났고 내 동생의 친구인 수전과 막 데이트를 하기 시작한 참이었다. 비키와 수전은 원래 워싱턴 D.C. 근처에 있는 합창단에서 만난 사이였는데 내 동생이 직업을 바꾸고 미시간으로 돌아온 후에는 서로 만날 기회가 별로 없었다. 볼티모어에 있는 우리 집은 워싱턴 D.C. 북쪽으로 한 시간 정도밖에 되지 않는 거리에 있어서 비키는 어머니와 함께 나를 만나러 온 김에 친구를 우리의 저녁 식사 자리에 초대했다. 동생에게 만남을 주선하려는 의도가 있었는지, 어머니가 이 일에 어느 정도까지 개입했는지는 확실히 모른다. 하지만 수전이 설거지를 열심히 돕는 모습을 보고 어머니가 마음의 문을 열었다는 이야기를 나중에 들었다. 나는 그녀의 달콤한 유머 감각과 한결같이 친절한 태도에 매료되었다.

나와 공통점이 많은 그녀였지만, 컴퓨터 게임을 특별히 좋아하지는 않았다. 첫 만남 이후 1년간 볼티모어와 워싱턴 D.C. 사이에 있는 많은 레스토랑을 찾아다니며 저녁 식사를 함께했다. 그러던 중 어느 날엔가 내가 팬레터에 적혀 있던 글귀를 이야기했더니 그녀가 좀 이상하다는 듯 얼굴을 찌푸렸다.

"누구에게 편지를 써야 할지 그 사람들이 어떻게 아는 거예요?"라고 그녀가 물었다.

"제 이름이 상자에 적혀 있으니까요."

그녀는 나를 아래위로 훑어보았다. 어딘가에 이름을 올릴 만한 유명인에 대해 가지고 있던 이미지와 내 이미지가 일치하지 않았던 것이 분명했다.

"아, 그래요?"라고 그녀가 물었다.

"증명할 수 있어요."라고 난 약속했다.

우리는 식사를 마치자마자 가장 가까운 비디오 게임 가게로 갔다. 예상대로 출시된 지 3년이 지났음에도 〈시드 마이어의 문명〉은 판매 중이었다. 〈콜로니제이션〉도 있었다. 〈레일로드 타이쿤 디럭스〉도 아마 있었던 것 같다. 안타깝게도 〈C.P.U. 바흐〉는 보이지 않았다. 적어도 눈에 잘 보이는 위치에 진열되어 있지는 않았다.

"그렇네요." 그녀는 미소를 지으며 인정했다. 깊은 인상을 받은 눈치였다.

파이락시스를 세운 후 수전은 회사의 행정 업무를 맡기로 했다. 그녀는 마이크로프로즈와 확실히 연결고리가 없는 몇 안 되는 사람 중 한 명이었기 때문이다. 연인과 종일 일한다는 이야기에 눈살을 찌푸릴 사람도 있겠으나 우리에게는 각자의 영역이 있었고 모두가 무척 바빴다. 일을 함께 잘했다기보다 따로 잘했다고 보는 것이 더 적절하다. 지금까지 함께 일한 지 20년이 넘었으니(스포일러 주의! 우리는 바흐의 음악을 배경으로 삼아 바로크 복장을 제대로 갖춰 입고 결혼에 골인했다.) 이제는 실험이 성공적이었다고 말해도 과언은 아닌 것 같다.

솔직히 다른 사람과 일하는 가장 좋은 방식은 따로 떨어져서라고 생각한다. 나는 사람들을 좋아하는 내성적인 사람이다. 전체적으로는 다른 사람과 협업하더라도 내가 맡은 부분은 나 혼자 하는 것을 선호한다. 세상에는 잘해야 할 일이 너무 많고 나는 자신의 영역에서 뛰어난 능력을 발휘하는 사람을 만날 때마다 설렌다. 서로의 재능이 다르다는 것은 서로를 기릴 이유가 되며 다른 점이 많을수록 상대에게 베풀 것이 늘어난다. 하지만 그 반대도 참이다. 나는 내가 어떤 분야에 재능이 있는지 안다. 그래서 맡은 일을 공유하면 효율이 떨어지고 답답할 때가 많다. 나는 각자가 지닌 고유한 전문성을 결합해서 혼자서는 누구도 만들 수 없는 무언가를 창조하고 싶다. 전체가 부분의 합보다 적어질 정도로 같은 업무에 여럿이 매달리지 않는 선에서 말이다. 마이크로프로즈에서 그런 유연성을 못 누린 지 꽤 오래되었지만, 파이락시스는 내가 가장 잘하는 일을 할 자유뿐 아니라 인재 커뮤니티까지 보장했다.

여러 면에서 다시 출발선에 선 기분이었으나 창업한 첫해에 우리는 빠르게 성장했다. 가능한 한 최고의 제품을 만들기 위해 게임 수를 줄이고 인력 투입을 늘렸다.

생각해 보면 마이크로프로즈에서 〈레일로드 타이쿤〉을 만들었던 팀은 인원이 너무 적었다. 그 덕분에 크레딧 페이지에 엔지니어용 멜빵바지를 입은 브루스 셸리, 철도용 스파이크 망치를 든 맥스 레밍턴, 그리고 흰 장갑에 실크 모자를 쓴 업계 거물로 분장한 내가 등장하는 초상화를 그릴 수 있을 정도였다.

그에 비해 내가 파이락시스에서 만든 첫 번째 게임인 〈시드 마이어의 게티즈버그(Sid Meier's Gettysburg)!〉에서는 미국 남북 전쟁 복장을 점잖게 차려 입고 세피아 톤으로 찍은 5인의 사진과는 별도로 전통적인 크레딧 목록에 이름을 올린 이들이 꽤 많았다.

게임 산업이 발전하면서 게이머의 기대도 꾸준히 높아졌다. 특히 애니메이션과 그래픽에 대한 기대가 대단해서 요즘 파이락시스의 팀별 인원은 80~100명에 달한다. 하지만 창조 정신은 지금까지도 굳건히 유지되고 있으며 대체로 아직도 내가 원하는 작업에 내가 원하는 때에 돌입할 수 있다. 내가 신뢰하는 사람들이 때가 되면 각자의 몫을 해내리라는 확신하에 말이다.

16 흥미로운 결정

그해 여름 내게 스위스에 갈 마음이 없었다는 것은 가족 모두에게 공공
연한 사실이었다. 부모님이 이 여행을 강행하기로 한 데에는 '시야를 넓
힐 수 있다, 가족의 의무다, 너를 정서적으로 보호하기 위해서다, 의학적
으로도 필요한 일이다.' 등 다소 모순적인 여러 근거가 있는 것 같았다.
하지만 8살짜리 아들의 승인 여부는 고려 요인이 아닌 듯했다. 그래도
아버지가 내 감정에 무관심한 분은 아니었기에 떠나기 직전 내게 선물을
건넸다.

아버지는 이렇게 당부했다. "비행기에 타서 열어 보렴."

책처럼 보였는데 만약 책이라면 내가 본 책 중에 사전을 제외하고 가
장 무거운 책이었다. 공항으로 가서 아버지와 함께 뉴욕으로 향하는 비
행기에 오르고 스위스 에어 게이트로 가는 전차를 타는 내내 가방에서
그 책의 무게가 느껴졌다. 내 어깨에 메고 있지 않을 때조차 그 무게를

느꼈다. 아버지가 작별 포옹을 하고 기내의 좁은 통로로 나를 보낼 즈음에는 향수병보다 기대감이 앞섰다. 나중에 눈물과 불안으로 일기를 채우는 날도 있었지만, 그 순간만큼은 어서 그 비행기에 오르고 싶은 마음뿐이었다.

좌석에 앉자마자 포장지를 뜯었더니 안에는 《그림으로 보는 아메리칸 헤리티지 남북 전쟁사(The American Heritage Picture History of the Civil War)》라는 책이 들어 있었다.

서론에는 이런 말이 있었다. "남북 전쟁은 사진이 등장한 지 22년, 집무실에 있는 미국 대통령을 처음으로 촬영한 지 12년, 습판 기법이 발명된 지 10년밖에 되지 않은 시점에 발발했다." 그 뒤로는 '전쟁 사진작가'에 대한 묘사가 이어졌다. 이들은 사진뿐 아니라 '포탄이 터지고 총알이 윙윙 날아다니는 구급차, 야전 병원, 참호, 갑판에서 꽁꽁 얼었거나 열이 펄펄 나고 있는 손가락으로 저무는 황혼에 기대어 그린 그림'으로 전쟁을 기록했다.

미국 역사 격동기에 만들어진 스케치, 사진, 회화, 정치 풍자만화, 도해, 지도로 채워진 자그마치 630쪽 분량의 책이었다. 보스턴 코먼에서 열린 기념식에서 의기양양한 자태의 밀러드 필모어(Millard Fillmore) 대통령이 6마리 백마가 끄는 마차를 탄 캐나다 총독을 맞이하는 모습을 그린 1851년 작품이 실려 있었다. 일리노이 중앙 철도 노선을 따라 이어지는 농지에 대한 광고, 내 고향 디트로이트에서 치른 첫 선거를 묘사한 그림도 있었다. 그리고 노예제를 허용한 헌법을 공개적으로 불태우며 '죽음의 서약이자 지옥의 계약'이라 지칭한 상징적인 언론인 윌리엄 로이드 개리슨(William Lloyd Garrison), 친척을 대신해 의회에 뛰어들어 찰스 섬너(Charles Sumner) 의원을 지팡이로 구타한 상원의원 앤드루 버틀러(Andrew Butler)의 사촌도 등장했다. 링컨의 취임식 사진 아래에는 질서 유지를 위해 "국회의 사당 창문에 저격수가… 삼각 진형으로 늘어선 포병대가 있었다."라고 묘사한 설명이 붙어 있었다. 그리고 물론 링컨이 남긴 불멸의 인용문도 많이 등장했다.

"불만에 찬 국민 여러분, 남북 전쟁이라는 중대한 문제는 제 손이 아닌 **여러분**의 손에 달려 있습니다. 정부는 **여러분**을 공격하지 않을 것입니다. 여러분이 공격하지 않는다면 여러분은 분쟁을 멈출 수 있습니다. **여러분**은 정부를 파괴하겠다고 하늘에 맹세한 바가 없지만, **저는** 정부를 '보존하고 보호하고 방어'하겠다는 가장 엄숙한 맹세를 할 것입니다."

앞으로 어떤 일이 일어날지 모르는 채 몸에 맞지 않는 큰 군복을 입고 수줍게 웃고 있는 소년들이 등장했다. 샤일로 전투의 전장 근처에 있는 얕은 웅덩이에 고인 담수를 양측 군대의 부상병이 나란히 마시고 있는 모습도 보였다. 심지어 한 병사가 나무줄기를 대포 모양으로 깎고 검은색을 칠해서 만든 '퀘이커 건'[43]에 불을 붙이는 척하는 장난스러운 사진 등 당대의 블랙 유머도 소개했다. 실제 전쟁에서는 대포가 없을 때 적군에게 공포감을 심어 주기 위해 퀘이커 건을 원거리에 설치해 두었다.

---

43 개신교의 한 종파인 퀘이커가 평화주의, 비폭력주의를 추구하는 것에 착안하여 붙인 이름으로, 본문에 설명된 바와 같이 가짜 대포를 가리킨다.

대부분은 진짜 1800년대 후반에 찍힌 사진이었지만, 대규모 전투 시 보병이 어떻게 이동했는지 보여 주기 위해 의뢰해서 제작한 삽화도 실려 있었다. 특히 내 눈길을 사로잡은 것은 게티즈버그 전투의 둘째 날을 상세히 묘사한 그림이었다. 두 페이지 전체를 끝에서 끝까지 메운 이 조감도에는 스팽글러스 스프링스(Spangler's Springs), 플럼 런(Plum Run), 데블스 덴(Devil's Den), 시클스 세일리언트(Sickles' Salient)처럼 판타지 소설에 등장할 것 같은 이름이 표시되어 있었다. 지도 전역에 있는 주요 교전 지역마다 아주 작고 정교하게 그린 수백 명의 병사가 전투를 치르고 있었고 자세히 들여다보면 지형 또한 그만큼 복잡한 것을 확인할 수 있었다. 울타리에서 널빤지가 떨어져 나가고 마차가 전복되고 나무에서 가지가 뜯겨 나와 있었다. 감탄이 절로 나올 정도로 정밀했다. 그때까지 내 상상 속 전투는 넓고 텅 빈 들판에서 양쪽 군대가 서로를 향해 전속력으로 돌진하는 모습이었다. 하지만 이 그림에는 전장 중간중간 농장, 개울, 과수원, 심지어 묘지까지 사방에 흩어져 있었고 소규모 병사 무리가 사방에서 적군을 향해 진격했다. 암석의 형태에 맞춰 전열을 이룬 채 앞사람을 따라가서 이미 한차례 빼앗겼던 자리를 되찾았다. 마치 전투가 살아 있는 유기체라도 되는 것처럼 말 그대로 이들은 페이지를 넘나들며 몰려다녔다.

이런 그림을 꼼꼼히 살펴보려고 그 후로도 몇 년간 이 책을 다시 펼치곤 했다. 그러던 어느 날, 아버지가 키트를 조립해서 만들어 둔 망원경에 달린 분리형 접안렌즈를 빼서 일상적인 사물을 관찰하는 돋보기로 쓸 수 있다는 것을 깨달았다. 그 후로는 진귀한 다이아몬드를 검사하는 보석상처럼 이 렌즈를 눈에 대고 몇 시간이고 책을 꼼꼼히 살펴봤다. 남북 전쟁은 역사 속 인물을 진짜 사람으로 인식하게 된 계기가 되었다. 날짜와 역사적 사실로만 존재하던 다른 전쟁에 비해 이 책에 등장하는 병사들은 연약하고 용감하고 충성스럽고 흠이 있었다. 당사자가 직접 작성한 편지와 기록 덕분에 남북 전쟁에 관해 더 탐구하고 싶은 생각이 든 것은 물론이거니와 아메리칸 헤리티지가 수집한 작품을 통해 이전에는 몰랐던 직접성, 인간성을 느낄 수 있었다.

이러한 관심은 다른 많은 어린 시절 관심사와 마찬가지로 수년 동안 다양한 형태로 지속되었고 특히 게티즈버그 지도는 내 경력이 발전하는 동안 마음속에서 가장 중요한 위치에 머물렀다. 우연히 벌어진 접전이 너무 많았고 그중 어느 하나가 방향을 틀면 전체 전쟁에도 영향을 줄 수 있었다. 당연히 게임으로 만들 수밖에 없는 주제였다. 마이크로프로즈에서 근무하는 동안에 내가 만든 남북 전쟁 프로토타입만 해도 아마 20개쯤 될 것이다. 나쁜 것은 없었으나 흡족한 것도 없었다. 원하는 것이 머릿속에서만 선명히 그려질 뿐 아직 화면에 재현하지 못했다. 초반에는 디지털로 구현될 때까지 군사적 접촉을 능률화하는 작업에 주력했고 기술적으로 아직 구현되지 않는 부분에 집착하며 화내는 것은 나답지 않았다. 일반적으로 나는 기술을 한계가 아닌 진보의 관점에서 보았고 대체로 우리가 구현할 수 있는 것에 관한 기대감에 늘 들떠 있는 편이었다. 하지만 애착을 느끼는 이 주제에 대해서만큼은 부족한 부분을 용인할 수 없어서 기술이 원하는 수준에 이르기를 기다리며 아이디어를 보류하는 상황이 계속 반복되었다.

15년이 지난 후에야 마침내 이 아름다운 삽화를 제대로 표현할 수 있게 되었다. 〈시드 마이어의 게티즈버그!〉에 3일간의 전투에서 발생한 모든 주요 접전이 재현된 덕에 플레이어는 양측 연대 중 한쪽을 맡아서 역사상 가장 훌륭한 장군들과 기량을 겨뤄 볼 수 있었다. 실제 전투에서도 전세가 여러 차례 역전되었으므로 우리는 플레이어의 승패가 스테이지마다 독립적으로 정해져야 한다고 보았다. (모든 스테이지를 이기는 것은 사실상 거의 불가능했다.) 그 대신 플레이어 군대의 전체 상황에 따라 시나리오를 분기시켜서 최고의 플레이어라 해도 진짜 군사 전략가들처럼 현명하게 희생하고 후퇴하는 기술을 익혀야만 승리할 수 있게 했다. 하지만 내가 가장 중요하게 생각한 부분은 기술이었다. 조작이 부드러워졌고 병사별로 독립된 AI를 구현했다. 내가 이전에 만든 전략 게임은 모두 오버헤드 뷰(overhead view)가 위에서 내려다보는 2D 그래픽이었지만 이번에는 개발자들이 '2.5D'라고 부르는 아이소메트릭(isometric) 방식을 적용했다. 실제로는 2D이지만 기울어진 각도에서는 사각형이 아닌 다이아몬드를 늘인 형태로 표현되었다. 초소형 군인들이 내가 스위스로 가는 비행기 안에서 처음 보았던 형태와 똑같은 각도로 정밀히 표현된 지형을 가로지르며 행군하고 회전하고 무릎을 꿇고 조준하고 재장전했다.

하지만 파이락시스의 첫 게임을 출시하려면 일단 어느 회사를 통해 배급할지부터 정해야 했다. 유통과 마케팅은 이제 완전히 독립적인 산업이 되었고 제프, 브라이언, 나, 우리 셋 모두 부서 간 경계가 제대로 설정되지 않은 것이 마이크로프로즈의 패착이라고 느꼈다. 사업과 창의성, 둘다 필수 요소이나 반드시 서로 분리되어야 했다.

우리에게 제안한 많은 업체 중 규모가 가장 크고 안정적인 회사는 일렉트로닉 아츠였다. 우리는 오늘날까지도 업계를 괴롭히는 문제인 파산, 인수, 소유권 이전으로부터 최대한 안전한 회사를 원했다. EA는 맥시스 (Maxis)의 대표작, 〈심시티〉를 배포하면서 그들이 우리의 게임 철학을 이해하고 우리에게 플랫폼 게임이나 FPS 게임 제작을 강요하지 않을 만한 회사임을 입증했다. 예컨대 〈레일로드 타이쿤〉에서 기차가 교차할 때 각 기차의 승무원이 서로를 저격하게 하라는 요구가 있었다고 상상해 보자. 우리로서는 들어줄 수 없는 가당찮은 요구다. 하지만 세가(SEGA)가 '폭탄과 총'을 추가하지 않는다는 이유로 댄 번텐의 〈M.U.L.E.〉을 거절한 선례가 있다는 것을 고려하면 그런 일이 일어나지 말라는 법이 없었다.

EA는 회사 경영진이 비디오 게임 플레이를 즐긴다는 점이 마음에 들었다. EA에서 우리 회사를 맡은 담당자는 인터랙티브 예술 과학 아카데미(Academy of Interactive Arts and Sciences)로부터 비개발자상을 받은 딱 두 명의 미국인 중 한 명이자 대학에서 최초의 게임 디자인 석좌교수가 된 빙 고든 (Bing Gordon)이었다. 그는 EA 설립 당시 마케팅 담당자로 입사해서 초창기에 몇 개의 개발 팀을 직접 관리했다. 하지만 실제로는 사무실을 돌아다니며 회사 내 거의 모든 프로젝트에 간단하지만, 천재적인 조언을 해 주었다. 공식적으로 크레딧에 이름을 올린 작품 외에 '특별 감사' 섹션에 이름을 올린 게임만 60편이 넘으며 한때 파이락시스에서는 그를 'EA 대부'라 부르기도 했다.

〈게티즈버그!〉는 성공을 거두었고 곧이어 후속작 〈앤티텀!〉도 출시되었다. 주제가 무난한 편이어서 플레이어가 어디까지 받아들일지를 색다른 방식으로 시험해 볼 좋은 기회라고 생각했다. 1999년, 마침내 인터넷 연결이 흔해졌고 EA는 웹사이트 직접 판매라는 혁명적인 방식을 기꺼이 시도하게 해 주었다.

 애석하게도 이러한 시도는 시대를 앞섰다. 페이팔(PayPal)이 탄생한 지 몇 개월밖에 지나지 않았고 월마트(Walmart)의 웹사이트가 1년 후에 생겼으며 아마존은 그 후로도 4년간 수익을 내지 못했다. 오프라인 상점 대신 Firaxis.com에 방문하는 것을 낯설어하는 사람이 여전히 많았다. 특히 게임을 바로 다운로드할 수 없다는 것이 문제였다. 주문 후 CD-ROM이 우편으로 도착할 때까지 일주일 이상 기다려야 했기 때문에 온라인 주문 방식의 편의성이 사라져 버렸다. 게임 자체는 좋은 평을 받았다. 하지만 전통적인 판매 방식을 고수했다면 분명히 더 많이 팔렸을 것이다.

 워털루 전투를 기반으로 만든다면 이 시리즈에 한 작품을 더 추가할 수 있을 것 같았다. 프랑스 혁명은 내게 남북 전쟁만큼 매력적인 주제는 아니었지만 당시 사용된 기병대와 보병대 진형의 연계는 탐구할 가치가 있는 독특한 군사 전술로 보였다. 북부군과 남부 연합군이 서로를 향해 진군할 무렵 소총 기술 때문에 기병대가 쓸모없어졌다. 반격할 정도로 가까운 거리에 이르기 훨씬 전에 말 탄 병사를 총알로 해치울 수 있었기 때문이다. 하지만 나폴레옹 통치 기간 당시 쓰던 화기는 90m 이상 떨어진 곳에서 안정적으로 표적을 명중시킬 수 없었고 재장전에 최소 30초가 들어서 그사이 기병대가 빠르게 간격을 좁힐 수 있었다. 남북 전쟁에서는 우위를 점하기 위해 고지에 포병을 배치하고 엄폐물을 사용하는 등 지형을 이용한 전술을 활용했던 것에 반해 아우스터리츠 전투나 워털루 전투에 참전한 병사들은 근접전을 치르리라는 예상하에 엄격하고 방어적인 대오를 유지한 상태에서 진군하고 싸우도록 훈련받았다.

게임의 관점에서는 이 모든 것이 흥미롭다. 포병, 기병, 보병의 균형이 고전적인 가위바위보 시나리오를 형성하기 때문이다. 대포가 재조준하는 속도보다 말이 움직이는 속도가 빠르므로 기병은 포병을 이기고, 사람은 말처럼 빨리 움직이지 못하므로 포병은 보병을 이긴다. 엄밀히 말해 보병은 기병을 이기지 못하지만, 어떤 대오를 갖추느냐에 따라 이길 수도 있다. 이러한 삼자 간 교착 상태는 게임 디자인의 핵심축 중 하나이고 강약이 이렇게 균형을 이루고 있는 레이아웃에서는 전략적인 선택이 가능해진다.

그리고, 맞다. 워털루 전투에 관한 어린 시절 에피소드도 있다. 마음속에 어린아이가 사는 사람에게는 자꾸만 이런 일이 일어난다. 코닥 슈퍼 8mm 가정용 비디오카메라는 1970년대 창의적이고 가정적인 남자들의 필수 아이템이었기 때문에 당연히 우리 아버지도 가지고 있었다. 아이들 생일 파티를 불안정하게 깜빡이는 짧은 동영상으로 찍을 수 있어서 유명해진 기기였지만, 설정을 바꾸면 한 번에 한 프레임만 노출하는 것도 가능했다. 그래서 나는 이 기능을 활용해서 보드게임 리스크(Risk)의 지도와 병사 말을 가지고 나폴레옹의 마지막 패배를 극적으로 그린 스톱모션 애니메이션을 만들어 학교 숙제로 제출했다. 〈마스터 앤드 커맨더〉의 러셀 크로(Russell Crowe)에는 못 미쳤으나 학교 친구들은 당연히 감동했다.

그 카메라로 TV 속 미식축구 경기 일부를 촬영해서 리시버가 달리는 패턴을 전부 이해할 수 있을 때까지 슬로우 모션으로 재생한 경험도 재밌었다. 나는 미식축구를 좋아하는데 부모님은 그다지 좋아하지 않아서 텔레비전을 한 번에 3시간씩 볼 수 있게 되기까지 오랜 시간이 걸렸다. 내게 허락된 짧은 시간 동안 경기를 조금 더 효율적으로 분석할 수 있게 카메라를 활용했다.

내가 영화감독이나 미식축구 선수가 되었다면 아마 이러한 에피소드를 조금 더 강조하고 나머지 에피소드를 덜 강조했을 것이다. 사실 새로운 게임을 원하는 EA 때문에 다음 게임으로 넘어가야 하는 상황이어서 워털루 게임은 만들지 못했다. 하지만 내 게임 경력에 실제 영향을 미친 추억들을 포함한, 이 모든 추억에는 선택의 복잡성이라는 한 가지 공통점이 있다. 쿼터백은 여러 리시버 중 한 명을, 율리시스 S. 그랜트(Ulysses S. Grant)는 기습할 산등성이를, 나폴레옹은 말, 대포, 병사의 적절한 균형을 선택해야 한다. 그리고 각 선택은 이들을 완전히 다른 길로 인도한다. 심지어 내 어린 시절을 규정한 주제는 게임이 아니었다고 보는 것이 타당할지 모른다. 내 어린 시절을 지배한 것은 게임의 본질을 이루는 부분, 즉 흥미로운 결정이었다. 나는 온갖 유형의 흥미로운 결정에 언제나 매료되어 왔고 게임은 잘 정리된 일련의 흥미로운 결정이므로 자연히 관심이 갔다.

업계에 입문한 이래 게임에 대한 이런 정의를 다양하게 변형해서 이야기해 오면서도 그 때문에 내가 유명해진 줄은 비교적 최근까지도 몰랐다. 가끔은 '결정' 대신에 '선택'이라고 했다거나 '흥미로운' 대신에 '의미 있는'이라고 했다고 인용되기도 한다. 내가 이 말을 언제 어디에서 처음

했는지는 말할 것도 없고 정확히 어떤 표현을 썼는지에 대해서도 모두의 의견이 갈린다. 안타깝지만 나도 이 문제에 별 도움이 되지 못한다. 공개적인 자리에서 처음 이런 말을 한 것은 아마도 1993년 CGDC였을 것이다. '내가 〈문명〉을 거의 망칠 뻔한 이야기'라는 제목으로 한 발표에서 〈문명〉을 통해 얻은 12가지 중요한 교훈 중 하나로 그와 비슷한 말을 했던 것 같다. 당시 발표를 녹화한 사람은 없었는데 〈컴퓨터 게이밍 월드〉 기자는 그날 내 발표의 두 번째 글머리 기호가 "나는 플레이어가 모든 재미를 누리는 게임(플레이어에게 모든 중요한 정보를 제공하고 의미 있는 결정을 내릴 권한을 주는 게임)을 좋아한다."였다고 요약했다.

〈문명〉 이전에는 내 이름이 거의 알려지지 않아서 그전에는 그런 생각을 했더라도 아마 묻는 사람이 없었을 것이다. 나는 1990년 출시한 〈F-15 스트라이크 이글〉 전략 가이드 서문에 "결정. 결정. 결정. 현실이 그런 것처럼."이라는 극적인 문장을 넣었다. 이러한 통찰이 정확히 언제 내 마음에 완전히 자리 잡았는지는 알 도리가 없다.

"일련의 흥미로운 결정"이라는 말로 유명해졌다는 것을 깨달을 당시 많은 사람이 내 말에 동의하지 않는다는 것도 알게 되었다. 꽤 격렬하게 반대하는 사람도 있었다. 상세히 근거를 밝힌 적도 없는 말 때문에 칭송과 비방을 동시에 받는 것은 조금 이상하다는 생각이 들어서 2012년 GDC에서 한 시간짜리 발표를 통해 이 문제에 관한 내 모든 생각을 공식화했다. 그리고 이 게임 이론의 핵심을 알고 싶은 사람을 위해 이 강연을 통째로 온라인에 공개했다. 하지만 그 과정에서 얻은 가장 큰 교훈은 '흥미로운'과 '결정'이라는 두 단어의 정의가 예상보다 광범위하다는 것이다.

기타 모양의 특별한 컨트롤러를 사용해서 자신이 좋아하는 로큰롤 음악의 박자를 맞추는 인기 게임 〈기타 히어로〉를 예로 들어 보자. 이 게임은 아마 좋은 게임이 일련의 흥미로운 결정이라는 내 주장을 반대할 때 가장 많이 인용되는 게임일 것이다. 플레이어에게 요구하는 것이 손재주뿐인 게임인데도 꽤 인기가 좋아서 적어도 합리적인 사람이라면 '좋은 게임'이라고 볼 것이다. 그러면 내가 한 말이 '오로지 좋은 **전략** 게임에 해당하는 정의일까?'라고 생각할지 모른다. 하지만 사실 〈기타 히어로〉에는 여러 흥미로운 결정이 절묘하게 자리 잡고 있다.

우선 이 게임에는 음악의 일부 구간에서 보너스를 제공하는 '스타 파워'라는 개념이 등장한다. 플레이어는 전체 게임을 완벽하게 마치려고 시도할지, 아니면 더 어려운 노트에 대한 보상을 얻기 위해 중요하지 않은 노트를 포기할지 정해야 한다. 스타 파워 게이지를 채운 플레이어에게는 다음 곡의 후반부에서 자신의 인기를 '소비'할 기회가 생긴다. 가장 쉬운 구간에서 스타 파워를 사용해서 2배의 점수를 올리는 사람도 있고, 힘들다고 악평이 자자한 곡의 어려운 구간에서 청중의 야유를 피하려 사용하는 사람도 있으며, 여러 전략을 섞어서 쓰는 사람도 있다. 우리는 이런 흥미로운 선택을 할 때 신체적인 민첩성보다 정신적인 신중함에 더 의존하며, 이 선택의 파급력은 4인조 밴드의 각 악기가 그룹 승리 달성에 각기 다른 방식으로 기여하는 고유한 득점 능력을 얻는 커리어 모드에서 폭발적으로 증가한다.

결정이 흥미로우려면 플레이어에게 구체적으로 어떤 선택지를 주는지보다 플레이어가 진짜 자기 일처럼 고민할 만하다고 느끼는지, 그리고 그들이 자신의 선택이 결과에 중대한 영향을 미친다고 느끼는지가 중요하다. 플레이어에게 선택지 A, B, C를 제시했는데 A를 선택하는 사람이 90%라면 균형 잡힌 설정이 아니다. 흥미로운 결정이라면 명확히 옳고 그른 답이 없다. 플레이어의 선택이 A, B, C로 골고루 나뉘는데 그 결정을 모두 3초 안에 내린다면 그 또한 그다지 의미 있는 결정이 아니다. 어떤 답을 선택하든 어차피 게임은 차질 없이 진행될 것이다. 궁극적으로 흥미로운 결정의 가장 기본적인 특징은 플레이어로 하여금 '다른 선택을 했을 때 결과가 어떻게 됐을까?' 하고 궁금하게 하는 것이다. 물론 플레이어가 그 답을 알아낼 가장 좋은 방법은 다시 플레이하는 것이다. 이러한 강화의 과정을 충분히 거친다면 선택지에 관해 명확히 설명해 주지 않는 현실 세계에서도 플레이어가 스스로에게 같은 질문을 던질지 모른다. 적절한 맥락에서 쓰인다면 게임은 단순히 재미를 얻는 수단이 아니라 자기 결정 능력과 자신감을 훈련하는 도구가 될 수 있다. 좋은 게임은 우리에게 모든 일에는 대가가 있고 행동에는 결과가 따르며 다시 도전할 기회는 거의 항상 존재한다는 것을 알려 준다.

17 백 투 더 퓨처

시드 마이어의 알파 센타우리
(Sid Meier's Alpha Centauri, 1999)

시드 마이어의 문명 III(Sid Meier's Civilization III, 2001)

내가 〈게티즈버그!〉를 만드는 동안 브라이언은 플레이어들이 간청해 온 타이틀 〈알파 센타우리〉를 만들고 있었다. 〈문명〉의 비군사적인 승리 경로 중 하나는 우주 식민지 개척자를 실은 소형 우주선을 다른 문명보다 먼저 가장 가까운 항성계에 착륙시켜서 우주 진출 경쟁에서 앞서 나가는 것이었다. 개척자 한 팀으로 시작했던 것과 비슷하게 설정해 수미상관 구조를 이루게 한 것인데, 내 생각에는 그런 식으로 이야기를 마치는 것이 가장 만족스러웠다. 이 시리즈를 잘 아는 사람이라면 〈알파 센타우리〉가 그 속편이라는 것을 쉽게 알아볼 수 있었다. 똑같은 사람이 만들었고 똑같은 게임 메커니즘으로 작동되며 정확히 전작이 멈춘 시점에서 시작했다. 이 게임은 팬레터에서 늘 요구하던 '우주 공간에서의 〈문명〉!' 타이틀이었다.

하지만 법적으로는 〈문명〉 정본 목록에 들지 못했다. 〈문명〉의 소유권이 여전히 마이크로프로즈에 있어서 파이락시스는 게임 이름이나 홍보물 어디에도 감히 그 단어를 사용하지 않았다.

〈문명〉 저작권의 역사는 길고 우여곡절이 많았다. 시작은 1980년 영국이었다. 프랜시스 트레섐(Francis Tresham)이라는 디자이너가 자신이 만든 보드게임 〈문명〉을 하트랜드 트레포일(Hartland Trefoil)이라는 회사를 통해 출시한 해였다. 트레섐이 디자인한 게임은 플레이어 간의 교역과 협력을 기반으로 작동했고 대부분의 외국 게임이 그렇듯이 영국에서 출시된 지 얼마 지나지 않아 애벌론 힐이 미국 발매 허가를 취득했다.(트레섐의 첫 번째 작품인 〈1829〉라는 제목의 철도 보드게임은 브루스 셸리가 마이크로프로즈 입사 전 애벌론 힐에서 만들었던 〈1830〉의 바탕이 되었다.)

그로부터 몇 년 후 내가 브루스와 함께 '인류 문명의 전체 역사'에 대한 프로토타입 개발에 착수할 무렵 비공식적으로 붙였던 '문명*'이라는 제목은 그저 〈게티즈버그!〉를 '남북 전쟁 게임'이라고 부른 것처럼 나중에 바꿀 생각에 임시로 붙인 이름일 뿐이었다. 마케팅 팀은 이 게임에 〈가버먼트 타이쿤(Government Tycoon)〉, 아니면 〈시드 마이어의 최신작: 더 리벤지(The Revenge)〉 같은 이름을 붙이고 싶어 할 것이 뻔했고 이들과 의논하기 전에 공식 이름을 정해 두어 봤자 아무 의미가 없었다. 애벌론 힐에서 근무했던 브루스는 당연히 보드게임 〈문명〉의 존재를 알고 있었고 마이크로프로즈의 휴게실, '펀 존(Fun Zone)'에도 아마 이 게임이 있었을 것이다. 하지만 우리 프로젝트를 시작하기 전에 이 게임을 해 본 적은 없었다.

외계 문명을 찾아서
'문명'이라는 단어를 125번 읽으세요.

우리가 만든 〈문명〉이 외부 영향을 받지 않았다는 말은 아니다. 오히려 그 반대다. 〈심시티〉에서 처음 접했던 '파괴하기보다 창조하기'라는 보편적 개념은 말할 것도 없다. 그 외에도 내가 무척 높이 평가할 뿐 아니라 내 목적을 이루기 위해 뻔뻔하게 아이디어를 가져다 쓴 게임이 두 편 더 있다. 첫 번째 게임은 1984년 댄 번텐이 만든 〈세븐 시티즈 오브 골드(Seven Cities of Gold)〉였는데,(육지와 바다를 탐험한다는 주제부터 메뉴 방식 인터페이스에 이르기까지 아주 명백히 〈해적!〉에 중대한 영향을 미쳤다.) 발매된 지 6년이 지난 시점에서도 여전히 그 게임을 바탕으로 새 게임을 만들고자 하는 열망이 들끓을 정도로 댄의 천재성은 강력한 마력을 발휘했다. 〈세븐 시티즈 오브 골드〉는 라운드마다 무작위로 새로운 대륙을 생성했고 마주친 원주민을 명예롭게 대할지 잔인하게 대할지 플레이어가 선택할 수 있었다. 이전에는 게임에서 그런 설정을 본 적이 없었다. 〈문명〉은 역사가 어느 정도 반영되었다는 이유로 훗날 '에듀테인먼트' 장르로 분류되는데, 사실 이 용어는 트립 호킨스가 〈세븐 시티즈 오브 골드〉를 언급하며 고안한 것이다. 나에게는 이 게임이 하늘이 열리고 족쇄가 풀리고 황홀경을 경험케 하는 걸작이었고 그 후 내가 만든 거의 모든 게임에는 이 게임의 기본 원리가 적용되었다.

〈문명〉에 직접적인 영향을 끼친 두 번째 게임은 월터 브라이트(Walter Bright), 마크 볼드윈(Mark Baldwin)이 만든 〈엠파이어: 워게임 오브 더 센추리(Empire: Wargame of the Century)〉이다. 이 게임도 지도를 무작위로 생성한 후 군대의 진로에 따라 감춰두었던 지도를 서서히 드러낸다. 하지만 〈엠파이어〉는 〈세븐 시티즈〉나 보드게임 〈문명〉과 달리 상당히 군사적인 게임이었다. 또한, 타임라인이 고대부터 현대로 발전하면서 시간 흐름에 맞게 유닛 유형이 바뀌었다. 역설적인 사실은 1985년 월터 브라이트가 〈엠파이어〉 초기 버전을 마이크로프로즈에 제출했는데 빌이 '액션 지향적인 실시간 전략 시뮬레이션'에만 관심이 있다는 내용이 담긴 형식적인 편지를 보내서 거절했다는 것이다. 빌은 데모를 플레이해 보지도 않았던 것 같다. 내가 해 보지 않은 것은 확실하다. 해 봤다면 출시해야 한다고 강력히 밀어붙였을 테니까. 아주 매력적인 게임이라고 생각해서 브루스에게 〈엠파이어〉 개선 작업을 한다고 가정하고 아이디어 10개를 정리해 오라는 숙제를 낸 적이 있을 정도였다. 그러니 분명 내 사고에 큰 영향을 미친 것이 분명하다.(그건 그렇고 개발 중인 게임을 검토할 때 개선 아이디어를 내보는 것은 훌륭한 전략이다. 한걸음 물러서서 자신의 작품에서 구체적인 개선점을 찾아보는 과정은 작품의 완성도를 높이는 데 큰 도움이 된다.)

개발이 진행됨에 따라 브루스와 나는 〈문명〉이라는 별명에 점점 더 애착을 느꼈고 결국 다른 어떤 이름도 적절치 않다는 결론에 이르렀다. 애벌론 힐의 제품이 우리 제품의 원류는 아니더라도 이들이 우리가 원하는 이름을 사용하고 있다는 사실에는 변함이 없으므로 빌은 이들을 만나 거래를 진행하기로 했다. 그리고 약간의 수수료를 내고 제품 내에 교차 홍보 전단을 넣어준다는 조건으로 이름에 대한 권리를 공유하자는 합의를 성사시켰다.

〈문명〉이 큰 인기를 끈 지 몇 년 후 애벌론 힐은 〈어드밴스드 시빌라이제이션(Advanced Civilization)〉이라는 제목으로 〈문명〉 보드게임의 공식 컴퓨터 버전을 발매했다. 거의 같은 이름, 같은 형식으로 경쟁하게 된 셈인데도 모두가 주의해서 구분했기 때문에 이 두 제품을 헷갈리는 사람은 없었다. 이 제품에 대한 〈컴퓨터 게이밍 월드〉의 리뷰는 "아니요. 이 게임은 그 문명이 아닙니다."라는 문구로 시작했고 애벌론 힐의 회사 소식지인 〈더 제너럴(The General)〉에는 "마이크로프로즈 버전은 주제와 이름 외에 우리 보드게임과 아무 공통점이 없다…. 〈시드 마이어의 문명〉을 깎아내리는 것은 성배를 모욕하는 것이다."라는 문구가 등장했다. 얼마 후 우리가 〈문명 II〉를 출시했을 때도 계승 서열을 착각하는 사람은 없었다.

하지만 나와 제프, 브라이언이 파이락시스로 옮긴 지 2년 후 문제가 발생했다. 애벌론 힐이 〈문명: 콜 투 파워(Civilization: Call to Power)〉라는 게임을 위해 액티비전(Activision)에 저작권을 사용 허가를 내주면서 액티비전과 협력해 마이크로프로즈를 저작권 침해로 고소했다. 애벌론 힐 혼자서는 소송에 드는 비용을 감당할 수 없었고 액티비전은 애벌론 힐 없이 법적 당사자가 될 수 없었다. 하지만 이 두 회사는 힘을 합쳐서 게임 역사에 한 획을 그은 이름을 차지하려고 했다.

마이크로프로즈 경영진도 상대와 똑같이 승자 독식주의적인 태도로 응수했다. 이들은 맞고소 대신 바다를 건너가 보드게임의 원래 주인인 영국의 하트랜드 트레포일에 가서 회사를 통째로 인수하는 전략을 썼다. 그렇게 애초에 애벌론 힐이 허가받았던 모든 저작권 계약을 마이크로프로즈의 소유로 만든 뒤 현명하게도 이 계약을 포함한 애벌론 힐의 다른 모든 계약을 철회했다.

액티비전은 그 뒤에 이어진 팽팽한 협상을 통해 현재 제목으로 게임을 마무리할 권리, 향후 〈콜 투 파워〉의 속편을 '문명'이라는 단어를 빼고 제작할 권리를 확보했다. 하지만 애벌론 힐은 마이크로프로즈에 모든 것을 빼앗겼다. 꽤 성공적인 시리즈를 성장해있던 〈1830〉 철도 시리즈도 여기에 포함되었다. 이들은 파산을 피하고자 장난감 제조업체 해즈브로 (Hasbro)에 회사를 매각했다. 그리고 해즈브로는 애벌론 힐을 인수한 지 8일째 되던 날 마이크로프로즈도 인수했다.

우리는 안전한 파이락시스 사무실에서 조금은 어리둥절한 마음으로 이러한 야단법석을 지켜보았다. 평소 일상이 그렇게 지루하지만 않다면 사업체 운영을 게임 프로토타입으로 만들어 봐도 꽤 재미있을 것 같았다. 어쨌든 우리와는 상관없는 일이고 그들은 바뀌지 않을 것이다. 이름의 주인이 누가 되든 확실히 우리는 아니었고 한때 사랑받던 타이틀이 서서히 공개 처형되는 장면을 평화롭게 지켜볼 마음의 준비를 마쳤다. 게임의 품질이 브랜드보다 중요하다고 믿으며 꾸준히 좋은 게임을 만드는 것 외에는 우리가 할 수 있는 일이 없었다.

해즈브로는 1999년 마이크로프로즈 상표로 〈문명 II: 테스트 오브 타임(Civilization II: Test of Time)〉을 발매하며 이 이름을 이용해 보려 했다. 1999년은 액티비전의 〈문명: 콜 투 액션〉과 우리의 〈알파 센타우리〉가 출시된 해였다. 하지만 팬들은 이번에도 속지 않았다. '문명'이라는 단어를 쓰지 않은 것은 우리 게임뿐이었는데도 나머지 두 게임이 아닌 우리 게임이 〈문명〉 시리즈의 정당한 일원으로 널리 인정받았다. 다른 어떤 회사도 살 수 없는 〈시드 마이어의 알파 센타우리〉라는 제목으로 발매했다는 점도 도움이 되었다.

그 후 정말 놀라운 일이 일어났다. 해즈브로는 마이크로프로즈를 인수할 때 〈문명〉 시리즈 초창기부터 근무한 토니 파크스(Tony Parks)를 연구개발 상무로 데리고 갔다. 그도 우리와 함께 일하던 옛 시절에 강한 향수를 느껴서 그 게임이 우리의 손을 떠나 홀대받는 모습에 우리만큼 슬펐던 것 같다. 〈테스트 오브 타임〉 발매가 실패로 끝난 후 토니는 〈문명〉이 파이락시스 사람들의 것이므로 그들 외에는 누구도 그 이름으로 수익을 올리지 못한다는 대중적 공감대를 거스를 수 없다고 해즈브로 경영진을 설득했다. 따라서 팬들의 요구에 따라 그 이름의 저작권을 다시 파이락시스에 이양하고 자신들의 몫을 챙길 수 있을 때 챙기는 것이 해즈브로가 할 수 있는 최선이라고 주장했다. 요청하지도 않았는데 이토록 험난한 과정을 거쳐 〈시드 마이어의 문명 III〉를 만들 기회가 우리에게 왔다.

이해하기 어려울 수도 있겠지만, 난 지난 9년간 불쑥 나타났던 다른 버전을 원망하지 않았다. 적어도 본인 실력으로 만든 작품이라면 말이다. 브루스가 마이크로프로즈를 떠난 후 처음 만든 게임은 사실상 실시간 〈문명〉이나 다름없는 〈에이지 오브 엠파이어(Age of Empires)〉였고 아주 훌륭했다! 〈라이즈 오브 네이션즈(Rise of Nations)〉, 〈에이지 오브 원더스(Age of Wonders)〉, 〈유로파 유니버셜리스(Europa Universalis)〉, 〈임페리얼리즘(Imperial-ism)〉, 모두 좋았다. 이러한 철학은 최고의 게임 디자이너, 대니 번텐 베리에게 배웠다. 그녀는 내가 〈해적!〉을 만들었을 때 크게 기뻐했다. 〈세븐 시티즈 오브 골드〉에 넣고 싶었으나 당시에는 불가능했던 모든 것이 〈해적!〉에 들어 있어서라고 했다. 내가 그녀의 뜻을 이어받은 덕에 그녀는 멀티플레이어 게임에 몰두할 자유를 얻었다. 대니는 게임 디자인이 모두가 함께 참여하는 진화의 과정이고 산업이 성장하면 그 혜택이 모두에게 돌아온다고 했다. 게임이라는 아이디어는 우리가 시작한 것이 아니고 우리와 함께 끝나지도 않을 것이다.

아이디어 '도용'에 관해 좋아하는 일화로 내 친구 노아 팰스타인이 3DO에서 비운의 자리를 맡기 전 루카스필름 게임스(Lucasfilm Games)에서 경험한 일을 꼽을 수 있다. 그가 〈인디아나 존스와 최후의 성전(Indiana Jones and the Last Crusade)〉의 복싱 미니 게임 제작 업무를 맡았을 때 〈해적!〉의 펜싱 미니 게임을 무척 좋아했던 탓인지 도저히 다른 방식이 떠오르지 않았다고 했다. 여러 해가 지난 후 그는 이런 글을 남겼다. "도용했다…. 그건 마이어의 인터페이스에 바치는 애정 어린 헌사였다." 솔직히 내 눈에는 전혀 비슷해 보이지 않았으나 그는 이 일에 상당한 죄책감을 느꼈던 것 같다.

그리고 〈인디아나 존스〉를 출시한 후 얼마 지나지 않아 노아는 어드벤처 게임 장르에 혁명을 일으킨 〈원숭이 섬의 비밀(The Secret of Monkey Island)〉이라는 새 프로젝트에 투입되었다. 이 게임의 주인공 가이브러쉬 스립우드(Guybrush Threepwood)가 겪는 코믹한 사건 사고는 내 게임과 아무 연관이 없었으나 굳이 따지자면 해적 캐릭터라는 부분이 공통점이었다. 그러던 중 함께 일하던 디자이너가 〈원숭이 섬〉의 새로운 칼싸움 미니 게임에 〈인디아나 존스〉의 복싱 게임 코드를 사용하려 하자 이 문제가 다시 노아를 괴롭히기 시작했다.

노아는 당황하며 이렇게 말했다. "그다지 좋은 생각 같지 않은데요. 이건 코미디 게임인데 그건…. 그렇게 웃기지 않잖아요."

그는 '아주 구차한 변명'이었다고 인정했다. 하지만 내 칼싸움 인터페이스에 해적 캐릭터를 넣는 것은 무단 도용이 만연한 업계 분위기에서도 불편하게 느껴질 정도로 상당히 비슷한 설정이었다. 자신의 원죄를 팀에 고백하든지 아니면 이를 대체할 더 좋은 아이디어를 내야 했다. 하지만 어떻게 해야 칼싸움을 웃기게 만들 수 있을까? 불가능해 보였다. 그러나 자신을 지켜야 한다는 의지가 강력한 동기를 부여했고 노아의 잠재의식 깊은 곳에서 도움이 될 만한 기억이 떠올랐다.

"나를 상대로 보네티의 방어 기술을 쓰시겠다?" 강한 억양이 묻어나는 목소리가 말한다. 칼끼리 부딪히며 챙 소리가 난다.

"험난한 지형을 고려하면 잘 맞을 거라 생각했으니까." 정중한 답변이 들린다.

이니고 몬토야(Inigo Montoya)는 강하게 밀어붙이며 말한다. "물론 내가 카포 페로로 공격할 거라고 생각했겠지."

복면을 쓴 사내가 외친다. "물론! 하지만 카포 페로에는 티보로 맞설

수 있지. 안 그래?"

"상대가 아그리파를 쓸 줄 모른다면 말이야…. 하지만 난 안다고!"

노아는 이렇게 말했다. "영화 〈프린세스 브라이드(The Princess Bride)〉만 그
런 게 아니에요. 에롤 플린이 나오는 옛날 해적 고전에서도 칼을 휘두르
는 사람의 신체적 능력은 상대를 모욕하고 응수하는 기술에 확실히 한
참 못 미치잖아요." 노아는 이러한 통찰을 바탕으로 상대가 조롱할 때마
다 번뜩이는 답변을 객관식으로 고를 수 있게 해서 싸우는 사람의 뛰어
난 재치를 중점적으로 다루는 결투 장면을 만들자고 제안했다. 그 덕분
에 게임은 정말 재밌어졌고 결국 '모욕을 주고받는 칼싸움'은 〈원숭이 섬
의 비밀〉의 유명한 특징 중 하나로 남았다.

내가 처음 영감을 받은 것도 에롤 플린의 영화여서 노아가 플린을 인
용한 부분이 특히 역설적으로 느껴졌다. 게임이 다른 게임에서 슬쩍하는
것은 사실이나 우리가 하는 모든 것은 애초에 게임이 아닌 다른 분야에
서 슬쩍해 온 것이다. 나는 역사, 예술, 과학에서 영감을 받는다. 하지만
내가 이들의 아이디어를 빌려 쓴 것처럼 이러한 분야에 종사하는 이들도
서로의 아이디어를 빌려 쓴다. 어떤 아이디어든 조사를 충분히 한다면
그 기원이 된 아이디어를 찾을 수 있을 것이다. 일례로 〈문명 II〉에 등장
하는 "Consequences, schmonsequences(결과고 나발이고)"라는 말을 우리가
만든 줄 아는 사람도 있는데 사실 1957년 대피 덕(Daffy Duck)이 만화에서
처음 한 말이다. 그리고 대피의 창작자는 조롱의 의미를 담은 'schm-'이
라는 접두사를 20세기 초반 유대계 이민자들의 언어에서 가져왔다. 이

것은 모두 우리 인류가 공유하는 문화, 아니면 감히 말하건대 인류 문명의 일부분이다.

운이 따라준다면 언젠가 완전히 새로운 산업이 우리의 아이디어를 훔쳐 갈 것이다. 그들은 우리의 작품을 상상할 수 없을 정도로 색다른 무언가로 변신시킬 것이고 우리는 마치 픽셀로 만든 자신의 미래 모습을 마주한 에롤 플린이 된 듯한 느낌을 받을 것이다. 창의성은 새로운 것을 추가한다는 점에서 도용과 다르다. 그렇게 추가한 부분이 이전에 없던 잠재력을 창출한다. 자신의 아이디어를 공유하지도, 다른 이들의 창작을 돕지도 않는다면 미래를 예견할 정도로 절대 성장할 수 없을 것이다.

스토리를 상상하는 과정도 스토리만큼 중요하다는 보편적 개념도 〈세븐 시티즈 오브 골드〉에서 가져왔다. 댄은 단순히 보고 플레이할 수 있는 부분만 디자인하지 않고 오로지 플레이어의 머릿속에서 벌어질 부분까지도 디자인했다. 예를 들어 컴퓨터가 새로운 세계를 생성하는 데 몇 분이 걸린다고 가정해 보자. 그러면 그는 영리하게 화면에 '침식으로 협곡이 형성되는 중입니다.', '아름다운 강이 만들어지는 중입니다.' 등의 메시지를 띄워서 디스크 공간을 1바이트도 낭비하지 않고 행성이 만들어지는 장면을 상상하게 했다. 나는 보여 주는 것보다 상상하게 하는 것이 더 강력하다는 것을 그에게서 배웠다. 그래서 그가 한 것을 그대로 본떠 〈문명〉의 초기 프로토타입에 비슷한 메시지를 넣었었다.

〈문명〉의 메모리 용량은 그의 게임에 비해 32배나 여유가 있었기에 결국 내 게임에서는 진짜 영상으로 교체했으나 무언가를 강렬히 바라는 느낌은 〈문명〉을 유명하게 만든 '한 턴만 더' 현상의 중심에 남았다. 새로운 지역을 탐험하든 이웃 나라와 옥신각신하든 멋진 기술을 개발하든 아니면 세계 불가사의 중 하나를 건설하든 플레이어는 항상 동시에 여러 일을 하고 있다. 전투에서 승리하고 멈추면 될 것 같은데 화학을 익히기까지 2턴밖에 남지 않았으니 그것까지는 마무리해야겠다는 생각이 든다. 하지만 그쯤 되면 칭기즈 칸*의 전쟁 선포를 받을 것이고 그런 상황에서 그냥 가만히 있을 수 없으므로 병력을 동원한다. 그사이 불가사의는 거의 반쯤 완성되었을 텐데 이것을 얼른 처리하는 것이 좋다. 왜냐하면 그다음에….

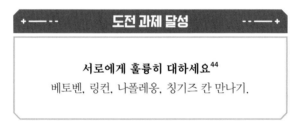

도전 과제 달성

서로에게 훌륭히 대하세요[44]
베토벤, 링컨, 나폴레옹, 칭기즈 칸 만나기.

〈문명〉의 상당 부분은 이 흐릿한 '그다음에'의 영역에서 실제 경로 위에 잠재 경로를 쌓으며 이루어진다. 나쁜 게임에서는 플레이어가 '방금 무슨 일이 일어난 거지?'라는 생각에 과거를 떠나지 못한다. 평범한 게임에서는 '오, 이거 괜찮은데?'라며 현재에 머문다. 하지만 진짜 좋은 게임은 아직 일어나지 않은 일에 집중하게 한다. 바로 이것이 '배우는 건 금방인데 평생 가도 통달하기 어렵다.'라는 그 규정하기 어려운 특징을

---

44 영화 〈엑설런트 어드벤처〉의 유명한 대사이다. 이 영화는 주인공 빌과 테드가 타임머신을 타고 여기에 나열된 역사 속 인물들을 만나 현대로 데리고 와서 일어나는 일을 그린다.

지닌 게임의 본질이다. 체스가 그렇다. 처음 배우는 사람도 한두 수 앞을 내다볼 방법은 금세 익힐 수 있고 그 정도로도 재미있게 즐길 수 있다. 하지만 10수, 15수, 심지어 20수 앞까지도 예상해 볼 수 있는 충분한 변수가 존재하므로 숙련된 플레이어도 똑같은 게임에 몰입할 수 있다. 예측에 의해 진행되는 게임은 플레이어의 수준에 맞게 확장되거나 축소된다.

하지만 '한 턴만 더' 증상이 발현되면 '그만하기'를 선택하기가 솔직히 어렵다. 〈문명〉의 첫 번째 리뷰는 이 게임을 "자칫하면 새벽 4시까지 하게 되는 중독성 강한 게임"이라고 소개했다. 1992년 〈컴퓨터 게이밍 월드〉가 개최한 백일장에 제출된 작품 40%가 이 게임을 주제로 했고 "게임을 하다가 화면을 끄니, 아기였던 아들이 혼자 차를 끄네(His newborn was eighteen / When he glanced from the screen)" 같은 라임도 등장했다. 동료 게임 디자이너 피터 몰리뉴(Peter Molyneux)는 한 기자에게 〈문명〉을 하다가 방광이 거의 터질 뻔했다고 했으며 나중에 마케팅 팀은 'CivAnon'이라는 가상의 12단계 지원 그룹[45]에 대한 광고를 만들고 나를 카메오로 출연시켰다. 여기서 나는 〈문명〉 새 버전의 출시 날짜를 무심코 알려서 모두가 가까스로 되찾은 냉철한 이성을 무너뜨리는 아무것도 모르는 건물 관리인 역할을 맡았다. 나도 〈문명〉을 하다가 〈문명〉 회의에 늦어 본 적 있으므로 그 마력에 면역이 있다고 말하긴 어렵다. 위험해 보인다고 말하는 사람도 있지만, 이에 대해 과하게 걱정한 적은 한 번도 없다. '흥미롭다', '눈을 뗄 수 없다', '중독성 있다'는 구분하기 어려운 애매한 개념이다.

---

[45] 미국에는 암이나 정신 장애 등 같은 어려움을 겪는 사람들이 모여 체험을 공유하고 문제를 극복해 나가는 'self-help group'이 많은데 이에 착안하여 'Civilization Anonymous' 줄여서 'CivAnon'이라는 가상의 모임을 만든 것이다.

〈테트리스〉를 만든 알렉세이 파지트노프(Alexey Pajitnov)는 〈테트리스〉의 중독성이 신경 쓰이느냐는 질문을 받자 코웃음을 치며 이렇게 답했다. "아니요, 아니면 그동안 사람들이 뭘 할 것 같은데요? 쓸데없는 책을 읽거나 영화를 보러 갈걸요? 아니요, 게임을 하는 건 좋은 거예요."

물론 '모든 책이 쓸데없다'가 아니라 '어쩌다 쓸데없는 책도 있다'라는 의미에서 한 말일 것이다. 하지만 사실 책도 그 가치를 늘 인정받은 것은 아니다. 요즘 세대가 게임의 위험성에 조바심을 느끼듯이 가끔 열리는 마을 축제를 오락거리 삼아 자란 세대는 책이 자녀에게 진짜 위험한 물건이라고 생각했다.

18세기의 역사학자 요한 고트프리드 오슈(Johann Gottfried Hoche)는 "강박적인 독서는 강박적으로 하지 않으면 문제가 없을 행위를 어리석고 위험하게 오용하는 것이고 필라델피아에서 유행한 황열병만큼이나 전염성이 강하며 실로 엄청나게 유해하다."라고 썼다.

그 후 공공도서관과 함께 자란 세대는 영화의 확산세에 공포를 느꼈고 이에 여성 기독교 금주 연맹(Women's Christian Temperance Union)의 '정화 부서'는 이 '중독적인' 행위를 통렬하게 비판하는 사설을 썼다. 그러다가 아카데미 시상식이 생기고 영화가 하나의 예술 형식으로 인정받게 되자 모두의 반동 보수적인 본능은 게임으로 향했다.

내가 보기엔 지난 몇 해 동안 우리가 마침내 언덕의 꼭대기에 오른 것 같고, 잘된 일이라고 본다. 하지만 미래의 내 후손도 어른이 되면 청년 세대의 관심을 사로잡는 신문물을 조롱할 것이 분명하다. 그 중독성에 대해 염려하며 요즘 애들은 그 정신 나간 짓거리에 허송세월 말고 좋은 비디오 게임을 해야 한다고 투덜댈 것이다.

어떤 형식의 미디어도 완벽하지 않고 특정 미디어만 중독성을 띠는 것도 아니다. 선택한 매개체로 무엇을 전달하고자 하느냐가 중요하다. 상상력, 설득력 있는 서사, 공감은 어떤 형태로 표현해도 좋은 것이다. 중독은 문제다. 하지만 레저, 약물, 행동, 음식, 심지어 사회적 인정 욕구를 포함한 어떤 형태의 도피주의든 중독을 일으킬 수 있다. 그러므로 탁월한 작품을 만들지 말라고 막을 것이 아니라 문제에 맞는 해결책을 찾아야 하는 것이다. 매혹적인 대상을 두려워하기보다 우리에게 이를 쓸모 있게 활용할 책임이 있다는 것을 인지하고, 이를 통해 훌륭한 성과를 이룰 방법을 알아내야 한다.

게임을 하다 회사 점심시간을 3시간으로 늘려버린 이들에게 〈문명〉의 경제 전략, 정치 협상을 통해 업무용 기술을 익힌 사람도 있다는 것을 알려 주고 싶다. 몬테수마와 밤늦게까지 싸우느라 수업에 낙제한 모든 학생에게 게임을 하다가 호기심이 생겨서 몬테수마에 관한 책을 읽는 사람도 있다는 점을 강조하고 싶다. 게임 중독인 배우자가 자신을 소홀히 대한다고 느끼는 모든 '문명 과부'에게는 글쎄…. 모든 것을 능가할 이야기를 들려주겠다.

〈문명〉이 최초로 발매된 지 2년 후 마이크로프로즈 사무실에 편지 한 통이 도착했다. 맞춤법이나 손글씨의 상태로 미루어 볼 때 10살 정도의 아이가 쓴 것 같았다. 팬과의 소통이 정점에 이르렀던 시기였기에 그 게임 덕분에 인생이 바뀌었다는 말을 매일 익숙하게 듣곤 했다. 하지만 그 편지는 〈문명〉이 실제로 생명을 살린 이야기를 들려주었다.

아이의 말에 따르면 자기 엄마는 〈문명〉의 열성적인 플레이어여서 나머지 가족이 모두 잠든 후에도 세계 정복에 열중하는 날이 많았다고 한다. 어느 늦은 밤 그녀는 뭔가 타는 듯한 냄새를 맡고 위층으로 뛰어 올라갔다가 큰불이 난 것을 발견했다. 〈문명〉 덕분에 엄마가 온 가족을 깨워서 제때 집을 빠져나올 수 있었다고 한다.

이 편지에서 "만세, 아무도 죽지 않았어요!"라는 말 다음으로 내가 가장 좋아하는 부분은 〈문명〉을 한 사람이 아빠가 아닌 엄마였다는 점이다. 게임은 모두를 위한 것이다. 개인이 아닌 전체의 차원에서 하는 말이다. 게임은 모두가 **함께** 즐기기 위해 존재한다. 내가 아닌 다른 이들이 어디에 매력을 느끼는지 항상 알 수는 없었으나 알아내는 데 늘 흥미를 느꼈다. 게임에 관해 이야기할 때 중독이라는 말은 하나의 예술 작품과 강력히 연결되었다고 느끼는 감정을 나타내는 또 다른 표현일 뿐이라 생각한다. 그러한 감정을 건설적으로 키워나가는 것이 내가 예술가로서 해야 할 일이다. 이왕이면 더 나아가, 많은 이들이 공유하는 경험을 통해 사람 간의 연결까지 끌어낼 수 있다면 좋겠다. 도피주의가 제대로 구현된다면 전에 없던 도피자의 공동체가 형성될 것이다. 그게 아니면 고의적으로 작품의 매력을 떨어뜨리고 사람 간의 연결을 줄이는 수밖에 없다. 그것이야말로 불합리하지 않은가. 우리는 함께할 때 더 강하며 우리가 만드는 게임이 더 보편적이고 효과적일수록 더 다양한 지식, 더 큰 공감, 더 강한 의욕에 관한 영감을 불러일으킬 수 있을 것이다.

18 멸종

공룡 게임
(The Dinosaur Game, 기원전 6600만 년)

만약 시드 마이어 게임의 정수라 할 만한 주제가 존재한다면 그 주인공은 아마 공룡일 것이다. 공룡은 어린 시절 누구나 한 번쯤은 빠져 본 익숙한 주제인 데다 어른이 된 후에도 관심을 이어 갈 만큼의 과학적 디테일도 충분히 갖추고 있다. 포식자와 먹잇감 사이에서 서사적 갈등이 쉽게 확립되는 반면 시각적, 감정적 거리 때문에 폭력적이라는 느낌은 적다. 진화라는 발전 시스템도 이미 갖추고 있으며 일정 시간이 지나면 거대한 유성 충돌로 아주 흥미진진한 장면도 연출할 수 있다. 쉬워야 마땅했다.

그런데 너무 어려웠다.

공룡 게임 작업은 대체로 2000년대 초반에 한 것으로 기억하나 프로토타입을 가지고 논 건 적어도 1991년부터인 것으로 밝혀졌다. 나는 사용했던 컴퓨터 대부분을 수년간 보관해 왔는데 요전 날 사람들이 궁금해하는 통에 가장 오래된 컴퓨터 몇 개를 창고에서 꺼내 보기로 했다. 안타깝게도 첫 시도는 말 그대로 시도에 그치고 말았다. 첫 번째 컴퓨터를 켜자마자 불꽃이 튀면서 합선이라는 빛나는 영광 속에 멈춰 버렸기 때문이다. 두 번째 컴퓨터에서는 다행히 불꽃이 튀지 않았다. 그 대신 아예 전원이 켜지지 않았다. 하지만 도전을 즐기는 우리 파이락시스의 IT 전문가들은 고대의 부팅 디스크를 찾아서 그 안에 든 화석을 발굴하는 데 성공했다.

아니나 다를까 다른 수십 가지 폴더 사이에 공룡 폴더가 있었다. 스파이 게임, 우주 게임, 그리고 물론 남북 전쟁 게임도 포함해서 나중에는 결국 완성한 게임의 조상 격인 게임도 일부 있었다. 직계 혈통이라기보다는 불완전한 형제자매, 기술의 전환 때문에 호박 속에 화석화된 아이디어에 가까웠다. 사실 컴퓨터를 교체한다 한들 유용하게 쓰일 만한 데이터는 없었다. 하지만 주요 수정판은 어차피 거의 바닥부터 새로 만들기 때문에 큰 손실은 아니었다. 코딩하는 부분은 쉽다. 코딩은 발굴한 화석을 그림으로 옮기는 과정에 가깝다. 수고로운 부분은 문서 작업이 아니라 발굴 작업이다.

이 박물관급 컴퓨터에 있는 미스터리 게임, 서부 개척시대 게임 등의 다른 프로토타입도 적어도 지금으로서는 진화적으로 막다른 골목에 다다른 것으로 판명 났다. 사실 나는 어떤 것도 절대 포기하지 않는다. 구현할 적절한 방법을 찾을 때까지 아이디어를 그저 멈춰 둔다. 때로는 그렇게 몇십 년이 흐르기도 한다. 수백 가지 방법을 시도해야 할지 모르나 일단 완벽한 각도를 찾으면 나머지는 빠르게 제자리를 찾아간다. 내 경력을 통틀어 영혼이 무너지는 것을 느끼며 완전한 멸종을 선언해야 했던 것은 공룡 게임이 유일하다.

초창기 버전 몇 개는 턴제였는데 나는 애정을 담아 '공룡판 문명'으로 생각하기도 했다. 플레이어가 이끄는 작은 무리는 그리드를 돌아다니며 농업 대신 수렵을 하고 도시 대신 둥지를 지을 것이다. 다른 무리를 마주치면 싸우고 싸움에서 이기면 진 무리가 합류해서 이긴 무리의 유전적 다양성을 높일 것이다. 그리고 여기서부터가 흥미롭다. 적어도 나는 그렇게 생각했다. 번식할 때가 되면 플레이어가 갑자기 배아 전문가로 변신해서 속도위반 결혼으로 짝지어줄 무리의 두 구성원이 어떤 유전자를 가졌는지 알아볼 능력을 갖추게 된다. 머리가 큰 엄마, 꼬리가 긴 아빠를 선택하면 부모 세대보다 조금 더 똑똑하고 균형 잡힌 2세가 탄생할 수도 있다. 여러 세대에 걸쳐 이런 과정을 거치다 보면 먼 후대의 자손이 언젠가는 사바나를 통치하게 될 것이다.

게임이 더 어려워질수록 우성, 열성 유전자 패턴과 무작위 돌연변이도 등장했다. 처음에는 재미있어 보였으나 알고 보니 공룡버전 미스터 포테이토 헤드*에 불과해 쉽게 지겨워지고 말았다. 그래서 번식을 자동으로 최적화하는 버튼을 추가했는데, 재미있으라고 추가했던 부분을 뺀다는 것은 무엇이 재미있는지 헷갈리고 있다는 꽤 확실한 증거다.

도전 과제 달성

무한한 공간 저 너머로
돼지 저금통, 군인 장난감, 티라노사우루스,
미스터 포테이토 헤드 모으기.

그리고 혹여 플레이어가 재미있어 한다고 해도 이 버전은 〈코버트 액션〉 규칙을 어길 수밖에 없다. 유전 체계를 따라가느라 게임의 주요 줄거리를 놓칠 수 있어서다. 게다가 공룡의 특징을 무작위로 배정하다 보면 티라노사우루스 렉스나 스테고사우루스 같은 유명 캐릭터가 사라진다. 인지도 있는 캐릭터가 플레이어를 유혹하는 핵심적인 장치인데 이러한 캐릭터가 아닌 공룡은 그냥 도마뱀 무리에 지나지 않는다.

하지만 괜찮다고 생각했다. 프로토타입은 문제를 알아내서 없애려고 만드는 것이니까. 그래서 공룡 게임 2.0 버전 작업에 돌입했다. 마음속으로 정해 둔 이름은 '다이노에이지(DinoAge)'였다. 〈문명〉의 여러 경쟁작이 하나의 시대에 초점을 맞추는 것에 착안해 지은 이름이었다. 이번에는 육식인지 초식인지, 냉혈인지 온혈인지 등 몇 가지 중요한 부분만 선택하고 유명한 공룡 캐릭터 중 하나로 진화하는 정해진 경로를 따르게 했다. 더 간단하고 빠른 동시에 엄청나게 지루했다. 어떤 선택이든 대체로 명확한 정답이 있어서 플레이어가 컴퓨터로 게임을 하는 게 아니라 마치 컴퓨터가 플레이어로 게임을 하는 것 같았다. 한꺼번에 너무 많은 것이 진행되는 부분에서는 단순화하는 것이 도움이 된다. 하지만 턴제 게임에 보통 시간이 얼마나 드는지 아는 상태에서 게임을 시작한 플레이어에게는 시간 절약보다 모든 흥미로운 선택이 자신의 통제하에 이뤄지느냐가 중요할 것이다.

좋다. 그렇다면 게임이 턴제가 아니라면 어떨까? 〈게티즈버그!〉는 실시간 게임으로 훌륭히 기능했다. 플레이어가 진짜 원하는 것은 화산 지뢰와 공중 지원하는 익룡 떼를 주의하며 육중한 브론토사우루스 무리에 대항해 벨로키랍토르 떼를 이끄는 것일지 몰랐다. 그래서 또다시 코드를 수정했다. 이번에는 인기 있는 실시간 게임인 〈스타크래프트(Starcraft)〉를 본떠서 '다이노크래프트(DinoCraft)'라는 이름을 붙였다. 하지만 이 세 번째 프로토타입은 이름만 비슷한 〈스타크래프트〉와 달리 앞서 만든 2개의 프로토타입처럼 엉망이었다.

원인은 간단한 메커니즘에 있었다. 원거리 무기의 사용은 실시간 전략 게임을 구성하는 중요한 요소다. 느리고 강력해서 최전방을 휩쓰는 데 최적인 무기가 있고 약한 대신 빨라서 주로 먼 후방을 누비며 적에게 피해를 주는 무기도 있다. 화살을 쏘든 크루즈 미사일을 발사하든 마법 주문을 걸든 멀리서 공격할 수만 있다면 게임 주제에 맞는 어떤 무기든 원거리용 무기로 채택할 수 있다. 이런 무기 없이 모든 유닛이 똑같다면 5살짜리 아이들이 축구 경기를 할 때처럼 화면 중앙에서 무질서하게 맞붙는 수밖에 없다. 구성원을 분산시키지 못한다면 좋은 전략 계획을 세울수 없다. 반대로 원거리 무기가 추가되면 플레이어는 전략을 수립해야 한다는 압박을 받는다.

하지만 원거리 공격을 하는 공룡 같은 것은 없었다. 그나마 놀라울 정도로 멀리 점프할 수 있는 몇 가지 종이 존재하긴 했지만, 그래 봐야 아무 무기 없이 전장 한복판에 내놓는 셈이었다. 고고학적 사실에서 점점더 멀어지고 있다는 것을 깨달았고 결국은 사실주의라는 가식을 완전히 포기한 채 독을 뱉는 공룡을 창조하기에 이르렀다. 내가 만든 새로운 종에 우리의 EA 프로듀서 빙 고든을 기념하는 의미로 빙고사우루스라는 이름을 붙였다. 게임 출시할 때쯤에는 아마 이름을 변경해야 했을 것이다.

하지만 게임을 완성하지 않음으로써 이 이름을 교묘히 남겼다.

날조한 공룡이 하나뿐이었으면 괜찮았을지 모른다. 하지만 가위바위보 원칙을 따르려면 원거리 유닛이 약 3분의 1 정도는 되어야 하고 그 말인즉 독 뱉는 종을 더 만들거나 다양성을 줄여야 한다는 뜻이었다. 하지만 실제 공룡의 종 분포는 초식 공룡 쪽으로 크게 기울어져 있었다. 무리의 진화를 목표로 했다면 그래도 괜찮았겠지만, 이 상태로 가면 온순한 종은 몇몇 육식 공룡들이 서로 잡아먹는 모습을 앉아서 지켜보는 것 외에 달리 할 일이 없었다. 우리가 흔히 말하는 '생산 유닛 대 전투 유닛 균형'이 크게 무너졌다.

그렇게 프로토타입 3번에 작별을 고했다.

이쯤 되자 나는 절박해졌다. 이미 이 게임에 대한 큰 기대감을 표하는 기사들이 나오고 있었고 인터넷 게시판에서는 팬들이 이 게임에 어떤 기능이 포함될지를 두고 활발히 토론했다. 신선한 피드백을 최대한 많이 듣기 위해 심지어 몇몇 인터뷰 후보에게 프로토타입을 건네기도 했다. 이 프로젝트를 위해 대대적으로 꾸린 팀이 최소 6개월 이상 여기에 매달렸는데 어떤 유형의 게임을 만들어야 할지조차 감이 잡히지 않았다.

'공룡 세계관에서 가장 큰 재미를 누리는 것은 누구인가?'라는 중요한 질문에 답을 할 수가 없었다. 바로 그 자리에 플레이어를 앉혀야 했다. 가장 강력한 힘을 가지고 가장 흥미진진한 삶을 산 사람. 문명의 역사에서는 왕, 카리브해에서는 해적선 선장, 전쟁에서는 장군, 운송산업에서는 타이쿤[46]이었다. 하지만 각각의 공룡에게는 그다지 큰 힘이 없었다. 티라노사우루스 렉스는 모든 작은 공룡의 포식자였으나 군대를 만들지는 않았다. 진화가 유용한 메커니즘이긴 하나 개체 수준에서는 경험할 수 없었다. 진화를 가지고 놀려면 한걸음 물러서서 공룡 신의 역할을 맡아야 했다. 하지만 어떤 신이 특정 종의 일용할 양식과 싸움을 일일이 통제하겠는가? 공룡 세계관의 가장 좋은 점만 누릴 수 있는 통합된 관점은 없는 것 같았다.

왼쪽, 오른쪽뿐 아니라 그 사이에 있는 모든 각도로 조종해 보았으나 허사였다. 남아 있는 유일한 옵션은 이 길에서 방향을 완전히 트는 것뿐이었다. 그래서 네 번째이자 마지막으로 만든 공룡 프로토타입의 별명은 '다이노몬(DinoMon)'이었다. 그해 전국을 휩쓴 포켓몬스터 같은 카드 게임이어서 붙인 이름이다. 실제로는 포켓몬보다 '다이노소어: 더 개더링(Dinosaur: The Gathering)'에 가까웠지만, 그 이름은 이 모든 노력이 왜 그토록 철저하게 실패했는지 발표해야 할 순간에 발음하기가 너무 어려울 터였다.

솔직히 카드 게임 버전은 나쁘지 않았다. 인지도와 진화라는 임무를 각각 공룡 카드와 돌연변이 카드에 나눠서 맡김으로써 둘 사이의 논란을 깔끔히 해결했다. 예를 들어 실존한 종을 기반으로 만든 코엘로피시스 카드로 게임에 임한다고 가정해 보자. 전투할 때는 이 카드에 뿔이나 깃털 카드를 써서 더 강력하게 만들 수 있었다. 좋아하는 유명인이 여러 캐릭터를 연기하는 것을 보는 것과 비슷했다. 전투를 마치고 카드를 다시

---

46 '타이쿤(tycoon)'은 업계 거물이라는 뜻이다.

가져올 수 있다는 건 다음에 다른 방식으로 플레이해 보고 싶다는 바람을 일반 게임보다 훨씬 더 빠르게 해소할 수 있다는 의미이기도 했다. 그리고 카드 게임에서는 화면상의 자원을 쓰지 않아도 소용돌이치는 먼지 폭풍이나 사방으로 튀는 진흙탕 애니메이션을 상상하게 할 수 있었다. 수집한다는 느낌도 이 게임의 테마와 잘 어우러졌다. 머릿속에 최대한 많은 종을 수집하려는 욕구가 인간의 본능에 내재되어 있는 것인지 공룡 이름을 더 줄줄 말할 수 있는 아이가 더 멋져 보였다.

하지만 따지고 보면 혁신이 없었다. 첫째, 카드의 인터랙션 방식이 〈매직〉과 너무 비슷했다. 자신만의 방식으로 새롭게 변화를 준다면 아이디어를 도용해도 괜찮다. 하지만, 이 공룡 게임은 훔쳐 온 아이디어를 정당화할 수 있을 정도로 새로운 소재를 충분히 갖췄다는 확신이 전혀 들지 않았다. 둘째, 나뿐 아니라 팀원들도 불안해한다는 것을 느낄 수 있었다. 그토록 많은 시간과 에너지를 쏟아부은 시드 마이어 게임의 정수로 꼽는 게임인데 지극히 평범한 카드 형식에 안주하다니…. 실망스럽게 느껴질 따름이었다.

그래서 또 그만두었다. 내 노력이 기대에 부응하지 않은 결과를 낼 때 불합격 처리하는 것은 그리 어렵지 않지만, 다른 사람에게 그렇게 해야 할 때는 정말 어렵다. 쏟아부은 돈이 얼마인데 일렉트로닉 아츠가 이 게임을 포기하는 걸 허락하긴 할까? 얼마나 많은 팀원이 실망하고, 또 얼마나 많은 팀원이 남몰래 안도할까? 어느 쪽이 더 나쁠까? '시드가 게임을 취소하다!'라는 제목으로 쏟아질 온갖 기사에 대해서는 생각하고 싶지도 않았다. 게임에 관한 기대감을 열렬히 표현했던 기사보다 이런 기사가 훨씬 더 많을 것이 분명했다.

이렇게 두려움이 점점 더 커지는 상황에서 E3라고도 알려진, 제6회 '전자 엔터테인먼트 박람회(Electronics Entertainment Expo)' 참석차 로스앤젤레스로 향했다. 당시 게임 업계는 조금 묘한 상황에 처해 있었다. 비디오 게임 연 매출은 350억 달러를 넘어섰고 플레이스테이션(PlayStation) 2의 미국내 사전 판매량은 콘솔이 공장에서 단 1대도 출하되기 전인데도 50만 대에 육박했다. 사람들은 분명 비디오 게임에 열광하고 있었다. 반면 컬럼바인 고등학교 총기 난사 사건에서 희생자의 가족들은 게임이 범인의 행동에 영향을 미쳤다는 이유로 25개의 게임 제조사를 고소했고 미국 상원에서 '인터랙티브 폭력이 아동에게 미치는 영향'을 주제로 공식 청문회를 개최했다. 그해 말 유력한 대선 후보였던 앨 고어(Al Gore)는 조 리버먼(Joe Lieberman)을 부통령 후보로 선택했는데 그가 게임 산업 규제를 위해 오랜 시간 초당적 노력을 기울여 온 인물이라는 점이 그 이유 중 하나였다.

그해 E3의 분위기는 《두 도시 이야기》와 매우 흡사했다. 닌텐도가 〈젤다의 전설: 무쥬라의 가면(Legend of Zelda: Majora's Mask)〉의 환상적인 트레일러로 팬들이 감동의 눈물을 흘리게 하는 사이 인디애나폴리스시에서는 아케이드 게임을 공공장소에 비치하지 못하게 막는 법안이 마련되는 중이었다. 세가 부스에서 사람들이 〈삼바 데 아미고(Samba de Amigo)〉의 리듬에 맞춰서 신나게 전자식 마라카스[47]를 흔드는 동안 박람회장 밖에는 시위대가 행사장을 향해 주먹을 흔들며 분노에 찬 비난을 쏟아냈다. 훗

---

[47] 중남미에서 유래한 곤봉 형태의 타악기.

날 EA가 홍보를 위해 9년간 가짜 시위대를 동원했던 것이 적발된 사실에서 알 수 있듯이 규탄 시위가 우리에게 진짜 해를 끼치진 않았다. 하지만 당시 우리는 소송은커녕 정치 상황이 어떻게 전개될지도 알 수 없어서 모두가 약간 초조해하는 분위기였다.

공룡 게임 때문에 낙담한 내게 그런 분위기는 별 도움이 되지 않았고 주말이 막바지에 이를 때쯤 나는 잠시 시간을 내어 수전과 함께 할리우드 시내에 있는 유명한 그라우먼스 차이니즈 시어터(Grauman's Chinese theater)로 향했다. 이상하게도 그해에는 볼티모어에 폭염이 기승이어서 로스앤젤레스의 날씨가 훨씬 더 좋게 느껴졌다. 마음이 좀 편해질 무렵 경찰 통제선 너머를 보기 위해 목을 길게 빼고 있는 많은 사람이 잠시 우리 앞을 가로막았다. 눈앞으로 리무진, 투광 조명, 그리고 보도 위로 일어선 거대한 카르노타우루스처럼 보이는 물체가 지나갔다. 그 순간 잠깐이지만 결국 내가 정신이 나갔구나 싶었다.

자신들 사이에 있는 냉혈(어쩌면 은혈일 수도!) 킬러 때문에 불편해하는 듯한 사람은 없었다. 구경거리에 등을 돌리고 눈살을 찌푸린 채 군중을 통제하던 경찰들에게도 아무런 긴박감이 없었다. 무슨 기념식인지는 모르지만, 이 이상한 행사가 진행되는 한 여기를 빠져나가지 못할 것이 분명했다. 그래서 우리는 가게를 통과하면 이 난리에서 한 블록 떨어진 건물의 남쪽 출입구로 나갈 수 있으리란 생각에 디즈니 스토어로 들어갔다.

"선생님, 죄송하지만 지금은 이쪽으로 못 나가십니다." 모노그램이 새겨진 폴로 셔츠를 입은 청년이 친절하게 말했다.

"아주 잘 됐군요. 뭐 때문에 이 난리인 거죠?" 다소 예의에 어긋나게 느껴질 정도로 내 목소리에 불평이 묻어났다.

내가 그 질문을 해서 기쁘다는 듯 그는 미소를 지으며 말했다. "오늘 디즈니 스튜디오의 새 영화 〈다이너소어(Dinosaur)〉의 시사회가 있거든요."

"훌륭하군요." 이 대답은 거의 진심이었다. 적어도 실물 크기의 카르노타우루스 모형이 왜 있었는지는 이해가 되었다. "우린 그저 할리우드 대로로 나가려는 것뿐이에요."

"어디서 오셨나요?"

나도 평소 형식적인 잡담을 많이 해야 하므로 상대가 진짜 관심이 있어서 묻는지, 아니면 그냥 의례적으로 묻는지 정도는 안다. "볼티모어요." 나는 정중하게 답하고 하던 이야기로 돌아갔다. "그래서 여기를 어떻게 빠져나갈 수 있을까요?"

"오, 볼티모어요? 매년 이맘때 거기 날씨는 어떤가요?"

"괜찮아요. 그래서 저희가 돌아가야 하는 건가요?"

"볼티모어 오리올스는 어때요?"

"아, 그렇죠." 대충 대꾸하면서 최대한 애매하게 이야기를 마무리했다. 볼티모어 오리올스가 어떤지 전혀 아는 바도 없고 알든 모르든 그 얘기를 하고 싶지 않았다.

길고 불편한 침묵이 흐른 뒤 그 직원에게 갑자기 뭔가가 떠오른 듯했다. "아, 마침 시사회 입장권이 몇 장 남았는데 혹시 관심 있으세요?"

한숨이 났다. "우리는 시멘트에 스타들 발자국이 찍힌 그 극장에 갈 길을 진짜 찾고 있어요. 그 시사회가 언제 시작하는데요?" 5분 안에 시사회가 시작하지 않는 한 기다릴 생각이 없다는 것을 내 목소리에 분명히 드러냈다.

"영화는 5분 정도 후에 시작해요."

"아."

"팝콘이랑 탄산음료도 무료 제공되고 시사회가 끝나고 극장 옆에서 열리는 파티에도 참석할 수 있는 입장권이에요. 파티에서는 무료 음식과 음료가 제공될 뿐만 아니라 영화에 나온 스타도 몇 명 만날 수 있을 거예요. 그리고 무료 티셔츠도 드릴 거에요!"

뭐, 무료 티셔츠를 누가 거절할 수 있겠는가? 몇 분 후 나는 수전과 함께 엘 카피탄 극장 위쪽 발코니석에 앉아서 세계 최초로 공개되는 공룡 영화를 관람하며 공룡과 연관된 내 실존적 위기를 곱씹었다. 기분 좋은 동시에 좀 이상하다고 느끼며 이 상황이 일종의 계시인가 잠시 생각에 잠겼다. 이 영화처럼 내 게임을 3D로 만들라는 뜻일 수도 있었다. 아니면 전투에 치우치지 않았던 초기 프로토타입 중 하나로 되돌아가서 플롯을 건전하게 바꾸라는 뜻일 수도 있었다. 나는 다이노크래프트 버전에서 어른 공룡들을 따라다니는 자그마한 어린 공룡들을 좋아했다. 그렇다면 세대가 성장하는 느낌을 추구했어야 했던 것일지 몰랐다. 아니면 이 모든 상황이 전략 게임으로는 공룡의 본질을 절대 포착할 수 없다는 것을 보여 주는 더 확실한 증거일 수도 있었다.

하지만 이 이상한 우연이 무엇을 의미하는지 깨닫기도 전에 더욱 이상한 우연을 경험했다. 우리는 아까 그 남자가 한 약속이 하나도 빠짐없이 훌륭하게 이행된 파티가 끝난 후에야 길 건너 애초의 목적지였던 그라우맨스 차이니즈 시어터에 도착했다. 1927년에 세워진 이 할리우드 랜드마크는 이름이 암시하는 바와 같이 아시아 키치의 성지이다. 아름답긴 하지만, 은은한 분위기와는 거리가 멀다. 길가에서 조금 안으로 들어간 곳에 자리 잡은 광장의 양쪽에는 섬세하게 조각된 사각 탑이 세워져 있고 안쪽으로는 3층짜리 빨간 탑이 솟아올라 있다. 입구는 돌사자가 지키고 있고 용 무늬가 거의 모든 것을 뒤덮고 있다. 오늘날 지어진다면 대중은 '천박하다'와 '불쾌하다' 사이 어딘가에 해당하는 반응을 보였겠으나 다행히 영화 황금기에 지어진 유적이어서 아직까지 살아남을 수 있었다.

오랜 세월 그라우맨스 차이니즈 시어터에서는 〈오즈의 마법사〉부터 〈스타워즈〉까지 수많은 블록버스터 영화 시사회가 열렸지만, 그래도 가장 중요한 명소는 광장이었다. 전설에 따르면 유명 여배우인지 이 극장의 공동 창립자 중 한 명인지가 공사 중에 아직 마르지 않은 시멘트를 실수로 밟았는데 그 사건에서 이 극장 입구 바닥에 영화 아이콘의 핸드 프린팅과 풋 프린팅을 영원히 기념하자는 아이디어가 왔다고 한다. 100년 가까운 세월이 지나는 동안 250명도 되지 않는 사람에게 기회가 주어진 이 초라한 콘크리트 블록이 할리우드에서 줄 수 있는 최고로 영예로운 상이라고 생각하는 사람도 있다. 대부분 영감을 주는 메시지나 감사의 메시지가 짤막하게 쓰여 있으며 그루초 막스(Groucho Marx)의 시가나 대니얼 래드클리프(Daniel Radcliff)가 영화 〈해리 포터〉에서 사용한 지팡이처럼 상징적인 아이템을 함께 넣은 배우도 몇 명 있다.

나는 수전과 함께 영화 역사 전체를 엿보기 위해 그 안에 들어서던 중 우연히 내 시선이 발 쪽으로 향했다. 거기에는 "사랑하는 시드, 당신의 성공을 빌겠어요."라고 쓰여 있었다.

다시 한번 나는 내가 제정신인지 잠시 의심했다. 하지만 그 글귀는 진짜였다. 노마 탈매지(Norma Talmadge)라는 사람이 먼 옛날인 1927년 5월에 나에게 보낸 메시지였다. 하지만 그녀뿐만이 아니었다. 메리 픽퍼드(Mary Pickford), 세실 B. 드밀(Cecil B. DeMille)은 노마 블록 양쪽에 각각 "시드에게 안부를"이라고 적었고 바로 그 위에서 더글러스 페어뱅크스(Douglas Fairbanks)는 내게 행운을 빌었다. 그 반대편에는 베베 대니얼스(Bebe Daniels)가 나를 '우리 쇼맨의 왕'이라 불렀고 바버라 스탠윅(Barbara Stanwyck)은 나를 향한 노골적인 사랑을 공표했다. 이 광장 전체가 마치 나를 응원해 주는 것 같았다.

역사 설명이 적힌 팸플릿을 통해 기업가이자 영화계 초창기 모든 스타와 가까운 친구였던 시드 그라우맨(Sid Grauman)이 그라우맨스 차이니즈 시어터를 세웠다는 사실을 금방 알아냈다. 하지만 그러한 사실과 상관없이 나는 내게 보낸 메시지라고 생각하기로 했다. 세상에 시드라는 이름을 쓰는 사람이 그리 많지 않으니 실제 주인공 또한 내게 공유하는 것을 꺼릴 리 없으리라 확신한다.

클라크 게이블(Clark Gable)은 나를 훌륭한 사람이라고 칭했고 로이 로저스(Roy Rogers)와 그의 말 트리거(Trigger)는 내가 가는 여정이 행복하길 빌었다. 험프리 보가트(Humphrey Bogart)는 "내가 당신을 죽일 때까지 당신이 죽지 않기를"이라고 썼고 존 웨인(John Wayne)은 "말로는 다하지 못할 마음을 담아서"라고 했다. 지미 스튜어트(Jimmy Stewart), 밥 호프(Bob Hope), 프레드 아스테어(Fred Astaire), 진저 로저스(Ginger Rogers)를 비롯해 수많은 사람이 모두 내 이름을 언급했고 나는 이들의 격려를 마음에 새겼다.

나는 사랑하는 공룡 게임을 불가피하게 포기할 수밖에 없다는 사실을 받아들이려고 주말마다 애쓰는 중이었고 역사 속 인물이 건네는 격려의 말이 그런 현실을 바꾸진 못했다. 볼티모어로 돌아가면 생명 유지 장치를 떼어 내고 우리 팀의 실망, 배급사의 실망, 그리고 가장 슬프게 느껴지는 팬들의 실망까지 직면해야 했다. 하지만 그라우맨스 차이니스 시어터에서 밝은 캘리포니아의 햇볕 아래로 걸어 나오는 그 순간만큼은 괜찮을 것이라는 강한 확신이 들었다. 만약 한 산업이 지닌 창의력의 수명이 이 광장에 안치된 어느 한 인물보다 길다면 한 프로젝트의 수명보다는 길 것이 확실했다. 시간이 계속 흐르는 한 더 멋진 아이디어와 재밌는 모험은 항상 수평선에 나타날 것이다.

19 인조 잔디

동료인 제이크 솔로몬(Jake Solomon)이 느닷없이 이렇게 물은 적 있다. "죄책감이 느껴지는데도 끊기 어려운 것이 있다면 무엇인가요?" 이 질문을 한 장소가 수백 명의 관중이 지켜보는 무대 위였다는 점도 빠뜨리면 안 된다. 속 얘기를 털어놓기에 이상적인 장소라고 보긴 어렵지만, 다행히 답은 쉽게 나왔다.

"과한 거죠." 미소에 언짢은 마음이 묻어났다. 주어진 대상이 무엇이든 흥미로운 부분을 구분할 수 있는 능력에는 주어진 모든 대상에 끊임없이 흥미를 느낀다는 부작용이 따른다. 어쩌다 보니 자꾸 새로운 취미에 빠지곤 하는데 직장 생활과 마찬가지로 대충이 안 된다.

일례로 난 기타 연주를 좋아한다. 코드도 꽤 많이 아는 편이어서 친구들과 밴드 연주할 때 잠깐이나마 록스타인 척해 볼 수 있게 키보드를 다른 사람에게 넘기곤 한다. 하지만 내가 기타 연주에 엄청난 재능이 있다고 생각한다거나 집착하진 않는다. 그냥 관심이 있을 뿐이다. 그래서 20대 정도의 기타를 소유하고 있다.

변명하자면 개중 몇 대는 편의상 샀다. 사무실에 2대, 우리 교회 건물에 2대를 보관한다. 어쿠스틱 기타나 일렉트릭 기타 중에 어떤 것을 치고 싶을지 예측이 안 될 뿐 아니라 매번 들고 다니기도 번거롭다. 나머지는 집에 전시되어 있거나 창고에 다양한 상태로 보관하고 있는데 수전에게 늘 이야기하는 바와 같이 확실히 모두 연주를 하긴 한다.

그 외에도 무선 조종 비행기, 역사 관련 기념품, 골프채…. 말했듯이 기타는 내 여러 취미 중 하나일 뿐이다. 나는 너드이고 너드들은 항상 최신 기기를 갖고 싶어 한다. 그래도 방대한 게임 콘솔 컬렉션은 일 때문이라고 정당화할 수 있다. 하지만 대개는 수집하는 양이 병적인 수준 이하로 유지되도록 의식적으로 노력해야 한다. 스카이워커 랜치(Skywalker Ranch)에 있는 조지 루카스 도서관에 가본 적 있는데 1층뿐 아니라 사다리를 타고 올라갈 수 있는 2층 발코니에도 수천 권의 서적이 있었다. 그렇게 많은 책을 소장할 수 있는 집에 살아 본 적이 없어서 아마 다행이겠지만, 혹시 그런 집에 살았다면 널리 뻗어 나가는 웅장한 도서관부터 만들었을 것이다.

내 경험상 정보 흐름 제한은 효과가 좋은 억제책이었다. 잡지를 보면 이 티타늄 합금 골프채 세트가 내 골프 실력을 한 단계 높여주고 뛰어난 디지털 성능을 갖춘 저 기타 앰프가 내 PRS 할로우바디 기타의 소리를 최상의 상태로 들려준다는 것을 몇 분 만에 알 수 있다. 그래서 몇 년 전나 자신의 웰빙을 위해 모든 잡지 구독을 취소했고 그 후로 확실히 더 행복해졌다. 하지만 공룡 게임이 사망할 무렵인 2000년 말에는 골프를 정기적으로 치는 것도 아닌데 골프 잡지 2~3권을 구독 중이었다.

그중 한 권에서 골프 코스 논평, 백스윙 개선 방법에 관한 기사 사이에 숨겨져 있던 골프 홀 설계 콘테스트를 발견했다. 보아하니 골프 홀 설계는 단순히 길쭉한 퍼팅 그린을 배치하고 벙커 한두 개를 파면 끝나는 것이 아니었다. 유명한 코스 디자이너도 있었다. 심지어 이들은 그들의 작품 위에서 경기하는 프로 투어 선수들만큼이나 유명했다.

흥미로웠다.

골프 게임 프로토타입도 처음에는 〈레일로드 타이쿤〉처럼 모형 제작 도구로 시작됐다. 경쟁력 있는 시뮬레이터를 만들 생각은 없었고 이번에도 개발이 중단된 게임으로부터 머리를 식히기 위해 떠난 휴가 중에 개발했다. 물론 2000년에는 1990년에 비해 프로토타입에 대한 기대치가 훨씬 더 높아진 반면 휴가 기간은 그대로였기에 예전만큼 인상적인 수준에 이르는 것은 거의 불가능했다. 하지만 게임 디자이너는 자신의 작품을 비밀리에 재사용할 수 있다. 작가는 자신이 쓴 구절을 표절할 수 없고 화가는 사소한 변화만 준 초상화를 새 작품이라고 내놓을 수 없지만, 나는 불과 몇 시간이면 기존 코드 조각을 완전히 다른 게임에 재배열해 넣을 수 있다. 〈게티즈버그!〉에 이미 넓은 잔디 들판과 걸어 다닐 수 있는 병사들이 있었다. 남부 연합군의 회색 군복을 아가일 조끼로 바꾸기만 해도 골프 프로토타입이 절반 정도 완성되었다.

요즘은 인터넷에도 이용할 만한 자료가 무수히 많다. 존 윌리엄스(John Williams)는 자신도 모르는 새에 내 공룡 게임에 〈쥬라기 공원〉 사운드트랙을 빌려주었고 그래픽은 선사시대를 주제로 만든 우표 시리즈에서 왔다. 〈게티즈버그!〉의 그래픽은 회사 그래픽 디자이너의 작품으로 대체되기 전까지 내가 가지고 있던 남북전쟁 책에 나온 그림을 사용했다. 사무실을 절대 벗어날 일 없는 임시 목업에는 무엇을 써도 상관없다. 프로토타입을 만드는 목적은 완성된 제품을 통해 우리가 어떤 경험을 하게 될지 최대한 빨리 확인하는 데 있다.

휴가에서 돌아와 골프 프로토타입을 보여 주자 빙 고든은 이렇게 말했다. "〈심즈〉 세계관에 포함시킬 수 있을 것 같은데요. 맥시스 친구들을 한번 만나 보는 게 좋겠군요."

월 라이트는 〈심시티〉 이후 몇 년간 자신의 스튜디오를 통해 〈심시티 2000(SimCity 2000)〉(1993년 출시), 〈심시티 3000(SimCity 3000)〉(1999년 출시)을 포함한 여러 속편과 스핀오프를 발표했다. 사실 월이 만든 게임에 간접적으로 경의를 표하는 의미로 〈문명 II〉를 〈문명 2000〉으로 부를 뻔한 시기도 잠시 있었지만, 속편에 굳이 속편 같지 않은 이름을 붙일 이유는 없다는 결론에 이르렀다. 결국, 같은 결론에 도달한 맥시스도 그다음 속편을 간단히 〈심시티 4(SimCity 4)〉라고 부르기로 했다. 하지만 월도 그즈음엔 나처럼 자신의 시리즈를 재능 있는 젊은 인재들에게 넘겨줬고 실제 2000년이 되었을 때는 그의 최신 히트작 〈심즈(The Sims)〉를 발매했다. 이 작품은 당연히 기념비적인 성공을 거두었고 양쪽 스튜디오의 배급사였던 일렉트로닉 아츠로서는 두 스튜디오가 공동으로 제작한 작품을 간절히 기다리는 중이었다.

그래서 윌과 몇 차례 논의한 끝에 〈심즈〉와 〈타이쿤〉 스타일 요소를 적절히 혼합하여 〈심골프〉를 만들기로 했다. 메뉴에는 전통적인 〈심즈〉 인터페이스를 적용했고 골퍼들은 맥시스에서 심리시(Simlish)라고 이름 붙인, 의미가 통하지 않는 음절로 이루어진 특이한 문자열로 소통하게 했다. (개발이 몇 개월 이어지자 우리 직원들도 심리시를 유창하게 구사할 수 있게 되어서 다른 이들의 주의를 끌고 싶을 때 "마이슈노(myshuno)!"[48]라고 외치곤 했다.) 하지만 〈심골프〉에서는 고객을 만족시키려면 행동 조작보다 환경 설계가 중요했고, 사람들이 아무리 행복해하더라도 은행 계좌 주시를 게을리해서는 안 됐다.

기본을 갖춘 후 잡지 콘테스트를 보고 떠올렸던 핵심 질문으로 되돌아왔다. '좋은' 골프 홀을 이루는 요소는 무엇일까? 재미의 미학을 어떻게 평가할까? 바흐 음악의 아름다움을 분석해서 수학적으로 설명할 수 있다면 골프의 심리학적 매력 또한 그렇게 할 수 있을 것이다. 하지만 퍼팅 그린에서는 음악과 달리 나만의 패턴을 그릴 정도의 경험을 쌓지 못했다. 진짜 골퍼들과 대화를 나눠 볼 필요가 있었다.

다행히 파이락시스 공동 창업자 제프 브리그스의 처남인 조너선(Jonathan)이 뉴욕에 있는 유명한 클럽의 회원이었다. 제프의 설득 덕에 조너선이 프로 골퍼 친구들을 데리고 메릴랜드에 왔다. 아마 케이브스 밸리(Caves Valley) 골프 클럽이나 베데스다에 있는 컨트리클럽 중 한 곳에서 골프를 치기 위해 왔겠지만, 그래도 우리와 점심을 함께하며 뛰어난 골프 코

---

48 심리시로 '빙고'라는 뜻.

스를 만드는 방법에 관해 대화를 나눌 수 있게 너그러이 시간을 내주었다.

"쉬워야 해요. 솔직히 어려운 코스를 좋아하는 사람은 없거든요." 누군가 말했다.

"그럴 거면 그린을 거대한 깔때기처럼 만드는 게 낫지 않을까요? 어디서 치든지 공은 들어갈 테니까요." 내가 물었다.

그는 잠시 생각해 보더니 이렇게 답했다. "그건 그렇네요. 맞아요. 어려워 **보여야** 해요. 하지만 경기하기는 쉬워야죠."

그 뒤로 한 시간 동안 범위를 더 좁혀나갔다. 알고 보니 이 사람들이 정말 좋아하는 것은 자신에게는 쉽고 다른 사람에게는 어려운 홀이었다. 칩샷을 잘 치는 사람은 칩샷에 크게 의존하는 홀을 가장 좋아했다. 골퍼도 게이머처럼 자신의 세상에서 스타가 되고 싶어 했다.

점수 시스템이 서서히 머릿속에 그려지기 시작했다. 가상의 플레이어 4명이 각 홀을 거치게 한다. 1명은 완벽한 평균이고 나머지 3명은 각기 정확도, 장타, 커브 샷에 특별한 재능이 있다. 홀이 끝날 때 특별한 플레이어 3명이 평균 플레이어를 상대로 얼마나 좋은 성과를 냈는지 비교하고 그 차이를 기반으로 홀 디자인을 평가한다. 평균 플레이어의 비거리가 200야드 정도라면 장타에 특화된 플레이어는 보통 250야드 정도 치므로 225야드 정도의 위치에 언덕을 만드는 것이 가장 좋다. 장타 플레이어의 공은 언덕 꼭대기에 도달하고 평균 플레이어의 공은 거꾸로 굴러 내려올 텐데 편차가 클수록 장타 플레이어가 높은 점수를 획득한다.

이 시스템은 본질적으로 AI가 개입되지 않는다는 점에서 흥미로웠다. 평가 알고리즘은 복잡하게 구성해야 했지만, 좋은 골프 홀을 생성하는 임무는 컴퓨터의 몫이 아니었다. 이 게임에는 영토를 침범하는 경쟁자가 없었다. 자연재해나 재정적 혼란이라는 계획적인 방해도 없었다. 〈솔로 플라이트〉 이후 대립 요소가 등장하지 않는 내 첫 번째 프로젝트였다. 심지어 〈솔로 플라이트〉에도 플레이어의 입력 없이 비행하는 데모 모드가 포함되어 있었다. 비록 메인 게임에는 활용되지 않았지만 말이다.

〈레일로드 타이쿤〉도 AI 없이 개발이 끝날 무렵 급하게 개선안이 나왔다. 가제였던 〈골든 에이지 오브 레일로드(The Golden Age of Railroads)〉 대신 〈타이쿤〉을 넣어서 이름을 조금 더 공격적으로 바꾸려고 할 때쯤이었다. 안타깝게도 게임 출시가 한 달도 남지 않은 시점에 구현하느라 제대로 개발할 시간이 없었다. 그래서 AI의 지능 수준을 여러 버전으로 제작하는 대신 허용하는 치트의 정도에 따라 난이도가 정해지게 했다. 코닐리어스 밴더빌트(Cornelius Vanderbilt), J.P. 모건(J.P. Morgan) 같은 악덕 자본가는 맡은 역할에 걸맞게 플레이어에게 감당할 수 없을 정도의 빚을 지우고 적합하지 않은 지형에 역을 세우고 플레이어가 바로 상류에서 침수를 겪었는데도 강의 범람을 볼모로 협박을 자행했다. 하지만 경쟁을 비활성화하는 옵션도 있었기 때문인지 이에 대한 불평은 거의 없었다. 철도 마니아는 보통 철도를 **정말** 좋아하므로 자신의 팬덤이 인정받은 것만으로도 그저 기뻐했다.

시간을 들여서 알고리즘을 조금 더 섬세하게 만들었더라도 결과에는 큰 차이가 없었을 것이다. 고도로 사실적인 AI는 실제 치트를 쓰는 AI 보다 치트를 쓴다는 의심을 더 자주 받는다. 컴퓨터가 자신보다 똑똑할지 모른다는 느낌이 들면 어떤 플레이어나 불안해하기 때문이다. AI 패턴을 익혀서 성공적으로 예측하는 것이 재미의 일부이고 컴퓨터가 컴퓨터처럼 작동하지 않을 때는 접근하면 안 되는 정보에 접근했으리라는 가정만이 심리적 안정을 준다. AI는 요행을 바라거나 무작위로 행동하거나 운이 좋아서는 안 된다. 이 모든 것이 인간에게는 일상인데도 그렇다. 프로그래밍할 수 없어서가 아니고 경험상 플레이어가 답답해하다가 게임을 그만두어서다. 상대가 인간이라면 이런 현상이 일어나지 않는다. 상대가 정신 나간 사람일 가능성을 고려해서 기대를 미리 낮추기 때문이다. 컴퓨터는 정신 나간 행동을 하기에 너무 똑똑하므로 컴퓨터가 이상하게 작동하기 시작하면 우리가 모르는 것을 안다는 의심을 떨칠 수가 없다. 그러므로 디자이너로서는 천재적인 AI를 만들기 위해 노력할 가치가 없는 경우가 태반이다.

〈문명〉은 다른 게임에 비해 AI가 더 깊게 개입하는 편인데, 이 AI조차 진짜 AI에는 비할 바가 아니다. 2011년 한 MIT 교수가 머신러닝 알고리즘을 활용해서 아무 기초 지시 없이 컴퓨터 스스로 〈문명 II〉를 플레이하도록 학습시켰다. 컴퓨터는 주어진 옵션을 무작위로 선택한 후 게임의 피드백을 통해 좋은 선택이었는지 학습하는 과정을 거치며 충분한 패턴을 습득해서 승률 46%를 달성했다. 단어의 연관 관계를 파악할 수 있게 텍스트 매뉴얼을 제공하자 화면에 표시된 단어가 포함된 구절을 검색한 후 학습한 바를 바탕으로 주변에 있는 단어를 고려해서 다음 할 일을 추측할 수 있게 되면서 승률이 79%까지 올라갔다. 게임 디자이너가 된 초기에는 이런 날이 오기를 꿈꾸기도 했으나 현실이 된 지금으로써는 솔직히 조금 무서워서 플레이어의 더 단순한 기대에 부응하는 현재의 역할에 만족한다.

거의 모든 리뷰가 놀라울 정도로 엉뚱하다고 하는데도 〈심골프〉를 향한 플레이어의 반응은 뜨거웠다. 한 사람은 "J.C. 페니(Penney) 백화점 카탈로그 페이지에서 튀어나온 세계처럼 파스텔 색상의 따뜻하고 포근한 게임"이라고 했다. 객관적으로 귀엽게 봤다기보다 내가 만든 게임치고 그런 인상을 받은 게 아닐까 싶다. 알고 보면 다양한 장르의 게임을 만들었는데도 사람들은 나를 어려운 전략 게임 장르 전문가로 분류하는 경향이 있다. 하지만 사실 내 최근 몇 작품에 비해 약간 더 발랄한 분위기라는 점이 이 게임을 만든 가장 큰 이유였다. 새로운 것은 이미 해 본 것보다 항상 더 흥미롭다.

이 게임을 완성할 무렵 골프는 이미 다른 관심거리에 밀려 뒷전으로 물러난 지 오래였다. 몇 년이 지나 순전히 우연한 기회로 골프를 칠 일이 생겼는데, 모든 일은 모금 행사에 다녀온 수전으로부터 시작되었다. 그녀는 자신이 아주 좋은 소식을 전한다고 생각했다.

"여보, 내가 포섬[49] 경기를 샀어!" 그녀는 자랑스럽다는 듯 말했다.

"뭐?"라고 되묻긴 했어도 전혀 말이 안 되어서 당연히 내가 잘못 들은

---

49 2명씩 한 팀을 이뤄서 팀마다 하나의 공으로 상대 팀과 겨루는 경기 방식.

것이라 확신했다.

"PGA 챔피언스 투어가 올해 볼티모어에서 열리잖아. 그 전날 프로–아마추어 골프 토너먼트 경기가 있거든. 그 경기 경매에 참여해서 낙찰 받았어. 그래서 자기랑 나랑 친구 2명이 같이 투어의 유명한 선수와 함께 골프 라운딩을 할 수 있게 됐어."

"근데 나 골프 안 친 지 벌써 몇 년은 됐어."라고 항변했다. 아마도 골프 잡지를 내려놓으며 한 말이었던 것 같다. "거기 사람들도 있을 거라는 건 알고 있지?" 창피할 거란 생각은 사치다. 내가 친 공이 갤러리 쪽으로 날아가서 누군가를 죽일 수도 있었다.

하지만 선물을 하게 되어 좋다며 이렇게 기뻐하는 그녀에게 거절을 해 실망시키고 싶지 않았다. 그래서 굴욕과 잠재적 살인 혐의를 피하고자 매주 수업을 받았다. 원래는 골프를 언젠가 할 수도 있는 소일거리로 여겼는데 토너먼트가 시작될 무렵에는 본격적인 취미가 되어 있었다. 그런데 역설적이게도 경기 몇 주 전에 허리를 삐끗한 바람에 경기에는 아예 참석하지 못했다. 우리 티켓을 양도받은 우리의 골퍼 친구 조너선과 그의 아들, 그리고 마이크로프로즈에서 그래픽 디자이너로 일했던 머리 테일러(Murray Taylor)가 우리 대신 아주 즐거운 시간을 보냈다. 하지만 나는 허리가 낫자마자 최첨단 새 골프채 세트를 들고 퍼팅 그린으로 돌아갔다.

나는 약간 강박적인 내 성향이 영구적인 수납공간 부족의 원흉일지언정 유용한 면도 있다고 생각한다. 이런 성격은 내가 작품의 품질에 초점을 맞추는 이유일 뿐 아니라 외부에서 영감을 얻는 중요한 원천이기도 하다. 외부에서 얻은 영감은 종종 예상을 뛰어넘는 도움을 주기도 한다. 예컨대 오로지 바흐 음악에 전념했던 내 게임은 시대를 앞서갔던 것일지 모른다. 하지만 바흐의 작품은 다른 여러 프로젝트에도 영향을 주었고 특히 〈심골프〉에서 뚜렷한 존재감을 드러냈다. 테스트 결과 페어웨이 타일을 깔 때 나는 확인용 효과음이 처음에는 도움이 되는 듯하다가 금세 듣기 싫어지는 것으로 나타났다. 그래서 '딸깍'하는 평범한 효과음을 유명한 바흐의 칸타타 '예수, 인간 소망의 기쁨'(제목은 생소하더라도 아마 결혼식에서 한두 번 이상 들어봤을 것이다.)의 음으로 바꾸었다. 이런 사소한 변화 덕분에 가장 반복적이던 부분이 갑자기 가장 많은 관심을 받는 부분이 되었다. 팬들은 이 곡을 알아들을 수 있게 되어 똑똑해졌다고 느꼈고 이 곡이 나올 때마다 기분이 좋아져서 끝까지 듣기 위해 페어웨이를 계속 지어야겠다는 미묘한 동기부여를 받았다. 〈심골프〉는 내가 음악에 관심이 없었다면 완성도가 지금보다 떨어졌을 것이고 골프에 관심이 없었다면 아예 탄생하지도 못했을 것이다. 게임에만 흥미를 느끼는 디자이너는 독창적인 아이디어를 내기가 매우 어려우며 이는 다른 분야에서도 마찬가지일 것이라 확신한다. 영감이 어디에서 올지 절대 알 수 없으므로 잘하고 싶은 것이 무엇이든 꾸준히 읽고 배우며 다른 분야에서도 즐거움을 찾기 위해 노력해야 한다.

20 바람을 거슬러

시드 마이어의 해적!: 리브 더 라이프
(Sid Meier's Pirates!: Live the Life, 2004)

시드 마이어의 레일로드!(Sid Meier's Railroads!, 2006)

도미노에서 하나의 패가 나머지 패를 연쇄적으로 전부 넘어뜨리듯이
〈문명 III〉 출시 이후 몇 년 동안 마이크로프로즈에 느슨하게 속해 있던
거의 모든 저작권이 하나씩 우리에게 반환되었다. 다음으로 반환된 작품
은 아타리라는 명칭의 사용 권한을 사서 사명을 아타리로 바꾼 인포그램
(Infogrames)이라는 프랑스 회사가 해즈브로에게 사들였던 〈해적!〉이었다.
해즈브로가 우리에게 〈문명 III〉 제작을 허용했던 것처럼 '아타리'도 재
정적인 이유로 내린 결정이었겠으나 어쨌든 〈해적!〉 유산의 정당한 관
리인으로 인정받아서 정말 기뻤다.

17년이나 흘렀으므로 기존 〈해적!〉과 완전히 다른 새로운 〈해적!〉을
만들었어야 마땅했겠지만 그런 전환이 매우 어렵게 느껴졌다. 〈문명〉은
점진적으로 진화했다. 하지만 오래전 타이틀을 단번에 현대적인 스타일
로 변신시키려면 기술적, 정서적으로 대대적인 점검이 필요했다. 무엇보

다 당시 큰 인기를 끈 신기술인 3D 그래픽에 거부감이 들었다.

나는 팀에 이렇게 말했다. "잠시 반짝하는 것뿐이에요. 금방 사라질 겁니다." 3D라는 말을 들으면 투박한 구식 비행 시뮬레이터, 그리고 거기에 수반되는 고생스러운 코딩밖에 떠오르지 않았다. 지난 수년간 2D 타이틀이 승승장구하는 모습을 지켜보며 3D는 마케팅 수법에 불과하다고 확신하게 되었다. 자원을 독차지하는 문제는 말할 것도 없었다. 아름다운 3D 환경 구현에 엄청난 처리 능력이 소요되므로 나머지 부분이 희생될 것이 분명했다. 3D를 처음 접한 직후 30초 정도는 누구나 감탄하게 된다고 할지라도 그 게임을 계속하게 할 본질이 없다면 의미가 없었다. 내게는 2차원이면 충분했다.

팀원들이 반대하는 것으로 볼 때 나만 이렇게 생각하는 게 분명했지만, 나는 흔들리지 않았다. 지금 우리가 만들려는 건 내 첫 번째 어드벤처 게임이자 회사의 전통을 깬 첫 번째 작품이고 내 이름을 내건 첫 작품인 〈해적!〉이었다. 꼭 제대로 만들어야 했다.

어떤 프로젝트든지 어느 정도 오르락내리락을 되풀이하고 그러다 어느 순간 대부분은 내가 절망의 골짜기라고 부르는 지점에 도달한다. 정상 작동하는 것이 없는 것 같고 아무도 여러분의 비전을 이해하지 못하며 인터페이스는 엉망이고 게임 플레이는 지루한 데다 프로젝트가 언제 끝날지 상상조차 되지 않는 시점 말이다. 이런 순간은 대개 프로젝트가 중반에 이르렀을 때 찾아온다. 게임이 너무 커져서 머릿속에 한 번에 담기지 않고 매일 진행되는 회의 때문에 시간이 좀처럼 나지 않으며 하나를 수정하면 8개의 변수가 망가져 버릴 때. 하지만 가끔 그런 일이 생각보다 빨리 일어나기도 한다. 자신이 고집스럽게 집착한 계획이 알고 보니 생각만큼 훌륭하지 않은 그런 때.

"좋아요. 3D로 만들면 어떨지 그냥 한번 재미로 해 보죠." 비참한 기분이었다.

회사에 온갖 최신 도구가 있었는데 그때까지는 〈문명 III〉 인트로 영상과 거대한 비행선이 지나가는 파이락시스 로고 화면을 만들 때 쓴 게 전부였다. 많이 다뤄본 기술은 아니었으나 원하는 것을 구현하고자 할 때 뒷짐 지고 서서 다른 사람에게 이래라저래라 지시만 하는 것은 내 스타일이 아니었다. 그래서 7월 4일[50]이 낀 주말 내내 사무실에서 새로운 3D 엔진 사용법을 딱 함선 전투 프로토타입을 만들 수 있을 정도까지 독학으로 익혔다.

어릴 적 난 아버지와 함께 카스호에 배를 타러 가곤 했다. 벙어리장갑처럼 생긴 미시간주의 엄지에 해당하는 위치에 있는 호수였다. 호숫가 대부분이 사유지였지만, 북쪽 언덕은 경치가 좋은 닷지 4번 주립공원에 속해 있었다. (이상하게도 1~3번은 존재하지 않았다.) 모래사장과 몇 개의 낚시터, 널찍한 보트 공공 선착장이 있었고 날씨가 좋은 주말에는 카누부터 소형 요트까지 온갖 종류의 배가 콘크리트로 만든 얕은 진입로를 따라 호수로 내려가는 모습을 볼 수 있었다.

---

50 미국의 독립기념일로 공휴일이다.

우리 배는 간단하지만 편리하게 만들 수 있는 보트였고 최근에 구입한 금색 스테이션왜건 지붕에 쉽게 묶을 수 있었다. 아버지가 주문한 'Go'라는 DIY 키트에는 이미 만들어진 선체, 돛대, 돛이 들어 있었고 합판 몇 장을 준비해서 덱을 만들고 보트 방수 처리를 하는 약간의 수고만 들이면 보트가 완성되었다. 소형 보트 키트는 당시 꽤 흔했는데 키가 없다는 점이 특이해서인지 우리 보트를 호숫가로 옮길 때면 배 타러 나온 다른 사람들이 우리를 불러 세우곤 했다.

"이봐요. 아니…. 댁네 보트 좀 이상한 거 같은데요."

"아니에요. 괜찮습니다." 아버지는 유쾌하게 손 인사를 하며 답하곤 했다. 보트에 올라탄 후에는 괜찮다는 것을 확인시켜주는 의미로 어렵게 익힌 항해 물리학과 바람을 이용해서 넓은 호수를 향해 능숙하게 나아갔다.

사실 2인용 보트는 아니었다. 특히 돛대가 최적의 방향을 향하도록 한 명이 끊임없이 오르락내리락해야 한다는 점을 고려한다면 말이다. 그래서 내 항해술이 아버지가 만족할 수준에 이르자 나 혼자 보트를 끌고 나가도 된다는 아버지의 허락이 떨어졌다. 아버지는 진입로 위에 서서 손을 엉덩이에 올리고 소리가 들리지 않을 정도로 멀어질 때까지 중간중간 목청껏 조언을 해 주셨다. 처음에는 아들에 대한 자부심을 느꼈으나 내가 호숫가로 돌아올 기미가 도통 보이지 않으니 금세 지루함이 아버지를 괴롭혔다. 아버지는 곧 두 번째 보트 제작에 착수했다. 이번에는 바닥부터 직접 만드는 쪽을 택했다. 우리는 단거리 레이스를 벌이거나 건너편 호숫가에 있는 화려한 집들을 감상하면서 바람을 느끼는 감각이 몸에 밸

때까지 몇 시간이고 나란히 항해했다.

나는 이러한 경험 일부를 〈해적!〉 1편에 넣기 위해 전투 중인 플레이어가 바람의 방향과 씨름하게 했다. 바람을 거슬러 전진하려면 가파른 산을 오르는 도로처럼 배를 지그재그로 기울이며 맞바람을 받아서 나아가야 한다. 나는 누구나 이 방법을 알 줄 알았다. 하지만 많은 플레이어가 이 방법이 직관에 어긋난다고 생각하거나 게임의 가장 불만스러운 부분이라고 꼽았다. 그런데 3D에서는 훨씬 더 미묘한 뉘앙스를 표현할 수 있었다. 배가 다이얼처럼 중앙을 기준으로 회전하는 것이 아니라 회전시키면 기울어지고 키 조종에 따라 그럴듯한 포물선을 그리며 움직였다. 돛이 바람을 맞으면 부풀어지거나 뒤틀렸고 바람을 너무 직접적으로 마주하면 속수무책으로 펄럭였다. 항해해 본 적 없는 사람도 실제 항해가 어떤 느낌일지 알 수 있을 정도로 조종이 사실적으로 구현된 것은 처음이었다.

게다가 적 함선이 침몰하기 전에 작은 해적 무리가 바다로 뛰어내리는 애니메이션을 만드는 것이 무척 재밌었다. 지난 몇 년간 '아무도 죽지 않는다.' 규칙을 어긴 적도 몇 번 있지만, 〈해적!〉에서는 그 순수성을 유지하고 싶었고 3D가 여기에 도움이 된다면 훨씬 더 좋을 터였다.

물론 돌이켜 생각하면 수영하는 말썽꾼들이 없더라도 〈해적!〉은 3D에 완벽히 어울리는 게임이었다. 내가 만든 게임 중에서 스토리가 가장 중요한 게임이어서 그림처럼 아름다운 배경과 화려한 영상미가 잘 어울렸다. 〈해적!〉 1편에서 정지 이미지로 화면을 풍성하게 채워서 큰 발전을 이뤘던 것처럼 이번 리메이크도 또 한번 최신 그래픽 기술을 선보일 기회였다.

마침내 내가 3D를 받아들이자 팀은 활기를 되찾았고 나머지 부분도 수월하게 진행되었다. 그런데 솔직히 나는 아직도 3D를 경계한다. 3D에 적절한 쓰임새가 있는 것은 분명하다. 하지만 3D는 게임 디자이너가 게임이 아니라 영화를 만드는 중이라고 착각하게 하는 거의 환각에 가까운 효과를 낼 때가 있다. 스티븐 스필버그(Stephen Spielberg)*는 플레이어 손목에서 오는 떨림에 실시간으로 반응하거나 플레이어의 기분에 따라 결말을 바꿀 수 없다. 그가 관객과 나누는 인터랙션은 아무리 깊이가 있다 해도 엄밀히 말해 일방적이다. 질투에 눈이 멀어 영화를 모방하느라 게임의 고유한 양방향 소통 능력을 제대로 활용하지 못한다면 최악이다. 이왕이면 아름다운 것이 더 좋다. 하지만 게임의 현대적 가치를 그래픽으로부터 떼어 놓고 입증한 사례가 궁금하다면 멀리서 찾을 것 없이 〈마인크래프트〉를 보라.

> **도전 과제 달성**
>
> **이건 박물관에 있어야 해**
> 인디아나 존스, 조지 루카스, 존 윌리엄스,
> 스티븐 스필버그와 함께 하는 습격에 참여하기.

우선순위를 명확히 세워두었는데도 새로운 〈해적!〉을 만드는 동안 추가한 그래픽에서 오는 제약과 여러 차례 씨름해야 했다. 예를 들어 3D 시네마틱 인트로 영상에 게임 내내 쫓아다닐 주요 악역을 등장시켰다.

1편의 정신을 유지하기 위해 마르퀴스 몬탈반(Marquis Montalban)의 비도덕적인 스토리라인은 옵션으로 남겨 두었다. 하지만 의상과 억양을 애니메이션으로 표현하려면 몬탈반의 국적을 정할 수밖에 없었는데 이 설정이 스페인과 사이좋게 지내려던 플레이어에게 문제가 됐다.[51] 시나리오상 동맹국 국경 내에서 범죄자를 공격하는 것이 가능했기에 공격을 감행하더라도 친선관계가 크게 손상되지 않게 해 두었다. 하지만 플레이어가 하바나에 있는 총독의 딸에게 환심을 사면 이내 몬탈반의 부하들이 그녀를 납치해서 그의 고국, 즉 총독 집 옆에 있는 술집에 데려다 놓았다. 유머러스한 대화로 줄거리에 구멍이 있다는 것을 인정하고 넘어갔으나, 하나의 시네마틱 컷신[52]이 이야기 구조를 어떻게 고착시키고 그로 인해 얼마나 많은 플롯이 제거되는지 이를 통해 알 수 있다.

현대화된 〈해적!〉이 출시된 직후 독일에서 진행한 언론 인터뷰 사이에 몇 시간 여유가 생겼다. 우리는 세계에서 가장 큰 철도 모형이 있다는 함부르크의 미니어처 원더랜드(Miniatur Wunderland)에 가보기로 했다. 당시 총 560대의 열차가 거의 6,000개의 기차 칸을 끄는 다섯 번째 주요 구역이 막 완성된 참이었다. 다른 교통수단 수백 개가 자석이 숨겨져 있는 도시 거리 경로 위로 자유롭게 운행했고 모델 운행에 쓰이는 26대의 컴퓨터가 매시간 하루치 드라마를 펼쳤다. 경찰차는 과속하는 시민을 정차시켰고 소방차는 실제 연기와 불빛이 새어 나오는 창문에 반응했으며 아주 작은 외계인을 찾기 위해 우주 왕복선을 주기적으로 발사했다.

---

51 몬탈반의 배가 스페인의 플래그 갤리온선이기 때문에 이 배를 공격하면 스페인 진영과의 관계가 나빠졌다.
52 게임 스토리 전달을 위해 게임 중간에 삽입되는 영상.

사랑스럽고 시의적절한 경험이었다. 팬들은 새로운 〈해적!〉이 발표된 지 얼마 되지 않아 다른 클래식 리메이크작을 요청하기 시작했고 이 짧은 함부르크 방문 덕분에 〈레일로드 타이쿤〉의 속편을 위한 창의력이 마구 솟아났다.

하지만 이번에도 소유권이 문제였다. 마이크로프로즈는 내가 떠나자마자 이 게임의 저작권을 팝탑 소프트웨어(PopTop Software)에 팔았고 이 회사는 나중에 테이크 투 인터랙티브(Take Two Interactive)에 인수되었다. 공교롭게도 2004년 말 이들이 인포그램으로부터 〈문명〉 저작권을 사들인 이후에 우리는 이미 이들과 소통하고 있었다. 〈문명 IV〉 개발을 당분간 비밀로 하기 위해 구매한 회사의 이름은 몇 달간 공개하지 못한 것뿐이었다. 불과 8년 만에 파이락시스는 일렉트로닉 아츠, 해즈브로, 인포그램, 아타리라는 네 곳의 배급사와 관계를 맺었다. 엄밀히 말해 이 중에는 사람은 같은데 회사 이름만 바뀐 경우도 있었지만, 항상 대응해야 할 새 경영진이 있었고 업무 방해 또한 똑같이 일어났다. 해즈브로의 경우 회사 이름이 또 한 번 바뀌기 전에 우리 게임 한 편을 출시할 기회조차 없었다. 이제 테이크 투를 다섯 번째 배급사로서 검토 중이었던 우리는 무엇보다도 안정성을 원했다.

그래서 라이선스 계약보다 훨씬 더 큰 계약을 하기로 했다. 테이크 투가 인포그램을 포함해 다른 곳에 남아 있는 마이크로프로즈 저작권을 모두 사들인 후 우리 스튜디오를 인수하기로 한 것이다. 변호사들은 많은 서류가 오가야 하는 것은 사실이나 흩어졌던 모든 것을 다시 한자리에 모을 수 있다고 장담했다.

극적인 결정임에도 비교적 수월하게 내렸다. 우리는 파이락시스가 언젠가 한 배급사와 영구적으로 함께하게 될 날이 오리라 생각했고 어차피 불가피한 일이라면 이번 기회가 최선임이 분명했다. 모든 것이 우리에게 돌아오므로 이제 애초에 우리가 발명한 저작권을 두고 조금씩 협상하지 않아도 될 것이다. 테이크 투는 우리 게임이 그들 소유인 〈GTA(Grand Theft Auto)〉 같은 다른 시리즈의 균형추 구실을 할 것으로 보고 기쁜 마음으로 별다른 간섭 없이 우리가 잘하는 일에 전념하게 해 주었다. 그래서 2005년 1월 자신들이 〈문명〉 저작권을 샀다는 사실과 곧 〈문명 IV〉가 출시된다는 사실을 밝히고 그와 동시에 파이락시스 인수 소식도 공개했다. 보도자료의 분량이 상당했다. 두 달 후 우리의 게임 목록에 〈시드 마이어의 레일로드!〉도 추가되었다.

이렇게 어렵게 얻어낸 〈타이쿤〉 브랜드를 사용하지 않은 것은 조금 역설적이다. 우리 게임과 명확히 연관이 있으므로 저작권을 소유하는 것은 합리적인 결정이었다. 하지만 해당 장르와 전체적으로 약간 거리를 두기로 했다. 팝탑의 속편은 훌륭했지만, 지난 15년간 다양한 규모와 수준의 온갖 스튜디오가 '타이쿤' 타이틀을 쏟아냈다. 2000년대 초반에만 해도 플레이어는 물고기 타이쿤, 화장실 타이쿤, 달 타이쿤이 될 수 있었다. 요즘은 뛰어난 사업적 감각을 이발소, 데어리 퀸 프랜차이즈[53], 심지어 게임 개발 스튜디오(아마 타이쿤 게임을 만드는 스튜디오일 것이다. 마치 마트료시카 인형처럼 타이쿤 게임 속에 타이쿤 게임을 넣은 것이다.)에도 휘두를 수 있다. 이런 게임이 전부 별로였다는 것은 아니지만, 개중에는 아주 형편없는 게임도 있었고 이

---

[53] 1940년 창업 후 아이스크림, 햄버거 등 다양한 패스트푸드를 판매해 온 미국의 유명 프랜차이즈.

장르는 우리가 만드는 게임이 속한다고 보기 어려울 정도로 많이 진화했다.

〈문명 IV〉 출시가 몇 달밖에 남지 않아서 한동안 〈레일로드!〉 디자인 팀은 나 혼자 꾸려 나가야 할 상황이었다. 그래서 그래픽 디자이너가 합류할 때까지 손 놓고 기다리기보다 내 컴퓨터에 모델링 소프트웨어를 설치하고 사용법을 익혀보기로 했다. 〈해적!〉을 만드는 동안 우리가 사용하는 3D 물리 엔진 사용법을 익히면서 초기 함선 모델은 누군가에게서 (지금 생각해 보니 아마 〈문명 IV〉 그래픽 디자이너였던 것 같다.) 훔쳐 왔었는데 기차 그래픽은 훔쳐 올 만한 데가 없어서 내가 직접 만들어야 했다.

내 그래픽이 게임 최종 버전에 남을 것이라는 기대는 당연히 없었고 디자이너라면 다양한 역할을 경험하는 것이 중요하다고 생각해서 그냥 만들었다. 각 부서의 필요를 이해하고 그들이 사용하는 필수 도구를 배워 두면 디자인 결과물이 좋아지고 동료와의 소통이 원활해지며 자신이 어떤 의견을 잘못 판단했다는 것을 인정해야 할 순간에 비판적 시각이 갖춰진다. 하지만 무엇보다 자급자족이 가능해져서 좋다.

예컨대 나는 새 〈해적!〉에 사교댄스 미니 게임을 넣고 싶었다. 하지만 모두가 이 게임이 재밌으리라 생각하는 것은 아니어서 데모를 보여 주어야 했다. 이 말인즉 플레이어가 박자를 잘 맞추고 있는지 컴퓨터가 알 수 있게 음악의 박자를 표시하는 도구를 만들어야 한다는 뜻이었다. 남의 손을 빌려야만 제작할 수 있는 데모였다면 아마 절대 완성하지 못했을 것이다. 데모를 보고도 별로라고 하는 의견이 있었으나 반대의 이유는 대체로 박자를 맞추기 어렵게 만든 버그에 있었다. 사교댄스 미니 게임이 리메이크판에서 가장 멋진 혁신 중 하나였다는 내 생각에는 지금도 변함이 없다.

마찬가지로 작동하는 프로토타입 없이 아이디어만으로 골프 전략 게임을 출시하겠다고 배급사를 설득하긴 어려웠을 것이다. 2000년 이전에 만든 모든 게임 또한 세상에 존재할 수 없었을 것이다. 아이디어는 큰 가치가 없다. 가치는 실행에 있다. 과거에는 게임 업계에 진입할 방법을 묻는 사람들에게 나는 "디럭스 페인트(Deluxe Paint)[54]와 C++ 컴파일러를 구하세요."라고 했다. 요즘이라면 "포토샵(Photoshop)을 설치하고 유니티(Unity) 튜토리얼을 찾아보세요."라고 하겠으나 원칙은 변하지 않았다. 여러분의 재능을 누군가 발견해 준다는 보장은 없다. 하지만 아무것도 만들지 않는 사람에게는 확실히 그런 일이 일어나지 않는다. 자신의 아이디어가 좋다는 것을 증명하는 최고의 방법은 말이 아닌 행동이다. 처음에는 프로그래머가 되어서 플레이할 수 있는 무언가를 만들라. 다음에는 그래픽 디자이너가 되어서 이 무언가를 대충 알아볼 만한 상태로 변신시켜라. 그리고 그 뒤에는 테스터 역할을 맡아서 재밌는 부분과 그렇지 않은 부분이 무엇인지 솔직히 평가하라. 어떤 역할에든 완벽할 필요는 없다. 자신의 아이디어를 증명하고 다른 사람도 그 아이디어 구현에 동참하고 싶다고 생각하게 만들 정도의 실력만 갖추면 된다.

---

54 일렉트로닉 아츠에서 만든 그래픽 도구.

21 고등 교육

시드 마이어의 문명 IV(Sid Meier's Civilization IV, 2005)

시드 마이어의 문명 IV:콜로니제이션
(Sid Meier's Civilization IV: Colonization, 2008)

시드 마이어의 문명 V(Sid Meier's Civilization V, 2010)

〈문명〉을 통해 배운 것이 많다. 그런데 정치인에게 연민을 느끼게 되리라고는 전혀 예상치 못했다. 선택한 지도자를 비판하기는 쉽다. 하지만 국가 건설을 몇 차례만 해 보아도 보기만큼 쉽지 않다는 것을 금방 인정할 수밖에 없다. 모든 일에는 대가가 따른다. 〈문명〉 플레이가 약간 새로운 시각을 체험할 기회라면 〈문명〉 디자인은 새로운 생각이 밀물처럼 밀려들게 하는 경험이다.

이것이 게임의 새 버전이 나올 때마다 새로운 수석 디자이너에게 맡긴 부분적인 이유이기도 하다. 브라이언의 〈문명 II〉가 출시된 이후 세 번째 게임은 제프 브리그스가 맡았으며 〈문명 IV〉의 키를 잡은 것은 프로그래머 소렌 존슨(Soren Johnson), 〈문명 V〉에 도전장을 내민 것은 존 섀퍼(Jon Shafer)였다. 아이디어의 꾸준한 전환은 게임 시리즈에 도움이 된다. 하지만 디자이너를 보호하려는 목적도 있다. 아무리 보람을 느낀다 해도 방전은 피할 수 없다. 전편을 만든 디자이너는 할머니, 할아버지와 같다. 젊고 에너지가 충만할 때 큰 희생을 했으니 기저귀와 투정을 처리하는 역할은 아이의 부모에게 맡기고 새로운 세대가 성장하는 것을 편하게 바라보면 된다.

새로운 기술이 등장하는 주기에 따라 완전히 교체하는 그래픽과 오디오 부분을 제외하고 〈문명〉 디자이너는 전통적으로 ⅓ 규칙을 따른다. 기존 버전의 ⅓은 그대로 두고 ⅓은 업데이트하고 나머지 ⅓은 완전히 새롭게 바꾼다. 요즘은 '업데이트'가 처음 플레이하는 사람이 너무 복잡하다고 느끼지 않게 '기존 요소를 덜어내어 새로운 요소를 넣을 공간을 만드는 것'이다. 그렇다고 판에 박힌 듯 진부한 속편으로 기존 팬이 소원해지게 할 마음도 없다. 디자이너 본인도 기존 팬이므로 늘 새로운 기능을 추가하려는 강력한 의지를 보인다. 〈문명 III〉에서는 새로운 스파이 시스템을 시도했고 〈문명 IV〉에서는 종교, 문화가 관련된 중요한 메커니즘을 추가했고 〈문명 V〉에서는 '타일 하나당 한 유닛' 규칙을 적용하고 지형 레이아웃을 사각형에서 육각형으로 변경해서 보드 자체를 정비했다.

이러한 아이디어는 대부분 〈문명〉을 처음 만들 때 떠올린 것인데 기술적으로 구현할 수 없었거나 당시 사용자에게 맞지 않았다. 예를 들어 육각형 그리드는 수십 년간 보드게임의 주류를 이뤘고 대각선 이동을 없앤다는 면에서 사각형보다 분명 뛰어나다. 시각적으로는 대각선도 괜찮아 보인다. 하지만 수학적으로는 직선보다 훨씬 더 많은 것을 고려해야 하고 게임에 불균형을 초래한다. 디자이너는 불규칙한 속도를 받아들이든 플레이어의 이동 방향에 제한을 두든 둘 중 하나를 선택해야 했다. 후자의 경우 자신의 영토와 물리적으로 접하고 있는 타일에서 단절되는 것을 좋아할 사람은 없으므로 게임 규칙이 임의적이고 답답해 보일 수밖에 없다. 안타깝게도 수학이 인기와 정면 대결을 해서 이기긴 어렵다. 디자인 관점에서는 사각형보다 육각형이 나은데도 〈문명〉이 처음 출시될 당시 평범한 컴퓨터 사용자가 보기에 육각형은 너무 너드스럽다는 이유로 익숙한 사각형을 선택할 수밖에 없었다. 사용자가 일단 전략 게임을 구매하게 하는 것이 우선이었기 때문이다. 말했듯이 모든 일에는 대가가 따른다.

노예제 같은 요소도 불쾌하다고 느끼는 이들이 있을까 봐 1편에서 제외했었다. 하지만 이 결정 때문에 유명해지면 무슨 선택을 하든 안 좋은 소리를 들을 수밖에 없다는 것을 다시 한번 배웠다. 〈문명〉의 인기는 학자들의 관심을 끌었고 얼마 지나지 않아 명망 있는 여러 학술지가 기존 관념을 답습하며 서구 세계가 확장하며 저지른 범죄를 얼버무리고 넘어간다는 이유로 나를 공격했다. 하지만 〈문명 IV〉에서 최초로 노예 문제를 다루려 하자 불만은 더욱 커졌다. 그 직후 다시 노예제를 없앤 〈콜로니제이션〉 리메이크를 만들자 가장 큰 논란이 불거졌다.

일단 봉인이 해제되자 내가 과거에 만든 게임에 대한 철학적 분석도 빠르게 뒤따랐다. 한 논문은 내 옛 게임을 "숨겨진 교육적 열망"이 드러나는 "문화적 주장의 알튀세르적이고[55] 무의식적인 발현"이라 묘사하기도 했다. 〈해적!〉은 알고 보니 모험극이 아니고 "계층적 현상을 약화시

---

55 루이 피에르 알튀세르(Louis Pierre Althusser)는 프랑스의 마르크스주의 철학자다.

키려는 것처럼 보이나 궁극적으로 이를 강조해서 보여 주는 비대칭적이고 불법적인 활동"이었다. 심지어 〈C.P.U. 바흐〉도 "유희적 기술 뒤에서 작용하는 이데올로기적 세력의 어두운 면"을 드러낸다는 비난을 받았다.

이상하게도 "헤게모니적 가정"으로 꽉꽉 채운 군사 게임들은 이러한 철저한 조사에서 열외였다. 게임의 의도를 명시해서 그랬던 것 같다. 〈F-15 스트라이크 이글〉은 오로지 군사적 우위를 점하는 데 집중한 반면 〈문명〉은 분명 그 이상을 성취하려 했다. 보편적이고 비정치적인 주제를 딱 한 번만 목표로 삼아도 그러한 지표가 평가의 기준이 되며 어떻게 해도 이상적인 수준에는 미치지 못한다.

우리의 동기는 진실했고 그들에게 시간적 여유가 조금 많았던 것은 아닐까 싶다는 말밖에는 할 말이 없다. 〈문명〉의 초창기 버전에서 서구적인 관점이 두드러졌다는 사실은 부인하지 않는다. 모든 서사를 지나치게 단순화해서 누구나 착한 사람, 나쁜 사람 중 한쪽에 속하고 중간은 있을 수 없다고 보는 냉전적 수사가 만연한 시대였다. 1990년대 초반 미국인에게 게임 속 국제적 다양성이라는 개념은 아주 낯설었기에 적어도 우리가 아직 갈 길이 먼 어떤 운동의 최전선에 있었다고는 주장할 수 있다. 새 후속작을 낼 때마다 전편보다 더욱 폭넓은 시각을 갖춘 게임이 되도록 노력한 덕분에 시리즈가 성숙함에 따라 남아메리카, 아시아, 아프리카 문화가 점점 균형을 찾아갔다. 사실 열심히 노력하다 못해 결국은 정반대의 극단에 이르렀다. 뉴멕시코의 푸에블로 의회(All Pueblo Council of Governors)는 사진과 우상에 대한 금기를 이유로 푸에블로 지도자 포페(Popé)가 〈문명 V〉에 등장하는 것을 반대했다. 다행히 이런 사실을 개발 중에 알게 되어서 기쁜 마음으로 이들의 의사를 존중하고 그 대신 북쪽 쇼숀족의 추장, 포카텔로(Pocatello)를 넣었다. 우리는 때로 다른 관점에 대해 무지했지만 알고 나서는 결코 그 사실을 간과하지 않았다.

우리가 문명의 '진보' 모델을 받아들였다는 말은 정당한 비난이긴 하나, 현실적으로 볼 때 변하긴 어려울 것이다. 게임에는 반드시 성취가 있어야 한다. 이러한 관점이 세상을 보는 유일한 방법인 것은 아니나 우리가 창조하고자 하는 작품의 맥락에서는 이치에 맞는 유일한 방법이다. 마찬가지로 역사적 인물과 사건을 어느 정도 과장하여 표현했다는 폭로도 그다지 놀랍지 않다. 모든 게임은 본질적으로 환원주의적이다. 하지만 우리는 언제나 플레이어에게 전반적으로 더 좋은 경험을 제공하겠다는 목표를 세워두고 최대한 균형이 잘 잡힌 정중한 방식으로 환원주의를 추구하기 위해 노력했다. 에모리대학교의 토니오 안드레이드(Tonio Andrade) 박사는 이런 말을 했다. "역사는 단순히 과거에 관한 것이 아니다. 역사는 과거에 비추어 보는 현재에 관한 것이다." 그는 다양한 비디오 게임의 문화적, 역사적 의미를 분석하는 〈History Respawned〉 팟캐스트에서 존 하니(John Harney) 박사와 함께 대화를 나눴다. 안드레이드 박사는 〈문명〉 최신작에 대해 이렇게 말했다. "사실적이지 않은 가정이 꽤 많이 들어 있는데 그게 핵심이에요. 역사학자로서 아무리 많은 문헌을 보고 신중을 기한다고 해도 모델과 가정을 만들어야 한다는 사실은 변하지 않죠…. 이 게임은 그냥 구체적이고 재미있는 모델이에요."

게임에서는 모든 것이 재미를 위해 존재한다. 어쩌다 역사를 배우는 것이 즐거울 때도 있지만, 엄청나게 우울할 때도 있다. 우리는 플레이어에게 도덕적 명확성을 제공하고 고통스러운 딜레마를 제거해 주어야 한다. 다른 형태의 스토리텔링과 달리 게임에서는 플레이어가 직접 주인공 캐릭터 역할을 맡기 때문이다. 이들의 자존심이 걸려있으므로 조심스럽게 다뤄야 한다. 우리가 만든 칭기즈 칸은 패배를 목전에 두고도 목숨을 구걸하지 않는다. 플레이어가 목숨을 구걸하는 상대를 접하면 불편한 마음이 들며 그렇게까지 해서 얻을 가치가 있는 승리인지 의심하게 되기 때문이다. 승리에 의문을 품는다는 것은 사실상 할 만한 가치가 있는 게임인지 의심하는 것이나 다름없다. 그 대신 우리는 플레이어에게 다음에 칭기즈 칸으로 플레이해 볼 기회를 준다. 서로 반대되는 두 가지 입장을 모두 체험해 보고 각각 긍정적이었던 경험을 서로 비교하도록 만드는 편이 플레이어에게 수치심을 주어 떠나게 만드는 것보다는 훨씬 효과적이다.

하지만 일반적으로는 철학적으로 시시콜콜 따지거나 건설적인 피드백을 주어도 개의치 않는다. 우리가 놓친 실수를 발견해 준 리뷰어 덕분에 지금껏 더 나은 게임이 탄생해 왔다. 심지어 완전히 틀린 의견도 좋다. 이런 의견은 모든 사람을 항상 만족시킬 수는 없으므로 자신의 양심을 따라야 한다는 사실을 일깨워 준다. 예컨대 〈문명〉의 지구 온난화 설정도 모두가 환영하진 않았고 초창기에는 여성 참정권을 구현하려 하자 '정치적 올바름의 장벽에 더해진 또 하나의 벽돌'이라는 비판을 받기도 했다. 그래서 적어도 가끔은 시대를 앞섰다는 이유로 인기를 잃기도 했다고 자신 있게 말할 수 있다.

심지어 이 모든 담론이 우리의 창작물이라고 감히 주장하고 싶다. 초창기에는 비디오 게임에 관한 학술적 해석이 드물었고 게임의 실제 플레이어들과 지적으로 동떨어져 있었다. 거의 모든 논의에서 플레이어의 나이가 언급됐다. 1997년 한 저자는 게이머를 묘사하기 위해 'screenager'[56]라는 용어를 만들었으며 2002년에는 한 인류학자가 〈문명〉에 비군사적인 승리를 (이른바 명목상) 포함시킨 것을 비난하고자 이를 순진한 소녀들의 넋을 빼놓을 '5인조 보이 밴드'에 비교했다. 산업의 젊음을 부정적으로 보든 희망적으로 보든 미성숙하다는 꼬리표가 늘 따라붙었다.

어떤 비평가도 인구통계학적으로 가장 제대로 자리 잡지 못한 그룹이 십 대라는 것을 깨닫지 못한 것 같았다. 게임은 어린이가 아니라 성인 너드의 취미 활동으로 시작되었다. 1980년 내가 미시간 집에 〈호스티지 레스큐〉를 가져갔을 때 아야톨라에 맞선 유일한 사람은 우리 어머니였다. 당시 내 동생 비키와 브루스의 나이는 오늘날 비디오 게임을 한창 좋아한다고 여겨지는 10살, 8살이었으나 누구도 이 아이들을 부를 생각은 하지 않았다. 컴퓨터와 컴퓨터에서 일어나는 모든 활동은 어른을 위한 것이었다.

하지만 1994년 디즈니가 시장에 진입하면서 4살짜리 라이언이 내 무릎에 앉아서 〈딕 트레이시: 범죄 해결 모험(Dick Tracy: The Crime Solving Adventure)〉 게임을 하는 모습이 지극히 정상적인 장면이 되었다. 같은 해 오락 소프트웨어 등급 위원회(Entertainment Software Rating Board, ESRB)가 출범했는데 모든 게임이 아동용이라는 부모들의 잘못된 추정이 이러한 단체의 탄생에 일조했다. 인구통계학적으로 완전히 주도권을 쥐지 못했는데도 ESRB

---

56 미국의 미디어 이론가 더글러스 러시코프(Douglas Rushkoff)가 PC나 비디오 게임 콘솔 화면 앞에서 많은 시간을 보내는 십 대를 지칭하기 위해 'screen'과 'teenager'를 합쳐서 만들었다.

의 첫 번째 등급 평가에서 'Early Childhood(3세 이상)'과 'Everyone(전체 이용가)' 등급으로 분류된 게임이 'Teen(13세 이용가)', 'Mature(17세 이용가)' 등급보다 대략 2 대 1로 더 많았다. 이 비율은 게임과 함께 성장한 세대가 독립할 무렵인 2000년까지 그대로 유지되었다. 균형 조정은 빠르게 이루어졌고 2003년 아동용 게임은 완전히 주도권을 잃었다.

그 후에는 영화계나 출판계에서처럼 지분이 대체로 고르게 유지되었다. 하지만 이 새로운 십 대 후반의 집단이 게임계를 떠나 버린 것은 아니었다. 이들은 대학에 가고 석사 학위 과정을 밟는 내내 게임을 했고 마침내 2010년경 평생 게임을 해 온 이들이 박사 학위를 취득하기 시작했다. 게임의 사회적 영향에 관한, 그리고 게임 업계가 더 잘할 수 있는 구체적인 방법에 관한 미묘한 학술적 토론이 본격적으로 주류에 진입하기 시작한 것과 거의 같은 시기였다.

학자들은 우리에 관해 이야기하고 비판한다. 우리를 알기 때문이다. 게이머들이 마법처럼 학계에서 신뢰를 얻은 것이 아니다. 이들은 성장해서 학자가 **되었다**. 우리 스스로 만든 감시자이기에 이들의 불평은 이들이 우리를 얼마나 생각하는지 보여 주는 증거일 뿐이라고 생각한다.

몇 년 전 우리가 볼티모어에서 파이락시콘(Firaxicon)이라는 소규모 게임 박람회를 개최했을 때 자녀를 데리고 온 사람이 정말 많았는데 그 정도일 줄은 정말 예상치 못했다. 이들은 마지못해 따라온 보호자가 아니라 현지인 가이드였다. 엄마와 아들, 아빠와 딸, 심지어 손주를 데리고 온 할머니, 할아버지까지 모두가 전통을 전수하듯 게임을 향한 사랑을 표현하고 싶어 했다. 부끄러워하기는커녕 매우 자랑스러워했다. 게다가 이들은 집에 틀어박힌 십 대만 게임을 하는 것이 아님을 보여 주는 살아 있는 증거였다. 이들에게는 직업과 애인, 그리고 가족이 있었다. 〈문명〉 뒤에 인생이 존재하다니 눈망울에 눈물이 맺히기 충분했다.

요즘은 게임의 정당성을 입증하는 흔적을 어디에서나 찾을 수 있다. 〈문명 IV〉의 주제곡 '바바 예투(Baba Yetu)'는 그래미상을 받았고 비디오 게임즈 라이브(Video Games Live)라는 콘서트 시리즈는 게임 음악으로 구성된 오케스트라 공연으로 현재 전 세계를 순회한다. 콘서트 개막일 공연 티켓은 11,000장의 판매고를 올렸고 그 후 400회 이상의 콘서트를 했다. 한번은 월 스트리트 저널로부터 어떻게 조세 정책의 본질을 그토록 완벽하게 포착했는지, 애덤 스미스(Adam Smith)의 경제 이론 어떤 부분이 가장 중요하다고 생각하는지 알고 싶다는 연락이 오기도 했다.(애덤 스미스의 저서를 읽은 적도 없고 〈문명〉의 조세 체계가 그 기자가 생각하는 것만큼 심오하다고 생각하지 않았기 때문에 딱히 답할 말은 없었다.) 2016년 미국 은퇴자 협회(American Association of Retired Persons, AARP) 웹사이트에 올라온 한 기사는 게임이 노년 인구에게 지니는 미덕을 극찬했다. 우리가 역사를 단순화한다는 점을 싫어하는 교수들이 여전히 존재한다는 부분은 학생에게 학술적 목적으로 〈문명〉을 경험하게 하는 교수들도 상당히 많다는 사실로 상쇄된다. 우리 게임은 위스콘신, 펜실베이니아, 켄터키, 오리건, 메사추세츠, 콜로라도, 조지아 등의 지역에서 여러 대학이 공식 커리큘럼으로 채택했다.

우리 게임은 고등학교에서도 활용된다. 2007년 한 캐나다 회사는 〈히스토리캐나다(HistoriCanada)〉라는 제목의 〈문명 III〉 모드를 제작했다. 이 모드에는 문명 백과사전 추가 항목, 정확한 지도, 토착민의 예술과 음악이 포함되었다. 이 게임은 캐나다 학생들에게 조국의 탄생을 체험하게할 목적으로 20,000곳의 학교와 80,000명의 학생에게 무료로 배포되었다.

우리 게임에 교육적인 부분이 있다는 것은 인정한다. 하지만 '교육용소프트웨어'라는 꼬리표는 늘 불편했다. 내가 선호한 표현은 '학습'이었다. 교육은 생각해야 할 바를 누군가가 가르쳐주는 것이고 학습은 자발적으로 새로운 가능성에 마음을 열고 학습할 개념을 스스로 이해하고 파악하는 것이다. 교육적 관점에서는 〈문명〉의 역사적 부정확성을 충분히 비판할 수 있으나 그러면 학습적 측면에서의 핵심을 완전히 놓치는 셈이다. 실제 쥐에게 언어 능력이 없으니 이솝 우화는 무의미한 것일까? 우리가플레이어에게 장려하는 것은 지식을 추구하는 행위 그 자체, 그리고 자신의 신념에 대한 주인의식이다. 선택에는 결과가 따르고 한 번의 외교행위에 나라의 운명이 좌우되며 역사적 인물은 선과 악이라는 흑백 논리로 설명할 수 없다는 사실을 이해하길 바란다. 우리가 그렇다고 말해서가 아니고 그러한 복잡한 딜레마를 직면하며 플레이어 스스로 깨닫게 되기를 바란다.

잘 만든 게임이라면 플레이어가 학습 중이라는 사실을 자각하지 못한다. 물론 교육도 제대로 이루어진다면 얼마나 재밌게 배우고 있는지 학생이 자각하지 못할 것이라고 주장할 사람도 있을 것이다. 마셜 매클루언(Marshall McLuhan)은 "교육과 오락을 구분하려는 사람은 이 둘에 대해 아무것도 모르는 것이다."라는 재치 있는 명언을 남겼다. 하지만 인간이 기술 덕분에 전통적인 방식을 능가하는 뛰어난 교육 방식을 갖추게 되었다는 사실은 부인할 수 없다. 전통적인 수업 방식으로는 상상할 수 없을 만큼 많은 학생에게 다다르고 훨씬 더 다양한 주제를 다루는 것이 가능해졌기 때문이다.

한 부부는 〈문명〉의 경제 체제를 기반으로 매달 가계 재정을 관리한다고 전했다. 콜로라도대학교의 한 교수는 3학년 때 부채와 파산의 함정에 대해 배우게 해 준 〈레일로드 타이쿤〉을 찬양했고 카리브해 연안 도시에 대한 백과사전적인 지식 덕분에 지리 시험에서 만점을 받았다고 이야기한 〈해적!〉 팬도 여럿 있었다. (선생님으로서는 약탈하기 쉬운 도시가 어디인지 줄줄 읊는 학생을 보며 마냥 기뻐하진 못했을 것 같다.) 코타쿠(Kotaku) 웹사이트의 한 필진은 지구라트, 에일러론, 에페(épée)[57], 다신교 등 어린아이가 알기 어려운 단어를 일찍이 게임에서 배웠다고 했고 이 글의 독자들은 수십 가지 단어를 덧붙이며 맞장구를 쳤다. 우리 아들도 컴퓨터 게임 힌트 책을 보며 글 읽는 법을 깨우쳤다.

이 중 어떤 것도 우리가 게임을 아동용으로 만들었다거나 만들지 않았다는 뜻으로 한 말은 아니다. 우리는 진짜 좋은 게임이라면 모든 연령층을 아우를 수 있어야 한다고 믿는다. 브루스 셸리는 도서관 아동도서 섹션에서 조사한다고 농담하곤 했는데 그 말이 전적인 비유는 아니었다. 아동도서는 세부사항을 건너뛰고 바로 중요한 주제에 돌입한다. 아동도서의 단순한 삽화는 당시의 제한적인 그래픽 카드로도 잘 변환되는 편이

---

57 펜싱용 검의 일종.

었고 그 안에 담긴 정보는 플레이어가 이미 알고 있을 만한 내용을 구분하는 명확한 기준이 되었다. 우리는 그 위에 판타지, 유머, 드라마를 겹겹이 쌓았다. 우리가 기초로 삼은 내용이 사람들이 어른이 되면 잊곤 하는 마음속 기쁨의 토대와 공명할 것이라 확신했다. 어른이 마주하는 세상이 더 복잡한 것은 사실이지만, 그렇다고 어린이가 어리석은 것은 아니며 어린이의 흥미를 끌지 못할 정도라면 애초에 생각만큼 흥미로운 아이디어가 아니었던 것이라고 주장하고 싶다.

22 엉터리 수학

나는 우리 세대의 많은 이들과 마찬가지로 〈퐁(Pong)〉이라는 유서 깊은 흑백 테니스 게임을 통해 비디오 게임을 처음 접했다. GI에서 길 아래로 내려가면 작은 식당이 하나 있었는데, 퇴근 후에는 동료 몇몇과 함께 그곳에서 저녁을 먹으며 시간을 보내곤 했다. 그런데 어느 순간 이 식당의 라운지 공간에 플렉시 글라스 상판 아래 텔레비전 화면이 들어 있는 작고 이상한 테이블이 설치되었다. 그 위에 음료나 스낵을 올려놓고 게임을 하라고 만든 테이블일 텐데 TV 위에서 먹는다는 것이 어쩐지 불손하게 느껴져서 보통은 왔다 갔다 하며 몇 판 정도 플레이하다가 평범한 나무 탁자로 되돌아왔다. 게임기 캐비닛 한쪽 배선이 거꾸로 연결되어 있어서 플레이어가 손잡이를 오른쪽으로 돌려도 작은 흰 선이 화면 왼쪽으로 움직였던 점이 가장 기억에 남는다. 그래서 균형을 맞추기 위해 가장 잘하는 사람이 망가진 쪽에 앉는다는 암묵적인 규칙이 있었다. 아마도 이것이 내가 게임 플레이의 균형을 맞춘 최초의 경험일 것이다.

회전식 다이얼 제어 장치는 아케이드 하드웨어 업계의 용어로 '스피너 (spinner)'라고 불리기도 했는데 골수 너드들은 장치의 기능에 따라 전위차 계 혹은 가감저항기라고 부르기도 했다. 하지만 원래 탁구와 연관된 게 임이었다는 이유로 일반 대중들은 잘 어울리지 않는 '패들(paddle)'[58]이라는 이름을 썼다. 퐁이 출시된 지 1년 후 아케이드 게임 〈아스트로 레이스(Astro Race)〉에서 첫 번째 게임용 4각 조이스틱(이상하게도 초기 비행기 제어 장치에서 유래된 용어이다.)이 등장했다. 이 제품은 빠르게 인기를 끌었으며 1977년에는 아타리 2600 가정용 콘솔이 아타리에서 자체 생산한 다섯 가지 다른 컨 트롤러 외에 서드파티 컨트롤러를 잠재적으로 무제한 지원하는 표준 플 러그를 제공했다.

시장은 반응했다. 1983년 잡지 〈크리에이티브 컴퓨팅(Creative Computing)〉 에는 조이스틱 브랜드 16개, 패들 세트 8개, 그리고 그런 액세서리를 사 용하는 데 필요한 특수 플러그용 변환기 8개를 비교하는 15,000단어 분 량의 하드웨어 리뷰가 실렸다. 데이터소프트(Datasoft)의 '르 스틱(Le Stick)' 같 은 제품은 놀라울 정도로 진보적이었다. 받침대 없이 세울 수 있는 원통 형태였는데 어느 방향으로든 20도 이상 기울어질 때마다 작동되는 액체 수은 스위치 세트를 통해 움직임을 감지했다. 살아남지 못한 이유가 쉽 게 예측되긴 하나 독성이 있는 금속을 사용했다는 부분만 제외하면 모션 센서 열풍을 25년이나 앞섰다는 점에서는 인정받을 자격이 있다.

하지만 서드파티 제조업체는 곧 자취를 감췄고 진화적 분열이 일어

---

58 우리말로는 보통 탁구 라켓이라고 하지만 미국에서는 카누용 노를 나타내는 'paddle'이 탁구 라켓을 지칭하기도 한다.

났다. 한쪽에서는 아케이드 게임기의 손잡이, 버튼, 조이스틱이 각 콘솔 시스템 전용 컨트롤러로 통합되었다. 다른 한쪽에서는 PC 산업이 조금 더 자리를 잡은 사무용 주변 장치, 즉 마우스와 키보드 쪽으로 이동하기 시작했다. 주요 게임 회사들은 양쪽을 통합하려 최선을 다했으나 1983년 말 북미 콘솔 시장이 붕괴하면서 전년도에 32억 달러였던 수익이 1985년 1억 달러로 곤두박질쳤다. 일본에서는 이러한 일련의 사건을 간단히 '아타리 쇼크'라고 부를 정도로 아타리가 특히 큰 충격을 받았다. 여러 이유로 일본 시장이 안정세를 유지하는 사이 미국의 콘솔 회사는 파산하거나 PC 시장으로 급선회하면서 일본은 그 후 20년간 가정용 콘솔 시장의 챔피언으로 부상했다.

물론 일본에서 일반 컴퓨터가 사라진 것은 아니었다. 마이크로프로즈는 〈F-15 스트라이크 이글〉 이후 거의 모든 게임을 MSX, FM 타운즈(FM Towns), PC-98 시리즈 등 일본 컴퓨터용으로 번역해서 출시해 왔다. 마찬가지로 미국에도 〈슈퍼 마리오 브라더스(Super Mario Bros.)〉, 〈젤다의 전설〉 같은 게임의 영문판을 플레이하는 콘솔 사용자가 있었다. 하지만 각 기기에 담긴 문화는 해당 기기를 만든 나라에 확고히 뿌리를 두고 있었고 상대 국가에 성공적으로 진출한 사례는 극히 드물었다. 야구와 크리켓 같은 관계였다. 두 종목 모두 전 세계에 팬이 존재하지만, 경기 자체만 보면 상대적으로 유사한 종목임에도 두 종목 다 좋아하는 팬은 드물고 동시에 이 두 종목의 프로 선수로 활동하는 사람은 없었다.

적어도 우리가 보기에는 컴퓨터와 콘솔의 기계적 차이가 이러한 분리에 어느 정도 역할을 한 것 같았다. 컴퓨터 마우스의 섬세한 움직임은 콘솔의 방향 패드와 떠다니는 커서로 따라 하기 어려웠다. 콘솔 플레이어가 화면에서 보통 더 멀리 떨어져 앉는 것을 고려할 때 화면에 표시할 수 있는 텍스트 분량도 더 적었다. PC에는 콘솔의 버튼보다 더 많은 키가 있기 때문에 상호적인 문제였다고는 생각하지 않는다. 하지만 내가 둘 중 어느 쪽 업계 사람인지를 생각하면 사실 이렇게 보는 이유가 뻔히 보일 것이다. PC에서 직관적으로 플레이할 수 없다는 평을 듣는 콘솔 게임도 있었는데 당시 처리 성능과 그래픽의 차이를 생각하면 아마 맞는 말일 것이다. 두 기기 다 각기 장단점이 있고 나 역시 컴퓨터만큼 콘솔도 많이 가지고 있었다.

하지만 인터페이스가 단순한 게임도 상대 시장에서 실패하는 경우가 많았으므로 두 기기 사이에 놓인 장벽을 오로지 컨트롤러의 탓으로 보기는 어렵다. 마이크로프로즈는 1989년이 되어서야 〈사일런트 서비스〉를 NES(Nintendo Entertainment System)용으로 변환하려는 첫 시도를 했다. 당시 이미 PC용으로는 13가지 버전이 성공적으로 출시된 상태였다. PC-98용으로 만든 번역이 이미 준비되어 있었지만 그 당시 일본에는 서양식 콘솔을 가진 사람이 너무 적었기에 일본어 버전은 만들 생각조차 하지 않았다. 서양식 콘솔로 우리 게임을 할 정도로 마음이 열린 일본 팬이라면 영어도 잘하길 바랄 수밖에 없었다.

NES 버전이 수익을 냈는지 정확한 기억은 없으나 아마 내지 못했을 것 같다. 뒤이어 여러 게임을 출시하는 동안 NES를 신경 쓰지 못했기 때문이다. 일본에서만 다섯 가지 컴퓨터용으로 성공적으로 포팅된 〈건십〉조차 콘솔용으로는 어떤 언어로도 출시하지 않았다. 결국은 몇 번 더 시도해 볼 기회가 있었다. 〈해적!〉은 NES용이 꽤 성공을 거두었고 〈F-15 스트라이크 이글 II〉는 세가 제네시스(Sega Genesis)에서 괜찮은 성과를 냈다. 반면 슈퍼 NES(Super NES)용 〈레일로드 타이쿤〉은 개발 중간에 취소되었고 〈코버트 액션〉은 이와 반대로 PC 리눅스에 처음 포팅한 게임이 되었다.

〈문명〉만 슈퍼 NES, 플레이스테이션, 세가 새턴(Saturn)을 포함해 모든 기기에 포팅될 정도의 성공을 거두었다. 하지만 그런데도 보편성을 갖추지 못했다. 닌텐도는 두 세계 사이에 존재하는 깊은 골을 메워야 한다며 게임 수정을 요청해 왔다. 〈해적!〉의 무역 시스템에 있는 '담배'를 '작물'로 대체했던 것으로 볼 때 이들이 삼엄히 지키고 있는 가족 브랜드라는 평판을 지키기 위해 약간의 수정을 요청하리라고는 예측하고 있었다. 그에 대해서는 이견이 없었다. 일본을 플레이할 수 있는 문명으로 교체해 달라는 요구도 일리가 있었다. 하지만 그때부터 상황이 약간 이상하게 돌아갔다.

원래 〈문명〉 오프닝 화면은 천체물리학과 화산 활동이 어우러진 애니메이션이었다. 자막에는 이런 글이 표시되었다. "태초의 지구는 형태가 없고 비어 있었다. 하지만 잠자는 지구 위로 태양이 비추고 불안정한 지각 내부의 깊은 곳에서는 거대한 힘이 분출될 때를 기다리고 있었다."

꽤 괜찮은 서사이지 않은가? 하지만 닌텐도의 생각은 달랐다.

슈퍼 NES 버전은 이렇게 시작했다. "아주 오래전 인류는 지구를 떠돌던 많은 부족으로 나뉘어 있었다."

뭐, 좋다. 그 정도면 괜찮은 것 같다. 경쾌한 판타지 음악이 오리지널 주제곡의 강렬하고 긴장감이 넘치는 리듬에 비할 바는 아니나 원하는 바가 다를 수 있다고 생각했다.

"하지만 별이 빛나는 어느 날 밤 매우 이상한 일이 일어났다."

음…. 3x3 그리드에 도착한 첫 번째 개척자를 말하는 걸까?

"한 아름다운 여신이 일본의 젊은 지도자, 도쿠가와 앞에 나타났다."
"오, 도쿠가와여. 당신에게 줄 임무가 있습니다. 도시를 세우고 지구에 문명을 번성시키세요."

워워.

나머지 수정은 그다지 문제가 되지 않았다. 그냥 관개지에서 더 많은 식량을 재배할 방법이나 인간은 도로를 좋아한다는 사실을 알려 주는 보너스 튜토리얼이었다. 하지만 드레스를 입은 금발 아가씨가 등장하는 이 이상한 애니메이션 덕분에 게임이 더 나아졌다고 하는 현지화 팀의 주장에 크게 당황했다. 어떤 천상의 존재가 내린 명령에 따라서 하는 일일 뿐이라면 '왕이 되니 좋지 아니한가'라는 슬로건을 어떻게 내세울 수 있겠는가? 게다가 논란을 피하고자 배제한 종교를 닌텐도에서는 인위적으로 넣으려 했다.

선택의 여지가 없어서 결국은 그들의 말을 곧이곧대로 받아들였다. 예상대로 오프닝 영상이 완벽히 어울린다고 하는 콘솔 리뷰어는 없었다. 특정 사용자층이 게임의 나머지 부분을 더 재미있다고 느끼게 하는 데 도움이 된다면 30초짜리 신비주의 포장을 용납할 수 있다고 생각했다. 하지만 이러한 경험을 통해 콘솔과 PC 사용자 사이의 문화적 간극은 버튼과 키보드의 차이 그 이상이라는 것을 분명히 깨달았다.

그래서 2007년 중반 〈문명 레볼루션〉이라는 콘솔 전용 게임을 설계하겠다고 발표했을 때 충격을 받은 팬들의 격렬한 항의가 그리 놀랍지 않았다. 우리가 마이크로프로즈를 떠난 지 몇 년 후 〈문명 II〉가 플레이스테이션용으로 출시되었으나 〈알파 센타우리〉, 〈문명 III〉, 〈문명 IV〉, 그리고 곧 출시될 〈콜로니제이션〉 리메이크, 비밀리에 이미 개발 중이던 〈문명 V〉까지 파이락시스의 모든 〈문명〉 타이틀은 PC 전용이었다. 인터넷에서는 우리가 팬을 배신하고 시리즈를 너무 단순하게 만들고 있을 뿐 아니라 무지한 게이머가 모여 있는 열등한 플랫폼에 영합한다는 회의적인 비난 여론이 들끓었다. 하지만 대체로 자신이 사랑하는 것을 잃을까 두려워하는 것뿐이었다. 그래서 이런 소란이 오히려 약간 기분 좋게 느껴졌다.

아주 짧은 팬레터부터 열성적인 플레이어 그룹이 〈문명 III〉의 출시를 기대하며 출력해서 보낸 600페이지 분량의 '공식 제안 목록'에 이르기까지 이들은 자신의 의견을 반영시키는 데 익숙했다. 우리 게임은 특성상 강렬한 소유욕을 불러일으키므로 우리 팬들은 새로운 것을 접할 때 자신의 의견을, 특히 불만을 표현하는 데 주저하는 법이 없었다. 하지만 콘솔 버전이 앞으로 출시될 유일한 〈문명〉이 아니라 그냥 여러 〈문명〉 중 하나라는 것이 분명해지자 다들 잠잠해졌다.

한 리뷰어는 이렇게 인정했다. "사실 버거운 용량의 PC 버전을 콘솔로 억지로 포팅하지 않고 해당 플랫폼에 맞춰서 제작한 덕에 다른 회사라면 실패했을 미션을 성공적으로 완수했다."

정확히 우리가 목표한 바이기도 했다. 당시 우리가 썼던 표현처럼 저녁용 〈문명〉이었다. 누구에게나 한 게임에 80시간이나 쏟을 여유가 있는 게 아니었고 우리가 더 많은 일과 가족 부양의 의무가 있는 사람을 냉대할 이유는 없었다. 도시의 건설과 확장이 더 쉬워지고 기술 개발이 더 일찍 끝나고 적이 더 먼저 공격해 왔으며 전투가 더 빨리 끝났다. 사실 전부 PC에서 개발한 것이므로 그대로 뒤집어서 PC 시장에서 출시하는 것은 어렵지 않았다. 하지만 그랬다면 원작의 설계가 콘솔을 고려하지 않았던 것만큼 콘솔용 게임 플레이도 PC를 고려하지 않았으므로 성공하지 못했을 것이다. 완전히 새로운 사용자를 공략하려니 수년간 〈문명〉이라면 '이래야 하고 이러면 안 된다'를 정해 온 것에 비해 더 큰 자유가 주어졌다. 플레이어가 도시 간 교역로가 포함된 전체 경제 체제까지 꼭 관리해야 할까? 해야 할 다른 일도 많은데? 이런 부분을 즐기는 플레이어도 분명 있었다. 하지만 그렇게까지 세세하게 신경 쓰는 것을 부담스러워하는 플레이어도 있었다. 이제 이 두 유형의 플레이어 모두 자신의 마음에 드는 〈문명〉 게임을 할 수 있게 되었다.

〈문명 레볼루션〉을 차별화한 또 다른 특징은 앞서 언급한 대로 단순성을 추구한 덕에 드디어 강력하고 실행 가능한 멀티플레이어 경험이 구현되었다는 점이다. 〈시브넷〉 이후 〈문명〉의 모든 버전은 보통 싱글 플레이어 버전이 나온 지 몇 달 후 확장판을 출시하는 방식으로 멀티플레이어 기능을 공식 제공했다. 하지만 사실 그 어떤 버전에서도 제대로 작동하지 않았다. PC 종류, 인코딩 방식, 이용하는 온라인 서비스가 각기 달라서 일관성 있는 환경을 제공하기에 변수가 너무 많았다. 당시에는 실제 전선의 길이가 중요해서 "약 65km 떨어진 거리"에서 멀티플레이어 테스트를 했다는 초창기 리뷰도 있었다. 간신히 연결에 성공하더라도 게임이 복잡해서 연결 속도가 기어가듯 느렸는데 특히 당사자에게만 표시되는 외교적 논의가 이루어질 때가 최악이었다. 멀티플레이어가 아예 없으면 게을러 보일까 봐 제공한 것일 뿐 이를 게임의 핵심 경험으로 만들려는 의도는 전혀 없었다.

하지만 콘솔의 세계에서 멀티플레이어는 게이머만 중요하게 생각하는 기능이 아니고 제조업체가 요구하는 기능이었다. 각각 플레이스테이션 3와 엑스박스 360(Xbox 360)의 거대한 온라인 인프라 구축에 투자한 소니와 마이크로소프트는 게임 개발사가 이 기능을 활용하길 기대했다.

서버 호스팅을 원치 않아서 진행하지 못한 마이크로프로즈의 2인용 탱크 게임 프로토타입을 제외하면 진정한 온라인 멀티플레이어 프로그래밍 첫 시도는 〈게티즈버그!〉였고 사실 결과도 꽤 괜찮았다. 실시간 게임이어서 상대가 턴을 종료할 때까지 기다릴 필요가 없었고 소규모 접전은 역사적 정의에 맞게 항상 두 플레이어로 제한되었다. 다른 싱글플레이어 게임이 그랬듯이 사무실에 있는 모두가 일을 제쳐 두고 오후 내내 이 게임을 붙들고 있는 것을 보고 〈게티즈버그!〉 멀티플레이어가 괜찮다는 것을 알 수 있었다. 나는 경쟁심이 그다지 강한 편은 아니라서 상대의 기를 죽이려 할 때 기껏해야 내가 상사이니 이기게 두는 게 좋지 않겠냐고 정중히 상기시키는 정도다. 하지만 직원들끼리 신나서 서로를 비웃거나 주변 동료들이 응원해 주는 소리가 복도에 울려 퍼진다면 특별한 게임이 완성되었다는 증거였다. 안타깝게도 그 때문에 〈문명 레볼루션〉 멀티플레이어 프로그램을 쉽게 만들 수 있을 것이라는 비현실적인 기대를 하게 됐다.

온라인 플레이를 다룰 때 늘 생각해야 하는 두 가지 문제가 있다. 지연과 동기화다. 지연은 더 쉽게 플레이어의 눈에 띄기 때문에 더 강한 비난을 받는다. 그러나 더욱 파괴적인 것은 동기화. 동기화에 문제가 생기면 한쪽을 고치려다가 다른 한쪽에 문제를 일으킬 때가 많다. 게임을 동기화하려면, 다시 말해 양쪽 컴퓨터에서 끊임없이 똑같은 일이 일어나게 하려면, 두 컴퓨터가 쉴 새 없이 데이터를 주고받아야 한다.

"제가 총을 쐈습니다."라고 한 컴퓨터가 말한다.

"네, 당신이 총을 쏘았군요. 여기 내 과녁을 맞혔습니다." 다른 컴퓨터가 답한다.

"네, 제가 거기 당신의 과녁을 맞혔습니다."

양쪽 게임이 동기화되지 않으면 데이터 전송은 즉시 어린 시절 형제자매 간 싸움으로 변질된다. "잡았다!", "웃기시네, 놓쳤거든!" 그리고 게임이 망가진다.

〈게티즈버그!〉에 적용할 수 있던 가장 쉬운 해법은 한쪽이 다른 한쪽에 전체 게임 상태를 이렇게 전달하는 것이었다. "내 병사는 여기 있고 당신의 병사는 저기에 있습니다. 나는 이쪽을 겨냥하고 있고 당신은 저쪽을 겨냥하고 있습니다. 내 체력은 이 정도이고 당신의 체력은 그 정도이며 나는 총을 쐈습니다."

"네, 당신을 믿습니다."

일치하지 않는 부분은 바로 다음 데이터 전송에서 덮어쓴다. 위치 조정 때문에 병사가 화면에서 살짝 점프한다거나 발사하지 않은 총알에 의문의 죽음을 맞는 병사가 생길 수도 있겠지만, 문제가 빠르게 해결되는한 양쪽 모두에서 게임이 합리적으로 부드럽게 진행되는 것으로 보인다.

게임 플레이를 단순하게 만들었음에도 전부 공유하기에는 〈문명 레볼루션〉에 담긴 데이터가 너무 많았다. 문명별로 군대 위치, 경제 관련 수치, 행복도, 식량 비축량, 휴전 협정, 테라포밍 등의 데이터가 필요했는데 한 번에 플레이할 수 있는 문명이 최대 5개였으므로 이 데이터는 5배까지 늘어났다. 이전에 나온 모든 〈문명〉 멀티플레이어가 느리고 불공평하다고 비난받는 이유가 여기에 있었다. 0.5초 멈춘 사이 한 연대가45도 방향을 트는 정도는 괜찮았지만, 10초 멈춘 사이 그 연대가 다른대륙으로 순간 이동하는 것은 용인되지 않았다.

하지만 대안은 위험했다.

"내 병사는 여기 있고 당신의 병사는 거기 있습니다."

"네, 우리는 북쪽으로 한 칸 이동했습니다."

"우리는 동쪽으로 한 칸 이동했습니다."

"우리는 체력이 한 칸 떨어졌습니다."

"우리는 식량 2개를 얻었습니다."

"우리는 서쪽으로 한 칸 이동했습니다."

"잠깐, 당신 병사가 어디에 있었다고요?"

보드에 일어난 변화만 공유하는 더 효율적인 방식을 쓰면 게임이 할 만한 속도로 진행됐다. 하지만 동기화에 아주 작은 오류 하나만 발생해도 몇 시간 동안 누적된 변화를 처음부터 복구할 방법이 없어서 게임이 완전히 망가졌다. 전투 결과부터 미묘한 그래픽 변화에 이르기까지 〈문명〉에서 이루어지는 모든 결정을 난수 발생기(random number generator)에 늘 크게 의존해 왔다는 것이 더 큰 문제였다. 난수 발생기가 가능한 모든 시나리오에서 상황에 맞게 공유되거나 분리되게 하는 작업에 몇 달간 매달린 끝에 동기화 오류를 완전히 제거했다. 예상외로 태블릿을 통해 꾸준히 플레이하는 온라인 플레이어가 있다는 사실에 보람을 느끼긴 하나 그 작업을 다시 하지 않아도 되어서 정말 다행이라고 생각한다. 몇몇 천재적인 프로그래머가 찾은 우아한 해결책이 이 문제를 해결했다고 말하고 싶지만, 사실은 큰 게임을 통째로 보낼 수 있을 정도로 데이터 전송 속도가 빨라진 것뿐이었다.

흥미롭게도 사실 난수는 난수가 아니다. 적어도 문자 그대로 무작위 숫자는 아니다. 진짜 무작위 결과를 적용하면 플레이어의 손실이 예상보다 훨씬 커진다. 플레이어 대부분은 당연히 평균적인 사람이다. 하지만 비디오 게임을 한다는 단순한 사실이 증명하듯이 이들은 자신이 평균보다 뛰어나다고 믿고 싶어 한다. 왕, 타이쿤, 선장을 비롯해 게임이 제공하는 위대한 망상 속 주인공이 되는 것은 평균적인 일이 아닌데도 상자 뒷면에 있는 설명을 읽으며 '아, 물론 나라면 할 수 있지.'라고 생각한다. 비현실적이지만, 재미를 지향하는 이러한 예외주의적 서사는 거의 모든 형태의 엔터테인먼트에서 발견된다. 람보는 늘 악당을 이기고 셜록 홈스는 항상 미스터리를 해결한다. 유일하게 대다수의 패배가 예상되는 경기장인 프로 스포츠계에서도 성적이 가장 나쁜 팀에게 보통 그다음 해 드래프트에서 혜택을 준다. 관람하든 참여하든 팬들은 만족감을 얻기 위해 정의감을 요구하는데 무작위성은 정의의 정반대 개념이다.

게임 디자이너로 일하는 내내 이런 교훈을 접해 왔으나 무작위로 일어나는 일에 관한 인간의 비합리성에 제대로 눈을 뜨게 한 것은 〈문명 레볼루션〉이었다.

우리는 각 전투 확률을 화면에 표시하기로 했다. 통계가 재미있어서 그런 것도 있지만 사실 인터넷 게시판에 반복적으로 등장하는 농담의 소재가 되어 버린 한 가지 문제를 해결하겠다는 생각이 컸다. 어떤 전투도 승리가 보장되지 않는다는 사실에서 비롯된 문제였다. 가능성이 아주 낮더라도 언더독은 도전을 포기하지 않는다. 그래서 발전이 느린 나라의 창병이 전투에서 탱크를 이기는 말도 안 되는 일이 가끔 일어났다. 나는 이런 일이 이론적으로 **가능하다**고 주장한다. 무기라고는 막대기와 바위뿐이었던 1,500명의 스위스 시민이 2배 이상의 규모를 자랑하는 잘 훈련 받은 오스트리아 기병대를 무찌른 모르가르텐 전투처럼, 영국군이 5배의 병력을 갖춘 마라타 군대를 이긴 아사예 전투처럼, 이순신 장군이 이끄는 조선 수군이 오직 12척의 함선으로 133척의 일본 함선을 격침한 때[59]처럼, 단 1,800명의 크로아티아인이 36,000명의 세르비아인을 거의 석 달간 부코바르에 묶어 두었을 때처럼 말이다.

더러 일어나는 일이다. 게다가 승리가 보장된다면 게임의 균형을 맞출 방법이 없다.

하지만 전투를 시작하기 전에 승리 확률을 보여 주면 AI가 쩨쩨하게 앙심을 품고 일어나지 않을 법한 결과가 나오도록 조작한 것이 아니라 실제 계산에 의해 나온 결과라는 것을 플레이어가 이해하는 데 도움이 되리라 생각했다.

하지만 잘못된 생각이었다. 사람들은 확률이 낮았다는 증거에 감동하기는커녕 확률이 높았던 전투에서 패했을 때 더 강력하게 반발했다.

"시드, 게임이 이상해요. 야만인들이라 싸웠더니 확률이 3 대 1인데도 제가 졌어요!"

"네, 뭐, 가끔 그런 일이 생겨요."

"아니, 제 말을 이해하지 못한 것 같아요. 3이면 커요. 1이면 작고요. 제가 3이었다니까요."

---

59 명량 해전.

"물론이죠. 하지만 여길 봐요. 지난번에 이렇게 작은 1이었을 때 엄청나게 큰 3을 이겼잖아요." 상황을 고려하면 꽤 합리적으로 대답해 준 편이라고 생각한다.

"그건 다르죠! 그땐 제가 똑똑한 전술, 탄탄한 전략, 건전한 생활, 건강한 식습관을 가지고 있었으니까 그랬던 거고요. 고려해야 할 복잡한 변수가 많다는 거, 아시잖아요."

이런 대화를 아무리 다양한 방법으로 해 보아도 3 대 1의 전투에서 대략 4번에 1번은 지는 것이 합리적이라는 사실을 테스터에게 납득시킬 수 없었다. 승리 확률이 특정 수준을 넘어서면 사람들은 무슨 일이 있어도 자신이 이겨야 한다고 생각했다. 하지만 똑같은 확률이어도 본인이 언더독이라면 가끔은 자신이 이겨야 한다고 생각했다.

비논리적인 직감이었으나 고려하지 않을 수 없었다. 〈스타 트렉〉 영화의 짝수 편(스타 트렉 팬들의 말에 따르면 짝수 편이 더 낫다고 한다.)의 작가였던 니콜라스 메이어(Nicholas Meyer)는 이런 말을 했다. "관객이 어리석을지언정 틀릴 수는 없다." 파이락시스 사무실에도 비슷한 말이 있다. 피드백은 진실이다. 누군가가 나에게 게임이 답답했다고 말하는데 "아니, 그렇지 않아요. 재밌게 했는데 그걸 당신이 모르는 것뿐이에요!"라고 반박할 수는 없다. 그들이 답답했다면 내 게임이 답답한 것이다. 〈문명 레볼루션〉 플레이어가 예상치 못한 패배를 두고 운, 실력, 악의적인 디자이너 중 무엇을 탓하는지는 중요하지 않았다. 결과적으로 재미가 반감된다면 고쳐야 하는 문제였다.

그래서 우리는 화면 뒤의 실제 확률을 바꿔서 플레이어가 어떤 싸움에서든 3대 1 혹은 그 이상의 확률로 이길 수 있게 했다. 컴퓨터 AI에게 불공정한 처사였을지 모르나 이에 대한 어떠한 불평도 듣지 못했으며, 플레이어에게 유리해지고 나니 사람들은 게임이 훨씬 더 재밌다고 했다.

"시드, 또 다른 문제가 있어요."

"이런, 이번엔 뭔데요?"

"음, 제가 2 대 1 전투에서 졌어요. 거기까진 괜찮아요. 이 얘기는 전에도 한 적 있잖아요. 근데 바로 그 뒤에 2 대 1인 전투를 다시 했는데 또졌어요."

"글쎄요. 동전을 던질 때도 지금 던지는 건 앞의 던지기와 상관이…."

"아니, 아니, 동전 던지기 얘기가 아니잖아요. 전 지금 기마병하고 전사 얘길 하는 거예요."

"맞아요. 완전히 다르죠. 알겠어요."

또 한 번 감정이 논리를 이긴 이 상황을 받아들일 수밖에 없었다. 그래서 이전 전투의 결과를 고려해서 너무 나쁘거나 좋은 일이 연속으로 일어날 확률을 극도로 낮췄다. 게임을 덜 무작위로 동작하게 해서 더 무작위인 것처럼 느껴지게 했다.

"이제 만족해요? 다른 문제는 없고요?"

"음, 이번엔 진짜 이상한 게 있는데요. 제가 전투를 했어요. 20 대 10 의 확률이었어요. 여기 보이죠? 근데 또 졌어요."

"그건…. 2 대 1하고 똑같잖아요."

"아니죠. 2는 1보다 1밖에 안 크지만, 20은 10보다 10이나 더 크잖아 요. 아니, 계산을 좀 해 보라고요."

그래서 또다시 '정정'했다.

〈문명 V〉를 출시할 때는 이렇게 번거로운 과정을 거쳐서 구현할 가치 가 없는 기능이라고 결론지었다. (6년 후 전작의 코드 베이스를 기반으로 제작한 〈문명 레 볼루션 2〉에 잠시 다시 등장하긴 한다.) 그 후 〈문명 VI〉에서는 군사 유닛을 비율이 아닌 수치로 비교하고 전투를 한 번 이상 할 수 있게 하는 완전히 새로 운 전투력 체계를 도입했다. 창병 대 탱크 전투의 승리 확률을 알고 싶다 는 플레이어의 요구를 들어준 것으로는 부족했다. 이들이 무엇을 요구하 느냐가 아니라 실제 무엇을 원하느냐를 직감적으로 알아냈어야 했다. 플 레이어가 우리 게임을 할 때 어떻게 느끼는지 알아내는 데에는 피드백이 분명 도움이 된다. 하지만 문제에 대한 올바른 해결책은 우리 스스로 찾 아내야 한다. 어쨌거나 고려해야 할 복잡한 변수가 많은 것은 사실이니까.

23 사회 이동

시드 마이어의 시브월드(Sid Meier's CivWorld, 2011)

시드 마이어의 에이스 패트롤
(Sid Meier's Ace Patrol, 2013)

시드 마이어의 에이스 패트롤: 퍼시픽 스카이
(Sid Meier's Ace Patrol: Pacific Skies, 2013)

시드 마이어의 문명 레볼루션 2
(Sid Meier's Civilization Revolution 2, 2014)

공룡 게임 실패가 남긴 뼈아픈 고통은 SNS가 탄생하면서 더 심해졌다. 초창기 '웹로그' 대부분은 1996년 무렵 게임 커뮤니티에서 시작되었다. 유닉스의 .plan 파일은 프로그래머들이 흔히 공개적인 할 일 목록을 만드는 용도로 쓴 도구였는데 〈둠〉 개발자 존 카맥(John Carmack)도 이 무렵 자신의 유닉스 .plan 파일을 팬들과 소통할 수 있는 상태 업데이트로 바꾸었다. 그로부터 얼마 후 롭 말다(Rob Malda)가 자신의 기술 블로그 칩스 & 딥스(Chips & Dips) 이름을 슬래시닷(Slashdot)으로 바꾸었고 1999년 말 이 새로운 매체가 사용자와 우리를 강력히 연결해 줄 수 있다는 것이 명확해졌다. 그래서 파이락시스 개발자 블로그가 탄생했고 때마침 시드 마이어 게임의 정수로 꼽는 그 게임 작업에 착수했다는 사실은 단언컨대 우리가 아주 바람직한 방향으로 나아가고 있다는 것을 알려 주는 하늘의 징조였다.

그런데 일이 실제로 그렇게 잘 풀리진 않았다. 내가 쓴 첫 글은 활기찬 낙관론으로 가득 차 있었다. 박람회에서 작은 밀랍 공룡을 구입한 어린 시절의 행복한 추억으로 시작해서 사출 성형이 되는 모습을 직접 보기 위해 동전으로 작동하던 기계를 하나씩 구경하겠다고 우겼던 이야기까지 언급했다. 하지만 네 번째 글은 단 몇 문단 분량으로 줄어들었고 일곱 번째 글에서는 게임을 아예 언급하지 않고 디즈니 〈다이너소어〉 에피소드만 이야기했다. 그리고 6개월간 침묵이 이어진 후 "실수였습니다."라고 인정하는 끔찍한 발표를 해야 했다. 경험을 통해 배운 바가 있긴 하나 출시가 훨씬 더 가까워질 때까지 이를 대체할 훌륭한 게임인 〈심골프〉에 대해 함구해야 해서 상황은 더 나쁘게 보였다.

현실적으로는 작은 실수에 불과했고 회사 웹사이트는 여러 직원이 덜 경솔한 다른 콘텐츠로 꾸준히 채워 나갔다. 하지만 그 뒤로 난 블로그를 비롯해 그 뒤에 나온 다른 대부분의 SNS에도 글을 올리지 않았다. SNS가 인류의 몰락을 상징한다고 보는 이들도 있는데, 그래서는 아니고 그냥 나한테 맞지 않는다고 생각해서였다. 나에게 쏟아지는 대중의 관심을 통제하에 짧게 접하는 것이 낫겠다고 느꼈다. 하지만 다른 사람들에게는 분명 잘 맞는 것 같았고 2011년이 되자 이제 이를 소통이 아닌 생산의 맥락에서 고려해 볼 때가 되었다는 생각이 들었다.

인터넷상의 낯선 이들이 이상한 방식, 반사회적인 방식, 아니면 아주 불쾌한 방식으로 행동하는 경향이 있다는 사실은 멀티플레이어 게임에서 꾸준히 문제를 일으켰다. 코드가 아무리 뛰어나도 마찬가지였다. 온라인 플레이를 할 때 음성 채널 음소거가 기본이 되어버렸다는 것은 슬픈 일이다. 대부분의 서비스가 정정당당하게 승부에 임하는 일관된 상대 팀을 구성할 수 있게 '친구 목록' 기능을 제공해 왔는데도 최근 몇 년간 가장 큰 성공을 거둔 게임은 사회적인 기능을 문제 해결 도구가 아닌 주력 서비스로 제공하는 페이스북에서 탄생했다. 모바일 기기에 집중하는 페이스북의 특성상 비동기 플레이가 허용되었다. 이 말은 사용자가 시간적 여유가 있을 때 로그인해서 게임을 하고 나머지 시간에는 자유롭게 자리를 비우고 자기가 하고 싶은 일을 할 수 있다는 뜻이다. 이렇게 여러 사람이 시간을 질질 끌며 진행하는 게임이라는 개념은 미지의 영역이라는 점에서 흥미로웠다. 그래서 24시간 연결된 현대인의 생활에 맞는 대규모 멀티플레이어 버전 〈문명〉을 설계하기 시작했다.

안타깝게도 흥미롭다고 해서 늘 성공이 보장되는 것은 아니다. 〈시브월드〉에는 수많은 문제가 있었으나 그중에서도 테스트 진행 시 현실 세계의 사람들이 대체로 비협조적이라는 점이 가장 큰 문제였다. 이 게임에는 플레이어들이 자발적으로 서로 금을 주고받는 행위에 의존하는 주요 메커니즘이 있었는데 사람들은 거의 금을 주고받지 않았다. 이타주의와 공동체의 중요성에 관한 긍정적인 감정을 키우는 데 도움이 되리라 생각하며 곤경에 처했을 때 다른 플레이어에게 도움을 청하는 메커니즘도 넣었는데 대부분의 플레이어는 고통받는 친구를 외면했다. 무엇보다 게임의 중앙집권적인 특성상 게임이 자연스럽게 사라지게 두지 못하고 서비스를 공식 종료해야 한다는 점이 최악이었다. 이번에는 블로그 글

하나로는 부족해서 보도자료를 전 언론사에 배포했다. 싱글플레이어 게임은 플레이어가 원할 때 잠시 쉬다가 다시 하면 그만이지만, 온라인 게임은 참여도가 특정 수준 아래로 떨어지면 재정 압박이라는 현실 때문에 아무도 할 수 없게 게임 서비스를 종료해야 한다.

사회적인 측면에서는 아무 성과를 거두지 못한 〈시브월드〉였는데 모바일 기능이 쓸 만했다. 아이패드로 포팅한 〈문명 레볼루션〉이 큰 성공을 거뒀던 것을 생각하면 〈시브월드〉도 모바일 게임으로 구제해 볼 가치가 있어 보였다. 특히 적은 예산으로 큰 위험을 감수해야 할 가능성이 있는 상황을 고려한다면 말이다. 내가 거대 블록버스터 게임에 맛을 들이게 된 것은 거의 필요에 의해서였다. 물론 지금도 파이락시스가 생산하는 AAA 게임[60] 작업에 즐겁게 참여한다. 하지만 내 영원한 첫사랑은 인디[61] 개발의 능률적인 프로세스다. 다른 방법이 존재하지 않던 시절을 기억하는 몇 안 되는 사람 중 한 명으로서 지금까지 이룬 진보를 포기할 생각은 전혀 없으나, 모바일 게임은 잘 자리 잡은 스튜디오라는 안전망 내에서 당시 경험을 되찾을 현실적인 방법으로 보였다.

이왕 시대를 역행할 거라면 제대로 하는 게 좋겠다고 생각했다. 〈문명〉, 〈해적!〉을 지나 잠수함 전투와 전쟁 게임 이전까지 가면 동그란 플라스틱 의자에 앉아 즐기던, 흰색 빨간색으로 알록달록하게 꾸민 아케이드 게임 〈레드 배론〉이 있었다.

---

60 많은 제작비 들여서 제작하고 멀티플랫폼에서 발매하는 블록버스터급 게임을 부르는 명칭.
61 대형 자본의 조력이나 간섭 없이 소규모 개발사에서 자력으로 제작하는 게임을 인디 게임이라 한다.

빌 스틸리처럼 나보다 더한 항공기광도 있지만, 나도 관심이 전혀 없는 건 아니었다. 어릴 적 스위스 행 비행기를 탔을 때 내가 무서워하지 않고 편안하게 혼자 대서양을 건널 수 있게 도와준 한 승무원이 있었다. 우선 야간 비행 중에 편하게 몸을 뻗고 잘 수 있게 좌석 한 줄을 나 혼자 쓸 수 있게 해 주었다. 돌이켜 생각하면 이 부분이 가장 큰 배려였던 것 같은데 당시 나에게는 내 자리에 올 때마다 가져다준 스위스 에어 제트기가 그려진 포일로 싼 작은 초콜릿이 가장 큰 감동이었다. 첫 번째 초콜릿은 먹었지만, 포장지에 그려진 비행기가 전부 다르다는 것을 알아챈 후에는 먹지 않고 모으기 시작했다. 승무원이 기쁘게 베푼 친절 덕에 비행을 마칠 즈음에는 10개 이상 모았던 것으로 기억한다. 초콜릿을 먹고 포장지만 남길 수도 있었지만, 그대로 모으고 싶었다. 어쩐지 단단한 3D 장난감으로는 구겨진 포일 조각으로 할 수 없는 무언가를 할 수 있을 거라는 생각이 들었다. 언젠가 먹어 치운 것이 확실하나 할아버지 집에 머무는 몇 달간은 가지고 있었다.

한때 실제 비행기와 관련된 일을 한 적도 있다. 대학교 3학년을 마친 여름, 스위스에 있는 삼촌과 숙모가 인근에 있는 콘트레이브스(Contraves)라는 방위산업체에 컴퓨터 프로그래머 자리가 났다고 알려줬다. 듣자 하니 사장의 아내가 미국인이어서 미국인을 편애하는데 유창한 영어로 IBM 컴퓨터 매뉴얼을 읽을 줄 아는 사람에게 특히 더 약하다고 했다. 원한다면 내 자리가 될 수 있었다. 이 회사의 사무실은 어릴 적 내가 아주 좋아했던 바로 그 기차를 타고 빌라흐에서 30분이 걸리는 취리히에 있었고, 친척들은 당연히 내가 원하는 만큼 자유로이 친척들 집에 머물러도 좋다고 했다. 콘트레이브스는 항공기보다 항공기를 격추시키는 대공 시스템이 주력인 회사였는데 그 정도면 내 관심 영역을 벗어나지 않았고 제안받은 연봉은 재학생 신분을 고려하면 분에 넘치게 높은 수준이었다. 나는 이를 해외 유학의 기회로 보고 콘트레이브스에서 겨울까지 일할 수 있게 미시간대학교에 마지막 학년을 연기해 달라고 요청했다. 사실 급여 관련 프로그램을 만드는 일이 주 업무였으나 유명한 국제적인 방위산업체의 이름을 내 이력서에 올린다는 것이 무척 멋지게 느껴져서 거기에 다니는 내내 아주 즐거웠다.

사실 스위스에 더 머물렀다면 경력이 아주 달라졌을 수도 있다. 콘트레이브스에서 곧 승진해서 조금 더 어려운 코딩 프로젝트를 맡았을 수도 있고 빌라흐는 성인이 된 나에게도 충분히 매력적이었다. 하지만 나를 집으로 돌려보낼 시계 하나가 째깍째깍 흘러가고 있었다. 스위스 시민이 되려면 병역의 의무를 져야 했다. 20세 이상의 모든 남성은 최소 8개월 동안 군 복무를 하고 그 후에도 수년간 예비군에 속해 있어야 했다. 해외 거주자는 정당히 면제를 받지만, 스위스로 돌아온 지 1년이 지나면 면제가 취소된다. 군사 게임 시뮬레이션을 그렇게 좋아하는데도 실제 군대 체질은 아니었다. 심지어 장교들이 외국인 특별 부대를 열등한 소모품으로 간주한다는 소문도 있었다. 그래서 1주년을 맞이하기 직전에 회사에 작별을 고하고 미국으로 돌아왔다. 미국에서는 빌 같은 이들이 용감하게 그런 일을 맡아 주므로 나는 그들이 무사히 지상으로 복귀했을 때 그들을 즐겁게 할 만한 것들만 만들면 됐다.

게임에 비행기를 출연시킨 지 25년이 지났으니 이제 복귀시킬 때가 되었다는 생각이 들었다. 하지만 이번에는 내 방식대로 할 것이다. 〈시드 마이어의 에이스 패트롤〉은 완전히 전략 게임으로 만들겠다. 그 말인즉 무엇보다 전투를 턴제로 만든다는 뜻이었다. 플레이어에게는 조종할 때마다 생각할 시간이 주어질 것이고 비행기의 높이와 좌표, 둘 다 중요하므로 삼차원을 고려해서 전략을 세워야 할 것이다.

내가 원래 턴제 비행 같은 색다른 게임 플레이 유형에 매력을 느끼는 것은 사실이나 이번 결정에는 강력한 영향을 미친 한 가지 외부 요인이 더 있었다. 바로 앨프리드 레오나르디(Alfred Leonardi)*가 1980년 발매한 〈에이스 오브 에이스〉였다. 이 게임은 동봉된 두꺼운 책을 통해 진행됐다. 그림책《Choose Your Own Adventure》처럼 각 페이지에 조종석에서 보는 장면을 담은 삽화와 함께 선택할 수 있는 조종법 목록과 각 조종법에 해당하는 페이지 번호가 나열되어 있었다. 레오나르디 게임은 각 플레이어가 자신의 동작을 선택하고 상대가 열어야 할 페이지를 동시에 발표하는 방식으로 턴이 진행되었고 그러다 결국 한쪽이 상대방의 십자선 안에 나타나면 게임이 끝났다. 항공기 게임이 체계적인 동시에 흥미진진하게 전개될 수 있다는 것을 증명한 꽤 기발한 게임이었다.

도전 과제 달성

공로 인정하기
개발자 36명의 이름 알아보기.

〈에이스 패트롤〉은 만족스럽게 완성되었으나 첫 번째 모바일 전용 게임인 만큼 가격을 어떻게 책정할지가 고민이었다. 구체적으로 말하자면 전통적인 방법 그대로 게임 요금을 한 번에 선불로 내게 할지, 아니면 다운로드할 수 있는 콘텐츠를 제공하는 최신 유행 모델을 따를지 정해야 했다. 후자는 게임 일부를 무료로 공개하고 추가 레벨을 별도로 구매하게 했다. 게이머들에게 소위 '소액결제'를 어떻게 생각하는지 묻는다면 아마 대체로 험한 말이 되돌아올 것이다. 하지만 수익을 보면 이야기가 달라진다. 무료 게임에 소액 구매를 넣는 개념을 발명한 회사는 넥슨인데, 처음에는 구독자 부족으로 문 닫을 위기에 놓였던 온라인 서버를 구하려고 모험적으로 시도한 것이었다. 게임을 무료로 공개하자 회원 수는 예상대로 급격히 늘어났다. 하지만 더 중요한 부분은 기존 구독 매출이 왜소해 보일 정도로 매출이 가파르게 상승했다는 점이다. 단순히 게임 한 편을 구하는 데 그치지 않고 한 해 만에 회사 전체 매출을 16% 신장시켰다. 〈캔디 크러쉬 사가〉에는 게임을 위해 한 푼도 결제한 적 없는 사용자가 전체 사용자의 70%에 이른다. 대부분의 무료 게임보다 높은 비율이다. 그런데도 매일 수백만 달러를 벌어들인다. 사람들은 싫어한다고 하는데 대차대조표는 그 말이 거짓이라는 것을 증명한다.

나는 데모를 무료로 공개하고 전체 게임을 구매할 선택지를 주는 것은 공정하다고 생각하며, 최근 소액결제가 크게 유행하기 훨씬 전 동전으로 작동하는 아케이드 게임에서도 이 방식을 활용해 왔다고 본다. 하지만 특히 어린이를 상대로 약탈적 영업을 하거나 업그레이드와 필수 콘텐츠 사이에 경계를 흐린다는 비난에서 벗어날 수 없는 부분 유료화 게임이 많다. 제품은 책정한 가격에 합당한 가치를 제공해야 하고 플레이어가 돈을 내고 받는 제품에 관해 그들과 정중하고 정직한 관계를 형성해야 한다.

〈시브월드〉와 〈에이스 패트롤〉을 통해 다른 형태의 비즈니스 모델을 실험해 보았으나 플레이어 경험, 정당한 보상, 그리고 이 둘을 지원하는 게임 플레이 디자인 사이 삼차원상에서 최적의 위치를 찾기란 어려웠다. 플레이어가 게임을 한 번에 선불로 구매하면 새로운 복잡성 요소를 정상적인 속도로 추가하면서 게임 난이도를 점진적으로 올릴 수 있다. 그러나 플레이어가 두 번째 미션을 마친 후에 돈을 내거나 게임을 그만두는 선택의 갈림길에 내몰린다는 것을 아는 상황에서는 계속할 만한 게임이라는 것을 증명하기 위해 더 어려운 요소를 일찍 노출하고 싶은 충동을 느낄 수 있다. 하지만 이 경우에는 그 정도 속도를 따라오지 못하고 다음 레벨이 더 어려울 것이라 가정할 플레이어를 놓칠 위험이 있다. 이 방식을 제대로 실행할 방법도 분명히 있겠지만, 〈에이스 패트롤〉의 초기 가격 책정에 대한 미지근한 반응을 접한 후 학습 곡선을 질질 끌지 않기로 했다. 속편 〈퍼시픽 스카이〉는 고전적인 선불 모델로 출시했고 모두가 만족했다.

내가 모바일 게임의 독특한 특성을 깨우치는 동안 내 아들 라이언은 내 모교인 미시간대학교에서 컴퓨터 공학 학위를 취득하느라 바빴다. 어느 정도 예상할 수 있듯이 게임 디자이너가 되려고 준비 중이었다. 라이언은 단순히 컴퓨터가 중요한 역할을 한 집에서 자란 것이 아니다. 이 아이는 내 프로모션 투어에 동행하며 게임 산업 개발 측면을 일찍부터 접했다. 내가 게임 디자인의 원칙을 직접 가르친 적은 한 번도 없다. 나는 그저 이러한 원칙에 관해 인터뷰 진행자에게 설명했고 이 아이는 주의를 기울였다. 그래서 질문이 반복될 때 그렇다는 사실을 상대에게 주저 없이 알려 주었고 8살이 되었을 때는 이미 다 외워버린 답변을 암송하기 위해 뛰어드는 통에 카메라 주변에 둘 수가 없었다.

라이언은 대학에 다니는 동안 '게임 잼(game jam)'을 후원하는 조직의 회장을 맡았다. 게임 잼이란 단 48시간 동안 치열하게, 작동하는 프로토타입 제작 경쟁을 벌이는 행사다. 처음에는 이 행사에 심사위원으로 가기로 했었으나 생각해 보니 참가자로 가는 것이 더 재밌을 것 같았다. 게임 잼은 꼭 짧은 휴가 같다. 어떤 주제나 장르든 탐험할 수 있는 자유를 허락하며 꼭 필요한 부분만 가지고 즉흥적으로 창작하는 데서 오는, 만족스러울 정도로 순수한 무언가가 있다. 이때는 대학 행사라는 것을 고려해서 〈좀비 호텔 탈출!(Escape from Zombie Hotel!)〉이라는 꽤 일반적인 미로 게임을 만들었다. 하지만 파이락시스에서 연 비슷한 행사에서는 내가 조금 더 자유분방해진다고들 한다. 예컨대 '보이는 것에 속지 마세요.'라는 주제를 받았을 때는 알록달록한 덩어리로 화면을 채운 플랫폼 게임을 만들었다. 줌아웃하다 보면 마지막에는 지금까지 지나온 단계가 유명한 예술 작품이었다는 사실이 드러났다. 이는 라이언이 유치원 다닐 때쯤 인용했을 법한 규칙, '재미를 찾아라.'를 완벽히 보여 주는 예였다. 플랫폼 게임은 내 전문 분야가 아니었지만, 숨겨진 예술 작품이라는 아이디어를 담을 수 있는 게임 유형은 하나밖에 떠오르지 않았다. 더 크고 더 진지한 프로젝트를 진행하는 중이라면 특정 게임 템플릿에 절대 그렇게 억지로 쑤셔 넣지 않고 주제 자체가 재밌는 것을 고른 후 그 주제에 적합한 게임 유형이 무엇인지 파악할 것이다.

장르에서 시작해서 거꾸로 거슬러오는 방식으로 작업하면 일관성이 없거나 불만족스러운 게임이 탄생할 위험뿐 아니라 자신이 좋아하는 게임을 뻔하게 복제할 위험이 있다. 다행히 미시간대학교 게임 잼에서는 그렇게 작업하는 팀을 보지 못했다.(한 팀은 사운드 스튜디오 믹싱 보드를 컨트롤러로 사용했고 또 다른 한 팀은 플레이어에게 사육사를 먹는 사자 역할을 맡겼다.) 하지만 요즘 디자이너는 평생 비디오 게임을 플레이해 온 사람이 대부분이라서 똑같은 아이디어를 반복해서 재탕하기 쉽다. '재미를 찾아라.'라는 원칙에는 주제를 정하고 거기에서 재밌는 점을 파악하라는 뜻도 있지만, 세상에 나가서 아직 게임으로 만든 적 없는 주제를 찾으라는 뜻도 있다. 그런 주제를 찾았다면 마음의 여유를 가지고 그 주제를 가장 빛내 줄 게임 플레이 스타일이 무엇일지 열린 마음으로 생각하라. 반 고흐의 얼굴 위로 뛰어다니다가, 혹은 다른 비행기의 턴이 진행되는 사이 끝도 없이 공중을 떠돌다가 결국 누구도 예상하지 못한 정말 재미있는 게임이 완성되었다는 것을 깨닫는 날이 올 수도 있으니까.

24 웃기는 일

시드 마이어의 문명 VI
(Sid Meier's Civilization VI, 2016)

스위스에 머문 대학 시절 스위스어를 할 줄 아는데도 어느 정도 문화
적 충격이 있었다. 뭐, '스위스어를 거의 할 줄 알았다.'가 정확한 표현일
것 같다. 에디트 숙모와 프리츠 삼촌에게는 초등학교에 다니는 두 아이
가 있었는데 이 아이들이 처음 몇 주간 내가 감당할 수 있는 수준의 어휘
로 내 뇌의 스위스 뉴런을 되살리는 데 도움을 주었다. 그런데 한 달가량
지나서 내가 모두를 상대로 성인 사이의 대화에 사용되는 공손한 문법
이 아닌 어린이에게만 사용하는 비격식체 대명사를 썼다는 것을 깨달았다.
영어에는 이런 구분이 없어서 내가 새로운 상사와 동료를 어느 정도로
부적절하게 친밀히 대했는지 정확히 설명하기는 어렵다. 술 취한 낯선
이가 어깨동무를 하고 '형씨'라고 부른 수준이라고 보면 약간 비슷하다.
나를 상대한 이들 대부분이 면전에서 내 실수를 바로잡는 것이 사회적
규범을 더 크게 위반하는 행동이라 생각했던 것인지 진작 고쳤어야 할
야만적인 이방인 같은 행동을 꽤 오래 벗어나지 못했다.

어쨌든 가끔 미국 문화를 접하고 싶다는 생각이 간절해서 기회가 될 때마다 취리히에 있는 영화관에 가서 영어로 된 영화를 보곤 했다. 이 때 본 영화 중에는 곧 고전의 반열에 오른 코미디 영화 〈브레이징 새들스(Blazing Saddles)〉(독일어 제목 〈Der Wilde Wilde Westen〉으로도 알려짐)가 있었다. 상영관에서는 누가 영어를 할 줄 아는 관객인지 쉽게 구분할 수 있었다. 재밌는 대사를 알아들은 서너 명이 웃는 동안 화면에 나타난 독일어 자막을 읽은 나머지 사람이 한 박자 늦게 웃음을 터뜨렸기 때문이다. 내가 본 첫 번째 멜 브룩스(Mel Brooks) 감독의 영화였는데 그 뒤로도 여러 편을 더 보았다. 그를 기리기 위해 내 서부 개척시대 게임 프로토타입에 등장하는 개척자 가족에게 슈와르츠 가족(the Schwartzes)[62]이라는 이름을 붙였고, 〈문명〉의 슬로건이 '왕이 되니 좋지 아니한가'[63]인 것도 우연이 아니다.

멜 브룩스를 비롯한 대부분의 코미디언이 실제 매우 분석적이라는 점을 좋아한다. 특정 대사나 이야기의 재미있는 부분을 파헤치고 파악하는 과정은 게임 플레이 경험을 매력적으로 만드는 부분을 구분하는 과정과 크게 다르지 않다. 두 분야 모두 더 날카로운 현실로 관객의 주의를 사로잡으려 노력해야 하며, 인간의 결함에 관한 정확한 인식을 바탕으로 어느 지점으로 파고들지 알아내야 한다. 유머는 진지한 순간을 더욱 강렬하게 만드는 반직관적인 능력도 발휘한다. 셰익스피어 비극에 막간 희극이 자주 등장하는 이유도 여기에 있다. 배경이 색칠한 극장 세트이든

---

62 멜 브룩스의 영화 〈스페이스볼(Spaceballs)〉에는 스타워즈 세계관에서 신비한 에너지를 의미하는 포스(the Force)를 패러디한 슈와르츠(the Schwartz)가 등장한다.

63 멜 브룩스의 영화 〈세계사(History of the World, Part I)〉에 등장하는 루이 16세가 제멋대로 굴면서 반복적으로 내뱉는 대사.

8bit 그래픽이든 쓸 수 있는 재료가 제한적이더라도 유머가 있으면 관객은 부족한 부분을 상상력으로 채우며 오히려 판타지에 더 몰입한다.

우스꽝스러운 요소를 아무 데나 넣어도 된다는 말은 아니다. 엄숙한 분위기를 깨뜨리는 것이 어울리지 않는 〈게티즈버그!〉 같은 게임의 모드는 현실성을 떨어뜨리기보다 더욱 강조한 것이 더 많았다. 〈컨플릭트 인 베트남〉도 이와 비슷하게 진중한 분위기였고 〈매직: 더 개더링〉은 애초에 우리 소유가 아니었기에 장난칠 여지가 없었다. 하지만 〈코버트 액션〉에서 과장되게 표현한 제임스 본드 악당과 〈레일로드 타이쿤〉에서 거의 뒤에 남겨지는 교량 노동자처럼 내가 만든 거의 모든 게임에는 희극적인 자기 인식이 담겨 있다.

세계를 다스린다는 개념은 좀 벅차게 느껴질 수밖에 없으므로 〈문명〉에서는 이런 부분이 특별히 중요하다고 생각했다. 플레이어는 6,000년의 역사가 흘러가는 동안 수없이 많은 사람의 생사를 결정하는 역할을 맡는다. 그래서 게임의 가벼운 부분은 우리가 플레이어와 함께하며 그들 편에서 그들의 성공을 위해 비밀리에 더 많이 투자하겠다는 약속의 의미가 담긴 다정한 윙크 같은 것이었다. 뉴스 헤드라인에는 국가의 상태를 정기적으로 알리는 내용을 넣었으나 나머지 부분은 '사자가 검투사들을 7 대 0으로 이겼다.', '마리 앙투아네트의 다이어트 비법: 케이크!' 같은 재밌는 이야기로 채웠다. 한때는 시민의 행복을 나타낼 인물이 필요하다고 느껴서 기쁨, 삶의 질, 정치적 권력 분산의 전통적인 상징에 대해 브루스 셸리와 오랫동안 토론한 끝에 엘비스 프레슬리(Elvis Presley)를 등장시키기도 했다. 그는 재미를 위해 시리즈 전반에 걸쳐 반복적으로 등장하는데 〈문명 III〉에는 엘비스의 생일인 1월 8일에 플레이하면 왕이 엘비스로 변신하는 '이스터 에그(easter egg. 플레이어 은어로 숨겨진 코드 조각이라는 뜻)'가 숨겨져 있었다.

게임에 우리가 등장하는 것도 항상 인기가 있었다. 나는 〈문명 I〉과 〈문명 III〉의 과학 보좌관, 〈알파 센타우리〉의 비밀 당파 지도자, 〈문명 IV〉의 튜토리얼 가이드 겸 야만족의 왕, 〈문명 V〉의 대리석 조각상 역할을 맡았다. 제프 브리그스는 〈문명 III〉에 군사 보좌관으로 등장하고 브라이언 레이놀즈는 모두의 인정을 받은 사무실 내 챔피언으로서 〈게티즈버그!〉 전략 가이드 커버에 북군 군복을 입은 인물로 등장하는 영예를 누렸다. 〈게티즈버그!〉에는 내 목소리도 살짝 들어갔다. 사실 명백한 실수였다. 전문가가 녹음하기 전에 어떤 대사가 어울릴지 알아보기 위해 임시 녹음본을 만들었는데 어찌 된 일인지 내가 녹음한 "좌측은 엄폐되었습니다!"라는 대사가 게임에 그대로 남았다. 그리고 〈에이스 패트롤〉의 목소리와 등장인물의 모습도 거의 다 파이락시스 직원이었다. 모바일 게임의 예산이 한정적이었고 그렇게 하는 것이 배우를 고용하는 것보다 비용이 덜 들어서였다.

〈심골프〉에는 회사 직원이 한 명도 등장하지 않는데 특이하게도 로빈 윌리엄스의 아들 코디(Cody)의 이름이 한 호수의 이름으로 쓰였다. 원래는 그의 세 자녀 이름을 딴 호수가 있었다. 빙 고든이 다음에 로빈을 만날 때 프로토타입을 플레이해 보게 할 것이라 했기 때문에 그가 이러한 사실을 직접 발견하면 재미있어 하리라 생각했다. 하지만 코디 말고 젤다와 잭(Zak)이라는 이름은 저작권 침해로 보일 우려가 있어서 게임 공식 출시 전에 다른 이름으로 교체했다.(젤다는 아마 이제 알아보는 사람이 많을 것이고 잭은 몇 년 전 루카스필름 게임스의 〈잭 맥크라켄 앤드 에일리언 마인드벤더스(Zak McKraken and the Alien Mindbenders)〉 게임에 등장한 적 있다.)

요즘은 이스터 에그가 예전만큼 보이지 않는다. 이렇게 된 데에는 2005년에 불거졌던 '핫 커피' 스캔들의 영향이 크다. 모드 커뮤니티가 〈GTA: 산 안드레아스(Grand Theft Auto: San Andreas)〉의 코드 속에서 제작진이 완전히 삭제하지 않고 비활성화만 해 두었던 미니 게임 '핫 커피'를 발견해서 되살리자 스튜디오가 이 미니 게임을 삭제한 이유가 꽤 빠르게 드러났다. 성인 전용 콘텐츠로 이미 유명한 시리즈였는데도 등급 위원회를 회피하기 위해 이 미니 게임을 의도적으로 숨긴 것인지를 두고 상당한 법적 반발이 있었고 이 사건의 합의금은 최종적으로 2,000만 달러 이상이었다. 그 후 당연히 배급사들이 모든 유형의 비밀 콘텐츠를 두려워하게 되면서 이스터 에그를 기피하는 분위기가 조성됐다.

그 대신 이스터 에그의 희극적인 기능은 도전 과제, 즉 게임 특정 기준을 충족시킬 때 받는 가상의 보상이라는 개념으로 대부분 대체되었다. 특정 난이도에서 승리하기 같은 일반적인 과제도 있지만, 무작위 지도 게임에서 하와이를 발견했을 때 나타나는 'Book 'em, Danno(체포해, 대노)'[64]처럼 재밌는 과제도 있다. 〈문명 V〉 몽골 시나리오에서 승리를 거두면 '칸(Khan)'이라는 도전 과제를 달성하고 패배하면 '카아아아안(Khaaan)!'[65]

---

64 12시즌까지 방영된 미국의 인기 수사극 〈하와이 파이브-O(Hawaii Five-O)〉의 주인공 스티브 맥개럿 소령이 범인을 잡을 때마다 동료인 대니 윌리엄스에게 던지는 명대사.

65 〈스타트렉2: 칸의 분노(Star Trek II: The Wrath of Khan, 1982)〉에서 칸의 자폭에서 동료들을 구하기 위해 부함장인 스팍이 희생하게 되자 이에 분노한 커크 함장이 외치는 대사. 이는 스타트렉의 유명한 밈 중에 하나다.

이라는 도전 과제를 달성한다. 플레이어가 미켈란젤로와 도나텔로의 걸작을 소유한 상태로 뉴욕에서 레오나르도 다빈치를 활성화할 때 수여하는 닌자 거북이 테마의 '피자 파티(Pizza Party)'처럼 독특하고 달성률도 낮은 도전 과제도 있다.

〈문명〉이 수년간 영감을 불러일으킨 모든 농담과 장난 중에 내가 앞으로도 늘 가장 재밌다고 생각할 것은 단연 '핵 간디'다. 그런데 이유는 복잡하다.

각 문명의 기본 지도자는 미국의 에이브러햄 링컨, 영국의 엘리자베스 1세 여왕 등 일반적으로 가장 유명한 역사적 인물이었다. 이 방법이 캐릭터를 만드는 훌륭한 지름길이긴 하나 약간의 문제가 있었다. 이를 대표적으로 드러내는 사례가 모한다스 간디(Mohandas Gandhi)이다. 그가 인도에서 가장 유명한 것은 사실이나 세계 정복을 꿈꾼 지도자는 아니었다. 게임 승리 조건이 여러 가지여서 평화주의를 견지하더라도 과학적 진보를 통해 경쟁에서 만만치 않은 도전자로 자리매김할 수 있으므로 크게 문제 될 건 없으리라 생각했다. 균형이 잘 잡힌 AI에게 지도자의 성향은 아무 문제가 되지 않는다.

여기서부터 이야기가 흥미로워진다.(관련 이야기는 당연히 온라인상에도 잘 기록되어 있다.) 여러 변수에 대해 모든 지도자에게 1에서 12 사이의 점수를 부여했고 간디의 군사적 공격성은 예상하다시피 1점이었다. 하지만 코드의 다른 부분에서 민주주의를 채택한 국가의 군사적 공격성을 자동으로 2점 떨어뜨렸다. 이 경우 이론상으로는 간디의 점수가 −1점이 되어야 한다.

하지만 이러한 유형의 계산에서는 음수가 존재할 수 없으므로 오버플로 오류가 발생하면서 숫자 목록의 꼭대기로 되돌아가서 간디에게 255점을 부여했다. 그래서 인도가 민주주의를 채택하는 순간 간디는 포악한 전쟁 광이 되어서 사정거리 안에 있는 모든 국가에 핵무기 공격을 퍼붓기 시작했다. 빠르게 패치를 배포했지만, 이 웃기는 모순에 너무 큰 매력을 느낀 팬들은 이를 밈으로 만들고 신나게 즐겼다. '그들이 처음에는 당신을 무시한다. 그리고 비웃는다. 그리고 전쟁을 걸어온다. 그러면 당신은 그들을 핵무기로 쓸어버린다.', '핵무기에는 핵무기로 대응해야 전 세계가 내게 머리를 조아린다.' 같은 자막이 붙은 간디 이미지가 널리 공유되었다. 〈닥터 스트레인지러브(Dr. Strangelove)〉 마지막 즈음에 나오는 떨어지는 폭탄 위에 간디가 걸터앉은 것처럼 작업한 포토샵 이미지와 같이 아예 자막이 필요 없는 밈도 있었다.

하지만 셀 수 없이 많은 밈과 패러디 때문에 핵 간디 이야기가 재미있다고 느낀 것은 아니다. 진실은 이 모든 것이 사실이 아니라는 것이다. 오버플로 오류는 발생한 적 없다.

인도가 전쟁에 돌입하면 게임 속 다른 모든 문명과 마찬가지로 간디가 결국 핵무기를 쓴 것은 사실이며 그런 상황이 벌어질 때 이상하다고 느낀 플레이어가 많았다. 에이브러햄 링컨도 실제로는 다른 국가에 핵무기를 발사할 만한 지도자는 아니었다. 하지만 모든 지도자가 평소라면 넘지 않을 선을 넘는 순간도 있다는 사실을 보여 주고 싶었다. 간디가 플레이어를 자주 위협한 것도 사실이다. 간디의 주요 특징 중 하나가 전쟁 회피였고 상호 확증 파괴(mutually-assured destruction)[66]를 통한 핵 억지가 이를 실현할 하나의 효과적인 방법이었다. 모든 지도자가 똑같은 기본 외교 스크립트를 썼으므로 "우리의 말은 핵무기로 보증하겠소!"라는 간디의 대사는 나폴레옹을 비롯한 다른 모든 지도자가 한 말과 똑같았으나 겸허한 금욕주의자의 입으로 듣기에는 조금 부조리하게 느껴졌을지 모른다. 게다가 인도는 과학 발전을 적극적으로 추구하는 문명이었기 때문에 간디는 핵기술을 게임 초반에 습득할 확률이 높았다. 이 말인즉 핵으로 전멸시키겠다는 간디의 위협이 플레이어가 겨우 화약을 익혔을 즈음에 시작되었을 수 있다는 뜻이다. 그래서 간혹 간디가 말로만일지언정 필요 이상으로 열의에 넘치는 것처럼 보였을 수 있다.

하지만 민주주의 점수가 변하거나 255에 달하는 값이 적용된 적은 없었다. 이런 버그는 부호 없는 문자(unsigned character) 자료형이 원인인데 이는 C 프로그래밍 언어의 기본값도 아니고 내가 지도자 특성에 사용한 적도 없다. 브라이언 레이놀즈는 〈문명 II〉를 C++로 작성했고 그 또한 자료형으로 부호 없는 문자를 사용하지 않았다. 두 게임이 발표된 후에 우리에게 간디 버그에 대한 불만을 토로한 사람은 없었으며 우리가 관련 패치를 배포한 적도 없다. 간디의 군사적 공격성 점수는 게임이 진행되는 내내 1점에 머물러 있었다.

골수팬이라면 간디가 다른 전쟁 방식보다 핵무기를 선호하는 성향을

---

66 선제 핵 공격을 받은 후에 보복 목적으로 2차 핵 공격을 할 수 있는 핵무기를 보유한 국가 사이에는 일단 어느 쪽이든 먼저 핵전쟁을 시작하면 모두가 필멸하는 상황으로 치닫는다는 인식이 있어서 섣불리 전쟁을 일으키지 못한다는 개념.

띠게 된 것은 게임의 수석 디자이너였던 존 섀퍼가 밝힌 바와 같이 〈문명 V〉에서 간디의 핵무기 선호도를 12로 설정한 때였다는 사실을 바로 지적할 것이다. 하지만 그때는 〈문명〉이 처음 출시된 지 19년이 지난 후였고 존은 핵무기를 사용하는 간디의 기존 성향을 바꿀 수 없어서 어쩔 수 없이 받아들인 것뿐이었다. 팬을 위해 이스터 에그로 이를 공식적으로 반영한 시리즈 최초의 게임이 〈문명 V〉였고 〈문명 V〉가 출시된 2010년까지도 존은 255 오버플로 이야기를 들은 적이 없었다.

그렇다면 이 이야기는 도대체 어디서 온 것일까?

이에 대한 최초의 언급은 〈문명 V〉가 출시된 지 2년, 〈문명〉 시리즈가 시작된 지 20년도 더 지난 2012년 7월에 등장한다. 누구나 편집할 수 있는 TV 트로프 웹사이트(TVTropes.org)에 'Tunafish'라는 아이디를 쓰는 사용자가 자신의 추측을 트리비아로 추가하면서였다. 그렇게 이 글이 외관상의 변화 외에 아무 수정 없이 그대로 유지되던 그해 11월, 위키피디아(Wikipedia)와 유사한 대중문화 관련 사이트인 위키아(Wikia)[67]에 한 익명의 사용자가 같은 이야기를 희석한 버전을 올린다. 동일한 IP 주소를 통해 위키아의 다른 부분을 편집한 흔적은 없었다. TV 트로프가 사용자 데이터를 제공하진 않지만, 'Tunafish' 계정 또한 그 이후 사용되지 않은 것으로 보인다.

그로부터 6주 후 소문이 퍼지기 시작했다. 한 게임 포럼의 유명한 사용자 2명이 이 이야기를 그대로 포럼에 옮겼고 그중 한 명은 누군가 출

---

[67] 사용자가 각자만의 위키를 만들어 운영할 수 있는 웹사이트로 현재는 팬덤(Fandom)이라는 이름으로 바뀌었다.

처를 묻자 위키아 페이지를 인용했다. 그 뒤 며칠간 글 몇 개가 다른 소규모 포럼으로 서서히 번져 나가는 도중 회의적인 반응이 하나 올라오자 이번에는 TV 트로프 링크로 반박했다.

그 후 1년 반 동안, 이 이야기는 서서히 퍼져 나가며 레딧(Reddit) 게시판에 몇 달에 한 번씩 불쑥 나타났고 'Chaz'라는 사람의 텀블러(Tumblr) 페이지에도 한 차례 등장했다. 2014년 10월 '현실 간디 대 문명 간디(Real-Life Gandhi vs. Civilization Gandhi)'라는 제목의 만화가 레딧에 다시 게시되면서 이 이야기가 크게 유행하기 시작했다. 사실 간디가 핵무기 발사 버튼에 손가락을 올렸다는 유머를 평범하게 강조한, 만들어진 지 이미 몇 년 된 만화일 뿐이었다. 그런데 6명의 사용자가 댓글에서 오버플로 오류 이야기를 들어봤다며 맞장구를 쳤다.

동의하는 사람의 수가 그 정도에 이르자 이 이야기는 진실이 되었다.

열흘 후 게임 뉴스 사이트 코타쿠에 이 버그에 관한 기사가 실렸고 몇 시간 후에 Geek.com에 비슷한 글이 올라왔다. 둘 다 레딧 글을 출처로 참조했다. 다른 몇몇 뉴스 블로그가 이를 공유했고 이제는 그 출처로 코타쿠를 인용했다. 2015년 2월, 그 전이나 그 후에나 위키아 사이트에 글을 올린 적 없는 한 익명의 사용자가 위키아 'Talk' 페이지에 분노에 찬 글 하나를 남기면서 이 이야기는 돌고 돌아 제자리로 왔다. 그 글의 내용은 이러했다. "간디의 공격성에 관한 그 민주주의 버그 얘기는 하지 않을 건가요? 〈문명 1〉 이후 〈문명〉의 핵심 부분이었다고요."

일주일하고 절반이 지난 후 대규모 웹사이트인 'Know Your Meme'

에 '핵 간디'에 관한 설명이 추가되었다. 이 시리즈에 대한 '확인'된 사실이 출처라고 기록되어 있었고 무슨 이유에서인지 이 버그가 〈문명 I〉이 아닌 〈문명 II〉에서 시작되었다고 했다. 그로부터 6개월 후 이 이야기는 하버드대학교의 컴퓨터공학 수업의 커리큘럼에 오버플로 오류 사례로 등장했다. 오늘날까지도 이 이야기는 여전히 주요 뉴스 사이트와 인터넷 게시판에 정기적으로 등장한다. 2019년 일론 머스크(Elon Musk)가 이에 관한 트윗을 올리기도 했다. 그리고 그럴 때마다 "참 나, 아직도 이걸 모르는 사람이 있나?"라는 댓글이 적어도 몇 개는 달렸다.

분명히 이 이야기에는 자신이 전하는 사실의 출처를 정확히 해야 한다는 교훈도 들어 있다. 'Tunafish'가 어떤 목적으로 이 이야기를 만들었는지 나로서는 알 수가 없다. 어쩌면 인터넷이 원래 믿을만 하지 못하다는 것을 보여 주려는 의도였을 수도 있다. 인터넷을 잘 아는 사람일수록 그 내용을 신뢰하지 않으며 이 사람은 이야기를 그럴듯하게 만들 정도의 프로그래밍 지식은 갖춘 것이 분명하다. 아니면 아마도 누군가가 재미로 씨앗을 뿌리고 있을 수도 있다. 아주 구체적이지만, 알고 보면 완전히 거짓인 이야기를 일반적인 통념으로 얼마나 많이 정착시킬 수 있는지 확인하려는 것일지 모른다. 그것도 아니라면 'Tunafish'는 어쩌다 인도의 핵무기 공격을 받은 적 있는 평범한 사람일 수도 있다. 인도가 민주주의를 채택한 직후 핵 공격을 감행하자 자신의 외교 실패를 인정하기보다 AI의 문제를 탓하고 싶어서 기꺼이 논리적 비약을 취한 것일지 모른다.

그보다 더 내 흥미를 끄는 질문은 '언급될 때마다 트래픽을 꾸준히 생성할 정도로 이 이야기가 매력적으로 느껴지는 이유는 무엇일까?'이다.

물론 〈문명〉 시리즈의 인기와 그에 따르는 인구 통계도 영향을 끼쳤을 것이다. 〈문명〉의 플레이어라면 당연히 컴퓨터를 사용할 줄 알고 온라인을 통해 뉴스를 접하고 사회적 교류를 이어 갈 가능성이 크다. 온라인에서는 말이 화면으로 전해지므로 입으로 전해지는 말과 비교할 수 없을 정도로 훨씬 오래 살아남는다. 이 이야기에는 다른 사람에게 전할 때 스스로가 똑똑하다고 느낄 만한 약간의 기술적인 내용이 들어 있는데 설명은 누구나 쉽게 이해할 정도로 간단하다. 게다가 유머가 포함되어 있어서 새로운 사람에게 전해질 때마다 수명이 조금씩 더 길어진다. 간디가 핵무기를 발사하는 이야기는 늘 그래왔듯이 웃길 수밖에 없다. 실제로는 아무리 드물게 발생한다 해도 마찬가지다.

간디의 정치적 신념은 시간의 흐름에 따라 진화했고 그가 인도를 억압하는 국가를 향해 깊은 분개를 꾸준히 표현해 왔다는 점으로 미루어 볼 때 핵무기 애호가로서의 모습이 간디에 대한 조금 더 정확한 묘사라고 주장하는 사람도 있다. 하지만 이런 주장은 논점을 벗어난다. 결국 내가 할 일은 균형 잡힌 AI 캐릭터 그룹을 만들고 플레이어를 캐릭터에 감정적으로 연결할 지름길을 찾는 것이다. 인도의 정치적 지도자 자와할랄 네루(Jawaharlal Nehru)가 더 적절한 선택이었을지 모르나 간디가 없었다면 이 게임이 이토록 깊은 인상을 남기지도, 그만큼 재미있지도 않았을 것이다.

그리고 나는 이것이 이러한 신화가 팬들에게 감동을 주는 이유이자 이를 확인하거나 뒤집으려는 기자가 없는 이유라고 생각한다. 이왕 버그를 찾을 거라면 별 관심 없는 게임보다 큰 사랑을 받는 게임에서 찾는 것이 훨씬 더 만족스럽다. 이러한 결함은 사랑스럽다. 게임 커뮤니티에 '게임 디자이너, 그들도 우리와 똑같아요!'[68]라는 제목과 함께 연출 없이 자연스럽게 찍힌 사진이 올라오는 것이나 다름없다. 그러므로 이러한 인내심 이면에 있는 감정을 고맙게 생각한다. 그리고 그 때문에 사람들이 내 발 아래 깔아 둔 받침대가 조금씩 깎여나간다 해도 괜찮다. 출시한 게임에 내가 만든 버그도 분명 존재했다. 이 사건이 혹여 그중 하나에서 비롯되지 않았을지라도 플레이어들이 스스로 행복하다고 느끼는 어떤 방식으로든 게임을 즐기고 게임에 관해 이야기하는 모습을 볼 수 있어 기쁠 따름이다.

---

68 미국의 연예 전문 잡지 US 위클리는 'Stars—They're Just Like Us(스타, 그들도 우리와 똑같아요)'라는 제목으로 할리우드 스타들이 마트에 가고 쓰레기를 버리는 등 일반인과 똑같이 일상생활을 하는 모습을 찍어서 올린다.

25 비욘드

시드 마이어의 문명: 비욘드 어스
(Sid Meier's Civilization: Beyond Earth, 2014)

시드 마이어의 스타쉽(Sid Meier's Starships, 2015)

나도 스스로를 커크 함장이라고 칭하고 싶지만, 사실 나는 술루[69]다. 나는 조용한 능력을 높이 평가한다. 1960년대는 소년들이 당연히 모험가나 멋진 우주 비행사를 꿈꿔야 한다고 생각되던 시대였는데 그렇게 위험한 모험은 나에게 맞지 않는다는 것을 잘 알았다. 커크 함장 같은 사람들이 위험하고 눈에 띄는 일을 감당할 때 배경에서 그저 듬직하게 꾸준히 복잡한 계산을 하는 역할이 나에게 잘 맞았다.

1969년 여름 텔레비전에 중계된 아폴로 11호 미션과 특유의 침착하고 믿음직한 어조로 "인류가 항상 꿈꿔온 여정"이라 전하던 월터 크롱카이트(Walter Cronkite)의 목소리가 기억난다. 로켓이 발사된 순간부터 닐 암스트롱(Neil Armstrong)의 장화가 달 표면을 딛기까지 거의 4일 내내 이어지던 뉴스 보도는 나라 전체가 실시간으로 통합된 첫 경험이자 현재 매일 경험

---

69 〈스타 트렉〉 시리즈의 조타수 캐릭터.

하고 있는 끊임없는 연결성의 첫 징조였다. 그때까지 뉴스는 저녁에 한 시간 반 동안 보는 것이었고 월터 크롱카이트는 메시지를 전하는 배달원에 불과했다. 하지만 지금 들으면 마치 예언자 같다.

크롱카이트는 이렇게 말했다. "지금까지는 '달에 간 인류'라는 표현을 대충대충 내뱉었던 것 같은데, 이런, 곰곰이 되새겨 볼 필요가 있겠군요."

나는 그의 말대로 했다. 아폴로 11호 발사 6주 전까지 방영된 오리지널 〈스타 트렉〉 마지막 시즌을 한 편도 빠짐없이 종교심을 가지고 보았다. 내 친구 크리스, 프랭크와 함께 YMCA*에 가서 수영하고 우리 집으로 와서 〈스타 트렉〉 최신 에피소드를 시청하는 것이 우리가 금요일 저녁마다 치른 의식이었다. 내가 가장 좋아하는 에피소드는 커크와 스팍이 포털을 통해 1930년대로 가서 역사를 바꾸지 않고 동료 승무원을 구해야 했던 '영원 끝의 도시(The City on the Edge of Forever)'였다. 커크는 예상대로 한 여자와 사랑에 빠졌고 타임라인에 영향을 미치지 않으려면 이 여자가 죽어야 했는데 이는 13세 소년에게 많은 생각을 불러일으켰다. '아주 작은 변화 하나가 역사를 어떻게 바꿀 수 있을까?'라는 질문을 게임 디자이너로 일하는 동안에도 한두 번 정도 떠올렸던 것 같다.

도전 과제 달성

바이커만 있으면 딱인데!
군인, 철도 노동자, 경찰서장, 포카텔로,
블레이징 새들스와 YMCA에 방문하세요.[70]

---

70 'YMCA'를 비롯해 다수의 명곡을 남긴 미국의 유명 디스코 그룹 빌리지 피플(Village People)의 멤버는 각기 바이커, 군인, 노동자, 경찰, 아메리카 원주민, 카우보이 복장을 했다.

아스키 아트(ASCII art) 이후 우주선 게임을 만들 생각을 하지 못했다는 것이 조금 이상하긴 하다. 하지만, 〈에이스 패트롤〉을 통해 턴제 비행 게임의 가능성을 확인하기 전에는 내 하드 드라이브에 늘 있던 우주 게임 프로토타입에 제 색깔을 찾아주지 못했다. 〈스타쉽〉은 전작처럼 전략 게임의 특성이 강했다. 플레이어가 여러 전장을 경험하게 하되 〈코버트 액션〉 규칙을 어길 정도로 이야기에 너무 몰입하지 않게 이야기 구조는 가볍게 유지했다. 하지만 〈문명〉 시리즈 최신작인 〈비욘드 어스〉와 세계관을 공유하도록 하여 게임 바깥에서 플롯을 확장할 수 있게 한 점이 색달랐다. 각기 독립적으로 실행할 수 있는 게임이나 양쪽 게임의 데이터를 공유해서 각 이야기를 동시에 발전시킬 수도 있었다. 아마 언젠가는 게임계의 마블 유니버스처럼 새로 발매하는 모든 게임을 어떤 식으로든 연결시킬 수도 있을 것이다.(아니다. 그렇게 하지는 않을 것이다. 굳이 짚고 넘어가는 것이 바보 같아 보일 수도 있지만, 뭐든 신중을 기하는 것이 좋으니까.)

"아마 언젠가는"이라는 단서가 붙은 아이디어를 멈추기가 어렵다. 살면 살수록 그런 아이디어가 실현되는 것을 목격할 일이 많아지기 때문이다. 1997년 나는 잡지 〈게임 디벨로퍼(Game Developer)〉에 독립 스튜디오와 대형 배급사 사이에 점점 커지는 균열에 관한 주제로 기고한 칼럼을 통해 게임 산업이 "차고와 비전이 있는 몇몇 사람이 컴퓨터 게임 산업에 대변혁을 일으켰던 1980년대 중반 전성기로 되돌아갈 것"이라고 예측했다. 부분적으로는 게임 산업이 그러한 방향으로 가길 **바라는** 마음에 쓴 글이기는 하다. 관료주의의 '숨 막히는' 특성을 언급하고 1996년 상위 5위에 든 게임, 〈워크래프트 II(Warcraft II)〉, 〈미스트(Myst)〉, 〈듀크 뉴켐(Duke

Nukem) 3D〉, 〈문명 II〉, 〈커맨드 앤 컨커(Command & Conquer)〉 중 우리 게임을 제외한 나머지 모든 게임을 소규모 팀이 개발했다는 사실을 지적한 부분에서 드러나듯이 얼마 전에 있었던 마이크로프로즈 퇴사를 간접적으로 정당화하고 싶은 마음도 있었다. 하지만 매해 20~30편의 인디 게임이 출시되는 수준을 훌쩍 넘어서 매일 수십 편, 때로는 매시간 수십 편이 출시되는 현재 아이튠즈 스토어나 스팀 창작마당 같은 존재는 상상조차 하지 못했다. 당시 난 'VR 헤드셋'이나 '인터랙티브 무비'가 좋은 게임 플레이의 본질을 흐리는 유행어일 뿐이라고 일축했다. 하지만 'CD-ROM'이나 'DVD' 같은 용어도 똑같은 카테고리로 분류했었으니 뭐, 누가 알겠는가? 아마 언젠가는 내가 〈플로이드 오브 더 정글〉을 최신 VR 기기에 맞게 변환하고 있을지 모를 일이다. 그럴 가능성이 작다고 생각하지만, 어떤 꿈을 터무니없다고 치부한 행동이 알고 보니 우스울 정도로 보수적인 태도였다는 것을 나중에서야 깨닫는 일이 너무 많았기 때문에 이제는 무엇이든 불가능하다고 단정 짓기 어렵다.

현실 세계에 관한 한 난 대단한 미래주의자가 아니다. 〈스타 트렉〉 세계관도 인류애라는 주제를 다룬다는 점에서 매력을 느꼈다. 엔터프라이즈호 승무원이 겪는 문제는 우리가 겪는 문제이자 바흐 교구 주민들이 겪었던 문제였다. 미래에 일어날 일에 관해 알게 되는 것은 항상 즐거우나 대체로 그런 혁신이 우리가 처한 현실을 개선하는 데 어떤 도움이 될지의 관점에서 생각하는 편이다. 현재 지구상에 해결해야 할 문제는 산적해 있고 그냥 내 생각일 뿐이긴 하지만, 게임 산업이 이런 문제 해결에 이바지한 바가 있다고 본다. 비디오 게임은 수많은 이를 가르치고 격려하고 시야를 넓히고 깨우침을 주었다. 게임은 흔히 대다수의 책보다 더 많은 언어로 번역된다. 최고의 게임 중에는 전쟁을 치르는 양측 세력에 속하는 개인들이 서로 소통하며 공통점을 찾는 데 도움을 준 작품도 있다. 모든 예술 형식이 그렇듯이 좋은 작품도 그렇지 못한 작품도 있겠으나 전자가 후자보다 더 많다고 생각한다. 뉴욕의 '더 스트롱 내셔널 뮤지엄 오브 플레이'(The Strong National Museum of Play)'나 텍사스의 '내셔널 비디오 게임 뮤지엄'(National Videogame Museum)'처럼 아예 좋은 게임을 소개하려는 목적으로 세워진 박물관이 존재할 뿐 아니라 스미스소니언 등 많은 기관이 게임에 관한 순회전, 특별전도 수없이 많이 개최한다.

이런 박물관에서 열리는 홍보 행사에 참여해 달라는 초대를 종종 받지만, 과거에 박제되는 것을 경계하는 마음에 일반 관람객으로 방문하는 것을 선호한다. 한 시대의 목격자로서 이야기하는 것을 꺼리지는 않으나 현재 작업 중인 일, 그리고 앞으로 할 일을 바탕으로 이야기하기 위해 항상 주의한다. 자신이 지나온 발자취에 관해 이야기하기 시작하면 이미 끝났다고 본다. 하지만 나는 아직 끝나지 않았다. 나는 내가 만든 게임이라도 대부분은 출시 후에 플레이하지 않는다. 내 관심은 흥미진진한 그다음 작품에 이미 가 있기 때문이다. 대니 번튼 베리는 자신이 과거에 만든 게임을 돌아볼 때 달리 할 수 있었을 것 같은 부분이 자꾸 눈에 띄어서 훌륭하다는 생각과 끔찍하다는 생각이 왔다 갔다 한다고 했다. 내가 만든 게임을 피하는 습관이 그런 후회를 어느 정도 막아 주긴 하나 간혹 결점을 깨달을 때가 있는데, 그럴 때도 대체로 문제를 곱씹기보다 새 게임을 다르게 만들 영감을 얻는다고 생각한다.

물론 내가 과거에 만든 작품을 다시 마주치기도 하나 게임 디자이너라면 누구나 겪는 일상이다. 애초에 팬에게 다가가서 이러한 관계를 맺은 것은 나다. 그리고 시드 마이어가 아닌 〈시드 마이어!〉는 그들 덕분에 존재할 수 있었다고 생각한다. 게임 제목 속 '괄호 안에 느낌표와 함께 있는' 나는 매일 내 책상 앞에 앉는 실제 인물과 매우 다르다. 그뿐만 아니라 팬 개개인에게도 전부 다른 사람이다. 각자가 자신이 가장 좋아하는 게임의 추억 안에 나를 보존해 두기 때문이다. 어떤 이는 십 대 시절 자신을 인도한 현명한 노선생으로 기억할 것이고 어떤 이는 모두가 너무 늙어서 그런 일을 할 수 없다고 말할 때 함께 해적인 척해 준 엉뚱한 비밀 친구로 기억할 것이다. 사람들이 나에 대해 품고 있는 환상은 사실 내가 아니라 그들이 경험한 즐거움에 관한 환상이고 나는 그들을 위해 그 행복한 기억을 지켜주고 싶다.

〈시드 마이어!〉가 가짜라는 것은 아니고 그저 최전성기 시드 마이어가 돋보이게 찍은 사진으로만 구성된 정적인 존재라는 뜻이다. 〈시드 마이어!〉는 그러한 사진 사이사이 있는 불특정 시간에 관해 걱정할 필요가 없다. 반면 그 뒤에 있는 평상시 시드 마이어는 풀리지 않는 문제로 골머리를 앓거나 기분이 좋지 않거나 코를 심하게 골고 있을 것이다. 이 두 사람이 존재해야 한다는 사실, 그리고 그 둘을 필연적으로 분리해야 한다는 사실, 둘 다 받아들일 수 있다. 나도 이러한 인터랙션의 반대편에 서본 적 있다. 배우나 가수의 작품을 본 후, 마치 그들과 개인적인 친분이 생긴 것처럼 느끼는 기분 말이다. 그래서 나도 이해한다. 록스타는 새로운 음악을 계속 쓰고 싶어 하고 팬들은 히트곡을 듣고 싶어 한다. 나는 그 중간 지점을 찾아가야 할 의무가 양측 모두에게 있다고 생각한다. 나는 요청이 있으면 언제든 히트곡을 연주하고 〈문명〉에 관해 이야기할 것이다. 하지만 팬들도 내 새 프로젝트를 플레이해 보고 우리의 관계를 조금 더 복잡하게 성장시킬 기회를 주길 바란다. 팬과의 인터랙션은 이제 내 업무의 일부이고 무슨 일이 있어도 결코 짐이라고 느끼지 않는다. 하지만 그렇다고 그것이 매일 아침, 내가 눈을 뜨는 이유는 아니다.

상에 대한 감정도 똑같다. 나는 샌프란시스코의 워크 오브 게임(Walk of Game)[71]에서 언론 취재 열기 속에 수상 소감을 밝히며 별을 받은 적 있다. 하지만 6년 후 그 자리의 모든 것이 철거되고 타깃(Target) 매장으로 바뀌었다. 인기가 얼마나 덧없는지 잘 알고 있으며 나에게 상이란 그저 주어진 삶을 조용히 반성하고 감사할 기회이다. 나는 게임을 만드는 일이 세상에서 가장 좋은 일이라고 생각하므로 내 인생을 돌아보며 "뭐, 인생은 멋진 거지. 근데 감사 인사를 충분히 받진 못한 것 같은데?"라고 말할 일은 절대 없을 것이다.

원한다면 내 삶을 투쟁의 관점에서 표현할 수도 있었다. 어느 겨울날 아버지가 동상에 걸려서 돌아오셨는데 그 후로도 차를 살 형편이 될 때까지 몇 년을 더 야간 근무를 걸어서 다녀야 했던 이야기를 할 수도 있었다. 친구들과 공원에서 스포츠 경기를 할 때 반쪽짜리 장비 세트를 모두가 공유했다는 이야기나 이웃집에서 더 좋은 텔레비전으로 바꾸면서 물려

---

71 소니가 복합 엔터테인먼트 센터인 메트레온(Metreon) 내에 비디오 게임 산업의 아이콘을 기념하기 위해 만든 장소이다. 2005년과 2006년 전 세계 게이머 투표로 게임 캐릭터 상과 공로상을 선정했고 이를 영구히 보존하기 위해 별 모양의 부조를 제작했다.

준 텔레비전이 우리 집 첫 번째 텔레비전이었다는 이야기를 할 수도 있었다. 난방 가동 중단을 막기 위해 집 지하실에서 문자 그대로 석탄을 삽으로 퍼 나르던 이야기를 할 수도 있었다. 내 사고를 무산된 거래, 실패한 프로젝트 안에 가둬둘 수도 있었다. 가족의 비극이 나를 규정하게 둘 수도 있었다.

그러나 나는 세상을 긍정적인 시각으로 본다. 내가 의식적으로 선택해온 것인지 타고난 성격이 그런 것인지 모르겠지만, 어쨌든 그렇게 한다. 어릴 적 뒤뜰에 눈을 고리 모양으로 쌓고 두꺼운 얼음이 만들어질 때까지 그 안에 물을 부어서 스케이트장을 만들었다. 스케이트 끈을 맨 지 얼마 되지도 않았는데 넘어져서 다리를 다쳤다. 하지만 얼마나 아팠는지, 병원까지 어떻게 갔는지, 그 뒤 몇 달간 다리 깁스를 하고 다니느라 얼마나 불편했는지는 정말 기억이 나지 않는다. 내가 꽤 생생하게 기억하는 딱 한 가지는 걷지 못하는 동안 학교 형들이 나를 옮겨줄 때 아주 특별한 기분이 들었다는 것이다. 이들은 마치 내가 왕이라도 된 것처럼 나를 어깨 위에 올리고 학교 사방을 돌아다녔다. 이런 생각을 했던 것은 아주 또렷하게 기억한다. "와, 나한테 이런 일이 일어나다니 정말 운도 좋다."

유치원 때 단체 견학을 하러 갔다가 경품 추첨에서 말굽 편자 세트를 탄 적 있다. "수백 명이 있는데 내 번호가 뽑히다니!"라며 정말 경이로워했다. 그 선물은 그 후로도 수년간 간직했다. 가지고 놀기 좋아서라기보다 내가 얼마나 운이 좋았는지 되돌아볼 수 있는 따뜻하고 포근한 기억이어서였다. 첫 번째 슈퍼볼이 있기 몇 주 전 미술 수업에서 그림을 그리면서 패커스(Packers) 팀이 치프스(Chiefs) 팀을 35 대 10으로 승리한다고 경기 점수를 정확하게 예측해 넣었던 것도 명확하게 기억한다. 이런 소소한 뜻밖의 행운이 다른 사람에 비해 내게 특별히 더 많이 일어난 건 아니리라 거의 확신한다. 하지만 내 뇌는 이런 추억만 간직하려 한다.

난 게임 디자인을 할 때처럼 인생에서도 재미를 찾아야 한다고 생각한다. 세상 곳곳에 수많은 기쁨의 순간이 여러분의 눈에 띄길 기다리고 있다. 단, 예상하는 곳에는 없을지 모른다. 출발하기 전에 어떤 일이 일어날지 마음대로 정할 수 없으며 나쁜 아이디어인데도 마음에 든다고 해서 계속 붙들고 있어서는 안 된다. 행동은 최대한 빠르게 반복적으로 하되 이미 알고 있는 지식을 활용하고 전통은 자유로이 취하라. 그리고 찬찬히 가능성을 살펴보고 확실히 흥미로운 결정을 내리는 것이 무엇보다 중요하다는 사실을 꼭 기억하길 바란다.

감사의 글

나는 업무 생활 면에서나 개인 생활 면에서 엄청나게 운이 좋았고 그 과정에서 의심의 여지 없이 많은 도움을 받았다. 가장 먼저 내 아내 수전과 내 아들 라이언, 그리고 우리 부모님께 받은 모든 사랑과 지원에 어마어마하게 감사한 마음이다. 빌 스틸리, 브루스 셸리, 브라이언 레이놀즈, 제프 브리그스, 소렌 존슨, 존 섀퍼, 에드 비치를 비롯해 마이크로프로즈와 파이락시스에서 일한 모두에게 깊은 감사를 전한다. 여러분이 없었다면 회사도 게임도 존재할 수 없었을 것이다.

마찬가지로 에이전트인 미르시니 스테파니디스, 편집자 톰 메이어의 헌신적인 노력과 재능이 뒷받침되지 않았다면 이 책 또한 존재할 수 없었다. 출판업에 종사 중인 게이머가 아주 드문 건 아니나 어쨌든 열정을 공유할 수 있는 사람과 함께 일할 수 있어서 즐거웠다. 역사적 고증을 한결 수월하게 할 수 있게 도와준 Archive.org, Mobygames.com, CG-Wmuseum.org, GDCvault.com의 사이트 관리자, 컨트리뷰터와 불분명한 세부사항과 자료를 함께 찾아준 대니얼 사일러비치, 데이비드 멀리치, 크누트 에길 브렌, 제프 조해니그먼, 에런 느와이우에게도 감사하다. 그리고 물론 앞뒤가 맞지 않는 횡설수설과 자기중심적인 선언을 오랜 시간 이어가는데도 잘 참고 들어 주었을 뿐 아니라 이 모든 이야기를 흥미로운 연구와 결합시켜서 오랜 세월이 흘러도 분명 견딜 수 있는 원고로 빚어낸 제니퍼 리 누넌에게도 무척 감사하다고 이야기하고 싶다.

무엇보다 도구를 만들어 준 하드웨어와 소프트웨어 디자이너, 사람들에게 꾸준히 소식을 전해 준 작가와 기자, 행사를 조직한 마케팅 홍보 담당자, 그리고 플레이어를 포함한 업계 전체에 감사의 인사를 전한다. 특히 플레이어가 없었다면 게임 디자이너라는 직업이 존재조차 하지 못했을 것이 분명하다. 여러분에게 감사의 인사를 전한다.

－시드

옮긴이의 말

처음 '문명 당한' 건 2009년의 어느 날이었다. 개발자인 남편이 역사학도이기도 했던 내가 좋아할 만한 게임이라며 권한 것이 시작이었다. 예상은 정확히 맞아떨어졌고 한동안 뻑뻑한 눈을 비비고 밤잠을 설쳐 가며 게임을 했다. 컴퓨터 게임이라고는 아주 어릴 적 Apple II에서 〈갤러그〉와 〈보글보글(Bubble bobble)〉을 플레이한 것이 고작이던 내가 이렇게까지 빠져드는 게임이 있으리라고는 생각지도 못했다. 〈문명〉을 만나기 전까지는. 당시 버전이 〈문명 IV〉였고 이후 〈문명 V〉와 〈문명 VI〉는 물론 온갖 DLC와 〈해적〉도 즐겁게 플레이했다. 어쨌든 2009년 그날부터 지금에 이르기까지 〈문명〉은 내가 유일하게 플레이하는 게임으로 남았다.

〈문명〉의 타이틀에는 보기 드물게 항상 제작자의 이름이 적혀 있다. 언제나 그냥 〈문명〉이 아니라 〈시드 마이어의 문명〉이었다. 시드 마이어는 〈울티마〉 시리즈를 만든 리처드 개리엇, 〈블랙 앤 화이트〉를 만든 피터 몰리뉴와 더불어 '세계 3대 게임 개발자'라고도 불린다. 적지 않은 시간 동안 문명 시리즈의 팬으로 살아온 사람으로서 그 디자이너에 관해 관심이 가는 것은 당연한 일이다. 그러던 차에 영진닷컴으로부터 시드 마이어의 자서전을 번역해 보겠냐는 제안을 받았다. 몹시 반가웠고 흔쾌히 수락했다.

시드 마이어를 정의하라면 떠오르는 표현은 딱 하나, '천생 게임 디자이너'다. 그에게는 '게임이 늘 고민의 여지가 없는 기본 경로'였고 너무나도 당연하게 게임 디자이너를 직업으로 삼았으며 더 나아가 '게임은 인간의 본능에 깊이 뿌리 박혀 있다'고 했다. 그의 모든 경험과 지식은 게임으로 수렴했다. 코딩과 그래픽은 물론이고 역사, 군사, 철도, 우주, 공룡, 골프, 해적, 음악, 코미디에 이르기까지 그의 관심 분야는 몹시도 넓었고 또한 깊었다. 번역자의 입장에서는 시드 마이어의 족적을 이해하느라 여러 권 분량의 자료를 조사해야 해서 매우 고달프긴 했지만, 동시에 즐겁기도 놀랍기도 했다.

이 책에는 그가 만든 게임에 관한 뒷이야기가 있다. 그가 학창 시절 재미로 만들었던 게임부터 대성공을 거둔 〈문명〉 시리즈에 이르기까지 그로부터 탄생했거나 그를 거쳐 간 모든 게임이 등장한다. 그는 어떻게 세계에서 가장 유명한 게임 디자이너가 되었나. 게임 디자이너는 게임을 만들 때 어떤 고민을 할까, 혹은 어떤 고민을 해야 할까. 실패와 슬럼프는 어떻게 극복했을까. 문명 시리즈는 어떻게 탄생하게 되었나. 그를 아는, 그의 게임을 즐긴 이라면 한 번쯤 품었을 법한 여러 질문에 대한 답변을 이 책에서 찾을 수 있었다. 그래서 이 책은 그의 게임을 즐겁게 한 사람, 그리고 1970년대부터 지금까지 게임 디자인을 해 온 사람이 들려주는 아주 사적인 컴퓨터 게임의 역사가 궁금한 사람이라면 누구나 재미있게 읽을 수 있을 것이다.

하지만 성공 신화는 이 책에 없다. 그는 오히려 책 전반에 걸쳐 좋은 기회를 기다리기보다 좋아하는 일을 그저 하는 것이 중요하다고 이야기하며 자신에 대한 신화화를 매우 경계한다. 그래서 이 책에서는 실패 스토리도 성공 스토리만큼 성실히 소개하고 인정해야 할 다른 사람의 업적은 꼼꼼히 언급하며 봉착한 난관을 상식적인 방식으로 해결해 온 이야기를 만날 수 있다. 게임의 탄생과 흥망성쇠에 직간접적인 영향을 준 많은 요소가 존재했고 게임의 흥행 여부와 관계없이 그 어느 것도 쉽게 이루어지지 않았다. 또한 게임의 본질이 재미라는 점을 잊지 않았지만, 게임이 미치는 영향에 대해 깊이 고민한 흔적도 곳곳에서 엿보였다. 아마 이 책을 읽고 나면 내가 그랬듯 독자들도 그가 만든 게임이 더 이상 단순한 게임으로만 보이지 않을지 모른다. 이 책의 부제인 "컴퓨터 게임과 함께한 인생(A Life in Computer Games)"처럼 그의 인생이 그가 만든 게임에 그대로 녹아 있기 때문이다.

끝으로 번역자로서, 그리고 한 사람의 팬으로서 오랫동안 기억에 남을 좋은 책을 제안해 주고 마음 편히 작업할 수 있게 배려해 주신 영진닷컴의 이민혁 님께 감사한 마음이다. 지칠 때마다 따뜻한 사랑으로 채워 주시는 양가 네 분의 부모님과 얕은 능력으로 저자의 폭넓은 관심 분야와 깊이 있는 상식을 따라가느라 고군분투하던 나를 늘 살뜰히 챙겨 준 신랑 태곤 씨에게도 지면을 빌어 고마움을 전한다. 그럼 이만, 한창 번역을 해야 하는데 시작했다가 또 '문명 당할까' 두려워 책을 마무리하기까지 미뤄 두었던 〈뉴 프론티어 패스〉를 드디어 결제하러 가야겠다.

— 이미령

시드 마이어의 게임!

틱택토(Tic-Tac-Toe, 1975)

스타 트렉 게임(The Star Trek Game, 1979)

호스티지 레스큐(Hostage Rescue, 1980)

은행 게임 I(Bank Game I, 1981)

은행 게임 II: 더 리벤지(Bank Game II: The Revenge, 1981)

가짜 스페이스 인베이더(Faux Space Invaders, 1981)

가짜 팩맨(Faux Pac-Man, 1981)

포뮬러 1 레이싱(Formula 1 Racing, 1982)

헬캣 에이스(Hellcat Ace, 1982)

초퍼 레스큐(Chopper Rescue, 1982)

플로이드 오브 더 정글(Floyd of the Jungle, 1982)

스핏파이어 에이스(Spitfire Ace, 1982)

윙맨(Wingman, 1983)

플로이드 오브 더 정글 II(Floyd of the Jungle II, 1983)

나토 커맨더(NATO Commander, 1983)

솔로 플라이트(Solo Flight, 1983)

에어 레스큐 I(Air Rescue I, 1984)

F-15 스트라이크 이글(F-15 Strike Eagle, 1985)

사일런트 서비스(Silent Service, 1985)

크루세이드 인 유럽(Crusade in Europe, 1985)

디시전 인 데저트(Decision in the Desert, 1985)

컨플릭트 인 베트남(Conflict in Vietnam, 1986)

건십(Gunship, 1986)

시드 마이어의 해적!(Sid Meier's Pirates!, 1987)

레드 스톰 라이징(Red Storm Rising, 1988)

F-19 스텔스 파이터(F-19 Stealth Fighter, 1988)

F-15 스트라이크 이글 II(F-15 Strike Eagle II, 1989)

시드 마이어의 레일로드 타이쿤(Sid Meier's Railroad Tycoon, 1990)

시드 마이어의 코버트 액션(Sid Meier's Covert Action, 1990)

시드 마이어의 문명(Sid Meier's Civilization, 1991)

해적! 골드(Pirates! Gold, 1993)

시드 마이어의 레일로드 타이쿤 디럭스(Sid Meier's Railroad Tycoon Deluxe, 1993)

시드 마이어의 C.P.U 바흐(Sid Meier's C.P.U. Bach, 1994)

시드 마이어의 콜로니제이션(Sid Meier's Colonization, 1994)

시드 마이어의 시브넷(Sid Meier's CivNet, 1995)

시드 마이어의 문명 II(Sid Meier's Civilization II, 1996)

매직: 더 개더링(Magic: The Gathering, 1997)

시드 마이어의 게티즈버그!(Sid Meier's Gettysburg!, 1997)

시드 마이어의 알파 센타우리(Sid Meier's Alpha Centauri, 1999)

시드 마이어의 앤티텀(Sid Meier's Antietam!, 1999)

시드 마이어의 문명 III(Sid Meier's Civilization III, 2001)

공룡 게임(The Dinosaur Game, 미발매)

시드 마이어의 심골프(Sid Meier's SimGolf, 2002)

시드 마이어의 해적! 리브 더 라이프(Sid Meier's Pirates! Live the Life, 2004)

시드 마이어의 문명 IV(Sid Meier's Civilization IV, 2005)

시드 마이어의 레일로드!(Sid Meier's Railroads!, 2006)

시드 마이어의 문명 레볼루션(Sid Meier's Civilization Revolution, 2008)

시드 마이어의 문명 IV: 콜로니제이션(Sid Meier's Civilization IV: Colonization, 2008)

시드 마이어의 문명 V(Sid Meier's Civilization V, 2010)

시드 마이어의 시브월드(Sid Meier's CivWorld, 2011)

시드 마이어의 에이스 패트롤(Sid Meier's Ace Patrol, 2013)

시드 마이어의 에이스 패트롤: 퍼시픽 스카이(Sid Meier's Ace Patrol: Pacific Skies, 2013)

시드 마이어의 문명 레볼루션 2(Sid Meier's Civilization Revolution 2, 2014)

시드 마이어의 문명: 비욘드 어스(Sid Meier's Civilization: Beyond Earth, 2014)

시드 마이어의 스타쉽(Sid Meier's Starships, 2015)

시드 마이어의 문명 VI(Sid Meier's Civilization VI, 2016)

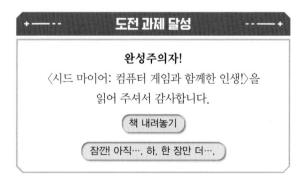

도전 과제 달성

완성주의자!
〈시드 마이어: 컴퓨터 게임과 함께한 인생!〉을
읽어 주셔서 감사합니다.

책 내려놓기

잠깐! 아직…. 하, 한 장만 더….

저자 소개

시드 마이어(Sid Meier)

미국의 게임 디자이너로 전 세계 사람들이 10억 시간 이상 플레이한 게임인 〈문명〉 시리즈를 비롯해 수많은 전략, 시뮬레이션 장르의 비디오 게임들을 제작했다. 게임 스튜디오 마이크로프로즈와 파이락시스를 설립한 그는 1999년 인터랙티브 예술 과학 아카데미(Academy of Interactive Arts & Sciences)의 명예의 전당에 헌액되었다.

제니퍼 리 누넌(Jennifer Lee Noonan)

텍사스 주립대학에서 미디어를 전공하였으며, 2001년부터 2007년까지 어클레임 스튜디오(Acclaim Studios)와 미드웨이 엔터테인먼트(Midway Entertainment)에서 비디오 게임 사운드 디자이너로 근무했다. 2020년 9월 시드니 어워드(Sidney Awards)를 수상하였으며, 저서로는 《No Map to This Country》가 있다.

역자 소개

이미령

가치 있는 콘텐츠를 우리말로 공유하려고 자원봉사로 시작한 일이 번역
가의 길까지 이어졌다. 모든 일을 재미있게 하는 비결은 아이 같은 호기
심을 잃지 않는 데 있다고 믿고 있으며, 사람과 사람, 사람과 컴퓨터 간
의 연결 분야에 관심이 많다. 옮긴 책으로는 《UX/UI의 10가지 심리학
법칙》(책만. 2020), 《커리어 스킬》(길벗. 2019), 《콘솔 워즈》(길벗. 2017), 《사용자를
생각하게 하지 마!》(인사이트. 2014) 등이 있다.

시드 마이어

1판 1쇄 발행 2021년 6월 25일
1판 2쇄 발행 2022년 9월 23일

저　　자 | 시드 마이어, 제니퍼 리 누넌
번　　역 | 이미령
발 행 인 | 김길수
발 행 처 | (주)영진닷컴
주　　소 | (우)08507 서울특별시 금천구 가산디지털1로 128
　　　　　 STX-V타워 4층 401호
등　　록 | 2007. 4. 27. 제16-4189호

©2021., 2022. (주)영진닷컴

ISBN | 978-89-314-6540-2

YoungJin.com **Y.**
영진닷컴

영진닷컴
프로그래밍 도서

영진닷컴에서 출간된 프로그래밍 분야의 다양한 도서들을 소개합니다.
파이썬, 인공지능, 알고리즘, 안드로이드 앱 제작, 개발 관련 도서 등 초보자를 위한 입문서부터
활용도 높은 고급서까지 독자 여러분께 도움이 될만한 다양한 분야, 난이도의 도서들이 있습니다.

스마트 스피커 앱 만들기

타카우마 히로노리 저 | 336쪽
24,000원

호기심을 풀어보는
신비한 파이썬 프로젝트

LEE Vaughan 저 | 416쪽
24,000원

나쁜 프로그래밍 습관

칼 비쳐 저 | 256쪽
18,000원

유니티를 이용한
VR앱 개발

코노 노부히로, 마츠시마 히로키,
오오시마 타케나오 저 | 452쪽
32,000원

하루만에 배우는 안드로이드 앱 만들기 2nd Edition

서창준 저 | 272쪽
20,000원

퍼즐로 배우는 알고리즘 with 파이썬

Srini Devadas 저 | 340쪽
20,000원

돈 되는
안드로이드 앱 만들기

조상철 저 | 512쪽 | 29,000원

IT 운용 체제 변화를 위한
데브옵스 DevOps

카와무라 세이고, 기타노 타로오,
나카야마 타카히로 저
400쪽 | 28,000원

게임으로 배우는 파이썬

다나카 겐이치로 저 | 288쪽
17,000원

수학으로 배우는 파이썬

다나카 카즈나리 저 | 168쪽
13,000원

텐서플로로 배우는 딥러닝

솔라리스 저 | 416쪽
26,000원

그들은 알고리즘을 알았을까?

Martin Erwig 저 | 336쪽
18,000원